Mit fünfundzwanzig internationalen Bestsellern gehört Victoria Holt zu den populärsten und beliebtesten Romanautorinnen der Welt. Schon ihr Vater, ein englischer Kaufmann, fühlte sich zu Büchern stärker hingezogen als zu seinen Geschäften. In ihrem Domizil hoch über den Dächern von London schreibt sie die spannenden, geheimnisumwitterten Geschichten aus vergangenen Zeiten, in denen sich der milde Glanz der Nostalgie, interessante Charaktere und aufregende Vorgänge aufs glücklichste ergänzen.

Von Victoria Holt sind außerdem
als Knaur-Taschenbücher erhältlich:

»Der Teufel zu Pferde« (Band 679)
»Der Schloßherr« (Band 776)
»Meine Feindin, die Königin« (Band 790)
»Die Ashington-Perlen« (Band 1087)
»Tanz der Masken« (Band 1328)
»Verlorene Spur« (Band 1403)
»Die Lady und der Dämon« (Band 1455)
»Das Vermächtnis der Landowers« (Band 1583)
»Die Insel Eden« (Band 2084)

Vollständige Taschenbuchausgabe 1987
Droemersche Verlagsanstalt Th. Knaur Nachf., München

Titel der Originalausgabe »The time of the Hunter's Moon«

Aus dem Englischen von Margarete Längsfeld
Umschlaggestaltung Adolf Bachmann
Umschlagfoto Wendell Minor, N.Y.
Druck und Bindung Elsnerdruck, Berlin
Printed in Germany 5
ISBN 3-426-01510-2

Victoria Holt:
Unter dem Herbstmond

Roman

Knaur

Inhalt

Wenn ein Mädchen sich zur Zeit des Herbstmondes unter die große Eiche am Pilcherberg setzt, kann sie den Mann sehen, den sie einmal heiraten wird.

Sage vom Pilcherberg

Die Erscheinung im Wald

Ich war neunzehn, als ich das Erlebnis mit »der Erscheinung im Wald« hatte. Rückblickend mutet es fast mystisch an, wie etwas, das in einem Traum geschah. Tatsächlich war mir oftmals, als hätte sich alles nur in meiner Phantasie abgespielt, obwohl ich schon immer nüchtern veranlagt und keineswegs verträumt war; allerdings war ich recht unerfahren, ich ging damals noch zur Schule und war gerade dabei, meine Kinderschuhe abzustreifen.

Es geschah Ende Oktober an einem Nachmittag in einem Wald in der Schweiz, nicht weit von der deutschen Grenze, im letzten Jahr meines Aufenthalts in einer der vornehmsten Schulen Europas. Tante Patty hatte darauf bestanden, daß ich dort »den letzten Schliff« erhielt.

»Zwei Jahre dürften genügen«, sagte sie. »Es kommt nicht so sehr darauf an, was du dort lernst, sondern was man dir nach Meinung der Leute dort beigebracht hat. Wenn die Eltern hören, daß eine von uns in Schaffenbrucken ausgebildet wurde, werden sie ihre Töchter unbedingt auf unsere Schule schicken wollen.«

Tante Patty war Vorsteherin einer Mädchenschule, und nach Beendigung meiner Ausbildung sollte ich ihr dort zur Hand gehen. Für diese Aufgabe mußte ich die besten Voraussetzungen mitbringen, und durch den »letzten Schliff« sollte ich zum unwiderstehlichen Köder für Eltern werden, die den Wunsch hegten, daß etwas vom Glanz Schaffenbruckens auf ihre Töchter abfärbte.

»Snobismus«, murrte Tante Patty, »schierer Snobismus. Aber

was sollen wir anderes machen, wenn nur dadurch Patience Grants exklusivem Institut für junge Damen zu einem ansehnlichen Profit verholfen wird?«

Tante Patty war wie eine Tonne anzuschauen; sie war klein und ausgesprochen mollig. »Ich ess' nun mal gern«, pflegte sie zu sagen, »warum soll ich's mir da nicht schmecken lassen? Ich halte es für die Pflicht und Schuldigkeit eines jeden Erdenbürgers, die guten Dinge zu genießen, die uns der Herr beschert hat, und Roastbeef und Schokoladenpudding wurden erfunden, um gegessen zu werden.«

Die Verpflegung in Patience Grants Institut für junge Damen war vorzüglich – sie unterschied sich deutlich von der Kost, die in vielen ähnlichen Etablissements aufgetischt wurde.

Tante Patty war nicht verheiratet, »aus dem einfachen Grund«, wie sie sagte, »weil niemand um mich angehalten hat. Ob ich ja gesagt hätte, das steht auf einem anderen Blatt, aber da sich mir das Problem nie gestellt hat, braucht weder meine Wenigkeit noch sonst wer sich darüber den Kopf zu zerbrechen.«

Sie ließ sich ausführlich über das Thema aus. »Ich war die geborene Sitzenbleiberin«, erzählte sie, »das ewige Mauerblümchen. Denk nur, damals, bevor ich durch mein Übergewicht so unbeweglich war, konnte ich auf Bäume klettern, und wenn ein Junge es wagte, mich an den Zöpfen zu ziehen, dann mußte er schleunigst verschwinden, wenn er einen Kampf vermeiden wollte, aus dem ich, meine liebe Cordelia, unweigerlich als Siegerin hervorgegangen wäre.«

Das glaubte ich gern, und oft dachte ich, wie dumm die Männer doch seien, da keiner von ihnen genügend Verstand besaß, um Tante Pattys Hand anzuhalten. Sie wäre eine vorbildliche Ehefrau geworden; so aber war sie mir eine vorbildliche Mutter.

Meine Eltern hatten sich der Missionarsarbeit in Afrika gewidmet. Man bezeichnete sie als Heilige, aber wie viele Heilige waren sie so sehr damit beschäftigt, die Welt im großen zu bekehren, daß sie sich kaum um die Probleme ihrer kleinen Tochter kümmerten. Ich kann mich nur undeutlich erinnern –

ich war erst sieben Jahre alt, als ich heim nach England geschickt wurde –, wie sie mich manchmal mit vor Eifer und Hingabe glühenden Gesichtern betrachteten, als seien sie nicht ganz sicher, wer ich war. Später habe ich mich gefragt, wie sie in ihrem Leben voll guter Werke überhaupt die Zeit und die Lust gefunden hatten, mich zu zeugen.

Jedenfalls – und wohl zu ihrer ungeheuren Erleichterung – stand fest, daß ein Leben im afrikanischen Dschungel nicht das Rechte sei für ein Kind. Ich sollte nach Hause geschickt werden, und wohin konnte man mich schicken außer zu Patience, der Schwester meines Vaters?

Jemand von der Mission, der vorübergehend nach Hause fuhr, nahm mich mit. An die lange Reise kann ich mich nur verschwommen erinnern, aber die rundliche Gestalt von Tante Patty, die mich erwartete, als ich von Bord ging, wird mir unvergeßlich bleiben. Als allererstes fiel mir ihr Hut auf, ein Prachtstück mit einem Vogel obenauf. Tante Patty hatte eine Schwäche für Hüte, die derjenigen fürs Essen beinahe gleichkam. Oftmals behielt sie sie sogar im Haus auf. Da stand sie also – die Augen durch eine Brille vergrößert; ihr Vollmondsgesicht glänzte von Wasser und Seife und *joi de vivre* unter dem prachtvollen Hut mit dem wippenden Vogel, als sie mich an ihren gewaltigen, nach Lavendel duftenden Busen drückte.

»Da bist du also«, lächelte sie. »Alans Tochter . . . heimgekehrt.«

Und in diesem Augenblick hatte ich das Gefühl, tatsächlich heimgekehrt zu sein.

Ungefähr zwei Jahre später starb mein Vater an der Ruhr, und wenige Wochen darauf erlag meine Mutter derselben Krankheit.

Tante Patty zeigte mir die Artikel in den frommen Blättern. »Sie opferten ihr Leben im Dienste Gottes«, hieß es da.

Ich fürchte, ich trauerte nicht sehr. Ich hatte meine Eltern fast vergessen und erinnerte mich höchst selten an sie. Das Leben in Grantley Manor, der alten elisabethanischen Villa, die Tan-

te Patty zwei Jahre vor meiner Geburt von ihrem väterlichen Erbe gekauft hatte, nahm mich gänzlich gefangen.
Wir führten ausführliche Gespräche, Tante Patty und ich. Sie nahm kein Blatt vor den Mund. Später machte ich die Erfahrung, daß die meisten Menschen Geheimnisse haben. Nicht so Tante Patty. Sie ließ ihren Worten freien Lauf.
»Als ich noch zur Schule ging«, berichtete sie, »machte mir das Leben großen Spaß, aber ich hatte nie genug zu essen. Sie haben die Suppe verwässert. Montags nannten sie es Brühe. Die war nicht schlecht. Dienstags war sie ein bißchen dünner, und am Mittwoch war sie so schwach, daß ich mich fragte, wie lange das so weitergehen könnte, bis es sich nur noch um reines H_2O handelte. Das Brot war stets altbacken. Ich glaube, durch die Schule bin ich zur Feinschmeckerin geworden; denn ich schwor mir, wenn ich sie hinter mir hätte, würde ich schlemmen und schlemmen. Wenn ich eine Schule leiten würde, sagte ich mir, sollte alles ganz anders sein. Und als ich dann zu Geld kam, fragt ich mich, warum nicht? ›Es ist ein Hasardspiel‹, meinte der alte Lucas. Das war der Anwalt. ›Na und?‹ sagte ich, ›ich mag Hasardspiele.‹ Und je mehr er dagegen war, um so mehr war ich dafür. So bin ich eben. Wenn mir einer erklärt, ›Nein, das geht nicht‹, sage ich, so wahr ich hier sitze, ›doch, das geht.‹ Ich fand die Villa . . . sie war gar nicht so teuer, auch wenn einiges renoviert werden mußte. Genau das Richtige für eine Schule. Ich taufte sie Grantley Manor. Grant, wie mein Name. Da hat sich ein bißchen von dem dummen Snobismus eingeschlichen. Miss Grant auf Grantley. Da denkt man doch, die leben hier seit Jahrhunderten, findest du nicht? Da stellt man keine Fragen; man denkt es einfach. Das ist gut für die Mädchen. Ich wollte Grantleys Institut zum vornehmsten Internat des Landes machen, wie dieses Schaffenbrucken in der Schweiz.«
Das war das erste Mal, daß ich von Schaffenbrucken hörte.
Sie erklärte es mir. »Alles ist da genau bedacht. Schaffenbrukken wählt seine Schülerinnen sorgfältig aus, und es ist nicht einfach, dort unterzukommen. ›Ich fürchte, wir haben keinen

Platz für Ihre Amelia, Madame Smith. Versuchen Sie es im nächsten Schuljahr wieder. Wer weiß, vielleicht haben Sie Glück. Wir sind besetzt und haben eine Warteliste.‹ Eine Warteliste! Das ist eine magische Vokabel im Wortschatz einer Schulvorsteherin. Das hoffen wir alle zu erreichen . . . daß die Leute darum kämpfen, ihre Töchter in unserer Schule unterzubringen, statt daß wir sie, wie es gewöhnlich der Fall ist, umwerben müssen.«

»Schaffenbrucken ist teuer«, gab sie ein andermal zu, »aber ich glaube, es ist jeden Pfennig wert. Man lernt Französisch und Deutsch bei Leuten, die es richtig aussprechen, weil es ihre Muttersprache ist; man bekommt Anstandsunterricht, kann tanzen lernen, und gehen übt man, indem man ein Buch auf dem Kopf balanciert. Ja, sagst du, das wird einem in tausend Schulen beigebracht. Gewiß, aber man sieht dich mit ganz anderen Augen an, wenn der Glanz von Schaffenbrukken dich verklärt.«

Ihre Rede war stets vom eigenen Gelächter unterbrochen.

»Du brauchst ein wenig Schaffenbruckener Flair, meine Liebe«, konstatierte sie. »Dann kommst du zurück, und wenn sich herumspricht, wo du gewesen bist, werden die Mütter ihre Töchter nur noch zu uns schicken. ›Was Benehmen betrifft, da ist Miss Cordelia Grant führend. Sie war in Schaffenbrukken, wissen Sie.‹ O ja, meine Liebe, wir werden ihnen einflüstern, daß wir eine Warteliste haben mit jungen Damen, die danach lechzen, von Miss Cordelia Grant, behaftet mit dem Glorienschein von Schaffenbrucken, in den gesellschaftlichen Feinheiten unterwiesen zu werden.«

Es war von vornherein ausgemacht, daß ich, wenn ich »fertig« wäre, an Tante Pattys Schule unterrichten würde.

»Eines Tages«, erklärte sie, »wird sie dir gehören, Cordelia.«

Ich wußte, sie meinte, wenn sie tot sei; doch – ich konnte mir eine Welt ohne sie nicht vorstellen. Mit ihrem glänzenden Gesicht, ihren Lachanfällen, ihren geistreichen Reden, ihrem maßlosen Appetit und ihren übertriebenen Hüten war sie der Mittelpunkt meines Lebens.

Als ich siebzehn war, behauptete sie, es sei nun Zeit für mich, nach Schaffenbrucken zu gehen.

Wieder wurde ich Reisenden anvertraut – diesmal waren es drei Damen, die in die Schweiz fuhren. In Basel sollte ich von einer von der Schule abgeholt werden, die mich den Rest des Weges begleiten würde. Die Fahrt war interessant, und ich erinnerte mich an die lange Heimreise von Afrika. Diesmal war alles ganz anders. Ich war älter; ich wußte, wo es hinging, und stand nicht unter der ängstlichen Spannung, die ein kleines Mädchen auf einer Reise ins Unbekannte befällt.
Die Damen, die mich durch Europa begleiteten, nahmen mich gewissenhaft unter ihre Fittiche und waren sichtlich erleichtert, als sie mich Fräulein Mainz übergaben, die in Schaffenbrucken Deutsch unterrichtete. Sie war eine ziemlich unscheinbare Person mittleren Alters. Sie freute sich, daß ich ein wenig Deutsch gelernt hatte. Meine Aussprache fand sie zwar grauenhaft, meinte aber, das würde sich bessern, und weigerte sich während der Fahrt, sich in einer anderen als ihrer Muttersprache zu unterhalten.
Sie erging sich in Lobeshymnen auf Schaffenbrucken und hielt es für mein Glück, daß ich auserkoren sei, mich dieser erlauchten Gruppe junger Damen zuzugesellen. Es war das alte Schaffenbruckener Lied, und Fräulein Mainz dünkte mich die humorloseste Person, der ich je begegnet war. Ich verglich sie im stillen mit Tante Patty.
Schaffenbrucken selbst machte keinen großen Eindruck auf mich, die Umgebung dafür um so mehr. Das Internat lag ungefähr eine Meile von der Stadt entfernt und war von Wäldern und Bergen umgeben. Madame de Guérin, eine Französisch-Schweizerin von stiller Autorität, kann ich nur als ›eindrucksvolle Erscheinung‹ bezeichnen. Ich merkte, wie stark sie den Mythos von Schaffenbrucken beeinflußte. Mit uns Mädchen hatte sie nicht viel zu schaffen. Wir waren der Obhut der Lehrerinnen überlassen. Sie unterrichteten Tanz,

Theaterspiel, Französisch, Deutsch sowie das sogenannte gesellschaftliche *Comment.* Wenn wir Schaffenbrucken verließen, sollten wir zum Eintritt in die höchsten gesellschaftlichen Kreise gerüstet sein.

Ich gewöhnte mich bald an das neue Leben. Die Mädchen fand ich interessant. Sie kamen aus ganz Europa, und ich freundete mich natürlich mit den Engländerinnen an. Je zwei Mädchen verschiedener Nationalität teilten sich ein Zimmer. In meinem ersten Jahr war ich mit einer Deutschen zusammen, im zweiten mit einer Französin. Das war sehr vorteilhaft, denn es half uns, unsere Sprachkenntnisse zu vervollkommnen.

Es herrschte keine sonderlich strenge Disziplin; schließlich waren wir keine Kinder mehr. Die Mädchen kamen meistens mit sechzehn oder siebzehn und blieben, bis sie neunzehn oder zwanzig Jahre waren. Wir waren nicht da, um eine Allgemeinbildung zu erhalten, sondern eine jede mußte, wie Madame de Guérin es ausdrückte, zu einer *femme comme il faut* geformt werden. Gut zu tanzen und anmutig Konversation zu machen war wichtiger als Literatur oder Mathematik. Die meisten Mädchen würden geradewegs von Schaffenbrucken aus ihr Debüt in der Gesellschaft geben. Eine oder zwei waren, wie ich, zu etwas anderem bestimmt. Die meisten waren recht vergnügt und betrachteten ihren Aufenthalt in Schaffenbrucken als wesentlichen Bestandteil ihrer Erziehung – er war ohnehin von kurzer Dauer, und man tat gut daran, ihn zu genießen.

Beim Unterricht in den verschiedenen Fächern ging es zwar recht leger zu, dennoch behielt man uns im Auge. Sollte ein Mädchen in einen Skandal verwickelt werden, so würde sie sicher unverzüglich ihre Sachen packen müssen, denn es gab immer ehrgeizige Eltern, die ihre Tochter mit Freuden auf den freigewordenen Platz setzten.

Weihnachten und in den Sommerferien fuhr ich nach Hause, und Tante Patty und ich unterhielten uns amüsiert über Schaffenbrucken.

»Wir müssen es genauso machen«, meinte Tante Patty dann. »Ich sage dir, wenn du aus Schaffenbrucken zurückkommst, wird unser Mädchenpensionat das vornehmste im ganzen Land. Daisy Hetherington wird grün vor Neid werden.«
Das war das erstemal, daß ich den Namen Daisy Hetherington hörte. Beiläufig fragte ich, wer sie sei, und erfuhr, daß sie eine Schule in Devonshire leitete, die beinahe so gut war, wie Daisy selbst glaubte, und das sagte eine ganze Menge.
Später wünschte ich, ich hätte mich genauer erkundigt. Aber damals konnte ich natürlich nicht ahnen, daß es einmal wichtig sein könnte.
Mein letztes Halbjahr in Schaffenbrucken war gekommen. Es war Ende Oktober – das Wetter war herrlich für die Jahreszeit. Wir hatten viel Sonne in Schaffenbrucken, wodurch uns der Sommer sehr lang vorkam. Tagsüber war es heiß, doch sobald die Sonne verschwand, wurde einem die Jahreszeit bewußt. Dann drängten wir uns im Aufenthaltsraum um den Kamin und schwatzten.
Meine besten Freundinnen waren damals Monique Delorme, mit der ich das Zimmer teilte, ein englisches Mädchen namens Lydia Markham sowie ihre Zimmergenossin Frieda Schmidt. Wir vier waren stets zusammen, hatten uns unentwegt etwas zu erzählen und unternahmen gemeinsame Ausflüge in die Stadt. Manchmal gingen wir zu Fuß, und wenn der Kutschwagen in die Stadt fuhr, nahm er einige von uns mit. Wir gingen im Wald spazieren, was uns in Sechsergruppen – oder mindestens zu viert – gestattet war. Ein gewisses Maß an Freiheit wurde uns zugestanden, und wir fühlten uns nicht im mindesten eingeschränkt.
Lydia verglich den Aufenthalt in Schaffenbrucken mit dem Warten auf den Zug, der einen an den Ort brächte, wo man zu einem richtig erwachsenen Menschen würde. Ich verstand, wie sie das meinte. Dies hier war lediglich eine Haltestelle in unserem Leben – ein Meilenstein auf unserem Lebensweg.
Wir erzählten von uns. Monique kam aus einem adligen Elternhaus und würde demnächst angemessen vermählt wer-

den. Friedas Vater hatte sein Vermögen mit Keramikarbeiten gemacht und war ein vielseitiger Geschäftsmann; Lydia stammte aus einer Bankiersfamilie. Ich war ein wenig älter, und da ich Schaffenbrucken Weihnachten verlassen würde, kam ich mir überaus reif vor.

Elsa fiel uns sogleich auf, als sie ihre Stellung im Internat antrat. Sie war klein, hübsch und lebhaft, hatte blonde lockige Haare und schelmisch blickende blaue Augen. Sie war anders als die anderen Stubenmädchen und war kurzfristig eingestellt worden, weil ein Mädchen mit einem Mann aus der Stadt durchgebrannt war. Madame de Guérin wollte es bis zum Ende des Schuljahres mit Elsa versuchen.

Hätte Madame de Guérin Elsa wirklich gekannt, so hätte sie sie gewiß nicht bis zum Ende des Schuljahres behalten. Sie war in keiner Weise respektvoll und hatte nicht die geringste Ehrfurcht vor Schaffenbrucken oder seinen Insassen. Sie gab sich so kameradschaftlich, als sei sie eine von uns. Manche Mädchen fanden das abstoßend; unser Quartett dagegen amüsierte sich darüber. Vielleicht hielt sie sich deshalb so oft in unseren Zimmern auf.

Manchmal kam sie, wenn wir vier zusammen waren, und mischte sich in unsere Gespräche.

Sie hörte gern, wenn wir von zu Hause erzählten, und stellte eine Menge Fragen. »Oh, ich würde gern nach England gehen«, sagte sie dann. »Oder nach Frankreich ... oder Deutschland ...« Sie entlockte uns Schilderungen über unsere Herkunft und hörte mit gespannter Miene zu, so daß wir gar nicht anders konnten, als ihr viel zu erzählen.

Sie selbst sei verarmt, sagte sie. Sie sei eigentlich kein Dienstmädchen, o nein! Sie glaubte, eine sorgenfreie Zukunft vor sich zu haben. Ihr Vater war, nun ja, nicht eben reich, aber es hatte ihm an nichts gefehlt. Sie hatte in die Gesellschaft eingeführt werden sollen. »Freilich nicht so wie ihr, meine jungen Damen, sondern bescheidener. Dann starb mein Vater. Simsalabim!« Sie fuchtelte mit den Armen und hob die Augen zur Decke. »Das war das Ende von Klein-Elsas Glanz und Glorie.

Kein Geld. Elsa auf sich selbst gestellt. Mir blieb nichts anderes übrig, als zu arbeiten. Und was konnte ich tun? Zu was war ich ausgebildet?«

»Nicht zum Stubenmädchen«, meinte Monique mit ihrer französischen Logik, worauf wir alle lachten, Elsa eingeschlossen.

Wir mußten sie einfach gernhaben und ermunterten sie, sich zu uns zu gesellen und mit uns zu plaudern. Sie war amüsant und kannte sich bestens aus in den Sagen von den deutschen Wäldern. Dort hatte sie ihre frühe Kindheit verbracht, dann war ihr Vater mit ihr nach England gezogen, wo sie eine Weile gelebt hatte, ehe sie in die Schweiz kam.

»Gern stelle ich mir alle die Dämonen in ihren unterirdischen Behausungen vor«, sagte sie. »Da kriege ich immer eine Gänsehaut. Es gibt aber auch schöne Geschichten von Rittern in Rüstungen, die Jungfrauen nach Walhalla trugen . . . oder sonstwohin.«

»Nach Walhalla kamen die Toten«, gab ich ihr zu verstehen.

»Dann eben an einen schönen Ort, wo gefeiert und geschmaust wurde.«

Sie leistete uns fast jeden Nachmittag Gesellschaft.

»Was würde Madame de Guérin sagen, wenn sie das wüßte?« fragte Lydia.

»Wir würden vermutlich an die Luft gesetzt«, meinte Monique.

»Welch ein Glück für die auf der Warteliste. Vier auf einen Streich.«

Elsa saß auf einer Stuhlkante und lachte. »Erzähl mir vom *Château* deines Vaters«, bat sie Monique. Und Monique berichtete, wie förmlich es bei ihr daheim zuging, und daß sie so gut wie verlobt war. Mit Henri de la Creseuse, der den Landsitz besaß, der an die Güter ihres Vaters angrenzte.

Und Frieda erzählte von ihrem strengen Vater, der ihr bestimmt mindestens einen Baron zum Ehemann aussuchen würde. Lydia sprach von ihren beiden Brüdern, die Bankiers werden würden wie ihr Vater.

»Und Cordelia?«, fragte Elsa.
»Cordelia hat es am besten von uns allen«, rief Lydia aus. »Sie hat eine ganz wunderbare Tante, bei der darf sie tun und lassen, was sie will. Ich höre schrecklich gern von Tante Patty. Die läßt Cordelia ganz bestimmt keinen Baron oder alten Knacker heiraten, nur weil er einen Titel und Geld hat. Cordelia heiratet den, der ihr gefällt.«
»Und sie wird trotzdem reich sein. Sie erbt die schöne alte Villa. Eines Tages wird alles dir gehören, Cordelia, und du mußt nicht erst heiraten, um es zu bekommen.«
»Ich will's aber nicht, weil Tante Patty vorher sterben müßte.«
»Aber eines Tages wird es dir gehören. Du wirst reich und unabhängig sein.«
Elsa erkundigte sich nach Grantley Manor, und ich beschrieb es in glühenden Farben. Mit der Pracht von Grantley hatte ich wohl ein wenig übertrieben, aber gewiß nicht bei der Schilderung von Tante Pattys ungewöhnlichem Charme. Ihr konnte niemand ganz gerecht werden. Ich erzählte gern von ihr. Wie die anderen mich beneideten, bei denen es daheim strenger und förmlicher zuging!
»Ich wette«, sagte Elsa eines Tages, »daß ihr alle bald verheiratet seid.«
»Gott bewahre«, empörte sich Lydia. »Zuerst will ich mich amüsieren.«
»Wart ihr schon mal am Pilcherberg?« fragte Elsa.
»Ich hab' davon gehört«, erwiderte Frieda.
»Ist nur zwei Meilen von hier.«
»Ist er sehenswert?« wollte ich wissen.
»O ja. Er liegt im Wald, es ist ein bizarrer Felsen. Es gibt auch eine Geschichte darüber. Solche Geschichten hatte ich schon immer gern.«
»Was für eine Geschichte?«
»Wenn man zu bestimmten Zeiten dorthin geht, kann man seinen zukünftigen Liebhaber . . . oder Ehemann sehen.«
Wir lachten.

Monique meinte: »Ich hab' keine große Lust, Henri de la Creseuse ausgerechnet jetzt zu sehen. Dazu ist noch Zeit genug, wenn ich von hier fortgehe.«
»Ah«, sagte Elsa, »aber es kann doch sein, daß das Schicksal ihn gar nicht für dich bestimmt hat.«
»Und der Mann, der für mich bestimmt ist, wird an diesem Ort erscheinen? Was hat es mit dem Pilcherberg auf sich?«
»Ich erzähl' euch die Geschichte: Vor vielen, vielen Jahren wurden Liebende, die beim Ehebruch überrascht wurden, zum Pilcher gebracht. Sie mußten auf den Berg steigen und wurden dann hinabgeworfen – immer nachts bei Vollmond. Das Blut der vielen Toten hat die Erde dort fruchtbar gemacht, so daß rund um den Berg Bäume wuchsen, und so ist der Wald entstanden.«
»Und da sollen wir hingehen?«
»Cordelia ist das letzte Halbjahr hier. Sie wird nicht mehr oft Gelegenheit dazu haben, und sie sollte ihn unbedingt sehen, solange es noch geht. Morgen abend wird Vollmond sein, und dazu noch Herbstmond. Das ist eine günstige Zeit.«
»Herbstmond?« echote Monique.
»Ja, der folgt auf den Erntemond. Der ist am besten geeignet.«
»Haben wir wirklich schon Oktober?« fragte Frieda. »Es ist noch so warm.«
»Gestern abend war es kalt«, bemerkte Lydia, und die Erinnerung machte sie frösteln.
»Tagsüber ist es noch schön«, sagte ich. »Das sollten wir ausnutzen. Ein seltsamer Gedanke, daß ich nicht zurückkommen werde.«
»Bist du traurig deswegen?« fragte Monique.
»Ihr werdet mir alle fehlen.«
»Aber du wirst bei deiner wunderbaren Tante sein«, meinte Frieda neidvoll.
»Und reich wirst du sein«, fügte Elsa hinzu, »und unabhängig. Du wirst die Schule besitzen und die wundervolle alte Villa.«

»Nein, nein. Bis dahin sind es noch viele Jahre hin. Ich erbe das Haus, wenn Tante Patty stirbt, und das wünsche ich mir niemals.«
Elsa nickte. »Naja«, meinte sie, »wenn ihr nicht zum Pilcher wollt, dann frag' ich die anderen.«
»Warum eigentlich nicht?« fragte Lydia. »Ist morgen . . . Vollmond?«
»Wir könnten den Kutschwagen nehmen.«
»Wir könnten sagen, wir wollten die Wildblumen im Wald sehen.«
»Glaubt ihr, das wird man uns erlauben? Wildblumen sind für die Salons der Oberschicht kaum geeignet. Und was für Wildblumen gibt es in dieser Jahreszeit?«
»Dann denken wir uns eben was anderes aus«, schlug Lydia vor.
Es fiel jedoch keiner etwas ein, und je angestrengter wir überlegten, um so verlockender schien uns ein Ausflug zum Pilcher.
»Ich hab's«, sagte Elsa schließlich, »ihr fahrt in die Stadt, um ein Paar Handschuhe für Cordelias Tante auszusuchen. Sie war so begeistert von denen, mit denen Cordelia nach Hause kam, und natürlich gibt es nirgends so schicke Handschuhe wie in der Schweiz. Das wird Madame einleuchten. Und, statt in die Stadt zu fahren, biegt die Kutsche ab in den Wald. Es sind nur zwei Meilen. Ihr könnt bitten, länger ausbleiben zu dürfen, weil ihr noch in die Konditorei wollt, auf eine Tasse Kaffee und ein Stück von dieser Sahnetorte, die es nur in der Schweiz gibt. Ich bin sicher, daß ihr die Erlaubnis kriegt, und damit habt ihr genug Zeit, um in den Wald zu fahren und euch unter die Liebeseiche zu setzen.«
»So etwas Hinterlistiges!« rief ich aus. »Wenn Madame de Guérin wüßte, daß du uns zu so etwas verleitest, was dann? Du würdest entlassen und müßtest einsam in den Schneebergen umherirren.«
Elsa faltete die Hände wie zum Gebet. »Bitte, verratet mich nicht. Ist ja nur ein Scherz. Ich möchte bloß ein bißchen Romantik in euer Leben bringen.«

Ich lachte mit den anderen. »Warum sollen wir eigentlich nicht hingehen? Sag, was müssen wir tun, Elsa?«
»Ihr setzt euch unter die Eiche. Die könnt ihr nicht verfehlen. Sie steht am Fuß des Berges. Setzt euch dorthin und unterhaltet euch ... ganz natürlich. Und wenn ihr Glück habt, erscheint euer zukünftiger Ehemann.«
»Einer für uns vier?« rief Monique.
»Vielleicht auch mehr ... wer weiß? Aber auch wenn nur einer kommt, ist das Beweis genug, daß an der Sage was dran ist, oder?«
»So was Lächerliches«, erklärte Frieda.
»Es wäre immerhin einen Ausflug wert«, meinte Monique.
»Unser letzter, vor dem Winter«, ergänzte Lydia.
»Wer weiß? Vielleicht ist es morgen schon kalt.«
»Dann ist es zu spät für Cordelia«, gab Lydia zu bedenken.
»Ach, Cordelia, überrede deine Tante doch, daß sie dich noch ein Jahr bleiben läßt.«
»Zwei Jahre sind genug für unseren Schliff. Man sieht mir den Glanz bestimmt schon an.«
Wir lachten ein Weilchen und beschlossen, uns am folgenden Nachmittag zum Pilcherberg zu begeben.

Es war heller Nachmittag, als wir aufbrachen. Die Sonne schien warm wie im Frühling. Wir waren guter Laune, als der Kutschwagen von der Straße zur Stadt abbog und uns in den Wald brachte. Die Luft war klar und frisch, und Schnee glitzerte auf den fernen Berggipfeln. Ich gewahrte den würzigen Duft der Tannen des Waldes. Aber zwischen den immergrünen Bäumen standen auch ein paar Eichen, und nach einer davon sollten wir Ausschau halten.
Wir fragten den Kutscher nach dem Pilcherberg, und er sagte, den könnten wir nicht verfehlen. Er werde ihn uns zeigen, wenn wir um die Kurve bögen. Dann würden wir ihn sich hoch über die Schlucht erheben sehen.
Die Szenerie war großartig. In der Ferne sahen wir Berghänge,

einige in der Nähe der Täler bewaldet; weiter oben wurde die Vegetation spärlicher.

»Wer von uns ihn wohl sehen wird?« flüsterte Lydia.

»Keine«, gab Frieda zurück.

Monique lachte. »Ich bestimmt nicht, weil ich ja schon vergeben bin.«

Darauf lachten wir alle.

»Ich glaube, was Elsa erzählt, ist halb geschwindelt«, meinte ich.

»Ob sie wirklich verarmt ist?«

»Ich weiß nicht«, sagte ich nachdenklich. »Elsa hat etwas Besonderes an sich. Es könnte stimmen. Andererseits kann sie's auch erfunden haben.«

»Wie die Visionen vom Pilcherberg«, ergänzte Frieda. »Sie lacht uns bestimmt aus, wenn wir zurückkommen.«

Das Geräusch der Pferdehufe wirkte beruhigend, als wir munter daherrumpelten. Ich würde diese Ausflüge vermissen. Aber es würde natürlich wunderbar zu Hause bei Tante Patty sein.

»Da ist der Berg«, sagte der Fuhrmann und deutete mit seiner Peitsche hinauf.

Wir schauten hin. Von dieser Stelle aus wirkte er sehr eindrucksvoll. Er sah aus wie ein runzliges altes Gesicht ... braun, zerklüftet und feindselig.

»Ob das der Pilcher sein soll?« meinte Monique. »Wer war dieser Pilcher überhaupt?«

»Da müssen wir Elsa fragen«, sagte ich. »In derlei Dingen scheint sie bestens bewandert.«

Wir waren jetzt im Wald. Der Wagen hielt an, und unser Kutscher sagte: »Ich warte hier. Gehen Sie diesen Weg entlang. Er führt geradewegs zum Fuß des Felsens. Dort steht eine große Eiche, die sogenannte Pilchereiche.«

»Zu der wollen wir«, bestätigte Monique.

»Keine halbe Meile.« Er sah auf seine Uhr. »Ich bringe Sie in, sagen wir, eineinhalb Stunden zurück. Sie dürfen sich nicht verspäten.«

»Vielen Dank«, sagten wir und begaben uns auf den unebenen Pfad zu dem großen Felsen.

»Hier muß eine gewaltige vulkanische Eruption stattgefunden haben«, bemerkte ich. »Daraus ist der Pilcher entstanden, und viel später wuchs hier die Eiche. Samenkörner, die ein Vogel fallenließ, nehme ich an. Die meisten Bäume hier sind Tannen. Duften sie nicht köstlich?«

Wir waren fast bei der Eiche angelangt, die dicht beim Felsen wuchs. »Das muß sie sein«, sagte Lydia. Sie ließ sich fallen und streckte sich im Gras aus. »Der Duft macht mich schläfrig.«

»Oh, dieser köstliche Wohlgeruch«, seufzte ich, kräftig schnuppernd. »Ja, er hat etwas Einschläferndes.«

»Und was machen wir jetzt?« fragte Frieda.

»Hinsetzen . . . und abwarten.«

»Ich finde es albern«, meinte Frieda.

»Immerhin, es ist ein Ausflug. Tun wir so, als kauften wir Handschuhe für meine Tante Patty. Ich möchte ihr noch welche besorgen, bevor ich fortgehe.«

»Sprich nicht immer von Fortgehen«, sagte Lydia. »Das mag ich nicht.«

Frieda gähnte. »Ach ja,« gestand ich, »mir ist auch zum Gähnen.«

Ich streckte mich im Gras aus, und die anderen taten es mir nach. So lagen wir da, die Hände unter den Köpfen verschränkt, und blickten durch die Äste der Eiche nach oben.

»Ich wüßte gern, wie das war, als sie die Leute heruntergestoßen haben«, überlegte ich laut. »Stellt euch nur mal vor, ihr werdet auf den Gipfel gebracht und wißt, daß ihr heruntergeworfen werdet . . . oder vielleicht sagt man euch, ihr sollt springen. Womöglich ist jemand gerade hier an dieser Stelle heruntergestürzt.«

»Du machst mir eine Gänsehaut.« Lydia schüttelte sich.

»Ich schlage vor«, meinte Frieda, »daß wir zum Wagen zurückgehen und doch noch in die Stadt fahren.«

»Diese *petits fours* sind zu köstlich«, sagte Monique.

»Haben wir denn noch Zeit?« fragte Frieda.
»Nein«, sagte Lydia.
»Still«, gebot ich. »Lassen wir's auf einen Versuch ankommen.«
Wir verstummten, und just in dem Augenblick trat er durch die Bäume.
Er war groß und sehr blond. Seine stechenden blauen Augen fielen mir sogleich auf. Sie schienen jenseits von uns in Regionen zu blicken, die wir nicht sehen konnten. Vielleicht bildete ich mir das aber auch erst hinterher ein. Er war dunkel gekleidet, was seine Blondheit noch unterstrich. Sein Anzug war elegant geschnitten, aber nicht gerade nach der neuesten Mode. Sein Rock hatte einen Samtkragen und Silberknöpfe, und er trug einen schwarzen, hohen, glänzenden Hut.
Wir waren still, als er näherkam – vor Überraschung sprachlos, nehme ich an, und im Augenblick von jeglichem Schaffenbruckener Schliff verlassen.
»Guten Tag«, sagte er auf Englisch. Er verbeugte sich. Dann fuhr er fort: »Ich habe Ihr Lachen gehört und verspürte einen unwiderstehlichen Drang, Sie zu sehen.«
Wir schwiegen noch immer, und er fuhr fort: »Sie sind von der Schule, nicht wahr?«
»Ja«, antwortete ich.
»Auf einem Ausflug zum Pilcher?«
»Wir haben Rast gemacht, bevor wir zurückkehren«, erklärte ich, da es den anderen anscheinend die Sprache verschlagen hatte.
»Ein interessanter Flecken«, fuhr er fort. »Haben Sie etwas dagegen, wenn ich mich ein wenig mit Ihnen unterhalte?«
»Natürlich nicht«, erwiderten wir wie aus einem Mund. Die anderen hatten sich also von ihrem Schrecken erholt.
Er ließ sich ein wenig entfernt von uns nieder und betrachtete seine langen Beine.
»Sie sind Engländerin?« fragte er mit einem Blick auf mich.
»Ja . . . ich und Miss Markham. Dies hier sind Mademoiselle Delorme und Fräulein Schmidt.«

»Eine kosmopolitische Gruppe«, bemerkte er. »Ihre Schule wird von jungen Damen aus ganz Europa besucht, habe ich recht?«
»Ja, das stimmt.«
»Warum haben Sie ausgerechnet heute diesen Ausflug zum Pilcher gemacht? Sollte man das nicht lieber im Sommer tun?«
»Wir wollten ihn gern sehen«, erwiderte ich, »und ich werde sonst vermutlich keine Gelegenheit mehr dazu haben. Ich gehe Ende des Jahres von der Schule ab.«
Er hob die Augenbrauen. »So? Und die anderen jungen Damen?«
»Wir bleiben noch ein Jahr«, sagte Monique.
»Und dann kehren Sie nach Frankreich zurück?«
»Ja.«
»Sie sind alle so jung . . . so vergnügt«, stellte er fest. »Es war hübsch, Ihr Lachen zu hören. Ich fühlte mich davon angezogen und mußte mich einfach zu Ihnen gesellen. Ich wollte an Ihrer Ungezwungenheit teilhaben.«
»Wir wußten gar nicht, daß wir so anziehend sind«, sagte ich, und alle lachten.
Er blickte um sich. »Was für ein schöner Nachmittag! Fühlen Sie die Stille in der Luft?«
»Ja, ich glaube schon«, antwortete Lydia.
Er blickte zum Himmel empor. »Nachsommer«, sagte er leise. »Weihnachten fahren Sie wohl alle nach Hause?«
»Ja, Weihnachten fahren wir immer alle. Und im Sommer. Ostern, Pfingsten und so, na ja . . .«
»Die Reise ist zu weit«, endete er an meiner Stelle. »Und Ihre Angehörigen werden Sie gebührend empfangen«, fuhr er fort. »Man wird für Sie Bälle und Bankette geben, und Sie werden alle heiraten und glücklich leben immerdar, ein Schicksal, wie es allen schönen jungen Damen beschieden sein sollte.«
»Was es aber nicht immer ist . . . oder nicht oft«, warf Monique ein.
»Da haben wir ja eine Zynikerin. Sagen Sie«, seine Augen ruhten auf mir, »glauben Sie an das Schicksal?«

»Ich glaube, das Leben ist das, was man daraus macht«, zitierte ich Tante Patty. »Was den einen unerträglich, ist den anderen ein Trost. Es kommt darauf an, wie man es betrachtet.«
»Man bringt Ihnen in dieser Schule wahrhaftig etwas bei.«
»Das stammt aber von meiner Tante.«
»Sie haben keine Eltern.« Es war mehr eine Feststellung als eine Frage.
»Nein. Sie sind in Afrika gestorben. Meine Tante hat sich um mich gekümmert.«
»Das ist eine fabelhafte Person«, sagte Monique. »Sie leitet eine Schule. Sie ist das genaue Gegenteil von Madame Guérin. Cordelia hat es gut. Sie wird in der Schule ihrer Tante arbeiten, und eines Tages wird ihr das Institut gehören. Kann man sich Cordelia als Schulvorsteherin vorstellen?«
Er lächelte mich offen an. »Ich kann mir Cordelia als alles vorstellen, was sie zu sein wünscht. Sie ist also eine vermögende Dame?«
»Wenn Sie mich fragen, so hat sie's von uns allen am glücklichsten getroffen«, bemerkte Monique.
Er blickte mich unverwandt an. »Ja«, sagte er, »ich glaube, Cordelia kann wahrhaftig glücklich sein.«
»Warum sagen Sie, ›sie kann‹?« fragte Frieda.
»Weil es von ihr selbst abhängt. Ist sie vorsichtig? Zögert sie, oder ergreift sie die Gelegenheiten, die sich ihr bieten?«
Die Mädchen sahen sich gegenseitig an, dann blickten sie zu mir.
»Ich würde sagen, ja«, meinte Monique.
»Die Zeit wird es an den Tag bringen«, entgegnete er.
Er hatte eine eigenartige, etwas altväterliche Art. Vielleicht lag es an seinem Englisch, das wohl nicht seine Muttersprache war, wenngleich er es fließend sprach. Ich glaubte eine Spur von einem deutschen Akzent herauszuhören.
»Immer müssen wir warten, bis die Zeit etwas an den Tag bringt«, sagte Frieda verdrießlich.
»Was wünschen Sie denn, meine junge Dame? Einen Blick in die Zukunft zu tun?«

»Das wäre spaßig«, lachte Monique. »In der Stadt war eine Wahrsagerin. Madame de Guérin hatte es zwar verboten, aber ich glaube, ein paar sind doch hingegangen.«
»Es kann sehr aufschlußreich sein«, sagte er.
»Sie meinen ... in die Zukunft zu blicken?« kam es von Monique. Er beugte sich vor und ergriff ihre Hand. Sie stieß einen leisen Schrei aus. »Oh ... können Sie etwa die Zukunft voraussagen?«
»Die Zukunft voraussagen? Wer kann das schon? Allerdings gibt es manchmal Visionen ...«
Wir waren wie gebannt. Mein Herz klopfte wild. Diese Begegnung war überaus ungewöhnlich.
»Sie, Mademoiselle«, er sah Monique an, »werden Ihr Leben lang lachen. Sie werden in das *Château* Ihrer Väter zurückkehren.« Er ließ ihre Hand los und schloß die Augen. »Es liegt mitten im Land. Es ist von Weinbergen umgeben. Die Türme mit den Pechnasen reichen bis an den Himmel. Ihr Vater trifft Arrangements, die seiner Familie würdig sind. Er ist ein stolzer Mann. Werden Sie seinem Wunsch gemäß heiraten, Mademoiselle?«
Monique machte ein verblüfftes Gesicht. »Ich nehme an, ich werde Henri heiraten ... eigentlich habe ich ihn ganz gern.«
»Und etwas anderes würde Ihr Vater auch nicht zulassen. Und Sie, Fräulein, sind Sie ebenso fügsam wie Ihre Freundin?«
»Das ist schwer zu sagen«, erwiderte Frieda auf ihre nüchterne Art. »Manchmal denke ich, ich tu, was mir gefällt, und wenn ich dann zu Hause bin, ist alles ganz anders.«
Er lächelte sie an. »Sie machen sich nichts vor, und das ist im Leben ein großer Vorzug. Sie werden stets wissen, welchen Weg Sie gehen und warum – auch wenn es nicht immer der Weg Ihrer Wahl ist.«
Darauf wandte er sich an Lydia. »Ah, Miss«, fuhr er fort, »welches ist Ihr Schicksal?«
»Das weiß der Himmel«, erwiderte Lydia. »Ich schätze, mein Vater kümmert sich mehr um meine Brüder. Die sind um eini-

ges älter als ich und glauben immer, Knaben seien wichtiger.«
»Sie werden ein schönes Leben haben«, erklärte er ihr.
Lydia lachte. »Es ist fast, als sagten Sie uns unser Schicksal voraus.«
»Ihr Schicksal bestimmen Sie selbst«, erwiderte er. »Ich habe lediglich ein gewisses ... wie soll ich sagen ... Feingefühl.«
»Jetzt ist Cordelia an der Reihe«, rief Monique.
»Cordelia?«
»Sie haben ihr noch nichts gesagt ... was aus ihr wird.«
»Ich habe gesagt«, entgegnete er freundlich, »daß das von Cordelia selbst abhängt.«
»Aber haben Sie ihr denn nichts zu sagen?«
»Nein. Cordelia wird Bescheid wissen ... wenn die Zeit reif ist.«
Wir verstummten. Das Schweigen des Waldes hüllte uns ein. Über uns ragte der grotesk geformte Felsen auf, der mit einiger Phantasie durchaus bedrohliche Züge annehmen konnte.
Dann ergriff Monique das Wort. »Es ist ziemlich unheimlich hier«, sagte sie schaudernd.
Plötzlich durchbrach ein Laut die Stille. Es war der Ruf des Fuhrmanns. Seine Stimme schien auf dem Berg aufzutreffen und hallte durch den Wald wider.
»Wir hätten schon vor zehn Minuten aufbrechen müssen«, stellte Frieda fest. »Wir müssen uns sputen.«
Wir sprangen auf. »Auf Wiedersehen«, sagten wir zu dem Fremden.
Dann machten wir uns auf den Weg. Nach ein paar Sekunden blickte ich zurück. Der Fremde war verschwunden.

Wir kamen zu spät zurück, aber keiner sagte etwas, und niemand verlangte die Handschuhe zu sehen, die wir angeblich in der Stadt gekauft hatten.
Nach dem Abendessen kam Elsa in unser Zimmer. Es war die

halbe Stunde vor dem Gebet, wonach wir uns für die Nacht zurückzogen.
»Na«, fragte Elsa, »habt ihr etwas gesehen?« Ihre Augen glitzerten vor Neugier.
»Da war etwas«, gab Frieda zu.
»Etwas?«
»Ja doch, ein Mann«, ergänzte Monique.
»Je mehr ich darüber nachdenke«, fügte Lydia hinzu, »um so merkwürdiger kommt er mir vor.«
»Erzählt schon«, rief Elsa, »erzählt doch.«
»Also, wir saßen dort . . .«
»Lagen«, sagte Frieda, die Wert auf genaue Details legte.
»Unter dem Baum ausgestreckt«, fuhr Lydia ungeduldig fort, »als er plötzlich da war.«
»Du meinst, er ist erschienen?«
»So könnte man es nennen.«
»Wie sah er aus?«
»Gut. Eigentümlich . . .«
»Weiter, weiter . . .«
Wir schwiegen alle, während wir uns bemühten, uns zu erinnern, wie er ausgesehen hatte.
»Was ist denn mit euch los?« wollte Elsa wissen.
»Nun ja, es ist schon ziemlich merkwürdig, wenn man es recht bedenkt«, sagte Monique. »Ist euch aufgefallen, daß er von uns allen was wußte? Er hat das *Château* mitsamt Weinbergen und Türmen genau beschrieben.«
Frieda bemerkte trocken: »Viele *Châteaux* in Frankreich haben eigene Weinberge und Türme mit Pechnasen.«
»Ja«, gab Monique zu, »und doch . . .«
»Ich glaube, am meisten hat ihn Cordelia interessiert«, verkündete Lydia.
»Wie kommst du darauf?« wollte ich wissen. »Er hat mir nichts gesagt.«
»Na ja, so wie er dich angeguckt hat . . .«
»Ihr erzählt mir ja gar nichts«, beklagte sich Elsa. »Ich hab' euch dahin geschickt, vergeßt das nicht. Ich hab' ein Recht zu erfahren, was los war.«

»Ich sag' dir, was geschehen ist«, ließ sich Frieda vernehmen. »Wir waren so dumm, in den Wald zu gehen, statt uns in der Stadt an den köstlichen *petits fours* gütlich zu tun . . . und weil wir so dumm waren, wollten wir unbedingt, daß etwas geschah. Es passierte aber nichts weiter, als daß ein Mann auftauchte, der sagte, er habe uns lachen hören und wolle sich ein Weilchen mit uns unterhalten.«

»Das sieht Frieda ähnlich, alles fein säuberlich zu erklären«, stellte Lydia fest. »Ich für mein Teil bin überzeugt, daß mehr dahintersteckt.«

»Ich wette, er ist der zukünftige Ehemann von einer von euch«, sagte Elsa. »So lautet die Sage.«

»Wenn du daran glaubst, warum bist du dann nicht mitgekommen, um deinen Zukünftigen zu sehen?« fragte ich.

»Ich konnte doch nicht weg. Ich werde beobachtet. Sie haben mich im Verdacht, daß ich mich vor der Arbeit drücke.«

»Sei beruhigt«, spottete Frieda, »dieser Verdacht wird sich bald bestätigen.«

Elsa lachte mit uns. Wenigstens sie war mit dem Ausflug zufrieden.

Den ganzen November schmiedeten wir Pläne für die Heimreise. Mir war sonderlich zumute. Einesteils widerstrebte es mir, allen Lebewohl sagen zu müssen, doch andererseits freute ich mich auf zu Hause. Monique, Frieda und Lydia sagten, wir müßten in Verbindung bleiben. Lydia wohnte in London, aber ihre Familie besaß ein Landhaus in Essex. Dort verbrachte sie meistens ihre Ferien, so daß wir nicht allzuweit voneinander entfernt sein würden.

Noch Tage nach jener Begegnung im Wald sprachen wir viel über unser Abenteuer am Pilcherberg. Wir hatten es rasch in ein unheimliches Erlebnis verwandelt und den Fremden mit allen möglichen Absonderlichkeiten ausgestattet. Laut Monique hatte er stechende Augen mit dem Widerschein eines unirdischen Lichtes. Sie bauschte auf, was er ihr erzählt hatte, und glaubte allmählich, daß er ihr eine akkurate, minuziöse Beschreibung vom *Château* ihres Vaters geliefert habe. Lydia behauptete, ihr seien Schauder über den Rücken gelaufen, und sie sei überzeugt, daß er kein menschliches Wesen gewesen sei.

»Unsinn«, meinte Frieda, »er machte einen Spaziergang im Wald, als er auf uns traf und dann eine kleine Unterhaltung mit uns kichernden Mädchen führte.«

Ich wußte nicht recht, was ich denken sollte, und wenn mir auch klar war, daß diese Begegnung beträchtlich ausgeschmückt worden war, so hatte sie dennoch einen tiefen Eindruck auf mich gemacht.

Die Schulferien begannen Ende der ersten Dezemberwoche. Da die meisten von uns eine weite Reise vor sich hatten, sorgte Madame de Guérin stets dafür, daß wir abreisten, bevor dichter Schnee die Straßen unpassierbar machte.

Sieben Mädchen aus England reisten zusammen. Fräulein Mainz brachte uns zum Zug, und es war so arrangiert, daß uns in Calais jemand von einer Reiseagentur auf die Fähre begleitete. In Dover würden wir dann von unseren Angehörigen abgeholt werden.

Ich hatte die Reise schon mehrmals gemacht, aber da dies das letzte Mal war, kam uns alles ganz anders vor.

Wir hatten ein Abteil für uns allein. Die Jüngeren brachen, wie wir auf früheren Reisen, angesichts der Großartigkeit der Bergwelt in Ahs und Ohs aus und blieben am Fenster, während wir durch die majestätische Schweizer Landschaft fuhren. Auf die älteren – darunter auch Lydia und ich – machte das keinen Eindruck mehr.

Die Fahrt erschien endlos; wir redeten, wir lasen, machten Spiele, nickten ein.

Die meisten waren eingeschlummert. Als ich zufällig in den Gang hinausblickte, sah ich einen Mann vorbeigehen. Er warf einen Blick in unser Abteil. Mir stockte der Atem. Er schien mich anzusehen, aber ich war nicht sicher, ob er mich erkannte. Binnen Sekunden war er vorüber.

Ich drehte mich zu Lydia um, die schlafend neben mir saß, sprang auf und trat in den Gang. Von dem Mann war nichts zu sehen.
Ich kehrte auf meinen Platz zurück und stieß Lydia an.
»Ich . . . ich hab' ihn gesehen«, flüsterte ich.
»Was hast du gesehen?«
»Den Mann . . . den Mann im Wald . . .«
»Du träumst«, sagte Lydia.
»Nein. Ich bin ganz sicher. Er war wie der Blitz verschwunden.«
»Warum hast du ihn nicht angesprochen?«
»Er war zu schnell vorüber. Ich bin hinterhergegangen, aber er war verschwunden.«
»Du hast geträumt«, murmelte Lydia und schloß die Augen wieder.
Ich war aufgewühlt. Konnte es sich um eine Erscheinung gehandelt haben? Es war so schnell vorüber. Er war dagewesen . . . und dann war er weg. Er muß sich sehr geschwind den Gang entlang bewegt haben. War es wirklich der Mann gewesen, oder hatte ich geträumt? Vielleicht hatte Lydia recht.
Ich hielt während der Weiterfahrt nach Calais nach ihm Ausschau, aber er war nicht da.
Der Zug kam wegen Schneetreibens mit acht Stunden Verspätung in Calais an. Das bedeutete, daß wir die Nachtfähre nehmen mußten. Es war gegen zwei Uhr morgens, als wir an Bord gingen.
Lydia fühlte sich nicht wohl; ihr war kalt und ein wenig übel. Sie hatte unten ein Plätzchen gefunden, wo sie sich in eine Decke hüllen und hinlegen konnte. Ich hatte das Bedürfnis nach frischer Luft und sagte ihr, ich werde an Deck gehen. Ich ließ mir eine Decke geben und nahm mir einen Stuhl. Sicher, es war kalt, aber unter meiner Decke war mir recht behaglich. Lydia hätte gewiß klüger daran getan, mit mir nach oben zu kommen, statt sich im unbelüfteten Teil des Schiffes aufzuhalten.
Ein blasser Halbmond schien, und an dem klaren Nachthim-

mel waren Myriaden von Sternen zu sehen. Nicht weit entfernt hörte ich die Stimmen der Mannschaft, und ich genoß das sanfte Schaukeln des Schiffes. Es ging kein Wind, und ich rechnete nicht mit einer rauhen Überfahrt.
Ich dachte an die Zukunft. Mit Tante Patty würde es stets Spaß geben. Ich stellte mir lange gemütliche Abende am Kaminfeuer im Wohnzimmer vor, während sie heiße Schokolade trank und Makronen knabberte, für die sie eine besondere Vorliebe hegte. Wir würden über die Geschehnisse des Tages lachen, denn mit ihr würde es immer etwas zum Lachen geben. O ja, ich freute mich darauf.
Schläfrig schloß ich die Augen. Die Reise war ermüdend gewesen, und beim Einschiffen hatte es viel Wirbel gegeben. Ich durfte jedoch nicht fest einschlafen, weil ich zurück zu Lydia mußte, bevor das Schiff anlegte.
Ich nahm eine schwache Bewegung an meiner Seite wahr und öffnete die Augen. Ein Stuhl war leise verrückt worden und stand nun mitsamt seinem Insassen neben mir.
»Haben Sie etwas dagegen, wenn ich mich zu Ihnen setze?«
Mein Herz begann wild zu hämmern. Dieselbe Stimme. Dasselbe Flair, als sei er nicht ganz von dieser Welt. Es war der Mann aus dem Wald.
Einen Augenblick war ich so erschrocken, daß ich nicht sprechen konnte.
Der Mann sagte: »Ich werde still sein, wenn Sie schlafen möchten.«
»O nein . . . nein . . . Sie sind . . . Sie sind es doch?«
»Wir sind uns schon einmal begegnet«, begann er.
»Waren . . . waren Sie im Zug?«
»Ja.«
»Ich sah Sie am Fenster vorbeigehen.«
»Ja.«
»Wollen Sie nach England?«
Eine alberne Frage. Wo hätte er auf der Kanalfähre denn sonst hinwollen?
»Ja«, erwiderte er. »Ich bin sicher, daß wir uns während meines Aufenthaltes dort sehen werden.«

»O ja. Es wäre mir ein Vergnügen. Sie müssen uns besuchen. Grantley Manor, Canterton, Sussex. Nicht weit von Lewes. Es ist ganz leicht zu finden.«
»Ich werde es nicht vergessen«, sagte er. »Wir werden uns wiedersehen.«
»Sind Sie auf dem Weg nach Hause?«
»Ja.«
Ich wartete, aber er sagte mir nicht, wohin. Er hatte etwas Zurückhaltendes, etwas, das mich warnte, Fragen zu stellen.
»Sie freuen sich gewiß auf Ihre Frau Tante.«
»O ja.«
»Sie ist anscheinend eine recht großzügige Dame.«
»Großzügig? Ja, das ist sie wohl. Sie ist warmherzig und liebenswert, und ich glaube nicht, daß sie jemals jemandem etwas Böses gewünscht hat. Sie hat Witz und Humor, dabei ist sie aber nie verletzend ... es sei denn, jemand verletzt sie oder die, die ihr nahestehen. Dem würde sie es genüßlich heimzahlen. Sie ist ein wunderbarer Mensch.«
»Sie hängen offenbar sehr an ihr.«
»Sie war mir eine Mutter, als ich sie nötig hatte.«
»Sichtlich eine einzigartige Persönlichkeit.« Nach kurzem Schweigen fuhr er fort: »Erzählen Sie mir von sich.«
»Sie möchten wohl nicht gern über sich reden«, gab ich zurück.
»Später. Jetzt sind Sie an der Reihe.«
Das war wie ein Befehl, und im Nu sprach ich von meiner Kindheit, und mir fielen Dinge ein, die ich bis zu diesem Augenblick vergessen wähnte. Ich erinnerte mich an Geschehnisse in Afrika, an die scheinbar endlosen Stunden in der Halle des Missionsgebäudes, an Hymnengesang, Gebete, kleine schwarze Kinder, die im Staub spielten, an die bunten Perlen, die ihnen um Hals und Taille baumelten, an fremdartige Insekten, die wie Stäbe aussahen und ebenso bösartig waren wie die Schlangen, die durch das Gras glitten, und vor denen man sich in acht nehmen mußte. Vor allem aber sprach ich von Tante Patty und der Villa und der Schule, und wie ich mich darauf freute, dort zu unterrichten.

»Sie sind bestens dazu geeignet«, meinte der Mann.
»O ja, dafür hat Tante Patty gesorgt. Ich wurde in zahlreichen Fächern ausgebildet, und dann ging ich nach Schaffenbrukken, um den letzten Schliff zu erhalten, wie Tante Patty es ausdrückt.«
»Eine sehr kostspielige Schule. Tante Patty muß eine vermögende Dame sein, wenn sie sich leisten kann, ihre Nichte dorthin zu schicken.«
»Ich glaube, sie betrachtet es eher als lohnende Anlage.«
»Erzählen Sie mir von der Villa«, bat er.
Ich beschrieb ihm Zimmer für Zimmer und die Umgebung. Das Grundstück war zwanzig Morgen groß. »Wir haben eine Pferdekoppel, Ställe und Sportplätze.«
»Es scheint sehr weitläufig zu sein.«
»Die Schule hat einen guten Ruf. Tante Patty ist stets bemüht, ihn noch zu verbessern.«
»Ihre Tante Patty gefällt mir.«
»Man kann gar nicht anders.«
»Anhängliche Miss Cordelia.«
Er lehnte sich zurück und schloß die Augen. Ich hielt dies für ein Anzeichen, daß er eine Weile nicht sprechen wolle. Daher schwieg ich auch.
Das Schaukeln des Schiffes war beruhigend, und da ich sehr müde und es mitten in der Nacht war, verfiel ich in einen leichten Schlummer. Plötzlich wurde ich von geschäftigen Geräuschen geweckt. Vor mir konnte ich die Küste erkennen. Ich wandte mich zu meinem Begleiter um. Es war niemand da. Sein Stuhl und seine Decke waren verschwunden. Ich stand auf und sah mich um. Es waren nicht viele Leute an Deck, und von dem Mann war nichts zu sehen. Ich ging zu Lydia hinunter.

Tante Patty erwartete mich am Kai. Sie sah noch rundlicher aus, als ich sie in Erinnerung hatte. Ihr Hut war ein Gedicht – mit Rüschen aus blauen Bändern und einer Schleife, so breit wie sie selbst.

Sie drückte mich liebevoll an sich. Ich stellte ihr Lydia vor, die sich nicht enthalten konnte zu sagen: »Sie sieht genau so aus, wie du sie beschrieben hast.«
»Hast wohl in der Schule Klatschgeschichten über mich verbreitet, was?« argwöhnte Tante Patty.
»Sie hat nur Gutes über Sie erzählt«, erklärte Lydia. »Sie hat in uns allen den Wunsch geweckt, auf Ihre Schule zu gehen.«
Ich wurde flüchtig der Frau vorgestellt, die Lydia abholen gekommen war. Sie war wohl eine Art Haushälterin, und ich war glücklich, daß Tante Patty mich persönlich abgeholt hatte.
Tante Patty und ich setzten uns in den Zug. Wir plauderten ohne Unterlaß.
Ich sah mich nach dem Fremden um, aber er war nirgends zu sehen. Es wimmelte von Menschen, und es hätte schon wundersam zugehen müssen, wenn ich ihn hätte entdecken können; doch ich hätte zu gern gewußt, wohin er wollte.
In Canterton – der Bahnhof war kaum mehr als eine Haltestelle – nahmen wir eine Droschke und waren in kürzester Zeit zu Hause. Ich war wie immer nach längerer Abwesenheit vom Anblick von Grantley Manor gerührt. Der rote Backsteinbau mit den Gitterfenstern wirkte eher anmutig denn herrschaftlich, vor allem aber wirkte er anheimelnd.
»Liebes altes Haus«, sagte ich.
»Du hast es gern, nicht wahr?«
»Natürlich. Ich weiß noch, wie ich es zum erstenmal sah ... damals wußte ich gleich, daß alles gut werden würde, weil ich dich hatte.«
»Gott segne dich, mein Kind. Aber glaube mir, Backstein und Mörtel ergeben noch kein Heim. Das findest du nur dort, wo du die Menschen findest, die dir ein Heim schaffen.«
»Wie du, Tante Patty. Die Mädchen hören ausgesprochen gern von dir ... von den Makronen, den Hüten und allem. Sie nennen dich Tante Patty, als wärest du auch ihre Tante. Am liebsten würde ich dann sagen, ›nun hört aber auf. Sie ist meine Tante.‹«
Wie schön es war, in die Diele zu treten, das Bienenwachs und

das Terpentin zu riechen, das immer an den Möbeln haftete und sich mit den Küchengerüchen jenseits der Trennwand mischte.
»Eine komische Zeit zum Ankommen ist das. Es ist kurz nach Mittag. Bist du müde?«
»Eigentlich nicht. Bloß aufgeregt, weil ich wieder zu Hause bin.«
»Später wirst du bestimmt müde. Am besten, du ruhst dich heute nachmittag aus. Danach möchte ich mit dir reden.«
»Natürlich. Dies ist der große Augenblick. Ich habe Schaffenbrucken Lebewohl gesagt.«
»Ich bin froh, daß du dort warst, Cordelia. Es wird sich als ein Segen erweisen.«
»Und die Schülerinnen werden nur so herbeiströmen.«
Tante Patty hüstelte leise und sagte: »Du wirst die Mädchen bestimmt vermissen, und die Berge und alles.«
»Am meisten hab' ich dich vermißt, Tante Patty.«
»Ach, Unsinn«, sagte sie, doch sie war zutiefst gerührt.
Wäre ich nicht wegen des Fremden ein wenig verwirrt gewesen, wäre mir vielleicht aufgefallen, daß Tante Patty anders war als sonst. Es war fast unmerklich, aber ich kannte meine Tante ja so gut. Dann hätte ich mich womöglich gefragt, ob sie nicht eine Spur weniger überschwenglich als üblich sei.
Ich erhielt allerdings einen Hinweis von Violet Barker, Tante Pattys Haushälterin, Gesellschafterin und ergebener Freundin, die schon bei ihr gewesen war, als ich vor vielen Jahren zu ihr kam. Violet war ziemlich knochig und hager – das genaue Gegenteil von Tante Patty. Sie paßten fabelhaft zusammen. Violet hatte mit der Unterrichtung der Schülerinnen nichts zu schaffen, sondern sie führte fachkundig den Haushalt und war ein wichtiger Bestandteil des Anwesens.
Violet betrachtete mich dermaßen eindringlich, daß ich dachte, Tante Patty müsse so ernsthaft vom Schaffenbruckener Schliff gesprochen haben, daß Violet versuchte, ihn wahrzunehmen. Dann sagte sie unvermittelt: »Es ist das Dach. Sie sagen, es muß innerhalb der nächsten zwei Jahre gerichtet wer-

den. Und das ist noch nicht alles. Die Westwand muß abgestützt werden. Bis jetzt hatten wir einen feuchten Winter. Das macht deiner Tante Sorgen. Hat sie etwas gesagt?«
»Nein. Ich bin ja auch eben erst nach Hause gekommen.«
Violet nickte und preßte die Lippen fest zusammen. Ich hätte ahnen können, daß etwas nicht stimmte.
Als Tante Patty, Violet und ich abends nach dem Essen gegen halb neun im Wohnzimmer beisammen saßen, erzählte sie es mir. Mir stockte der Atem, und ich glaubte, ich hätte nicht richtig gehört, als sie sagte: »Cordelia, ich habe das Haus verkauft.«
»Tante Patty! Was soll das heißen?«
»Ich hätte dich darauf vorbereiten sollen. Die Umstände waren in den letzten drei Jahren nicht gerade günstig.«
»Ach, Tante Patty.«
»Mein liebes Kind, mach nicht so ein betrübtes Gesicht. Alles wird sich zum Besten wenden, dessen bin ich sicher. Es tut mir leid, daß ich dich vor vollendete Tatsachen stellen muß. Aber es ging nicht anders, nicht wahr, Vi? Wir haben hin und her überlegt, und dann bekamen wir dieses Angebot. Sieh dir nur mal das Dach und die Westwand an. Man muß ein Vermögen in das Haus stecken. Die Zeiten waren nicht gut in den letzten Jahren. Ich habe viele Schulden gemacht.«
Das hatte ich geahnt. Ich wußte, daß die Eltern von wenigstens drei ihrer Schülerinnen das Schulgeld kaum aufbringen konnten. »Alles gescheite Mädchen«, pflegte Tante Patty zu sagen. »Gereichen der Schule zur Ehre.« Es waren harte Zeiten. Verwässerte Suppe kam für Grantley nicht in Frage. Ich hatte mich oft gefragt, wie sie mit dem Schulgeld, das sie verlangte, zurechtkäme, aber da sie die Angelegenheit nie erwähnte, nahm ich an, alles sei in Ordnung.
»Was machen wir jetzt?« fragte ich.
Tante Patty brach in Lachen aus. »Wir schieben unsere Sorgen beiseite und genießen das Leben, nicht wahr, Violet?«
»Wie du meinst, Patty.«
»Ja«, sagte Tante Patty, »Tatsache ist, daß ich seit einiger Zeit

daran gedacht habe, mich zur Ruhe zu setzen. Ich hätte es schon längst getan, wenn ...« Sie sah mich an, und ich ergänzte: »Wenn ich nicht gewesen wäre. Du wolltest alles für mich bewahren.«

»Ich sah deine Zukunft darin. Ich gedachte mich zurückzuziehen und nur noch als Ratgeberin oder dergleichen tätig zu sein, falls ich gewünscht würde. Deshalb habe ich dich nach Schaffenbrucken geschickt.«

»Du hast mich auf diese teure Schule geschickt, obwohl du bereits in finanziellen Schwierigkeiten warst.«

»Das habe ich für unsere Zukunft getan. Leider haben sich die Dinge anders entwickelt. Es wären enorme Aufwendungen für Reparaturen erforderlich gewesen. Das hätte mich ruiniert. Na ja, nicht ganz, aber es hätte einen Ausweg unmöglich gemacht. So aber ergab sich die Gelegenheit, und ich beschloß zu verkaufen.«

»Bleibt es eine Schule?«

»Nein. Irgendein Millionär möchte das Haus restaurieren und sich als Gutsherr niederlassen.«

»Tante Patty, und was wird aus uns?«

»Es ist alles arrangiert, Liebes. Höchst zufriedenstellend. Wir haben ein bezauberndes Haus in Moldenbury ... in der Nähe von Nottingham. Das ist ein hübsches Dorf mitten auf dem Land. Das Haus ist freilich nicht so groß wie Grantley, und ich kann nur Mary Ann mitnehmen. Ich hoffe, das übrige Personal kann von den neuen Eigentümern von Grantley übernommen werden. Die Eltern haben alle Bescheid bekommen. Wir schließen im Frühjahr. Das ist beschlossene Sache.«

»Und das Haus – wo ist das? In Moldenbury?«

»Wir verhandeln noch deswegen. Es wird binnen kurzem in unsere Hände übergehen. Alles ist zur gegenseitigen Zufriedenheit geregelt. Wir werden genug zum Leben haben, bescheiden vielleicht, aber ausreichend für unsere Bedürfnisse. Wir werden uns dem Landleben hingeben und allen möglichen Beschäftigungen nachgehen, für die wir bisher nie Zeit hatten. Wir werden uns mit heiterem Gemüt anpassen, wie ich immer zu Violet sage.«

Ich sah Violet an. Sie war nicht so optimistisch wie meine Tante, allerdings gehörte Optimismus nicht gerade zu Violets hervorstechenden Eigenschaften.
»Liebe Tante Patty«, sagte ich. »Du hättest es mir sagen sollen. Du hättest mich nicht weiter auf diese Schule gehen lassen dürfen. Das muß sündhaft teuer gewesen sein.«
»Ich pflege Nägel mit Köpfen zu machen und werfe nicht wegen einer Lappalie die Flinte ins Korn, und wenn etwas die Mühe wert ist, dann ist es auch wert, anständig zu Ende geführt zu werden. Ich habe es mit dir ganz richtig gemacht, Cordelia. Schaffenbrucken war gewiß keine Verschwendung. Später erzähle ich dir mehr. Ich zeige dir die Bücher, dann siehst du selbst, wie die Dinge stehen. Ich muß mit dir auch über unser neues Heim sprechen. Wir werden es besichtigen, bevor das nächste Halbjahr beginnt. Es wird dir gefallen. Das kleine Dorf macht einen netten Eindruck. Ich habe schon Bekanntschaft mit dem Pfarrer gemacht. Das scheint ein bezaubernder Herr zu sein. Und seine Frau heißt uns wärmstens willkommen. Ich glaube, wir werden uns recht wohl fühlen.«
»Eher anders«, murrte Violet.
»Veränderung hat immer ihren Reiz«, sagte Tante Patty. »Ich finde, wir bewegen uns schon viel zu lange auf demselben Gleis. Ein neues Leben, Cordelia. Eine Herausforderung. Wir werden zum Wohle unseres neuen Dorfes wirken ... Festlichkeiten, Basare, Veranstaltungen. Es wird bestimmt ein interessantes Leben.«
Sie glaubte daran. Das war das Großartige an Tante Patty. Sie betrachtete alles als amüsant, aufregend und herausfordernd, und sie hatte mich stets überzeugen können, was ihr bei Violet nicht gelang. Tante Patty und ich sagten immer, daß Violet sich am Mißgeschick weidete.
Ich ging sehr verwirrt zu Bett. Hunderte von Fragen gingen mir durch den Kopf. Die Zukunft wirkte im Augenblick recht verschwommen.

Am nächsten Tag erfuhr ich mehr von Tante Patty. Mit der Schule sei es seit einiger Zeit bergab gegangen, erklärte sie mir. Vielleicht verlangte sie nicht genug Schulgeld; sie hatte, wie ihre Vermögensberater ihr vorhielten, zuviel für Essen und Heizmaterial ausgegeben, und der Betrag für diese kostspieligen Posten stand in keinem Verhältnis zu den Einnahmen.

»Ich wollte keine armselige Schule. Meine Schule sollte eben genauso sein, wie ich sie haben wollte, und wenn das nicht möglich ist, dann verzichte ich lieber ganz. Und soweit ist es nun gekommen, Cordelia. Ich kann nicht behaupten, daß es mir leid tut. Ich wollte dir die Schule vererben, aber es ist sinnlos, ein Unternehmen zu vererben, das auf den Bankrott zusteuert. Nein, man muß die Verluste so gering wie möglich halten, sagte ich mir. Und genau das tue ich jetzt. In unserem neuen Heim werden wir uns eine Weile ausruhen und überlegen, was wir als nächstes anfangen.«

Bei ihr hörte sich alles wie der Aufbruch in ein neues aufregendes Abenteuer an, und ich ließ mich von ihrer Begeisterung anstecken.

Am Nachmittag, als der Unterricht in vollem Gange war, machte ich einen Spaziergang. Ich brach gegen zwei Uhr auf und beabsichtigte kurz nach vier, vor dem Dunkelwerden, zurück zu sein. Die Schule ging nächste Woche zu Ende, und danach würde es nur noch ein einziges Halbjahr geben. Es würde Aufbruchsstimmung und Getriebe herrschen; die Lehrerinnen würden Reisen für die Schülerinnen arrangieren und sie zum Bahnhof begleiten, genau wie in Schaffenbrucken. Viele Lehrerinnen fragten sich bestimmt besorgt, wie ihre nächste Stellung sein würde. Nicht viele würden eine Vorgesetzte finden, die so heiter war wie Tante Patty. Eine melancholische Stimmung lag über dem Haus. Schülerinnen wie Lehrerinnen hatten sich in der Atmosphäre von Grantley Manor wohl gefühlt.

Ohne Tante Pattys Beteuerungen, wie herrlich alles werden würde, kam auch in mir Melancholie auf. Ich versuchte mir meine Zukunft vorzustellen. Ich konnte nicht mein ganzes Leben in einem Dorf zubringen, auch nicht, wenn Tante Patty bei mir war. Irgendwie hatte ich den Eindruck, daß auch Tante Patty überzeugt war, daß mir das nicht lag. Ich hatte bemerkt, wie ihr Blick grübelnd auf mir ruhte, recht geheimnisvoll, als habe sie noch etwas in petto, das sie zu unser aller Verwunderung aus dem Ärmel schütteln würde.

Meinen ersten Spaziergang nach meiner Rückkehr genoß ich jedesmal. Meistens ging ich in das Städtchen Canterton, blickte in die Geschäfte und schwatzte mit den Leuten, die ich kannte. Das war jedesmal ein Vergnügen. Heute war es anders. Ich verspürte kein Bedürfnis, mit den Leuten zu reden, denn ich hatte keine Ahnung, wieviel ihnen von Tante Pattys Umzug bekannt war, und mochte mich nicht über etwas unterhalten, von dem ich selbst nichts Näheres wußte.

Ich gelangte an den Waldrand. Dieses Jahr wuchsen eine Menge Beeren an den Stechpalmen. Die Mädchen würden sie bald pflücken, denn die letzte Woche vor den Ferien war dem Weihnachtsfest gewidmet. Sie hatten bereits den Weihnachtsbaum im Aufenthaltsraum geschmückt und die Geschenke darunter gelegt. In der Kapelle würde dann ein Konzert mit Weihnachtsliedern stattfinden. Zum letzten Mal ... Eine traurige Redewendung.

Die blasse Wintersonne wurde vorübergehend zwischen den Wolken sichtbar. Frost lag in der Luft, dennoch war es mild für diese Jahreszeit. Es waren nicht viele Menschen unterwegs. Niemandem war ich begegnet, seit ich die Villa verlassen hatte. Beim Anblick des Waldes fragte ich mich, ob die Mädchen dieses Jahr viele Mistelzweige finden würden. Gewöhnlich mußten sie eifrig danach suchen, was sie um so kostbarer erscheinen ließ. Sie machten ein großes Aufhebens darum, die Zweige an den Stellen anzubringen, wo die Mädchen ergriffen und geküßt werden konnten – sofern ein männliches Wesen in die Nähe kam, das Lust dazu verspürte.

Am Waldrand zögerte ich. Gerade als ich mich entschlossen

hatte, den Rückweg anzutreten, hörte ich Schritte hinter mir, und ehe ich mich umdrehte, wußte ich, wer es war.

»Wie?« rief ich. »Sie hier?«

»Ja«, lächelte er. »Sie sagten mir, daß Sie in Canterton wohnen, deshalb wollte ich es mir mal ansehen.«

»Sind Sie . . . hier abgestiegen?«

»Vorübergehend«, erwiderte er.

»Auf dem Weg nach . . .«

»Anderswo. Ich gedachte Sie aufzusuchen, aber ich hoffte Sie vorher zu treffen, damit ich fragen konnte, ob mein Besuch genehm sei. Ich bin an der Villa vorbeigekommen. Ein hübsches altes Haus.«

»Sie hätten hereinkommen sollen.«

»Vorher wollte ich mich vergewissern, daß Ihre Frau Tante mich empfangen möchte.«

»Aber das hätte sie mit dem größten Vergnügen getan.«

»Immerhin«, fuhr er fort, »sind wir uns nicht offiziell vorgestellt worden.«

»Wir sind uns viermal begegnet, wenn man das eine Mal im Zug mitzählt.«

»Ja«, sagte er langsam, »ich habe das Gefühl, als wären wir alte Freunde. Gewiß wurden Sie daheim wärmstens willkommen geheißen?«

»Tante Patty ist ein Schatz.«

»Sie hängt offenbar sehr an Ihnen.«

»Ja.«

»Es war also eine überglückliche Heimkehr?«

Ich zögerte.

»Nicht?« fragte er.

Ich schwieg ein paar Sekunden, und er sah mich ein wenig besorgt an. Dann meinte er: »Wollen wir durch den Wald wandern? Ich finde ihn in dieser Jahreszeit besonders schön. Die Bäume sind so hübsch ohne Blätter, finden Sie nicht? Schauen Sie nur, was für ein Muster so ein Baum gegen den Himmel bildet.«

»Ja, wahrhaftig. Im Winter ist es hier noch schöner als im

Sommer. Eigentlich ist dies gar kein richtiger Wald. Eher ein Hain mit Baumgruppen, höchstens eine Viertelmeile tief.«
»Lassen Sie uns trotzdem zwischen den schönen Bäumen wandern. Dabei können Sie mir erzählen, wieso Ihre Heimkehr nicht so war wie sonst.«
Ich zögerte immer noch, und er sah mich mit leicht vorwurfsvoller Miene an. »Mir können Sie vertrauen«, sagte er. »Bei mir sind Ihre Geheimnisse gut aufgehoben. Kommen Sie, sagen Sie mir, was Sie bedrückt.«
»Alles war ganz anders, als ich erwartet hatte. Tante Patty hatte mir überhaupt keine Andeutung gemacht.«
»Keine Andeutung?«
»Daß nicht alles so war, wie es hätte sein sollen. Sie . . . Sie hat Grantley Manor verkauft.«
»Das schöne Haus? Und was ist mit dem florierenden Unternehmen?«
»Offenbar hat es nicht floriert. Ich war wie erschlagen. Man nimmt diese Dinge so selbstverständlich hin, und Tante Patty hat niemals eine Andeutung gemacht, daß wir ärmer würden.«
Plötzlich schien ein kalter Luftzug durch den Wald zu wehen. Der Mann war stehengeblieben und sah mich zärtlich an. »Mein armes Kind«, sagte er.
»Ach, so schlimm ist es wieder auch nicht. Wir werden nicht verhungern. Tante Patty meint, es wendet sich alles zum Guten. Aber so ist sie ja immer.«
»Erzählen sie . . . wenn Sie möchten.«
»Ich weiß nicht, warum ich mit Ihnen darüber spreche – es ist wohl, weil Sie so teilnahmsvoll wirken. Sie erscheinen einfach, zuerst im Wald, dann auf dem Schiff und jetzt . . . Sie kommen mir ziemlich mysteriös vor.«
Er lachte. »Das macht es Ihnen um so leichter, sich mir anzuvertrauen.«
»Ja, schon möglich. Ich hatte gar keine rechte Lust, in die Stadt zu gehen, weil ich nicht mit den Leuten dort reden wollte, die uns seit Jahren kennen.«

»Fein, reden Sie lieber mit mir.«
Ich erzählte ihm, daß Tante Patty die Villa verkaufen mußte, weil der Unterhalt zu kostspielig war, und daß wir in ein kleines Haus in einer anderen Gegend ziehen würden.
»Was werden Sie tun?«
»Ich weiß es nicht. Wir haben dieses Häuschen gemietet, irgendwo in Mittelengland, glaube ich. Ich weiß noch nicht viel darüber. Tante Patty findet es anscheinend nicht übel, aber ich merke, daß Violet – das ist ihre Freundin, die bei uns lebt – schon sehr verstört ist.«
»Das kann ich verstehen. Welch furchtbarer Schlag für Sie! Ich versichere Sie meines tiefsten Mitgefühls. Sie schienen so fröhlich, als ich Sie mit Ihren Freundinnen im Wald sah, und ich hatte den Eindruck, daß die anderen Sie ein wenig beneideten.«
Wir wanderten über das verfärbte Gras, und die Wintersonne blinkte durch die kahlen Zweige der Bäume. Die Luft war erfüllt vom Geruch feuchter Erde und Laubwerks, und ich hatte unwillkürlich das Gefühl, daß sich etwas Bedeutendes ereignen würde, weil dieser Mann bei mir war. Ich sagte: »Wir haben genug über mich gesprochen. Jetzt erzählen Sie mir von sich.«
»Das würden Sie nicht sehr interessant finden.«
»O doch, ganz gewiß. Sie haben so eine Art zu . . . erscheinen. Das ist wirklich sehr faszinierend. Wie Sie im Wald plötzlich bei uns waren . . .«
»Ich machte einen Spaziergang.«
»Es war so seltsam, daß Sie dort waren, und dann im Zug und auf der Fähre . . . und jetzt hier.«
»Ich bin hier, weil es auf meinem Weg lag, und da dachte ich, ich schaue mal bei Ihnen herein.«
»Auf Ihrem Weg wohin?«
»Nach Hause.«
»Dann leben Sie also in England.«
»Ich habe ein Haus in der Schweiz. Aber ich würde sagen, England ist mein Zuhause.«

»Und nun sind Sie auf dem Weg dorthin. Und ich weiß nicht einmal Ihren Namen.«
»Habe ich ihn nie erwähnt?«
»Nein. Im Wald neulich . . .«
»Da war ich nur ein Vorübergehender, nicht wahr? Es wäre nicht *comme il faut* gewesen, Visitenkarten auszutauschen.«
»Und dann auf der Fähre . . . Sie waren ganz einfach da.«
»Sie schienen mir ziemlich schläfrig zu sein.«
»Lüften wir das Geheimnis. Wie heißen Sie?«
Er zögerte, und ich hatte den Eindruck, daß er es mir nicht sagen wollte. Dafür mußte es einen Grund geben. Er war wahrhaftig ein Rätsel. Dann sagte er plötzlich: »Mein Name ist Edward Compton.«
»Oh . . . Sie sind also doch Engländer. Ich war mir nicht ganz sicher. Wo wohnen Sie?«
»In Compton Manor.«
»Ist das weit von hier?«
»Ja. In Suffolk. In einem kleinen Dorf, von dem Sie bestimmt noch nie gehört haben.«
»Wie heißt es?«
»Croston.«
»Nein. Davon habe ich noch nie gehört. Ist es weit von Bury St. Edmunds?«
»Das ist die nächste Stadt.«
»Und Sie sind jetzt auf dem Weg dorthin?«
»Ja.«
»Bleiben Sie länger in Canterton?«
»Ich denke schon.«
»Wie lange?«
Er sah mich eindringlich an und sagte: »Das hängt von . . .«
Ich spürte, wie ich leicht errötete. Es hing von mir ab, gab er mir zu verstehen. Die Mädchen hatten gesagt, daß er nur an mir interessiert sei, und ich hatte es schon bei unserer ersten Begegnung im Wald gespürt.
»Sie sind gewiß im Three Feathers abgestiegen. Es ist klein, aber es steht im Ruf, sehr behaglich zu sein. Hoffentlich haben Sie es dort bequem.«

»Ich bin gut untergebracht«, bestätigte er.
»Sie müssen Tante Patty kennenlernen.«
»Das wäre mir ein Vergnügen.«
»Ich muß jetzt umkehren. Es wird schon so früh dunkel.«
»Ich begleite Sie nach Hause.«
Wir traten aus dem Wald auf die Straße. Vor uns lag die Villa. Sie sah schön aus in dem bereits verblassenden Licht.
»Wie ich sehe, bewundern Sie das Haus«, sagte ich.
»Traurig, daß Sie es aufgeben müssen«, erwiderte er.
»Ich habe mich noch nicht an den Gedanken gewöhnt, aber wie Tante Patty sagt, Backsteine und Mörtel machen noch kein Heim. Wir wären hier nicht glücklich, wenn wir uns die ganze Zeit sorgen müßten, ob wir es uns überhaupt leisten können. Außerdem wären bald Instandsetzungsarbeiten fällig, sonst würde das Haus über unseren Köpfen zusammenstürzen.«
»Wie betrüblich.«
Ich blieb stehen und lächelte ihn an. »Ich verlasse Sie jetzt, es sei denn, Sie möchten mit hereinkommen.«
»N. . . nein. Lieber nicht. Vielleicht nächstes Mal.«
»Morgen. Kommen Sie zum Tee. Um vier Uhr. Tante Patty macht ein ziemliches Zeremoniell aus der Teestunde. Wie bei allen Mahlzeiten. Kommen Sie kurz vor vier.«
»Danke«, sagte er.
Dann ergriff er meine Hand und verbeugte sich.
Voll innerer Erregung lief ich ohne einen Blick zurück ins Haus. Dieser Mann hatte etwas äußerst Faszinierendes an sich. Wenigstens kannte ich jetzt seinen Namen. Edward Compton von Compton Manor. Ich stellte mir das Haus vor . . . roter Backstein in reinstem Tudorstil, ähnlich wie unsere Villa. Kein Wunder, daß er sich an Grantley interessiert zeigte und ehrlich erschüttert war, weil wir es verkaufen mußten. Er würde es verstehen, was es bedeutete, sich von einem alten Haus zu trennen, das einem so lange ein Heim gewesen war.
Morgen würde ich ihn wiedersehen. Ich wollte allen Mäd-

chen schreiben und ihnen von dieser aufregenden Begegnung berichten. Auf der Fähre war keine Zeit gewesen, um Lydia zu erzählen, daß ich ihn dort wiedergesehen hatte. Das Ausschiffen und dann das Wiedersehen mit denen, die uns abholen gekommen waren, hatten uns zu sehr in Anspruch genommen.
Vielleicht würde ich ihr mit der Zeit mehr zu berichten haben. Ich war von dem geheimnisvollen Fremden sehr angetan.

Als ich nach Hause kam, befand sich Tante Patty in heller Aufregung. »Ich habe soeben eine Bestätigung von Daisy Hetherington erhalten. Sie kommt uns besuchen. Ende der Woche, auf dem Weg zu ihrem Bruder, bei dem sie das Weihnachtsfest verbringt. Sie macht ein paar Tage bei uns Station.«
Ich hatte sie häufig von Daisy Hetherington sprechen hören, und jedesmal voller Hochachtung. Daisy Hetherington besaß eine der exklusivsten Schulen von England. Tante Patty sprach ohne Unterlaß von ihr, bis ich sie unterbrach: »Tante Patty, es ist etwas Merkwürdiges geschehen. In Schaffenbrukken bin ich einem Mann begegnet, und jetzt ist er zufällig in Canterton. Ich habe ihn für morgen zum Tee eingeladen. Das ist dir doch recht?«
»Aber natürlich, Liebes. Ein Mann, sagst du?« Ihre Gedanken weilten bei Daisy Hetherington. »Wie nett«, fuhr sie geistesabwesend fort. »Ich habe angeordnet, das Tapetenzimmer für Daisy herzurichten. Ich finde, es ist das schönste Zimmer im Haus.«
»Es hat eine schöne Aussicht . . . aber das haben sie eigentlich alle.«
»Sie möchte gewiß alles über den Umzug hören. Sie möchte stets informiert sein über das, was sich in der Welt der Schulen tut. Vielleicht ist sie deswegen so erfolgreich.«
»Tante Patty, das hört sich ja ein kleines bißchen neidisch an. Das sieht dir gar nicht ähnlich.«
»Aber nein, mein Liebes. Ich würde nicht mit Daisy Hethe-

rington tauschen, auch nicht um ihres Instituts Colby Abbey willen. Nein, ich bin zufrieden. Froh, daß ich aufhöre. Es war höchste Zeit. Bedauerlich ist es nur deinetwegen. Ich hätte dir gern ein blühendes Unternehmen hinterlassen . . .« Ihre Augen glitzerten. »Aber man weiß nie, was einen erwartet. Cordelia, ich glaube, in unserem kleinen Dorf auf dem Land wird es ein bißchen still für dich sein. Du warst in Schaffenbrucken und bist bestens ausgebildet. Daisy Hetheringtons Colbey-Abbey-Institut für junge Damen – so lautet der vollständige Name ihrer Schule – hat einen Ruf, den wir nie hatten. Colby kommt Schaffenbrucken gleich . . . jedenfalls fast. Ich habe mich gefragt . . .«

»Tante Patty, hast du Daisy Hetherington eingeladen, oder hat sie darum gebeten, bei uns zu wohnen?«

»Ach weißt du, ich wußte, wie ungern sie in Gasthäusern absteigt. Ich habe ihr erklärt, daß es für sie kaum ein Umweg sei, und daß sie ebensogut ein paar Tage bei uns wohnen könne. Ich habe ein paar Stücke, die sie vielleicht gebrauchen kann. Den Rollschreibtisch zum Beispiel und ein paar Schulpulte und Bücher. Sie war sehr interessiert, außerdem möchte sie dich gern kennenlernen. Ich habe ihr soviel von dir erzählt.«

Ich kannte Tante Patty nur zu gut. Ihre Augen hatten diesen verschmitzten Ausdruck, der mir verriet, daß sie etwas im Schilde führte.

»Wirst du sie etwa bitten, daß sie mir einen Posten in ihrer Schule gibt?«

»Ich werde sie nicht direkt bitten. Und die Entscheidung liegt in jedem Fall bei dir. Das mußt du dir sorgfältig überlegen, Cordelia. Wird dir das Leben auf dem Land zusagen? Ich meine, das Dorfleben, das sich rund um die Kirche abspielt. Das ist eher etwas für alte Tanten, wie Violet und mich, aber für ein junges Mädchen, das ausgebildet wurde im Hinblick darauf, diese Ausbildung auch zu nutzen . . . Nun, die Entscheidung liegt, wie gesagt, bei dir. Wenn du Daisy gefällst . . . Ich weiß, sie wird deine Kenntnisse schätzen. Daisy ist ein guter

Mensch ... ein bißchen streng ... ein bißchen reserviert und sehr, sehr würdevoll ... ganz das Gegenteil von deiner alten Tante Patty, dazu noch eine geschickte Geschäftsfrau, die genau weiß, was sie tut. Du wirst es ja selbst sehen. Wenn sie dich einstellte, würdest du dort nach einer Weile vielleicht in eine gute Position aufsteigen. Ich dachte an eine Teilhaberschaft. Geld? Nun, ich bin nicht völlig mittellos, und mit dem, was ich besitze sowie dem, was ich für Grantley bekomme – ein sehr guter Preis –, werde ich mein Auskommen haben. Die Weihnachtsferien beginnen in Colby Abbey eine Woche früher als bei uns, deshalb habe ich Daisy zu uns eingeladen. Gar keine schlechte Idee, daß sie kommt, wenn die Mädchen in die Ferien gehen. Dann kann sie wenigstens unsere Unterrichtsmethoden nicht kritisieren, was sie sonst bestimmt tun würde. Du wirst sie bewundern. Sie besitzt alle die Eigenschaften, die mir fehlen.«

»Das werde ich sie bestimmt nicht.«

»O doch. Ich war nicht zum Führen einer Schule geeignet, Cordelia. Sehen wir den Tatsachen doch ins Gesicht. Keines der Mädchen hat auch nur die geringste Ehrfurcht vor mir.«

»Aber sie lieben dich!«

»Manchmal ist Respekt wichtiger. Im Rückblick erkenne ich meine Fehler. Das ist wohl nicht weiter schwierig. Aber sie zuzugeben zeugt immerhin von einer gewissen Klugheit. Und dies ist mein Plan, Cordelia. Dir eröffnet sich eine neue Möglichkeit, das heißt, wenn Daisy mitmacht, worauf ich hinzuwirken gedenke. Wenn sie dir einen Posten in ihrer Schule anbietet, und wenn du in fünf oder sechs Jahren ihr Vertrauen gewonnen hast ... die arme Daisy wird ja auch nicht jünger ... und ich habe ein kleines Kapital auf die Seite gelegt ... siehst du, worauf ich hinaus will? Deshalb ist Daisys Besuch so wichtig. Du kommst soeben aus Schaffenbrucken, und ich weiß zufällig, daß sie niemanden mit dieser Ausbildung in ihrer Schule hat. Wenn du ihr gefällst – und ich wüßte nicht, warum du ihr nicht gefallen solltest –, besteht eine Chance. Cordelia, Liebes, ich möchte, daß du gründlich darüber nachdenkst. Dieser Gedanke allein hat mir dies alles erträglich gemacht, und wenn es so kommt, wie ich es mir vorstelle, dann wird sich alles, was geschehen ist, als Glück im Unglück erweisen.«

»Tante Patty, immer mußt du Pläne schmieden! Angenommen, ich gefalle ihr, und sie ist bereit, mich aufzunehmen . . . dann könnte ich nicht mehr bei dir sein.«

»Mein Liebes, das Häuschen wartet immer auf dich. Die Schulferien werden unsere Glückstage sein. Die gute alte Vi wird das Messing besonders blank polieren – sie hat ein Faible für ihr Messing –, und ich werde mich in einem Freudentaumel befinden. Stell dir nur den Jubel im Haus vor, wenn es heißt ›Cordelia kommt nach Hause‹. Ich sehe es schon deutlich vor mir, wie es nächstes Jahr um diese Zeit sein wird. Wir gehen alle zum Weihnachtssingen in die Kirche. Der Pfarrer ist ein besonders netter Mann, und die Leute im Dorf sind überaus freundlich.«

»Ach, Tante Patty«, seufzte ich. »Ich hatte mich so darauf gefreut, bei dir zu sein. In den letzten drei Jahren habe ich ja nicht viel von dir gehabt.«

»Wenn du in Devon bist, werden wir uns öfter sehen, nicht bloß Weihnachten und im Sommer. Ungefähr drei Meilen von unserem Häuschen ist ein Bahnhof, und wir behalten den kleinen Einspänner. Dann hole ich dich ab. Oh, wie ich mich schon darauf freue! Und auf einer Schule wie Colby Abbey, wohin, das kannst du mir glauben, der Hochadel seine Töchter schickt, kommst du mit dem richtigen *Genre* in Berührung . . . falls du weißt, was ich meine. Wir hatten mal eine Ritterstochter oder auch zwei, aber ich sage dir, Daisy Hetherington hat Töchter von Grafen und die Mädchen von dem komischen Gutsherrn.«

Wir lachten so unbeschwert wie immer, wenn man mit Tante Patty zusammen war. Sie besaß die einzigartige Gabe, jede Situation amüsant und erträglich zu machen.

Meine Gefühle waren total durcheinander. Ich hatte unterrichten wollen; ich glaubte tatsächlich, eine besondere Begabung dafür zu besitzen: Dazu war ich jahrelang ausgebildet worden, aber die augenblickliche Lage war zuviel für mich. Ich konnte nicht alles auf einmal erfassen: den Fortzug von Grantley, die Aussicht auf ein neues Heim mit Tante Patty und Violet, und schließlich die Möglichkeit einer Laufbahn in meinem erwählten Beruf, mit der Hoffnung, am Ende meine eigene Schule zu haben! Doch im Vordergrund meiner Gedanken war Edward Compton, der Mann, der auf mysteriöse Weise in meinem Leben erschien und verschwand und allmählich eine natürliche Gestalt annahm. Vorher war er ein namenloses Hirngespinst gewesen, und ich vermochte ihn mit nichts in Zusammenhang zu bringen. Jetzt aber wußte ich, daß er Edward Compton von Compton Manor war. Und wenn er morgen nachmittag zu uns zum Tee kommen würde, würden Tante Patty und Violet ihm schon auf den Zahn fühlen.

Er erregte mich. Er hatte ein so interessantes Gesicht und wirkte wie aus einer anderen Zeit. Doch als er, ein wenig zögernd, als ob es ihm widerstrebte, seinen Namen nannte, war er gleichsam ein menschliches Wesen geworden. Ich hätte gern gewußt, warum er gezögert hatte, ihn mir zu sagen. Vielleicht wußte er, daß er durch sein Erscheinen im Wald und danach an Deck sich eine Aura des Geheimnisvollen geschaffen hatte, die er beizubehalten wünschte.

Ich lachte und freute mich mehr auf ihn, als ich vor Tante Patty zugeben mochte. Er bestimmte meine Gedanken stärker als die Ankunft von Daisy Hetherington und die Auswirkung, welche diese auf meine Zukunft haben konnte.

Als Edward Compton am nächsten Tag nicht erschien, war ich bitter enttäuscht. Da wurde mir bewußt, wie stark ich mich bereits gedanklich mit ihm befaßt hatte.

Tante Patty und Violet erwarteten ihn. Ich hatte kurz vor vier Uhr, der Stunde, zu der der Tee serviert wurde, mit seinem Kommen gerechnet, aber als er um halb fünf noch nicht da war, bestimmte Tante Patty, daß wir ohne ihn anfangen sollten.

Ich horchte die ganze Zeit auf seine Ankunft und gab Tante Patty und Violet, die ständig von Daisy Hetheringtons Besuch sprachen, abwesende Antworten.

»Vielleicht«, meinte Tante Patty, »wurde er plötzlich abberufen.«

»Er hätte eine Nachricht schicken können«, sagte Violet.

»Vielleicht hat er es getan, und sie ist ins falsche Haus geraten.«

»Wer könnte Grantley Manor verfehlen?«

»Es kann alles mögliche passiert sein«, meinte Tante Patty. »Vielleicht hatte er auf dem Weg hierher einen Unfall.«

»Davon hätten wir gewiß gehört«, gab ich zu bedenken.

»Nicht unbedingt«, widersprach Tante Patty.

»Vielleicht hat er es sich anders überlegt«, mutmaßte Violet.

»Er hat doch um die Einladung gebeten«, sagte ich. »Und zwar erst gestern.«

»Männer!« stöhnte Violet, ohne recht zu wissen, wovon sie sprach. »Die benehmen sich zuweilen äußerst komisch. Da kann alles mögliche passiert sein . . . bei Männern kann man nie wissen.«

»Es wird sich bestimmt aufklären«, meinte Tante Patty, während sie ihr Baiser mit Erdbeermarmelade bestrich. Sie gab sich ganz dem Genuß hin. »Ich mache dir einen Vorschlag«, sagte sie, als sie es verzehrt hatte, »wir schicken Jim zum Three Feathers. Dort müßten sie etwas davon wissen, wenn es einen Unfall gegeben hat.«

Jim war der Stallbursche, der sich um die Kutsche und unsere Pferde kümmerte.

»Meinst du nicht, daß das so aussieht, als ob wir allzu interessiert wären?« fragte Violet.

»Meine liebe Vi, wir *sind* interessiert.«

»Ja schon, aber er ist schließlich ein *Mann* . . . «

»Männern kann genausogut etwas passieren wie Frauen, Violet, und ich finde es komisch, daß er nicht gekommen ist, obwohl er es gesagt hat.«

Sie redeten ein Weilchen über Edward Compton, und ich erzählte, wie wir Mädchen ihn im Wald getroffen hatten und er hinterher durch ein merkwürdiges Zusammentreffen auf der Kanalfähre war. »Und dann war er zufällig hier.«
»Ach, ich schätze, er wurde plötzlich abberufen«, folgerte Tante Patty. »Sicher hat er eine Nachricht hinterlassen, die uns überbracht werden sollte, aber du kennst ja die Leute im Three Feathers. Nett, aber nicht unbedingt zuverlässig. Weißt du noch, Vi, als die Mutter einer Schülerin einmal dort übernachten wollte, und wir haben ein Zimmer für sie bestellt, aber Mrs. White vergaß sie vorzumerken. Wir mußten sie damals in der Schule unterbringen.«
»Und ob ich das noch weiß«, sagte Violet. »Und dann hat es ihr so gut gefallen, daß sie noch eine Nacht länger geblieben ist und gesagt hat, sie wollte wiederkommen.«
»Da siehst du, wie das ist«, sagte Tante Patty, und damit wandte sich das Gespräch wieder den Vorbereitungen für Daisy Hetheringtons Besuch zu.
Eine Stunde später kehrte Jim vom Three Feathers zurück. Ein Mr. Compton war dort nicht abgestiegen. Im Augenblick hatten sie lediglich zwei ältere Damen zu Gast.
Ich fand das Ganze höchst seltsam. Hatte er nicht gesagt, er sei im Three Feathers abgestiegen? Oder hatte ich mir eingebildet, er müsse dort wohnen? Ich war mir nicht sicher. Als er mir seinen Namen nannte, war dieses mysteriöse Flair ein wenig von ihm gewichen. Nun war es wieder da.
Er hatte schon etwas Sonderbares an sich, dieser Fremde vom Wald.

Von Edward Compton kam keine Nachricht, und ich ging verwirrt und enttäuscht zu Bett.
Immerhin hatte er den Wunsch geäußert, uns besuchen zu dürfen. Ihm war bestimmt etwas dazwischengekommen.
Ich hatte eine unruhige Nacht mit wirren Träumen, von ihm und von Daisy Hetherington. In einem regelrechten Alptraum

befand ich mich in Colby Abbey, einer gewaltigen finsteren Burg, und suchte Edward Compton. Als ich ihn fand, war er ein Ungeheuer – halb Mann, halb Frau, halb er selbst, halb Daisy Hetherington –, und ich versuchte zu fliehen.

Schweißgebadet erwachte ich und setzte mich atemlos im Bett auf. Ich glaubte im Schlaf geschrien zu haben. Dann legte ich mich wieder hin und versuchte, mich zu beruhigen.

Binnen kurzer Zeit hatte sich so viel ereignet, da war es kein Wunder, daß ich unruhige Träume hatte. Falls Edward Compton es sich anders überlegt hatte und es ihm an der Höflichkeit gebrach, uns Bescheid zu geben, nun gut. Aber ich glaubte nicht, daß dies der Fall war. Das Bestechende an ihm war ja gerade dieses Flair von nahezu altväterlicher Ritterlichkeit gewesen.

Das alles war ziemlich mysteriös. Vermutlich würde ich des Rätsels Lösung bald finden. Vielleicht war bereits eine Nachricht zu mir unterwegs.

Als ich am nächsten Morgen hinunterkam, hatten alle schon gefrühstückt, und die Mädchen begaben sich in ihre Klassenzimmer. Der Unterricht wurde kurz vor den Weihnachtsferien immer etwas lockerer betrieben.

Am Vormittag begab ich mich in die Stadt. Mrs. Stoker, die Inhaberin des kleinen Wäschegeschäftes, stand auf der Straße und begutachtete ihre Auslage. Deckchen und Tischtücher waren hier und da mit Stechpalmenzweigen dekoriert, um die Weihnachtseinkäufer anzulocken.

Mrs. Stoker begrüßte mich erfreut und meinte, es sei traurig, daß wir fortzögen. »Ohne die Schule wird die Stadt nicht mehr dieselbe sein«, klagte sie. »Wir hatten uns so daran gewöhnt. Denken Sie nur, als wir vor vielen Jahren hörten, daß eine Schule hierherkommen sollte, da waren einige von uns gar nicht begeistert. Aber dann . . . Miss Grant war sehr beliebt . . . und die Mädchen auch. Es war eine Freude, wenn sie in die Stadt kamen. Ich sag' Ihnen, es wird etwas fehlen.«

»Wir werden Sie alle vermissen«, sagte ich.

»Die Zeiten ändern sich, wie ich immer sage. Nichts steht lange still.«

»Im Augenblick sind nicht viele Leute in der Stadt«, bemerkte ich.
»Nein. Wer kommt schon um diese Jahreszeit hierher?«
»Fremde würden Ihnen doch auffallen, nicht wahr?«
Ich blickte sie erwartungsvoll an. Mrs. Stoker stand in dem Ruf, alles zu wissen, was in der Stadt vorging.
»Die Damen Brewer sind wieder im Feathers. Voriges Jahr waren sie auch hier. Sie unterbrechen die Reise zu ihren Cousinen, die sie jedes Jahr Weihnachten besuchen. Sie wissen, daß sie sich aufs Feathers verlassen können. Und dort sind sie froh, daß sie bei ihnen wohnen. Im Winter haben sie nicht viele Gäste. Tom Carew hat mir gesagt, im Frühling, Sommer und Herbst haben sie alle Hände voll zu tun, aber im Winter ist's totenstill.«
»Da sind also die Damen Brewer jetzt die einzigen Gäste.«
»Ja . . . und sie können von Glück sagen, daß sie sie haben.«
Jetzt hatte ich eine doppelte Bestätigung. Wenn noch jemand anders dort wohnte, würde Mrs. Stoker es wissen. Dennoch ging ich, sobald ich ihr entwischen konnte, zum Three Feathers und wünschte den Carews ein frohes Fest. Sie luden mich zu einem Glas Apfelmost ein.
»Wir waren wie vom Donner gerührt, als wir hörten, daß Miss Grant das Haus verkauft hat«, sagte Mrs. Carew. »Das war ein rechter Schock, nicht wahr, Tom?«
Tom sagte: »Meiner Treu, jawohl. Wir waren völlig sprachlos.«
»Es mußte sein«, erwiderte ich, worauf sie seufzten.
Ich erkundigte mich, wie die Geschäfte gingen.
»Das schleppt sich so dahin«, sagte Tom. »Wir haben zwei Gäste . . . die Damen Brewer. Die waren schon mal hier.«
»Ja, das habe ich von Mrs. Stoker gehört. Und das sind die einzigen?«
»Ja.«
Damit hatte ich endgültig Gewißheit.
»Ihr Jim meinte wohl, wir hätten einen Freund von Ihnen hier . . .«

»Wir dachten, er würde vielleicht herkommen. Ein Mr. Compton.«
»Vielleicht kommt er noch. Wir könnten ihm ein sehr schönes Zimmer geben.«
Niedergeschlagen verließ ich das Three Feathers. Ich wanderte durch die Stadt, und dabei fiel mir das Nag's Head ein. Das war kein richtiges Hotel, eher eine kleine Herberge, ein oder zwei Zimmer, die sie hin und wieder vermieteten.
Ich ging ins Nag's Head und traf dort auf Joe Brackett, den ich flüchtig kannte. Er begrüßte mich und meinte, es sei bedauerlich, daß ich fortzöge. Ich kam geradewegs zum Thema und fragte ihn, ob ein Mr. Compton bei ihm ein Zimmer genommen habe.
Joe Brackett schüttelte den Kopf. »Hier nicht, Miss Grant. Vielleicht im Feathers . . .«
»Nein«, sagte ich, »dort ist er auch nicht abgestiegen.«
»Sind Sie sicher, daß er hier in der Stadt ist? Ich kann mir nicht vorstellen, wo er sonst wohnen könnte, außer vielleicht bei Mrs. Shovell. Sie vermietet hin und wieder ein Zimmer mit Frühstück. Aber sie war die ganze letzte Woche bettlägerig . . . hatte mal wieder einen Anfall.«
Ich verabschiedete mich und ging nach Hause. Vielleicht ist eine Nachricht eingetroffen, dachte ich.
Aber es war keine Nachricht da.
Nachmittags half ich den Mädchen, den Aufenthaltsraum zu schmücken, und am späten Nachmittag traf Daisy Hetherington ein.

Ich war von Daisy Hetherington ungeheuer beeindruckt. Sie war eine magere, knochige Frau, sehr groß gewachsen. Sie maß bestimmt ihre 1,80 Meter. Ich war selbst groß, aber neben ihr kam ich mir beinahe zwergenhaft vor. Sie hatte sehr helle, eisblaue Augen und elegant frisiertes weißes Haar, und mit ihrer blassen Haut und den klassischen Zügen wirkte sie wie aus Stein gemeißelt. Kühle Vornehmheit strahlte von ihr aus, und ich erkannte sogleich, daß sie eine vorbildliche Schulvorsteherin war, denn sie flößte einem auf Anhieb Ehrfurcht und Respekt ein. Sie verlangte allen das Beste ab, und sie bekam es auch, weil alle wußten, daß sie sich mit nichts Geringerem zufriedengeben würde. Sie verlangte Vollkommenheit – von sich wie von anderen.

Das einzige, was nicht zu ihr paßte, war ihr Name. Daisy gemahnte an ein Gänseblümchen, das sich bescheiden im Gras versteckt. Ihr hätte eher ein königlicher Name angestanden: Elisabeth, Alexandra, Eleonore oder Viktoria.

Niemand hätte Tante Patty unähnlicher sein können; in Daisy Hetheringtons Gegenwart wirkte sie noch rundlicher, gemächlicher und liebenswerter.

Tante Patty hatte ein Mädchen zu mir geschickt und mir sagen lassen, daß Miss Hetherington angekommen sei. Sie hielten sich vor dem Essen im Wohnzimmer auf. Ob ich ihnen dort Gesellschaft leisten wolle?

Ich ging hinunter. Ich trug ein blaues Samtkleid mit weißem Jabot. Mein glattes kastanienbraunes Haar hatte ich hoch auf dem Kopf aufgetürmt, um größer und, wie ich hoffte, würdiger zu erscheinen. Ich hatte das Gefühl, daß ich in der Gegenwart von Miss Hetherington meine ganze Selbstachtung brauchen würde. Interessiert betrachtete ich mich im Spiegel. Ich war beileibe keine Schönheit. Meine hellbraunen Augen standen etwas zu weit auseinander, mein Mund war zu breit, meine Stirn zu hoch. Meine Nase war, wie Monique zu sagen pflegte, »vorwitzig«, das heißt, sie hatte eine leicht aufwärts gebogene Spitze, die meinem ansonsten recht ernsten Gesicht einen Anflug von Lustigkeit verlieh. Ich war verwundert gewesen, wieso Edward Compton an mir mehr interessiert schien, da Monique doch ausgesprochen hübsch und Lydia überaus attraktiv war. Frieda war ein wenig ernst, aber von einer Offenheit, die sie anziehend machte. Zwar hatte ich den Schmelz der Jugend mit ihnen gemein, aber ich war bestimmt nicht die Attraktivste von uns vieren. Es kam mir eigenartig

vor, daß Edward Compton sich für mich entschieden haben sollte. Es sei denn, unsere Begegnungen seien Zufälle gewesen. Die erste im Wald war es gewiß, und ebenso die auf der Fähre, aber den Abstecher nach Canterton hatte er doch wohl meinetwegen gemacht. Warum hatte er sich dann aber zum Tee angesagt und war nicht gekommen?
Es gab nur eine Erklärung. Er hatte die Begegnung im Wald völlig vergessen, bis er mich auf der Fähre wiedersah. Er war auf der Durchreise und hatte in Canterton Station gemacht. Dabei fiel ihm ein, daß ich dort wohnte. Wir trafen uns zufällig, und vielleicht hatte ich ihn so sehr zur Annahme der Einladung gedrängt, daß eine Absage unhöflich gewesen wäre. Jedenfalls hielt er es für besser, nicht zu kommen und hatte sich still davongemacht.
Ich durfte nicht mehr an ihn denken. Es war viel wichtiger, auf Daisy Hetherington einen guten Eindruck zu machen.
Tante Pattys Gesicht leuchtete auf, als ich hinunterkam. Sie sprang auf und hakte mich unter. »Da bist du ja, Cordelia. Daisy, das ist meine Nichte Cordelia Grant. Cordelia, das ist Miss Hetherington, die eine der vornehmsten Schulen des Landes besitzt.«
Daisy Hetherington ergriff meine Hand. Die ihre war erstaunlich warm. Ich hatte erwartet, daß sie kalt sein würde . . . kalt wie Stein. »Ich freue mich, Sie kennenzulernen«, versicherte ich.
»Es ist mir eine Freude, Ihre Bekanntschaft zu machen«, erwiderte sie. »Ihre Tante hat mir so viel von Ihnen erzählt.«
»Komm setz dich«, sagte Tante Patty. »Das Essen wird in zehn Minuten serviert. Welch ein Spaß, daß Miss Hetherington bei uns ist!«
Sie lächelte mich, fast unmerklich zwinkernd, an. ›Spaß‹ schien mir ein seltsames Wort in Verbindung mit Miss Hetherington, aber für Tante Patty war ja das ganze Leben ein Spaß.
Ich setzte mich. Die stechenden blauen Augen musterten mich eindringlich. Ich wußte, daß jede Einzelheit meiner Er-

scheinung erfaßt und daß alles, was ich sagte, bewertet und für oder gegen mich verwendet wurde.
»Wie du weißt, ist Cordelia soeben aus Schaffenbrucken zurückgekehrt«, plauderte Tante Patty drauflos.
»Ja, das ist mir bekannt.«
»Sie war zwei Jahre dort. Länger bleibt kaum jemand.«
»Zwei bis drei Jahre sind das Übliche«, sagte Daisy. »Es war gewiß eine überaus anregende Erfahrung.«
Das bestätigte ich.
»Du mußt Miss Hetherington davon erzählen«, drängte Tante Patty. Sie saß lächelnd und nickend in ihrem Sessel. Ihr Stolz auf mich machte mich ein wenig verlegen, und ich mußte mein Bestes tun, um ihn zu verdienen. So erzählte ich denn von Schaffenbrucken, schilderte den Tagesablauf, den Unterricht, die Geselligkeiten ... Ich sprach von allem, was mir von der Schule einfiel, bis Violet schüchtern hüstelnd verkündete, daß das Abendessen angerichtet sei.
Beim Fisch kam Daisy Hetherington auf das Thema zu sprechen, das sie bis dahin umgangen hatte. »Meine liebe Patience«, sagte sie, »ich hoffe, es war eine kluge Entscheidung von dir, alles aufzugeben.«
»Ohne Zweifel«, erwiderte Tante Patty heiter. »Meine Anwälte und die Bank finden es richtig ... und die irren sich selten.«
»So schlimm steht es also!«
»So gut«, gab Tante Patty zurück. »Man will sich ja irgendwann einmal zur Ruhe setzen. Für mich ist es nun an der Zeit. Wir wünschen uns ein geruhsames Leben, wir alle. Und das wird uns von nun an beschieden sein. Violet hat viel zu hart gearbeitet. Sie wird Bienen halten, nicht wahr, Violet?«
»Ich hatte schon immer eine Schwäche für Bienen«, erwiderte Violet, »seit mein Cousin Jeremy beinahe zu Tode gestochen wurde, weil er der Bienenkönigin zu nahe kam.«
Tante Patty brach in Lachen aus. »Sie konnte ihren Cousin Jeremy nämlich nicht ausstehen.«
»Ach was, Patty. Aber es geschah ihm ganz recht. In alles hat

er sich eingemischt. Meine Mutter hat immer gesagt, ›laß die Bienen in Frieden, dann tun sie dir nichts‹.«
»Imkerei mag ja ein interessantes Steckenpferd sein«, warf Daisy ein, »aber wenn man auf Profit aus ist . . .«
»Wir sind lediglich auf ein bißchen leckeren Honig aus«, gestand Tante Patty. »Er ist so köstlich, direkt aus der Wabe.«
Ich kannte Tante Patty. Sie sorgte absichtlich dafür, daß die Unterhaltung oberflächlich blieb; sie wollte auf keinen Fall, daß Daisy Hetherington etwas von ihrem ernsten Anliegen ahnte. »Wir freuen uns alle auf das einfache Leben«, fuhr sie fort, »Violet, Cordelia und ich.«
Daisy Hetheringtons Augen ruhten auf mir. Mir war fast, als erforschten sie meine Gedanken. »Wird es Ihnen nicht ziemlich eintönig vorkommen, Miss Grant? In Ihrem Alter, bei Ihrer Ausbildung, und nach Ihrem Aufenthalt in Schaffenbrukken . . . das dünkt mich eine ziemliche Verschwendung.«
»Schaffenbrucken ist niemals eine Verschwendung«, warf Tante Patty ein. »Das bleibt einem ein Leben lang erhalten. Ich bedaure immer, daß *ich* nicht dort war, du nicht, Daisy?«
»Ich halte es für den idealen Abschluß einer Erziehung«, sagte Daisy. »Schaffenbrucken . . . oder ein ähnliches Institut.«
»Zum Beispiel das Colby-Abbey-Institut für junge Damen«, meinte Tante Patty vielsagend. »Ein großer Name! Aber im Grunde unseres Herzens wissen wir, daß nichts, einfach nichts an Schaffenbrucken heranreicht.«
»Um so mehr ein Grund, daß deine Nichte nicht auf dem Land verdummt.«
»Cordelia muß selbst entscheiden, was sie anfangen will. Sie ist ja eigentlich zum Unterrichten ausgebildet, nicht wahr, Cordelia?«
Ich bejahte.
Daisy wandte sich an mich. »Ich nehme an, Sie besitzen eine Begabung dafür.«
»Mir gefällt der Gedanke, mit jungen Menschen zusammen zu sein. So hatte ich es mir eigentlich vorgestellt.«
»Natürlich, natürlich«, sagte Daisy. »Ich würde mich hier gern einmal ein wenig umsehen, Patience.«

»Aber selbstverständlich. Es ist die letzte Woche. Alle sind schon in Weihnachtsstimmung. Vor lauter Weihnachtsfeiern haben wir kaum noch Unterricht, und da es das letzte Weihnachten ist . . .«
»Was machen deine Mädchen, wenn du zumachst . . . Ende des nächsten Halbjahres, nicht wahr?«
»Ich nehme an, einige Eltern werden Colby Abbey in Betracht ziehen, wenn ich durchblicken lasse, daß du eine Freundin von mir bist. Viele haben mit Interesse vernommen, daß Cordelia in Schaffenbrucken war. Sie dachten natürlich, sie würde hier unterrichten.«
»Ja, ja«, sagte Daisy. Sie vermochte die Berechnung in ihren Augen nicht zu verbergen. Sie dachte über mich nach, und ich war seltsamerweise davon angetan. Auf eine gewisse Art gefiel mir Daisy Hetherington. Sie nötigte mir Bewunderung ab. Freilich war sie streng; ich konnte mir nicht vorstellen, daß sie sich jemals von Gefühlen leiten ließ, aber sie war gewiß auch gerecht und erkannte gute Arbeit an – und etwas anderes ließ sie ganz bestimmt nicht gelten.
Ich malte mir die langen Tage auf dem Land aus . . . wie ich nichts Besonderes tat, außer Violet zuzuhören, die von der Imkerei sprach, oder an dörflichen Festen teilzunehmen und einen Stand auf dem Basar zu betreiben, wie ich mit Tante Patty scherzte . . . und was noch? So würde es weitergehen, bis ich schließlich heiratete. Und wen würde ich heiraten? Den Sohn des Pfarrers, sofern er einen hatte. Aber Pfarrer schienen fast immer Töchter zu haben. Den Sohn des Arztes? Nein. Ich wollte mehr als ein gemeinsames Heim mit Tante Patty. Tante Patty verstand dies nur zu gut. Wir wollten unsere kostbare Beziehung nicht durch Langeweile verderben. Tante Patty war der Ansicht, ich müsse in die Welt hinaus, und sie hatte mir deutlich gezeigt, daß sie in Daisy Hetherington einen Weg dazu sah.
Daisy erzählte uns vom Colby-Abbey-Institut für junge Damen, und dabei verlor sich ihre harte Miene. Ihre Wangen nahmen einen Hauch von Farbe an, ihre blauen Augen wur-

den sanft. Die Schule war eindeutig der Mittelpunkt ihres Lebens.

»Wir haben eine höchst ungewöhnliche Umgebung. Die Schule gehört zu einer alten Abtei. Das verleiht uns eine eigene Atmosphäre. Ich finde, die Umgebung ist sehr wichtig. Die Eltern sind immer sehr beeindruckt, wenn sie die Schule zum erstenmal sehen.«

»Ich fand es ein wenig gespenstisch« warf Tante Patty ein. »Violet hatte Alpträume in dem Zimmer, wo du sie einquartiert hattest.«

»Das kam von dem Käse, den ich zum Abendbrot gegessen hatte«, sagte Violet. »Käse wirkt immer so bei mir.«

»Der Mensch kann sich überall alles mögliche einbilden«, erklärte Daisy, um das Thema abzuschließen. Sie wandte sich an mich. »Wie gesagt, eine äußerst interessante Umgebung. Ein großer Teil der Abtei ist verfallen, aber es ist noch ziemlich viel erhalten . . . die Refektoriumsgebäude und das Stiftshaus. Das Haus, das wir jetzt zur Verfügung haben, wurde im sechzehnten Jahrhundert von einem Verringer restauriert, und gleichzeitig wurde unter Verwendung von Steinen aus der Abtei das Herrenhaus gebaut. Das ist das Heim der Verringers. Ihnen gehören die Abtei und im Umkreis mehrerer Meilen die meisten Ländereien. Sie sind sehr wohlhabende und einflußreiche Gutsbesitzer. Zwei Mädchen von ihnen sind bei mir . . . für sie ist es bequem, und außerdem ist es gut für die Schule. Jason Verringer würde sie bestimmt nicht woanders hinschicken. Ja, eine höchst ungewöhnliche Umgebung.«

»Das hört sich sehr interessant an«, sagte ich. »Da sind Sie wohl überall von den Ruinen der Abtei umgeben.«

»Ja. Die Leute kommen sie besichtigen, es wurde darüber geschrieben, und dadurch wird die Schule bekannt. Ich würde das Haus gern kaufen, aber Jason Verringer ist dagegen. Das ist wohl verständlich. Die Ländereien der Abtei sind im Familienbesitz, seit Heinrich der Achte sie ihnen schenkte, nachdem die Abtei teilweise zerstört war.«

»Ich bin froh, daß Grantley Manor mein Eigentum war«, unterbrach sie Tante Patty.

»Ein Glück für dich!« gab Daisy kurz angebunden zurück. »Das kam dir gut zustatten, als die Schule versagte.«
»Ach, versagt würde ich nicht sagen«, meinte Tante Patty. »Wir haben einfach beschlossen, uns davon zu trennen.«
»O ja, ich weiß ... auf Anraten deines Anwalts und deines Bankiers. Sehr klug, dessen bin ich sicher. Betrüblich ist es trotzdem. Aber vielleicht hat das stille Landleben ja für dich seinen besonderen Reiz.«
»Davon bin ich überzeugt«, sagte Tante Patty. »Das sind wir alle, nicht wahr, Cordelia ... Violet? Liebe Vi, du träumst ja. Du hörst bestimmt schon die Bienen summen. Ich sehe dich schon mit so einem Dings über dem Kopf, das man aufsetzt, damit man nicht gestochen wird, und du erzählst den Bienen den ganzen Dorfklatsch. Hast du gewußt, Daisy, daß man mit den Bienen reden muß? Wenn man es nicht tut, kann das üble Folgen haben. Sie fliegen wütend davon, und sie können so erzürnt sein, daß sie zuvor ein paar Stiche anbringen. Hast du gewußt, daß sie ihren Stachel im Fleisch zurücklassen und daran sterben? Welch eine Lehre für uns. Man soll seinem Zorn nie freien Lauf lassen.«
Daisy sprach mich jetzt direkt an: »Gewiß möchten Sie nach Ihrer Ausbildung und Ihrem Aufenthalt in Schaffenbrucken Ihre Fähigkeiten gern ausnutzen.«
»Ja«, erwiderte ich, »das möchte ich wohl.«
Darauf erzählte sie, fast nur an mich gewandt, weiter vom Colby-Abbey-Institut, von der Anzahl Lehrerinnen, die sie hatte, von den Fächern, die unterrichtet wurden, und wie sie sich mit älteren Mädchen zu befassen gedachte. »Bei uns gehen die meisten mit siebzehn ab. Manche sind anschließend nach Schaffenbrucken oder woandershin aufs Festland gegangen. Warum meinen die Leute immer, sie müßten ins Ausland gehen, um feine Lebensart zu lernen? Dabei haben wir in unserem Land dafür die besten Repräsentanten der Welt. Ich möchte, daß die Leute das einsehen. Ich gedenke, Sonderkurse für ältere Mädchen einzurichten ... sagen wir, für achtzehn- oder neunzehnjährige ... Tanz, Konversation, Diskussion.«

»O ja, dergleichen hatten wir in Schaffenbrucken auch.«
Daisy nickte. »Wir haben bereits einen Tanz- und einen Gesangslehrer. Einige von den Mädchen haben vortreffliche Stimmen. Mademoiselle Dupont und Fräulein Kutscher unterrichten Französisch und Deutsch, wozu sie bestens geeignet sind. Man muß immer Einheimische aus den entsprechenden Ländern haben.«
Ich hörte aufmerksam zu. Sie hatte in mir den Wunsch geweckt, ihre Schule kennenzulernen.
Es mochte gegenüber Tante Patty treulos erscheinen, daß ich von zu Hause fort wollte, aber ich konnte mir wirklich nicht vorstellen, daß ich mich dort die ganze Zeit wohl fühlen würde. Es würde wunderschön sein, in den Ferien nach Hause zu kommen. Ich konnte beinahe das Summen von Violets Bienen hören, und ich sah Tante Patty schon vor mir, wie sie mit einem riesigen Hut unter einem Baum an einem weißgedeckten Tisch mit Kuchen, Baisers und Erdbeermarmelade saß. Vergnüglich, anheimelnd, gemütlich; mir aber ging diese Abtei-Schule mit den gespenstischen Ruinen in der Nähe und dem drei Meilen entfernten Herrenhaus, dem Wohnsitz der mächtigen Verringers, nicht aus dem Sinn.
Immer noch daran denkend, zog ich mich zurück, aber kaum war ich fünf Minuten in meinem Zimmer, da kam Tante Patty herein. Sie warf sich, vor Anstrengung und Heiterkeit schnaufend, in den Sessel.
»Ich glaube, sie hat angebissen«, jubelte sie. »Ich denke, sie wird dir ein Angebot machen. Sie faßt stets rasche Entschlüsse. Darauf ist sie stolz. Schaffenbrucken hat den Ausschlag gegeben.«
»Ich bin sehr angetan.«
»Das hab' ich gemerkt. Sie wird dir ein Angebot machen. Ich finde, du solltest es annehmen. Wenn's dir nicht gefällt und sie dich grob behandeln sollte, kannst du jederzeit wieder gehen. Aber das wird sie nicht tun. Wenn du dein Tagewerk anständig verrichtest, werdet ihr gut miteinander auskommen. Ich kenne sie. Aber wie gesagt, sollte etwas schiefgehen, dann sind Vi und ich immer für dich da, das weißt du.«

»Du hast mir immer alles sehr leicht gemacht.« Ich war bewegt. »Nie werde ich vergessen, wie ich am Kai ankam und dich mit dem Hut mit der blauen Feder dort stehen sah.«
Tante Patty wischte sich die Augen, in denen Tränen der Rührung, aber auch Lachtränen standen. »Ach, der Hut. Den hab' ich noch irgendwo. Die Feder dürfte etwas schäbig geworden sein. Ich könnte eine neue Feder dranstecken. Warum eigentlich nicht?«
»Ach Tante Patty«, sagte ich, »wenn Daisy Hetherington mir einen Posten anbietet, und ich nehme an, dann ist es nicht, weil ich nicht bei dir sein mag.«
»Natürlich nicht. Du mußt dein eigenes Leben leben. Die Jugend darf sich nicht bei den Alten verkriechen. Vi und ich haben unsere eigenen Interessen. Dein Leben fängt eben erst an. Es ist ganz richtig, daß du in die Welt hinausgehst, und wie gesagt, wenn du es richtig anstellst, eines Tages . . . wer weiß? Das Haus ist nicht ihr Eigentum, weißt du. Sie hat es nur gemietet. Von diesen Verringers, von denen sie dauernd spricht. Sie fühlt sich dort wohl; und mir wäre es sehr recht, wenn du zu Daisy gingst. Ich habe wirklich großen Respekt vor ihr. Wenn es gutgeht, kann sich etwas Großes daraus entwickeln, und wenn nicht, dann war es wenigstens eine nützliche Erfahrung.«
Wir umarmten uns. Mit fröhlich verschwörerischer Miene ging sie auf Zehenspitzen hinaus. Ich legte mich hin und schlief gut nach der letzten Nacht mit den wirren Träumen.

Am nächsten Tag hatte ich eine lange Unterredung mit Daisy Hetherington. Das Ergebnis war, wenn ich zu Beginn des Frühjahrshalbjahres in ihre Schule kommen möchte, so würde sie mich gern nehmen. Ich sollte einen Stundenplan ausarbeiten ähnlich dem in Schaffenbrucken, und neben den Diskussions- und Konversationsstunden sollten die Mädchen bei mir Benehmen und Englisch lernen.
Das Vorhaben schien interessant, und da Daisy mit den Schil-

derungen der Schule, die zu einer Abtei gehörte, meine Neugier angestachelt hatte, war ich sehr geneigt, anzunehmen. Ich zögerte jedoch aus Sorge um Tante Patty, die mich drängte, weil ihr mein Wohlergehen wichtiger war als ihr eigenes.

»Ich muß Ihre Antwort gleich nach Weihnachten in Händen haben«, sagte Daisy, und dabei ließen wir es bewenden.

Tante Patty war hocherfreut. »Wir haben es richtig angepackt«, frohlockte sie. »Nicht allzu eifrig. Daisy wird unmittelbar nach dem Weihnachtskonzert abreisen. Sie bleibt ja nur so lange da, um sich stolz zu brüsten, daß die Weihnachtssängerinnen des Colby-Abbey-Instituts für junge Damen viel begabter sind.«

Bei ihrer Abreise bedankte sich Daisy für unsere Gastfreundschaft und ermahnte mich, daß meine Antwort vor dem ersten Januar bei ihr eintreffen müsse.

Dann reisten die Mädchen ab. Wir sagten ihnen betrübt Lebewohl. Viele waren traurig, weil es das letzte Weihnachten in Grantley Manor war.

Das Weihnachtsfest war fast genauso wie immer. Es gab den traditionellen Gänsebraten und Plumpudding, und viele Nachbarn leisteten uns an den zwei Tagen Gesellschaft. Der Fiedler vom Dorf spielte uns auf, und wir tanzten in der Diele. Aber jedermann dachte daran, daß es das letzte Mal war, und dadurch kam unwillkürlich eine gewisse Traurigkeit auf.

Ich war richtig froh, als alles vorüber war. Jetzt mußte ich meine Entscheidung treffen. Eigentlich stand sie schon fest. Ich schrieb an Daisy Hetherington, daß ich ihr Angebot annähme und bereit sei, mit Beginn des Frühjahrshalbjahres bei ihr anzufangen.

Wir besichtigten das neue Haus. Es war hübsch, wirklich bezaubernd, aber freilich recht unbedeutend im Vergleich mit der Villa.

Von Edward Compton hatte ich nichts mehr gehört. Ich war verwundert und verletzt, denn ich hatte mit einer Erklärung gerechnet. Es war wirklich ungewöhnlich. Manchmal dachte ich, ich hätte mir das Ganze nur eingebildet. Im Rückblick wurde mir klar, daß abgesehen von der Begegnung mit den anderen drei Mädchen, ich jedesmal mit ihm allein gewesen war – im Zug, auf der Fähre und im Hain. Manchmal glaubte ich, daß ich mir diese Begegnungen nur eingebildet hatte. Immerhin hatte er etwas an sich, das ihn von anderen Menschen unterschied.

Ich wußte wenig von Männern. Die meisten Mädchen hatten bestimmt schon mehr Erfahrung. Das lag wohl daran, daß ich so lange zur Schule gegangen war. Junge Männer waren in meinem Leben einfach nicht vorgekommen. Monique hatte ihren Henri und würde ihn heiraten. Frieda war vielleicht nicht mehr Männern begegnet als ich. Lydia hatte Brüder, und die brachten manchmal Freunde mit nach Hause. Sie hatte von ihnen erzählt, wenn sie aus den Ferien zurückkam. Aber ich hatte seit Kindertagen nur von Frauen umgeben gelebt. Sicher, es gab den Hilfspfarrer, einen schüchternen Mann um die zwanzig, und der Arzt hatte einen Sohn, der in Cambridge studierte. Keiner von ihnen war sehr romantisch. Edward Compton dagegen war ausgesprochen romantisch. Er hatte neue Interessen in mir geweckt. Vielleicht, weil er mir sehr deutlich gezeigt hatte, daß ich ihm gefiel . . . daß er mich vorzog. Es schmeichelte einem, wenn man vor drei bei weitem nicht unattraktiven Mädchen dermaßen bevorzugt wurde.

O ja, ich war bitter enttäuscht. Es hatte so romantisch begonnen . . . und dann war es einfach im Sande verlaufen!

Vielleicht war dies mit ein Grund, warum ich auf Abenteuer aus war. Ich suchte die Herausforderung, wollte Neues sehen und erleben. Das würde mir gewiß geboten, wenn ich ans Colby-Abbey-Institut ging.

Als Tante Patty mir das neue Haus in Moldenbury gezeigt hatte, hatte ich mehr Begeisterung bekundet, als ich wirklich empfand, nur um ihr eine Freude zu machen. Wir hatten uns in dem ziemlich großen Garten umgesehen, hatten bestimmt, wo Tante Patty ihr Gartenhäuschen und Violet ihre Bienen haben würde, wir hatten mein Zimmer ausgesucht und besprochen, wie wir es einrichten würden.

Auf dem Heimweg mußten wir in London auf den Zug nach Canterton warten. Dort bemerkte ich einen Anschlag, auf dem die Züge nach Bury St. Edmunds verzeichnet waren, und in diesem Augenblick begann der Gedanke in mir zu reifen ...

Ich wußte, daß ich jetzt handeln mußte, allerdings war mir nicht ganz klar, wie ich mich verhalten sollte, wenn ich dort wäre.

Eigentlich wollte ich mich nicht auf die Suche nach ihm begeben, wollte mich lediglich vergewissern, daß er tatsächlich existierte und daß ich nicht geträumt und mir das Ganze nur eingebildet hatte.

Je mehr Abstand ich von der Angelegenheit hatte, um so geheimnisvoller erschien sie mir. Er war anders als alle, die ich bis dahin gekannt hatte. Er sah sehr gut aus mit seinen wie gemeißelten Zügen – ähnlich denen von Daisy Hetherington, nur daß ich bei ihr nicht zweifelte, daß sie ein lebendiger Mensch war! Als ich ihn mit meinen drei Freundinnen im Wald gesehen hatte, war er sehr wirklich gewesen, oder hatte ich mir vielleicht danach gewisse Dinge, die ihn betrafen, eingebildet? Es war wohl Elsas Geschwätz von den mystischen Sagen zuzuschreiben, daß ich in Gedanken den Mann zuweilen als Teil dieser Sagen sah. Konnte ich es mir eingebildet haben, daß ich ihn im Zug, auf der Fähre und hier in Canterton gesehen hatte? War alles Einbildung? Nein. Lächerlich. Ich war keine Träumerin. Ich war eine ausgesprochen nüchterne Frau. Es wäre ein erschreckender Gedanke, daß man sich gewisse Geschehnisse dermaßen einbilden konnte, daß man nicht ganz sicher war, ob sie sich tatsächlich abgespielt hatten.

Ich wollte Gewißheit. Deswegen kam mir beim Anblick des Anschlags mit den Zügen nach Bury St. Edmunds der Gedanke an eine Entdeckungsreise. Ich hatte Bury St. Edmunds erwähnt – es war die einzige Stadt, die ich in Suffolk kannte –, und er hatte gesagt, er sei dort in der Nähe zu Hause.

Croston. Das war der Name, den er genannt hatte. Die Kleinstadt in der Nähe von Bury St. Edmunds. Angenommen, ich führe dorthin und fände Compton Manor. Natürlich konnte ich dort keinen Besuch machen. Aber ich konnte mich überzeugen, daß er ein ziemlich ungehobelter junger Mann und daß ich eine vernünftige junge Frau war, die sich keinen Phantasien hingab und sich dann verwundert fragte, ob sie Wirklichkeit seien oder nicht.

Und dann bot sich die Gelegenheit. Es war mitten im Schulhalbjahr. Die Verhandlungen wegen des Hauses waren abgeschlossen. Anfang April wollte Tante Patty Grantley verlassen, und ich sollte mich dann zur Colby-Abbey-Schule begeben. Es herrschte eine rege Geschäftigkeit. Tante Patty hatte ihre Freude daran. Viele Möbel und andere Gegenstände mußten veräußert werden, und Tante Patty ließ an dem neuen Haus etliche Veränderungen vornehmen. Es war ein ständiges Kommen und Gehen. Violet wirkte abgespannt und sagte, sie wisse nicht, wo ihr der Kopf stehe. Tante Patty aber blühte auf.

Sie mußte den Architekten in Moldenbury aufsuchen, und da sie über Londen fahren mußte, beschloß sie, sich dort ein paar Tage aufzuhalten, um Einkäufe zu tätigen und sich um den Verkauf der in Grantley verbleibenden Schuleinrichtung zu kümmern; danach wollte sie nach Moldenbury weiterfahren. Ich sollte sie begleiten.

In London sagte ich, ich würde gern ein wenig länger bleiben, da ich noch einiges einkaufen wollte. Also blieb ich denn, während Tante Patty nach Moldenbury fuhr, im Smiths, dem kleinen behaglichen Familienhotel, wo Tante Patty immer abstieg, wenn sie nach London kam, und wo man sie gut kannte. Wenn sie nach London zurückkäme, wollten wir gemeinsam wieder nach Grantley fahren.

Wenn ich meine Forschungsreise jemals antreten wollte, so war jetzt die Zeit.

Früh am Morgen brach ich auf, und als der Zug mich nach Bury St. Edmunds trug, fragte ich mich, ob ich nicht etwas vorschnell handelte. Was, wenn ich ihm von Angesicht zu Angesicht begegnete? Welche Entschuldigung konnte ich dafür vorbringen, daß ich auf der Suche nach ihm war? Er war ja schließlich auch nach Canterton gekommen, oder? Ja, aber das hier war etwas anderes. Er hatte sehr deutlich gezeigt, daß er die Bekanntschaft ... oder Freundschaft ... oder was immer es sein mochte, nicht fortzusetzen wünschte. Daher war es nicht gerade schicklich, ihn ausfindig zu machen.

Nein, aber ich hatte ja auch nicht die Absicht, in Compton Manor vorzusprechen, falls ich es fände. Ich wollte in ein nahegelegenes Gasthaus gehen und diskrete Fragen stellen. Wenn die Leute von Suffolk so versessen auf Klatschgeschichten waren wie die Leute von Sussex, würde ich auf alle Fälle erfahren, was ich wissen wollte. Ich wollte ja, wie ich mir versicherte, lediglich herausfinden, ob es einen Mann namens Edward Compton überhaupt gab, damit ich mich von dieser absurden Vorstellung befreien konnte, daß ich an Halluzinationen litt.

Es war ein klarer kalter Morgen – recht belebend –, und während der Fahrt wurde ich immer aufgeregter. Pünktlich traf der Zug ein, und ich erkundigte mich sogleich, wie ich nach Croston käme. Man sagte mir, daß alle drei Stunden eine Nebenlinie nach Croston verkehrte, und wenn ich mich beeilte, würde ich den nächsten Zug gerade noch erreichen. Ich war voller Erwartung, als wir durch die schöne flache Landschaft ratterten. Am Bahnhof von Croston, der kaum mehr als eine Haltestelle war, ging ich zu einem Mann, der ein Bahnbeamter zu sein schien. Es war ein älterer Herr mit grauem Bart und wäßrigen Augen. Er sah mich neugierig an. Offenbar bekam er nicht viele Fremde zu sehen.

»Ist Compton Manor hier in der Nähe?« fragte ich.

Er blickte mich merkwürdig an, dann nickte er. Das gab meiner Stimmung neuen Auftrieb.

»Was wollen Sie dort?« fragte er.

»Ich ... hm ... ich wollte bloß in die Richtung.«

»Ach so.« Er kratzte sich am Kopf. »Nehmen Sie den Fußpfad.

Der führt nach Croston. Dann die Straße entlang und nach rechts halten.«

Das ließ sich ja recht einfach an.

Croston bestand aus einer kurzen Straße mit ein paar strohgedeckten Hütten, einem Dorfladen, einer Kirche und einem Gasthaus. Ich bog rechts ab und ging weiter.

Ich war noch nicht weit gegangen, als ich einen alten Wegweiser sah. Die Hälfte war abgebrochen. Ich betrachtete ihn mir genauer. »Compton Manor«, las ich.

Aber welche Richtung? Es mußte den Feldweg entlanggehen, denn die einzige andere Richtung war die, aus der ich gekommen war. Ich lief also den Feldweg entlang, und als ich um eine Kurve bog, sah ich ein großes Haus.

Und dann stockte mir vor Entsetzen der Atem. Hier konnte ich nicht richtig sein. Und doch, der Wegweiser . . .

Ich ging näher heran. Es war nur mehr ein Gemäuer. Die steinernen Mauern waren geschwärzt. Durch eine Öffnung in den versengten Wänden stieg ich in das Innere. Wo einst Zimmer gewesen waren, wuchsen Unkraut und Gras. Der Brand mußte also schon länger zurückliegen.

Das konnte nicht Compton Manor sein. Es mußte noch weiter entfernt liegen.

Ich ließ die geschwärzte Ruine hinter mir und kam zur Straße. Vor mir erstreckte sich freies Feld, und weil das Land so flach war, konnte ich meilenweit blicken. Ein Haus war nirgends zu sehen.

Erschöpft setzte ich mich am Straßenrand ins Gras. Ich stand vor einem Rätsel. Auf der Suche nach der Lösung des Geheimnisses war ich nur noch tiefer hineingeraten.

Es blieb mir nichts anderes übrig, als wieder zum Bahnhof zurückzukehren. Es waren etwa zwei Stunden Wartezeit bis zum nächsten Zug nach Bury St. Edmunds.

Langsam ging ich in die Stadt. Meine Reise war umsonst gewesen. Ich kam zur Kirche. Sie war sehr alt – normannisch, nahm ich an –, und nur wenig Leute waren zu sehen. Es war ziemlich dumm von mir gewesen, hierherzukommen.

Ich trat in die Kirche. Sie hatte ein schönes farbiges Glasfenster – ziemlich eindrucksvoll für so eine kleine Kirche – und ging zum Altar. Dann betrachtete ich eine Messingtafel, in welche die Worte »Zum Gedenken an Sir Gervaise Compton, Baronet von Compton Manor« eingraviert waren. Ich sah mich um und entdeckte noch mehr Gedenkstätten an die Familie Compton.

Während ich dort stand, vernahm ich Schritte hinter mir. Ein Mann kam mit einem Stapel Betkissen in die Kirche.

»Guten Morgen«, grüßte er, »oder besser, guten Tag.«

»Guten Tag«, erwiderte ich.

»Schauen Sie sich unsere Kirche an?«

»Ja. Sie ist sehr interessant.«

»Kommen nicht viele Besucher her. Dabei ist es eine der ältesten Kirchen im Land.«

»Das dachte ich mir.«

»Interessieren Sie sich für Architektur, Madam?«

»Ich verstehe nur wenig davon.«

Er machte ein enttäuschtes Gesicht. Er hätte mir wohl gern einen Vortrag über den normannischen Baustil im Vergleich zur Gotik gehalten. Wahrscheinlich war er der Kirchenvorsteher oder der Küster.

»Ich habe mir das abgebrannte Haus an der Straße angesehen«, sagte ich. »War das Compton Manor?«

»O ja, Madam. Das war Compton.«

»Wann ist es abgebrannt?«

»Oh, das muß so an die zwanzig Jahre her sein.«

»Zwanzig Jahre?«

»Eine furchtbare Tragödie. Es brach im Küchentrakt aus. Das Gemäuer steht noch. Ich frag' mich, warum es nicht wieder aufgebaut wird. Die Mauern sind stabil. So wie die gebaut sind, halten sie tausend Jahre. Es wird immer wieder davon geredet, aber getan wird nichts.«

»Und die Familie Compton?«

»Ausgerottet . . . in den Flammen umgekommen. Ein Knabe und ein Mädchen. Tragisch war das. Die Leute reden heute noch davon. Und Sir Edward und Lady Compton, die sind auch umgekommen. Die ganze Familie wurde ausgelöscht. Es war eine große Tragödie für die Ortschaft, denn die Comptons waren damals Croston. Seither gibt's keine große Familie mehr, die unsere Mädchen in Dienst nimmt und sich um die Belange des Dorfes kümmert . . .«

Ich hörte kaum noch zu. Ich fragte mich: Wie kann er Edward Compton von Compton Manor gewesen sein? Sie sind doch alle tot.

»Die meisten Leichen haben sie rausgeholt. Sie sind alle hier auf dem Friedhof begraben. Die Comptons haben eine eigene Ecke. Mein Vater hat oft von dem Begräbnis gesprochen. ›Crostons Trauertag‹ hat er's genannt. Interessieren Sie sich für die Familie, Madam?«

»Hm, ich habe das Haus gesehen . . . es ist eine furchtbar traurige Geschichte.«

»Ja. Die Comptons und Croston waren eins. Schauen Sie sich hier in der Kirche um. Überall finden sie Spuren von ihnen. Hier vorne ist ihre Bank. Die hat seitdem niemand mehr benutzt. Ich zeige Ihnen die Gräber, wenn Sie mit hinauskommen wollen.«

Ich folgte ihm zu den Gräbern. Ich fröstelte leicht.

»Ein kühler Wind kommt auf«, stellte der Mann fest. »Wir haben ganz schön rauhe Winde hier. Bei Ostwind kann es schneidend kalt werden.«

Er ging zwischen den Grabsteinen hindurch, und wir kamen zu einer abgeteilten Ecke. Es war ein überaus gepflegter Teil des Friedhofs, mit Rosensträuchern und Lorbeer. Im Sommer mußte es hier sehr hübsch aussehen.

Der Mann erklärte: »Das ist Sir Edward. Sehen Sie, das Datum. Ah, es ist mehr als zwanzig Jahre her. Vierundzwanzig, um genau zu sein. All die Gräber hier . . . Brandopfer. Das hier ist Lady Compton, und das da sind der kleine Edward und seine Schwester Edwina. Die armen Würmchen. Haben gar nicht richtig gelebt. Das gibt einem zu denken, nicht wahr. Er war zwei Jahre alt, und Edwina war fünf. Kommen in die

Welt und werden wieder fortgeholt. Gibt einem zu denken . . .«
»Es ist sehr liebenswürdig von Ihnen, mir das alles zu zeigen«, sagte ich.
»Mach' ich doch gern. Kommen nicht viele her, die sich dafür interessieren. Aber Ihnen hab' ich's gleich angesehen.«
»Ja«, erwiderte ich, »und haben Sie vielen Dank.«
Ich wollte allein sein, wollte nachdenken. Hiermit hatte ich am allerwenigsten gerechnet.
Ich war froh, daß die Fahrt so lange dauerte. Dabei konnte ich nachsinnen über das, was ich gesehen hatte, und zu begreifen versuchen, was das bedeuten konnte; aber als ich in London ankam, war ich der Lösung des Rätsels nicht nähergekommen.
Konnte der Mann, den ich gesehen hatte, tatsächlich eine Erscheinung gewesen sein, ein Geist aus der Vergangenheit? Eine solche Annahme würde vieles erklären. Aber ich konnte mich nicht damit abfinden. Eines war gewiß – es gab keinen Edward Compton von Compton Manor, und zwar seit über zwanzig Jahren nicht mehr!
Wer aber war der Fremde, der einen solchen Eindruck auf mich gemacht hatte, der mich – ja, jetzt gestand ich es mir ein – voll Bewunderung angesehen und dessen Blick mir angedeutet hatte, daß er auf eine engere Beziehung hoffte?
Wie konnte ich mir das Ganze nur eingebildet haben? War er wirklich im Wald gewesen? War es möglich, daß in diesem Wald, der laut Lydia immer ein wenig gespenstisch war – dasselbe Wort, das Tante Patty in bezug auf die Abtei-Schule gebraucht hatte –, sich merkwürdige Dinge begaben?
Ich mußte den Vorfall vergessen und durfte meine Gedanken nicht weiter daran verschwenden. Es war eines von den merkwürdigen Erlebnissen, wie sie im Leben zuweilen vorkamen. Ich hatte davon gelesen. Es gab keine Erklärung dafür.
Das Klügste wäre, den ganzen Vorfall aus meinen Gedanken zu verbannen. Das aber war unmöglich. Wenn ich die Augen schloß, sah ich den Grabstein vor mir. Sir Edward Comp-

ton ... und den des kleinen Knaben, der ebenfalls Edward hieß.
Es war mysteriös ... und ziemlich beängstigend.

Die Abtei

An einem schönen Frühlingstag kam ich an der Bahnstation Colby Abbey an. Ich war entzückt gewesen von der Landschaft, die während der Fahrt an mir vorbeizog: saftige grüne Weiden, waldige Hügel, die rote Erde von Devonshire. Hin und wieder war ein Stückchen Meer zu sehen.

Die Sonne schien warm, aber die Luft war noch kühl, wie um daran zu erinnern, daß es noch nicht Sommer war. Unter viel Gelächter, ein paar Tränen und ständigen Versicherungen, daß wir in den Sommerferien wieder zusammen sein würden, hatte ich mich von Tante Patty und Violet verabschiedet. Ich freute mich auf den ersten Schritt in mein neues Leben. Als letztes hatte Tante Patty mir eingeschärft: »Wenn Madam Hetherington dich nicht mit der gebührenden Achtung behandelt, dann weißt du, was du zu tun hast. Aber sie wird sich schon benehmen. Sie weiß, daß sie mit dir nicht so umspringen kann wie mit den armen Mädchen, die spuren müssen, wenn sie nicht am Hungertuch nagen wollen.«

»Du warst stets eine Festung in meinem Leben«, versicherte ich ihr.

»Ich hoffe, du meinst das nicht allzu wörtlich, Liebes. Ich weiß ja, ich bin maßlos versessen auf gutes Essen, aber Festung . . . nein, das höre ich nicht gern.«

So nahmen wir Abschied. Tante Patty und Violet hatten mich bis nach London begleitet. Das Letzte, was ich von Tante Patty aus dem Zugfenster sah, war ein Lächeln, dabei wußte ich, daß sie den Tränen nahe war.

In Colby stieg ich aus, und ein Mann in einer schmucken Livree trat auf mich zu und fragte, ob ich Miss Grant sei. Er sei gekommen, um mich zum Colby-Abbey-Institut zu fahren, wo man mich erwartete.

»Der Wagen steht auf dem Vorplatz, Miss. Ist dies Ihr Gepäck? Sind bloß 'n paar Schritte . . . nicht der Rede wert.«

Ich ging mit ihm durch die Sperre, und dort stand der Wagen – ein elegantes zweirädriges Gefährt, von einem grauen Pferd gezogen.

Der Mann verstaute mein Gepäck. »Schätze, Miss, oben bei mir haben Sie's bequemer.«

»Danke«, sagte ich, und er half mir hinauf.

»Schöner Tag heute, Miss.« Der Mann hatte einen schwarzen Bart, dunkles lockiges Haar und eine untersetzte Figur. Er war im mittleren Alter und sprach mit schnarrender Stimme, an die ich mich mit der Zeit gewöhnen sollte.

Er neigte zur Geschwätzigkeit. Als er dem Pferd die Peitsche gab, begann er: »Die jungen Damen kommen am Dienstag. Bis dahin haben Sie Zeit, sich einzugewöhnen, Miss. Wenn alle da sind, sieht's hier 'n bißchen anders aus. Aber 'n paar sind in der Schule geblieben. Bloß Weihnachten und im Sommer sind alle ausgeflogen. Ist für manche zu weit, der Heimweg, Sie verstehen?«

»Ja.«

»Kennen Sie Devonshire überhaupt, Miss?«

»Leider nein.«

»Da erwartet Sie 'n richtiges Gottesland. Ist 'n bißchen wie im Himmel.«

»Das freut mich zu hören.«

»Ist wirklich wahr, Miss. Gibt sogar Lieder darüber. Haben Sie schon mal von Sir Francis Drake gehört?«

Ich bejahte.

»Der war aus Devonshire. Hat England vor den Spaniern gerettet, heißt es. War vor langer Zeit. Glorreiches Devon, sagen die Leute. Sahne und Apfelmost aus Devonshire . . . da gibt's eigene Lieder drüber.«

»Ja, ein paar davon kenne ich.«

»Gleich sehen Sie das große Haus. Die Abtei ist noch gut drei Meilen weiter.«
»Ist das der Wohnsitz der Verringers?«
»Ja, das Herrenhaus. Schauen Sie, da ist der Kirchhof.«
Just in diesem Augenblick begann eine Glocke zu läuten.
»Heut ist eine Beerdigung. Komische Zeit haben Sie sich für Ihre Ankunft ausgesucht, Miss, nichts für ungut. Ihre Ladyschaft geht, und Sie kommen.«
Sein Bart zitterte. Offensichtlich fand er seine Bemerkung ziemlich lustig.
»Wer wird beerdigt, sagten Sie?«
»Lady Verringer.«
»Oh . . . eine ältere Dame?«
»Nein. Sir Jasons Frau. Die Ärmste. Hat nicht viel vom Leben gehabt. War zehn Jahre krank, oder noch länger. Ist vom Pferd gefallen. Haben nicht viel Glück, die Verringers. Sind verflucht, denk' ich, wie die Leute sagen.«
»So?«
»Hm ja, das liegt weit zurück. Und die Abtei und das alles. Man erzählt sich Geschichten darüber. 's gibt Leute, die meinen, entweder war's die Abtei oder die Verringers, und eigentlich hätt's die Abtei sein müssen.«
»Das klingt rätselhaft.«
»Ach, das ist schon lange her.«
Wir waren in einen Feldweg eingebogen, der so schmal war, daß die Hecken den Wagen streiften. Plötzlich hielt mein Kutscher an. Eine Kalesche kam uns entgegen.
Der Kutscher der Kalesche bremste ebenfalls. Es blieb ihm nichts anderes übrig. Die beiden Männer funkelten einander böse an.
»Du mußt zurück, Emmet«, rief der Kutscher der Kalesche.
Mein Kutscher – er hieß offenbar Emmet – verharrte stur an Ort und Stelle. »Du hast 'n viel kürzeren Weg zurück, Tom Craddock«, brummte er.
»Ich denk' ja nicht dran«, protestierte Tom Craddock. »Sieh dich vor, Nat Emmet, ich hab' den Gutsherrn drin.«

Eine Stimme schimpfte: »Was in Gottes Namen geht hier vor?« Ein Gesicht erschien am Fenster, und ich erhaschte einen Blick auf dunkle Haare ünd zornige dunkle Augen.
»'s ist Nat Emmet, Sir Jason. Er bringt die neue junge Dame in die Schule. Er versperrt den Weg.«
»Sofort zurück, Emmet«, rief die Stimme herrisch, und das Gesicht verschwand.
»Jawohl, Sir. Jawohl, Sir Jason. Bin schon dabei . . .«
»Aber ein bißchen plötzlich.«
Emmet stieg ab. Wir wichen zurück, bis wir die breite Straße erreichten.
Die Kalesche kam in flottem Tempo heran, und der Kutscher bedachte Emmet im Vorbeifahren mit einem siegesbewußten Grinsen. Ich versuchte, einen Blick auf den Insassen der Kalesche zu erhaschen, aber der Mann war nicht zu sehen.
Wieder läutete die Totenglocke.
»Er kommt gerade vom Begräbnis seiner Frau«, erklärte Emmet.
»Das war also Sir Jason persönlich. Scheint etwas cholerisch zu sein.«
»Was heißt das, Miss?«
»Ein wenig aufbrausend.«
»Tja, der Herr mag's nicht, wenn ihm was im Weg ist . . . wie seine arme Lady. Manche sagen, sie war ihm im Weg. Es schickt sich wohl nicht, daß ich jetzt darüber rede. Aber es gibt Dinge, die lassen die Leute nicht ruhen. Warum sollten sie auch?«
Er fuhr rasch durch den Feldweg. »Daß mir nicht noch wer entgegenkommt«, sagte er. »Ein zweites Mal würd' ich nicht zurückweichen . . . das mach' ich bloß für den Gutsherrn, und dem werden wir ja wohl nicht noch mal begegnen, wie?«
Wir zockelten weiter. Seine Bemerkungen interessierten mich nicht sonderlich, weil meine Gedanken bei dem Gutsherrn weilten und bei der Lady, die ihm im Weg war, und für die nun die Totenglocke läutete.
»Hinter dieser Kurve sehen Sie die Abtei, Miss«, verkündete Emmet.

Da blickte ich erwartungsvoll auf.
Sie lag vor mir, großartig, imposant, tragisch, ein Gemäuer, das vergangenen Glanz umschloß. Die Sonne glitzerte durch die hohen Bögen, die zum Himmel hin offen waren.
»Das ist sie«, Emmet deutete mit seiner Peitsche hinüber. »Das ist ein Anblick, was? Dabei ist es nichts weiter als eine alte Ruine . . . bis auf die Teile, die noch stehen. Die Leute halten wohl ziemlich viel von unserer Abtei. Da darf keiner dran rühren. Nur gut, daß sie vor langer Zeit 'n bißchen was drangebaut haben.«
Ich war sprachlos vor Staunen. Es war wahrhaftig ein großartiger Anblick. Die Bäume weiter weg auf den Hügeln hatten junge Knospen; die Sonne glitzerte auf einem Bach, der sich durch eine Wiese wand.
»Rechts vom Turm sehen Sie die Fischweiher, Miss. Dort haben sich die Mönche ihr Nachtmahl gefangen.«
»Es ist wunderbar. So eindrucksvoll hatte ich es mir nicht vorgestellt.«
»Manche Leute mögen im Dunkeln nicht herkommen. Miss Hetherington will nicht, daß wir so was sagen, aber es ist wahr. Sie hat Angst, daß es die jungen Damen erschreckt, und dann wollen sie weg von hier. Aber ich sag' Ihnen, es gibt Leute, die behaupten, daß sie nachts zu bestimmten Stunden Glocken läuten hören . . . und Mönche singen.«
»Das kann man sich gut vorstellen.«
»Sie erleben's jetzt im Sonnenschein, Miss. Sie müssen sich's bei Mondschein ansehen, oder besser noch, wenn bloß 'n paar Sterne den Weg beleuchten.«
»Das werde ich bestimmt«, versicherte ich.
Wir kamen näher.
»In der Schule ist es ganz behaglich, Miss. Da merken Sie kaum, wo Sie sind. Miss Hetherington, die hat Wunder gewirkt. Drinnen ist's wie in 'ner richtigen Schule . . . und wenn man die jungen Damen lachen hört, dann vergißt man die toten Mönche.«
Der Wagen war in einem Innenhof zum Stehen gekommen. Emmet sprang ab und half mir hinunter.

»Ich kümmere mich um Ihr Gepäck, Miss«, sagte er.
Dann stand ich vor einer Tür in einer grauen Steinmauer. Emmet zog an der Glocke, und die Tür wurde augenblicklich von einem Mädchen in Uniform geöffnet.
»Kommen Sie herein, Miss Grant. Sie sind doch Miss Grant, nicht? Miss Hetherington hat angeordnet, daß Sie zu ihr geführt werden, sobald Sie hier sind. Sie trinkt gerade Tee.«
Ich befand mich in einer großen Halle mit gewölbter Decke. Man sah gleich, daß dies einst ein Kloster war. Die Luft war kühl, was mir nach der warmen Sonne draußen besonders auffiel.
»Hatten Sie eine gute Reise, Miss?« fragte das Mädchen. »Der Zug war anscheinend pünktlich.«
»Ja, danke.«
»Die anderen Lehrerinnen sind noch nicht da. Sie treffen morgen ein. Aber wenn erst die jungen Damen alle da sind . . . dann kommt Leben ins Haus.« Sie hob die Augen zur Decke und reckte ihr Kinn. »Hier entlang, Miss. Geben Sie Obacht. Die Treppe kann gefährlich sein. Wenn Sie auf die Schmalseite treten, besonders beim Runtergehen, können Sie auf die Nase fallen. Halten Sie sich an dem Seil fest. Das soll ein Geländer sein. So war's bei den Mönchen, und deshalb muß es bei uns auch so sein.«
»Ein altes Gebäude.«
»Aus Teilen von den Ruinen gebaut, Miss. Das kriegen wir andauernd zu hören . . . daß wir's würdigen müssen und so, weil's bei den Mönchen so war. Mir persönlich wär' ein richtiges Geländer aus Holz lieber.«
Wir waren zu einem langen Korridor gelangt, von dem mehrere Zimmer abgingen. Er hatte eine gewölbte Decke, genau wie die Halle.
»Hier entlang, Miss.« Das Mädchen klopfte an eine Tür. Eine Stimme, die ich sogleich als die von Daisy Hetherington erkannte, rief »Herein«.
»Ah, da sind Sie ja.« Sie erhob sich. Sie war größer, als ich sie in Erinnerung hatte, und innerhalb dieser Mauern wirkte sie mehr denn je wie aus Stein gemeißelt.

»Wie schön, Sie zu sehen. Sie sind gewiß müde von der Reise. Grace, bring noch eine Tasse und etwas heißes Wasser. Trinken Sie zuerst einmal Tee – er ist ganz frisch gemacht –, und dann können Sie sich Ihre Unterkunft ansehen. Ich hoffe, Sie hatten eine gute Reise. Sie sind sehr pünktlich.«

»Ja, der Zug kam auf die Minute an.«

»Legen Sie Ihren Mantel ab, und setzen Sie sich. Ich freue mich, Sie zu sehen, Cordelia. Ich werde Sie allerdings Miss Grant nennen, außer wenn wir allein sind. Ich möchte keine Unterschiede machen.«

»Natürlich.«

»Wie gefällt Ihnen die Abtei?«

»Sehr. Allerdings habe ich noch nicht viel gesehen; bis jetzt habe ich nur einen ersten Eindruck bekommen. Und der ist wahrhaft überwältigend.«

»Ich kenne die Wirkung. Ich fürchte, wir, die wir mitten in diesen uralten Steinen leben, neigen dazu, zu vergessen, was sie verkörpern.«

»Die Umgebung ist wirklich wundervoll.«

»Das finde ich auch. Das macht uns zu etwas Besonderem. An einer solchen Stätte zu leben, das vermittelt den Mädchen einen Begriff von der Geschichte. Auf Geschichte haben wir immer großen Wert gelegt. Ah, das heiße Wasser. Lassen Sie mich einschenken. Nehmen Sie Milch oder Zucker?«

»Danke, nein.«

»Sie sind nicht wie Ihre Tante. Ich bin jedesmal erschüttert, wieviel Zucker sie in ihren Tee nimmt.«

»Sie liebt alles Süße.«

»Zu ihrem Schaden.«

»Sie ist glücklich, wie sie ist, und vermag alle, die mit ihr zusammen sind, ebenso glücklich zu machen.«

»Ach, die gute Patience. So, nun sind Sie also hier. Ich werde Sie nach dem Tee herumführen . . . bevor es dunkel wird. Es macht mir Spaß, Leute herumzuführen, die zum erstenmal hier sind. Ich genieße es geradezu. Es ist aber auch wirklich einmalig, was die elisabethanischen Baumeister aus den Ruinen geschaffen haben.«

»Welcher Teil des Klosters ist das hier?«
»Das Stiftshaus, die Zellen der Mönche und der Laienbrüder, Bibliothek, Küche und Krankenstube. Dieser Teil ist nahezu unberührt geblieben, als die Plünderer kamen. Die Türme und Kapellen dagegen wurden übel zugerichtet.«
»Dann sieht es hier wohl noch genauso aus wie zu der Zeit, als es erbaut wurde?«
»Ja, in der Mitte des zwölften Jahrhunderts. Die Mönche haben es mit eigenen Händen errichtet. Man denke sich nur, was für eine Betriebsamkeit da geherrscht haben muß. Es war freilich ein Werk der Liebe. Das fühlt man ... vor allem im Mittelschiff und den Seitenschiffen ... obwohl sie zum Himmel offen sind.«
»Ich bin sehr gespannt auf alles.«
»Ja. Ich habe Ihnen gleich angemerkt, daß Sie ein Gefühl dafür haben. Das ist nicht allen Leuten gegeben.«
Sie reichte mir einen Teller mit dünn geschnittenen Butterbroten.
»Ich bin froh, daß Sie kommen konnten, ehe morgen die anderen eintreffen ... jedenfalls die meisten. Mademoiselle Dupont und Fräulein Kutscher sind hier. Sie bleiben in den kurzen Ferien da. Zweimal im Jahr fahren sie nach Hause. Die Reise zum Festland und zurück ist kostspielig. Es sind beides tüchtige Kräfte. Jeanette Dupont hat Schwierigkeiten mit der Disziplin, aber die Mädchen haben sie gern, und ist ihr Unterricht auch nicht streng, so erzielt sie doch gute Ergebnisse. Fräulein Kutscher ist ganz anders. Eine ausgezeichnete Lehrerin. Sie besitzt eine gewisse Würde, die notwendig ist, wenn man Mädchen unterrichtet. Sie müssen einen respektieren, nicht wahr. Ich hoffe, daß Sie sich Achtung verschaffen können. Sie werden es bald selbst merken. Ein kleines Wagnis ist es für mich schon ... weil Sie ja noch nie unterrichtet haben.«
»Wenn Sie nicht mit mir zufrieden sind, dann müssen Sie es mir unverzüglich sagen. Ich glaube, Tante Patty wäre ganz froh über meine Rückkehr, sie hat mich ungern weggelassen.«

»Es würde mir mißfallen, Sie nach Ihrer Ausbildung in einem Dorf verdummen zu sehen. Nein. Ich habe mich bislang in meinem Urteil nicht geirrt, und das wird auch jetzt nicht der Fall sein. Reiten Sie?«

»In Grantley bin ich viel geritten.«

»Fein. Wir haben einen Reitlehrer. Er kommt dreimal in der Woche und erteilt den Mädchen Unterricht. Sie reiten in Gruppen aus, aber mir ist es lieb, wenn eine Lehrerin dabei ist. Wenn Sie wollen, können Sie die Pferde in Ihrer Freizeit benutzen. Wir liegen hier ziemlich einsam, und wenn Sie nicht reiten würden, müßten Sie überallhin zu Fuß gehen. Die Stadt ist drei Meilen entfernt. Das Herrenhaus liegt gleich dahinter.«

»Ich bin auf dem Weg hierher daran vorbeigekommen.«

»Ach ja. Heute ist eine Beerdigung. Die arme Lady Verringer hat das Zeitliche gesegnet. Manche sagen, es sei eine Erlösung. Fiona und Eugenie haben wohl am Begräbnis teilgenommen. Wir werden ihnen gestatten müssen, ein paar Monate lang statt ihrer Schuluniformen Schwarz zu tragen. Jemand anderem würde ich die triste Kleidung nicht erlauben. Aber bei ihnen ... da sie so nahe bei der Schule wohnen ... da muß ich wohl eine Ausnahme machen.«

»Dann war es wohl ihre Mutter, die gestorben ist. Ich habe ihren Vater gesehen.«

»Nein. Nicht die Mutter. Ihre Tante. Und Sie haben Sir Jason gesehen?«

»Ja, in seiner Kalesche. Wir sind uns auf dem Feldweg begegnet.«

»Da ist er wohl gerade vom Begräbnis gekommen. Er ist der Onkel der Mädchen. Er und Lady Verringer hatten keine eigenen Kinder. Das war sehr traurig für sie. Fiona und Eugenie sind Sir Jasons Mündel, die Kinder seines Bruders. Sie haben beide Eltern verloren, als sie noch sehr klein waren. Das Herrenhaus war immer ihr Zuhause ... auch als die Eltern noch lebten. Ihr Vater war ein jüngerer Bruder von Sir Jason. Aber es war natürlich nicht so, wie wenn sie eigene Kinder gehabt hätten. Es gibt keinen direkten Erben. Die Verringers bewohnen das Herrenhaus, seit es Mitte des sechzehnten Jahrhunderts errichtet wurde. Die gesamten Ländereien der Abtei kamen in ihren Besitz, als die Klöster aufgelöst wurden.«

»Ich verstehe. Ich hatte gedacht, die Mädchen seien seine Töchter.«

»Sie sind seit drei Jahren bei mir. Sie kamen, als Fiona vierzehn war. Sie ist die ältere, aber sie und Eugenie sind nur achtzehn Monate auseinander. Fiona ist jetzt siebzehn. Sie wird bald achtzehn, und Eugenie wird sechzehn.«

»Die meisten Mädchen hier sind ungefähr in diesem Alter, nicht wahr?«

»Zwischen vierzehn und achtzehn. Ganz ähnlich wie in Schaffenbrucken, vermute ich.«

»Ja.«

»Es ist mein Ziel, daß die Mädchen, wenn sie hier entlassen werden, in der Lage sind, in den höchsten gesellschaftlichen Kreisen zu verkehren. Das halte ich für sehr wichtig. Und nun zu den praktischen Angelegenheiten. Sie erteilen Englischunterricht, das heißt natürlich Literatur. Die Mädchen studieren mit Ihnen die Klassiker. Und ich wünsche, daß Sie sich außerdem mit ihrer gesellschaftlichen Erziehung befassen. Konversation, allgemeine Diskussionen. Wir haben einen Tanzlehrer für Gesellschaftstanz. Er kommt dreimal in der Woche, aber es finden täglich Tanzübungen statt, und Sie, vielleicht mit einer weiteren Lehrerin, werden darüber die Aufsicht führen. Musik haben wir auch. Mr. Maurice Crowe unterrichtet einmal in der Woche die ganze Schule, aber denen, die es wünschen, gibt er auch Klavier- und Geigenstunden. Wir legen großen Wert auf Musik und die Künste im allgemeinen. Eileen Eccles ist unsere Kunstlehrerin. Sie kommt vielleicht heute abend. Ich habe bereits mit ihr gesprochen. Sie können mit ihr zusammen ein Theaterstück für die Schule einstudieren. Das haben wir schon öfter getan, und es war jedesmal ein großer Erfolg. Die Eltern sehen ihre Kinder gern auf der Bühne. Letztes Mal durften wir es im Herrenhaus aufführen. Sie haben dort einen sehr schönen Ballsaal, der für diesen Zweck ideal ist.«

»Das hört sich sehr interessant an.«

»Es wird Ihnen bestimmt Spaß machen. Und nun zu den Schlafgepflogenheiten. Die Zimmer sind notgedrungen klein. Sie waren früher die Schlafzellen der Laienbrüder, und wir dürfen keine baulichen Veränderungen vornehmen. Allerdings hat Sir Jason der Schule ein paar Zugeständnisse gemacht. Wir haben zum Beispiel einen Raum, der doppelt so groß war wie die anderen, in zwei Schlafzimmer aufgeteilt. Es ist nicht leicht, so viele Menschen unterzubringen. Das Normale wäre ein einziger großer Schlafsaal. So aber haben wir zwei Mädchen in einem Zimmer, und ich habe jeweils einer Lehrerin die Aufsicht über vier Zimmer, also acht Mädchen, übertragen. Ihr Zimmer liegt neben Ihren vieren. Sie vergewissern sich jeden Abend, daß die Mädchen in ihren Zimmern sind, daß sie aufstehen, wenn es läutet, und daß sie sich ordentlich benehmen.«

»Eine Art Hausmutter.«

»Genau, nur daß wir uns alle unter einem Dach befinden und die anderen Gruppen nicht weit entfernt sind. Die Mädchen, die Ihnen unterstehen, sind im großen und ganzen liebenswert und fügsam. Gwendoline Grey bewohnt mit Jane Everton ein Zimmer. Gwendoline ist die Tochter eines Professors, und Janes Vater ist Fabrikant in Mittelengland. Nicht dieselbe Gesellschaftsklasse wie Gwendoline, aber mit viel Geld. Ich mische meine Mädchen wohlüberlegt. Jane wird von Gwendoline lernen, und vielleicht lernt Gwendoline ein wenig von Jane. Das Zimmer daneben bewohnt die Ehrenwerte Charlotte Mackay. Ihr Vater ist Lord Blandore. Sie ist mit Patricia Cartwright zusammen, die aus einer Bankiersfamilie kommt. Der Vater von Caroline Sangton ist Importhändler. Caroline ist mit Teresa Hurst zusammen. Teresa verbringt übrigens die meisten Ferien in der Schule. Ihr Vater baut irgend etwas in Rhodesien an ... Tabak, glaube ich. Manchmal können wir sie zu Verwandten ihrer Mutter schicken, aber nicht immer.

Ich habe das Gefühl, daß sie sich davor drücken, das Kind zu nehmen, wenn es irgend geht.«
»Arme Teresa.«
»Das kann man wohl sagen. Außerdem haben Sie noch die Verringers in einem von Ihren Zimmern. Das ist also Ihre kleine Familie, wie ich es nenne. Es wird bestimmt alles glatt vonstatten gehen. Sind Sie fertig mit Ihrem Tee? Dann bringe ich Sie zu Ihrem Zimmer. Ihr Gepäck wird schon dort sein. Wenn Sie nicht zu müde sind und sich gern ein bißchen umsehen möchten, werde ich Sie führen. Vielleicht möchten Sie sich nach der Reise erst ein wenig frisch machen. Wenn Sie wollen, gehen wir jetzt in Ihr Zimmer. Sie können sich waschen und umziehen und Ihre Sachen aufhängen. Dann führe ich Sie durch die Abtei.«
»Danke. Das wird bestimmt sehr interessant.«
»Fein, kommen Sie.«
Ich folgte ihr über die mit Steinplatten belegten Fußböden und Treppen hinauf ähnlich der einen, die ich schon kannte – tückisch schmal auf der einen, etwas breiter auf der anderen Seite, und mit einem Seil als Handlauf.
Schließlich gelangten wir zu den Schlafräumen. Mein Zimmer war klein und hatte dicke Steinwände, die es kalt wirken ließen. Das Fenster war hoch und schmal. In dem Zimmer standen ein Bett, ein Schrank, ein Stuhl und ein Tisch.
»Sie mögen es ein wenig spartanisch finden«, sagte Daisy. »Meines ist genauso. Man muß bedenken, daß dies eine Abtei ist. Ich schärfe den Mädchen immer ein, daß es für uns ein Privileg ist, hier sein zu dürfen. Und jetzt zeige ich Ihnen unsere Waschgelegenheiten. Mir wurde gestattet, diesen Raum in Kojen aufzuteilen ... ein großes Entgegenkommen, versichere ich Ihnen. Die Laienbrüder haben sich in diesem Trog gewaschen. Er verlief über die ganze Länge dieser Abteilung. Aber das hier entspricht mehr unseren modernen Zeiten. Ich habe auch Spiegel aufgestellt. So, nun haben Sie Ihre Unterkunft gesehen und die Zimmer, über die Sie die Aufsicht haben werden. Soll ich in einer halben Stunde nach Ihnen schik-

ken? Ein Mädchen wird Sie zu meinem Arbeitszimmer bringen, und dann können wir unseren Erkundungsgang antreten.«

Ich wusch mich, zog mich um und hängte meine Sachen in den Schrank. Ich war mir über meine Gefühle nicht im klaren. Einerseits fand ich alles aufregend und konnte Daisy Hetherington verstehen. Ich achtete sie und würde gewiß hinlänglich mit ihr auskommen. Andererseits fand ich meine Umgebung, so ungeheuer interessant sie auch sein mochte, zugleich ein wenig bedrückend. Vielleicht, weil die Vergangenheit so nahe war. Sie drängte sich auf. Was konnte man aber innerhalb der Mauern einer Abtei auch anderes erwarten!

Ich war bereit und wartete schon, als man mich rufen ließ. Insgeheim stellte ich mir vor, wie ich Tante Patty alles erzählte, wenn wir im Sommer zusammen sein würden. Das heiterte mich beträchtlich auf.

Dann wurde ich zu meiner Vorgesetzten geführt. »Ah!« Ihre kalten blauen Augen musterten mich, und ich merkte, daß sie mit meiner weißen Bluse und dem marineblauen Rock zufrieden war. »So, zunächst einmal zeige ich Ihnen unser eigenes Gelände. Wenn dann noch Zeit ist, werde ich Ihnen ein wenig von der Umgebung zeigen, aber die werden Sie später genauer kennenlernen. Hier habe ich ein Bild von der Abtei, wie sie vor der Säkularisierung aussah. Es wurde erst zu Beginn dieses Jahrhunderts gezeichnet, aber es ist eine gute Rekonstruktion. Das war ja auch nicht schwierig, war doch der Grundriß gewissermaßen vorgegeben. Es bedurfte nur eines Quentchens Phantasie. Unsere Mönche waren Zisterzienser, daher ist die Abtei in ihrem Stil gebaut. Sie ist zu beiden Seiten eines Baches errichtet, der in die Fischweiher fließt, die wiederum mit dem Fluß verbunden sind. Von hier aus sind es ungefähr acht Meilen zur See. Die drei Fischweiher, die ineinander übergehen, liefern guten Fisch. Emmet und ein paar andere Männer gehen dort häufig angeln. Der Fisch, den wir freitags essen, stammt zum größten Teil aus den Weihern. Hier sehen

Sie das Mittelschiff und die Querschiffe. Das ist die Kapelle der sechs Altäre. Das da ist das Stiftshaus, das Pförtnerhaus, die große Halle . . . Das Haus des Abtes, das Refektcrium, das Lagerhaus und die Speisekammer. Auf dem Plan ist alles verzeichnet. Und hier sind wir. So . . . wollen wir gehen?«

Wir traten hinaus an die frische Luft. Draußen war es warm. Daisy erzählte beim Gehen. Es war ein faszinierender Rundgang. Ich konnte gar nicht alles aufnehmen, was ich zu sehen bekam, aber die bedrückende Atmosphäre der Abtei, und insbesondere des Teils, der kein Dach hatte, spürte ich nach wie vor. Es war unheimlich, über die Steinplatten zu schreiten, an hohen Pfeilern vorbei, die sinnlos schienen, da die Wände und Bögen, die sie stützen sollten, zusammengefallen waren, so daß ich den Himmel sehen konnte. Ich konnte verstehen, daß phantasiebegabte Menschen sich einbildeten, nach Einbruch der Dunkelheit Glockengeläute und Mönchsgesang zu vernehmen. Ohne hellen Sonnenschein oder im Dunkeln konnte ich mir die Stätte sehr unheimlich vorstellen, und ich fragte mich zum erstenmal, ob Daisy Hetherington klug daran getan hatte, die Schule in einem Teil der alten Abtei unterzubringen. Wäre eine Lage auf dem freien Land oder direkt am Meer, irgendwo an der Südküste, nicht günstiger gewesen? Freilich hatte die Schule dadurch etwas Einmaliges, und das war es ja, was Daisy erstrebte.

»Sie sind so still, Cordelia«, sagte sie. »Ich weiß schon, Sie sind überwältigt. So wirkt es auf alle einfühlsamen Menschen.«

»Die Mädchen . . . was empfinden sie bei all diesen Altertümern?«

»Die meisten sind oberflächliche Geschöpfe . . . sie empfinden nichts dabei.«

»Und die Lehrerinnen?«

»Oh, ich glaube, einige sind überrascht, wenn sie zum erstenmal herkommen. Aber mit der Zeit wächst ihnen der Ort ans Herz. Sie akzeptieren es als Privileg, hier zu sein.«

Ich schwieg, faßte an die rauhe steinerne Mauer und blickte

durch den normannischen Bogen zum Himmel auf. Daisy Hetherington berührte mich am Arm. »Gehen wir wieder hinein«, sagte sie. »Wir essen um halb acht.«
Das Abendessen wurde im Refektorium der Laienbrüder serviert, das mit seiner gewölbten Decke und den hohen schmalen Fenstern wohl mehr oder weniger noch so aussah wie vor sieben Jahrhunderten.
Daisy präsidierte am Kopf der Tafel und wirkte wie eine Äbtissin. Das Essen war ausgezeichnet. »Alles selbst angebaut«, erklärte Daisy. »Das gehört zu den Eigenarten unseres Hauses. Platz haben wir ja genug. Zum Beispiel den alten Küchengarten. Der wird von uns weidlich genutzt. Zwei Gärtner sind da ständig beschäftigt, und manchmal helfen Emmet und die Stallburschen aus.«
Es war ein sehr großes Anwesen. Daneben nahm sich Grantley Manor beinahe primitiv aus.
Beim Essen wurde ich Mademoiselle Jeanette Dupont, Fräulein Kutscher und der Kunsterzieherin Eileen Eccles vorgestellt, die unterdessen angekommen war. Ich konnte mich auf Deutsch und Französisch unterhalten, zur Freude nicht nur derer, mit denen ich sprach, sondern auch Daisys, die sich selbst zwar ausschließlich auf das Englische beschränkte, aber gern darauf hinwies, daß ich beide Fremdsprachen fließend beherrschte.
Jeanette Dupont war sehr hübsch. Ich schätzte sie auf Mitte Zwanzig. Irma Kutscher war kaum älter, sah jedoch älter aus, weil sie einen ziemlich strengen Blick hatte. Ich war überzeugt, daß sie ihre Stellung sehr ernst nahm.
Eileen Eccles war mit ihrem unordentlichen Haar und den ausdrucksvollen dunklen Augen die typische Kunsterzieherin. Sie trug ein lose sitzendes Kleid in verschiedenen Brauntönen mit einem Hauch von Scharlachrot und sah jeder Zoll wie eine Künstlerin aus.
Wir sprachen über schulische Belange. Ich hatte das Gefühl, daß es mir nicht schwerfallen würde, mich in Daisys Institution einzufügen. Sie bestritt den größten Teil der Unterhal-

tung. Alles drehte sich um die Schule und die Eigenarten bestimmter Schülerinnen, und alsbald konnte ich mir von allem ein genaues Bild machen.

Nach dem Essen gingen wir in Daisys Arbeitszimmer, wo das Gespräch fortgesetzt wurde, bis Daisy meinte, ich sei gewiß müde und wolle mich zurückziehen.

»Die übrigen Lehrerinnen treffen morgen oder übermorgen ein. Und Dienstag kommen die Mädchen zurück, die zu Hause waren.«

Mademoiselle fragte, ob die Verringer-Mädchen auch am Dienstag zurückkämen.

»Natürlich«, sagte Daisy, »warum nicht?«

»Ich dachte«, antwortete Mademoiselle, »daß sie vielleicht wegen des Trauerfalls in der Familie zu Hause bleiben.«

»Das wird Sir Jason nicht wünschen. In der Schule sind sie besser aufgehoben. Sie kommen Dienstag zu uns, zusammen mit Charlotte Mackay. Sie hat die Ferien im Herrenhaus verbracht. Sicher war es recht ungelegen, sie während so einer Zeit dort zu haben. Allerdings glaube ich, daß die Familien miteinander befreundet sind. So, Miss Grant ist bestimmt sehr müde. Miss Eccles, vielleicht begleiten Sie Miss Grant auf ihr Zimmer. Sie wird ihren Weg bald allein finden, aber am Anfang kann man sich leicht verirren.«

Miss Eccles erhob sich und ging voran. Auf der Treppe sagte sie zu mir: »Daisy kann zuweilen recht dominierend sein. Aber wenn wir zu mehreren sind, ist es nicht so schlimm.«

Ich erwiderte nichts, sondern lächelte nur, und Eileen fuhr fort: »Man muß sich erst an dieses Haus gewöhnen. Ich kann Ihnen gar nicht sagen, wie oft ich in meinem ersten Halbjahr drauf und dran war, meine Sachen zu packen und nach Hause zu fahren. Aber ich habe durchgehalten, und komischerweise wächst es einem ans Herz. Ich wäre wohl ziemlich traurig, wenn ich jetzt von hier fort müßte.«

»Die Mademoiselle und das Fräulein scheinen sehr nett zu sein.«

»Die sind in Ordnung. Daisy auch, auf ihre Art. Man muß es

ihr nur recht machen und immer daran denken, sie weiß alles, sieht alles und hat immer recht, wie der liebe Gott.«
»Hört sich einfach an, aber auch ein bißchen erschreckend.«
»Halten Sie nur alles in Ordnung, dann kommen Sie gut mit ihr aus. Haben Sie schon mal unterrichtet? Ach nein, da fällt mir ein, Sie kommen ja frisch von Schaffenbrucken. Das hätte ich nicht vergessen dürfen. Daisy hat es uns schon ein dutzendmal erzählt.«
»Es wird soviel Aufhebens um diese Schule gemacht.«
»Sie ist das *sine qua non.*«
Ich lachte.
»Jedenfalls in Daisys Augen«, fuhr Eileen fort. »Sie erteilen Unterricht in Etikette, nehme ich an.«
»Ja. Ich muß dafür noch einen Plan ausarbeiten.«
»Halten Sie sich nur in den Fußstapfen von Schaffenbrucken, dann können Sie nichts falsch machen.«
»Es macht doch sicher Freude, Kunst zu unterrichten, wenn man auf ein Talent stößt.«
»Ich fürchte, wir haben keinen Rubens oder Leonardo unter uns. Jedenfalls habe ich noch keinen entdeckt. Wenn die Mädchen eine erkennbare Landschaft zustande bringen, bin ich schon zufrieden. Vielleicht bin ich nicht ganz gerecht. Wir haben tatsächlich zwei Mädchen, die etwas talentierter sind. So, da wären wir. Hier schlafen Sie. Sie haben die hochwohlgeborenen Verringers unter Ihren Fittichen. Wohl deshalb, weil Daisy meint, sie können vielleicht noch im Schlaf ein bißchen von Schaffenbrucken aufnehmen. Huch! Hier ist es immer so kalt. Man kann sich leicht vorstellen, man wäre ein Mönch. Daisy hat es gern, wenn wir soviel wie möglich auf mönchischen Pfaden wandeln. Aber keine Bange. Man hat Ihnen kein härenes Gewand bereitgelegt. Vergessen Sie einfach, daß Sie in einer Abtei sind, und schlafen Sie gut. Wir sehen uns morgen. Gute Nacht.«
Ich wünschte ihr eine gute Nacht. Sie gefiel mir. Sie war amüsant, und es war tröstlich zu wissen, daß ich so angenehme Kolleginnen hatte wie diejenigen, die ich heute abend kennengelernt hatte.

Ich bürstete meine Haare und kleidete mich rasch aus. Auf dem Tisch stand ein Spiegel. Das war wohl eines der Zugeständnisse an die Neuzeit, auf die Daisy so gern hinwies. Ich prüfte das Bett. Es war schmal, wie es sich für mein klausenartiges Zimmer geziemte, aber es schien bequem zu sein. .
Ich legte mich hin und deckte mich rundum zu. Doch ich konnte nicht einschlafen. Der Tag war so aufregend gewesen, und meine Umgebung war so ungewöhnlich. Die Decke bis zum Kinn hochgezogen, lag ich da und dachte über alles nach. Ich war gespannt, was mir die Zukunft bringen würde und – ja, ich freute mich darauf.
Zuallererst aber war mir daran gelegen, die Mädchen kennenzulernen.
Während die Zeit verstrich, wurde ich immer wacher. Es ist stets schwierig, in einer neuen Umgebung zu schlafen, und in einer alten Abtei voller Spuren einer anderen Zeit ist es fast natürlich, daß man keinen Schlaf findet. Ich starrte zur Wand. Durch das schmale Fenster drang genügend Licht herein, so daß ich die Struktur des grauen Steins erkennen konnte. Ich fragte mich, wie viele Mönche wohl in langen Nächten der Meditation und des Gebets so gelegen und die Wände angestarrt hatten.
Plötzlich merkte ich auf. Nicht weit entfernt vernahm ich ein leises Geräusch – ein rasches Atemholen, dann ein unterdrücktes Schluchzen.
Ich setzte mich auf und lauschte. Stille, und dann ... ja, da war es wieder. Nicht weit von mir weinte jemand und versuchte, das Geräusch zu unterdrücken.
Ich stieg aus dem Bett, tastete nach meinen Pantoffeln und zog meinen Morgenmantel an. Das Schluchzen kam aus dem Zimmer zu meiner Rechten ... das war eines der Zimmer, über die ich die Aufsicht führen sollte.
Ich trat in den Flur. Meine Pantoffeln machten auf den Steinplatten kaum ein Geräusch.
»Wer ist da?« fragte ich leise.
Ich hörte ein schnelles Einatmen. Keine Antwort.

»Fehlt Ihnen etwas? So antworten Sie doch.«
»N . . . nein«, sagte eine ängstliche Stimme.
Ich war an dem Zimmer angelangt und machte die Tür auf. In dem trüben Licht sah ich zwei Betten. In einem saß ein Mädchen. Als meine Augen sich an das Dunkel gewöhnten, sah ich, daß sie lange blonde Haare und große erschrockene Augen hatte. Sie mußte etwa sechzehn oder siebzehn Jahre alt sein.
»Was ist denn?« fragte ich. »Ich bin die neue Lehrerin.«
Sie nickte. Ihre Zähne klapperten.
»Es ist nichts . . . nichts.«
»Aber dir muß doch etwas fehlen.« Ich setzte mich auf ihr Bett. »Bist du unglücklich?« Sie sah mich mit ihren großen erschrockenen Augen ernst an. »Du brauchst keine Angst vor mir zu haben«, fuhr ich fort. »Ich weiß, was Heimweh bedeutet. Das ist es doch, nicht wahr? Als ich so alt war wie du, war ich auch auf einer Schule. In der Schweiz.«
»W . . . wirklich?« stammelte sie.
»Ja. Siehst du, ich kenn' mich aus.«
»Ich hab' kein Heimweh . . . wenn man kein Zuhause hat, kann man doch kein Heimweh haben, oder?«
Da fiel es mir ein: »Ich glaube, ich weiß, wer du bist. Du bist Teresa Hurst. Du bist während der Ferien in der Schule geblieben.«
Sie wirkte erleichtert, daß ich Bescheid wußte.
»Ja«, sagte sie. »Und Sie sind Miss Grant. Ich hab' gewußt, daß Sie kommen.«
»Ich habe die Aufsicht über diese Abteilung.«
»Wenn die anderen da sind, ist es nicht mehr so schlimm. Es ist schrecklich nachts, wenn alles so still ist.«
»Eigentlich gibt es nichts, wovor du Angst haben mußt. Deine Eltern sind in Afrika, nicht?«
Sie nickte. »Rhodesien«, ergänzte sie.
»Ich weiß, wie einem da zumute ist. Zufälligerweise waren meine Eltern auch in Afrika. Sie waren Missionare und konnten mich nicht bei sich behalten, deshalb wurde ich nach Hause geschickt zu meiner Tante Patty, und das war gut so.«

»Meine Verwandten wollen mich nicht. In den Ferien finden sie immer eine Ausrede. Die Kinder haben Masern, oder sie wollen verreisen ... also bleibe ich in der Schule. Eigentlich hab' ich gar nichts dagegen. Bloß nachts ...«

»Jetzt bin ich ja hier, und Dienstag kommen die anderen Mädchen auch wieder.«

»Ja, dann wird es besser. Waren Sie gern bei Ihrer Tante Patty?«

»Und ob. Sie ist die beste Tante der Welt.«

»Das muß schön sein.«

»O ja. Aber jetzt bin ich hier. Ich schlafe gleich nebenan. Wenn du dich fürchtest, kommst du einfach zu mir, einverstanden?«

»Ja, gern.«

»Also dann, gute Nacht. Geht es dir jetzt besser?«

»Ja. Ich weiß ja, daß Sie da sind. Bloß die Mädchen lachen mich manchmal aus. Sie finden, ich stelle mich wie ein Baby an.«

»Aber nein, bestimmt nicht.«

»Die fahren nach Hause und möchten am liebsten gar nicht mehr zur Schule zurück. Sie lieben die Ferien. Mir dagegen graut davor.«

»Ja, aber jetzt wird alles gut. Wir werden zusammenhalten, du und ich. Du weißt, ich bin hier, um dir zu helfen.«

»Komisch, daß Ihre Eltern auch in Afrika waren.«

»Ja, sehr merkwürdig, nicht? Wahrscheinlich sind wir dazu bestimmt, Freundinnen zu sein.«

»Das freut mich«, sagte sie.

»Komm, ich deck dich zu. Meinst du, daß du jetzt schlafen kannst?«

»Ja, ich glaube schon. Und es macht mir nichts aus, wenn ich ... Schatten sehe. Ich weiß ja, daß ich zu Ihnen kommen kann. Das haben Sie doch ernst gemeint, oder nicht?«

»Ja. Aber ich glaube, jetzt kannst du gut schlafen. Gute Nacht, Teresa.«

»Gute Nacht, Miss Grant.«

Ich kehrte in mein Zimmer zurück. Armes einsames Kind! Ich war froh, daß ich sie gehört hatte und sie ein wenig trösten konnte. Ich wollte sie in den kommenden Tagen im Auge behalten und aufpassen, daß sie nicht schikaniert wurde.
Es brauchte einige Zeit, bis mir warm genug war, so daß auch ich einschlafen konnte, aber die Begegnung hatte mich wohl ebenso beruhigt wie Teresa, und schließlich schlief ich ein. Jedoch plagten mich wilde Träume. Ich träumte, daß ich in einer Kalesche durch den Mittelgang des Klosters fuhr. Zu beiden Seiten waren die mächtigen Strebepfeiler und der blaue Himmel darüber. Plötzlich versperrte eine andere Kutsche den Weg, und ein Mann stieg aus. Er blickte zu meinem Fenster herein und schimpfte. »Zurück. Sie sind mir im Weg.« Es war ein wildes, finsteres Gesicht, das sich plötzlich in das von Edward Compton verwandelte.
Ich wachte beklommen auf und wußte im ersten Moment nicht, wo ich war.
Es war nur ein Traum, beruhigte ich mich. Ich träumte öfter als früher, seit ich dem Fremden im Wald begegnet war.

Ich erwachte, setzte mich im Bett auf und betrachtete die kahlen Steinmauern und die spärlichen Möbel. Schnell stand ich auf, wusch mich und kleidete mich an. Ich warf einen Blick in Teresa Hursts Zimmer. Ihr Bett war ordentlich gemacht, sie selbst aber nicht da. Ich fragte mich, ob ich mich wohl verspätet hätte.
Unten in dem Zimmer, wo wir abends zuvor das Essen eingenommen hatten, saß Daisy mit Mademoiselle Dupont und Fräulein Kutscher am Tisch.
»Guten Morgen«, sagte Daisy. »Ich hoffe, Sie haben gut geschlafen.«
Dankend bejahte ich.
Ich erwiderte die Grüße der anderen, und Daisy bedeutete mir, ich möge mich setzen.
»In den Ferien frühstücken wir zwischen halb acht und halb

neun«, erklärte sie. »Während der Schulzeit findet das Frühstück um halb acht statt. Zwei Lehrerinnen führen die Aufsicht im großen Speisesaal, wo die Mädchen die Mahlzeiten einnehmen. Danach versammeln wir uns in der Halle zum Gebet, und meistens hält eine von uns eine kleine Ansprache – höchstens fünf Minuten. Etwas Erhebendes, eine Art Tagesmotto. Wir wechseln uns dabei ab. Der Unterricht beginnt um neun. Bedienen Sie sich nur an der Anrichte. Beim Frühstück geht es hier ganz zwanglos zu.«

Während ich mir Schinken und Kaffee nahm, kam Eileen Eccles herein.

Ich setzte mich an den Tisch, und wir sprachen über die Schule – das heißt, hauptsächlich Daisy; wir übrigen hörten zu. Weil ich der Neuankömmling war, waren viele ihrer Bemerkungen an mich gerichtet. »Bis Montag morgen dürften alle Lehrerinnen hier sein. Dann sind wir bereit, die Mädchen zu empfangen. Montag nachmittag treffen wir uns alle in meinem Arbeitszimmer und gehen die Arbeit für dieses Halbjahr durch. Sie möchten gewiß etwas vorbereiten, das wir dann diskutieren können . . . und natürlich möchten Sie die Umgebung erkunden.« Sie lächelte in die Runde. »Die anderen sind gern bereit, Ihnen alles zu erklären, was Sie wissen möchten.«

Eileen Eccles sagte: »Ich muß heute vormittag in die Stadt. Ich habe noch ein paar Sachen zu besorgen. Ich brauche Papier und Pinsel. Möchten Sie mitkommen? Dabei können Sie sich die Stadt ansehen.«

»Danke, gern«, sagte ich.

»Sie reiten doch, nicht? Anders kommt man dort nicht hin.«

»Ja«, erwiderte ich, »und haben Sie vielen Dank.«

Daisy lächelte zustimmend.

Es war ein schöner Morgen. Eileen ging mit mir in den Stall und zeigte auf eine kleine rotbraune Stute. »Mit dieser kommen Sie bestimmt gut zurecht. Sie hat Temperament und ist trotzdem folgsam.« Sie nahm ein graues Pferd. »Wir zwei sind alte Freunde«, sagte sie und klopfte ihm auf die Flanke, wor-

auf es mit dem Fuß stampfte, als wolle es sein Einverständnis ausdrücken.
Bald befanden wir uns auf dem Weg in die Stadt.
»Zum Glück ist es nicht weit«, sagte Eileen. »Die Pferde sind ein Geschenk des Himmels. So können wir uns wenigstens ab und zu von der Schule entfernen. Gottlob gehört der Umgang mit Pferden zu den unerläßlichen Fertigkeiten wohlerzogener junger Damen.«
Wir ritten an den Fischweihern vorüber, die in der frühen Morgensonne glitzerten. Ich betrachtete die Ruinen ringsum. Sie waren wirklich einzigartig, und im frühen Morgenlicht wirkten sie gar nicht mehr so unheimlich.
»Sie werden sich daran gewöhnen«, meinte Eileen. »Ich nehme sie kaum noch wahr. Am Anfang habe ich immer über die Schulter geguckt und erwartet, daß eine schwarzgewandete Gestalt mich anspringen würde. Erst später erfuhr ich, daß die Mönche weiße Kutten hatten – wodurch sie wohl noch geisterhafter gewirkt hätten, zumindest bei Mondschein, nicht wahr?«
»Ich glaube, wenn man ihnen begegnete, würde man sich so oder so erschrecken, egal, welche Farbe sie tragen.«
»Keine Bange. Die sind alle tot und begraben, und falls ihre Geister noch fortleben, so bin ich sicher, daß sie Daisy wohlgesinnt wären. Leute wie die Verringers sind es, die auf der Hut sein müßten.«
»Ich nehme an, wenn die Verringers sich hier nicht eingenistet hätten, dann hätten es andere getan.«
»Darum geht es nicht, meine liebe Miss Grant. Die Verringers *haben* sich eingenistet.«
Wir kamen an einen Feldweg. Ich war von der üppigen Schönheit ringsum überwältigt. Grünes Gras, rote Erde, blühende Roßkastanien und Wildkirschen, und neben den Fischweihern das anschwellende Flöten einer Grasmücke.
»Gestern abend habe ich Teresa Hurst kennengelernt«, begann ich. »Das arme Kind. Sie scheint einsam zu sein und sich nachts zu fürchten. Ich konnte verstehen, wie ihr zumute war.

Mir hätte es ähnlich ergehen können.« Darauf erzählte ich ihr von Tante Patty.

»Ach, wissen Sie«, sagte Eileen, »Teresa hat einfach keinen Schwung. Sie läßt sich von ihrem Mißgeschick erdrücken, statt dagegen anzukämpfen.«

»Ich werde ein Auge auf sie haben. Wir haben uns gestern abend ein wenig unterhalten und uns recht gut verstanden.«

Eileen nickte. »Sie zeichnet ganz passabel und kennt im Gegensatz zu manchen anderen den Unterschied zwischen Olivgrün und Preußischblau.«

Sie bog in ein Feld ein, klopfte ihrem Pferd auf die Flanke, und wir verfielen in leichten Galopp. »Abkürzung« sagte Eileen über die Schulter.

Dann lag die Stadt vor uns.

»Hübsch, nicht wahr, im Sonnenlicht«, stellte Eileen fest. »Eine Kleinstadt, wie sie für Devonshire charakteristisch ist. Einige Geschäfte sind ganz brauchbar, jedenfalls besser als nichts. Es gibt eine sehr gute Gastwirtschaft dort. Das Drake's Drum. Wir könnten uns dort treffen. Ich brauche mindestens eine Stunde für meine Besorgungen. 's wäre ein bißchen langweilig für Sie, mit mir herumzuziehen, und ich bin auch gern allein, wenn ich einkaufe. Sie könnten sich unterdessen die Gegend außerhalb der Stadt ansehen. Die Landschaft ist hübsch. Sie können aber auch Ihr Pferd im Hof vom Drake's abstellen. Wie auch immer, ich schlage vor, daß wir uns dort in einer Stunde treffen, ja? Dann trinken wir ein Glas Apfelmost. Für den sind sie dort berühmt.«

Ich stimmte ihrem Vorschlag zu.

Ich gedachte, aus der Stadt zu reiten, um mich ein wenig in der Umgebung umzusehen, und anschließend die Stadt zu erkunden. Es war eine sehr kleine Stadt, und für einen ersten Überblick würde eine halbe Stunde durchaus genügen.

Eileen zeigte mir die Gastwirtschaft mit dem bunten Schild, auf dem Sir Francis mit seiner Trommel dargestellt war. Eileen ritt in den Hof, und ich setzte meinen Weg fort.

Da die Stadt aus kaum mehr als einer Hauptstraße bestand, befand ich mich alsbald auf dem Land. Die Feldwege waren hübsch und schmal und dermaßen gewunden, daß man jedesmal gespannt war, was sich einem hinter der nächsten Biegung offenbaren würde.

Gut zwanzig Minuten war ich geritten, als ich es für an der Zeit hielt, zur Stadt zurückzukehren. Ich war über viele schmale gewundene Feldwege gekommen und hatte kaum auf die Richtung geachtet, die ich einschlug, weil ich gar nicht auf die Idee kam, daß es eventuell schwierig sein könnte, den Rückweg zu finden. Ich wendete meine kleine Stute und trabte etwa fünf Minuten lang gemächlich dahin, bis ich an einen Kreuzweg kam. Ich konnte mich nicht erinnern, ihn vorher gesehen zu haben, und zudem war kein Wegweiser vorhanden. Ich überlegte, welchen der vier Wege ich nehmen sollte.

Während ich noch zögerte, kam ein Reiter auf einem grauen Pferd daher. Ihn konnte ich nach dem Weg fragen.

Er hatte mich auch gesehen und ritt direkt auf mich zu. Als er anhielt, kam mir sein Gesicht bekannt vor, und augenblicklich fiel mir ein, wer er war. Zwar hatte ich nur einen kurzen Blick auf ihn erhascht, als er den Kopf zum Fenster der Kalesche herausgesteckt hatte, aber dies Gesicht gehörte zu denen, die man nicht so leicht vergißt.

Mit einer Mischung aus Verdruß und Erregung dachte ich: der große Sir Jason persönlich.

Er lüftete beim Näherkommen mit schwungvoller Gebärde seinen Hut. »Sie haben sich verirrt«, stellte er beinahe triumphierend fest.

»Ich wollte Sie fragen, wie ich nach Colby zurückkomme.«

»Meinen Sie die Stadt, das Herrenhaus oder die Abtei?«

»Die Stadt. Können Sie mir die Richtung zeigen?«

»Mehr als das. Ich bin zufällig selbst auf dem Weg dorthin. Ich werde Sie begleiten.«

»Das ist sehr liebenswürdig von Ihnen.«

»Unsinn. Es ist liebenswürdig von Ihnen, daß Sie es mir gestatten.«

Er musterte mich ziemlich dreist, so daß mir unbehaglich wurde. Heute wirkt er anders, dachte ich, als gestern in der Kalesche.

»Es ist ja sicher nicht weit, und ich weiß gar nicht, wieso ich mich verirrt habe.«

»Das kann ganz leicht geschehen. Die Wege winden und krümmen sich, und man biegt um so viele Kurven, bis man die Richtung aus dem Auge verloren hat. Es ist ein sehr schöner Morgen, finden Sie nicht?«

»Ja, sehr.«

»Und jetzt erst recht.«

Ich gab keine Antwort.

»Ich möchte mich Ihnen vorstellen«, begann er wieder. »Ich bin Jason Verringer.«

»Ich weiß«, erwiderte ich.

»Dann sind wir ja alte Bekannte, denn ich weiß auch, wer Sie sind. Wir sind uns bereits begegnet. Auf einem Feldweg. Sie saßen bei Emmet auf dem Bock, nicht wahr?«

»Ja, und Sie haben uns wütend befohlen, zurückzuweichen.«

»Da hatte ich Sie noch nicht gesehen.«

Ich versuchte, mein Pferd in eine Richtung zu bewegen; ein törichtes Unterfangen, da er mir ja den Weg erst zeigen sollte. So war er denn auch gleich an meiner Seite. Im ganzen fand ich sein Benehmen ziemlich aufdringlich.

»Hätte ich geahnt, daß Emmet die hochgebildete neue Lehrerin zum Institut kutschierte, so hätte ich meinen Kutscher angewiesen, zurückzufahren.«

»Es ist nicht von Bedeutung«, sagte ich.

»Es ist von größter Bedeutung. Es war unsere erste Begegnung, und ich muß Ihnen sagen, ich bin entzückt, Sie kennenzulernen. Ich habe durch Miss Hetherington so viel von Ihnen gehört.«

»Ach, spricht sie mit Ihnen über ihr Personal?«

»Meine liebe junge Dame, wenn ihr eine solche Perle in die Hände fällt, spricht sie mit jedermann darüber. Soviel ich

weiß, haben Sie all Ihre Tugenden in einem ausländischen Institut erworben.«
»Sie übertreiben.«
»Nicht im geringsten. Ich entdecke mit Vergnügen, daß eine Dame mit beinahe göttlichen Eigenschaften eine kleine menschliche Schwäche hat. Sie hat sich verirrt.«
»Ich habe viele Schwächen, dessen versichere ich Sie.«
»Das freut mich. Ich hoffe, daß ich sie entdecken werde.«
»Das ist ziemlich unwahrscheinlich. Dies ist aber nicht der Weg, den ich gekommen bin!«
»Nein, wohl kaum. Wie finden Sie die Landschaft? Dies ist guter fruchtbarer Boden . . . der fruchtbarste in ganz England, wie manche sagen. Er hat uns im Laufe der Jahrhunderte gut gedient.«
»Und wird es zweifellos auch weiterhin tun.«
»Zweifellos. Sie werden meine Mündel kennenlernen, meine beiden Nichten. Sie besuchen das Institut. Es ist erfreulich zu wissen, daß sie von jemand so Talentiertem unterrichtet werden.«
Ich war verärgert, weil ich spürte, daß er mich mit seinen ständigen Anspielungen auf meine Ausbildung provozierte.
Ich sagte: »Ich hoffe, Sie werden zufrieden sein. Jedenfalls freue ich mich darauf, die Mädchen kennenzulernen. Miss Hetherington sagte, daß sie Dienstag zur Schule kommen.«
»So ist es vereinbart.«
»Es muß angenehm für sie sein, eine Schule zu besuchen, die so nahe bei ihrem Heim gelegen ist.«
Er hob die Schultern. »Sie haben vielleicht gehört, daß wir soeben einen Todesfall in der Familie hatten.«
»Ja, das tut mir leid. Die Beerdigung war gestern, am Tag meiner Ankunft.«
»Das war sonderbar, nicht wahr?«
»Sonderbar?«
»Daß ich von der Beerdigung meiner Frau kam, als unsere Kutschen sich begegneten.«
»Sonderbar würde ich das nicht nennen. Sie waren zufällig

zur gleichen Zeit am gleichen Fleck. Die Feldwege sind sehr schmal. Daß Fahrzeuge sich begegnen, kommt doch gewiß häufig vor.«

»Nicht so oft, wie Sie vielleicht denken«, warf er ein. »Wir haben hier nicht viel Verkehr. Ich bitte um Verzeihung, weil ich Ihre Kutsche zum Zurückweichen gezwungen habe.«

»Bitte vergessen Sie es. Es spielt keine Rolle.«

»Fanden Sie mich ein wenig . . . arrogant?«

»Ich kann verstehen, daß Sie nach einem solchen Anlaß erregt waren.«

»Dann sind wir also Freunde?«

»Hm . . . das wohl kaum.« Ich blickte geradeaus. »Der Rückweg zur Stadt kommt mir ziemlich lang vor.«

»Sie sind ziemlich weit vom Weg abgewichen.«

»Oh, es ist fast viertel vor elf. Um elf bin ich mit Miss Eccles im Drake's Drum verabredet.«

»Das Drake's Drum ist ein ausgezeichnetes Wirtshaus. An Markttagen machen sie gute Geschäfte.«

»Wie weit ist es noch bis zur Stadt?«

»Um elf sind Sie dort.«

»So weit ist es noch?«

Er zog süffisant die Augenbrauen hoch und nickte. Das Lächeln, das seine Lippen umspielte, hatte etwas Beunruhigendes. Ich wünschte, ich hätte versucht, meinen Weg allein zu finden. Sicher machte er mit mir einen Umweg.

»Ich hoffe, ich werde Sie wiedersehen, Miss . . .«

»Grant.«

»Ach ja, Miss Grant. Ich hoffe, Sie kommen manchmal ins Herrenhaus. Wir veranstalten hin und wieder ein Konzert, dem Miss Hetherington und mit ihrer Erlaubnis etliche Lehrerinnen und sogar Schülerinnen beiwohnen. Gelegentlich werde ich in die Schule eingeladen, daher bin ich sicher, daß wir uns dann und wann begegnen werden.«

Ich schwieg ein paar Sekunden, dann fragte ich: »Ist dies wirklich die richtige Straße?«

»Da können Sie ganz sicher sein.«

Wir ritten eine Weile schweigend weiter, bis wir den Stadtrand erreichten.
»Sehen Sie«, sagte er, »ich habe Sie wohlbehalten hergebracht. Ich glaube, einmal haben Sie gedacht, daß ich Sie in die Irre führte.«
»Der Rückweg kam mir so lang vor.«
»Für mich ist die Zeit im Nu verflogen.«
»Ich weiß jetzt wieder, wo ich bin. Danke für Ihre Hilfe.«
»Es war mir ein Vergnügen.«
Er blieb an meiner Seite, bis wir am Drake's Drum anlangten. Eileen Eccles war schon da. Sie stand auf der Veranda und hatte offenbar besorgt nach mir Ausschau gehalten.
»Ich habe mich verirrt«, sagte ich.
Jason Verringer zog seinen Hut und verneigte sich vor uns, dann ritt er davon.
Ich sagte zu Eileen: »Ich traf ihn, als ich mir überlegte, welchen Weg ich nehmen sollte, und er zeigte mir den Rückweg. Wo soll ich mein Pferd abstellen?«
»Ich zeig's Ihnen.«
Sie führte mich in den Hof, und dann gingen wir in die Gaststube.
»Er hat Sie schnell entdeckt«, bemerkte Eileen.
»Ich hatte mich verirrt. Er erschien zufällig und erbot sich, mir den Rückweg zu zeigen. Die Strecke kam mir sehr lang vor.«
»Ich bin überzeugt, das hat er mit Absicht getan.« Sie bestellte Apfelmost für uns. »Ich hatte mir schon Sorgen gemacht.«
»Ich auch. Ich dachte, ich käme nie zurück. Ich kannte den Weg ja nicht, aber jetzt glaube ich, ich hätte ihn auch leicht allein finden können.«
»Und der trauernde Witwer hat Sie also begleitet.«
»Er schien nicht besonders zu trauern.«
»Eher zu jubeln, nach dem, was ich gehört habe.«
Der Apfelmost kam. Er war kühl und erfrischend. »Dafür sind sie in dieser Gegend berühmt«, stellte Eileen fest. »Dann haben Sie also gar nichts von der Stadt gesehen. Jetzt bleibt kei-

ne Zeit mehr, sich umzuschauen. Wenn Sie ausgetrunken haben, müssen wir zurück.«

»Jetzt wünsche ich, ich wäre in der Stadt geblieben.«

»Früher oder später hätte er Sie doch entdeckt. Wissen Sie, er steht nämlich in dem Ruf, allen Frauen nachzustellen, die sich in seiner Reichweite befinden.«

»Oh . . . aber er ist gegenwärtig in Trauer. Seine Frau wurde erst gestern beerdigt.«

»Der hat sich kaum an die Brust geschlagen, sein Gewand zerrissen und Asche verstreut!«

»So wirkt er jedenfalls nicht.«

»Wenigstens ist er ehrlich. Vermutlich ist ihm danach, das gemästete Kalb zu schlachten. Nein, das ist das falsche Gleichnis. Jedenfalls jubelt er . . .«

»War es denn so schlimm?«

»Es gibt ungeheure Klatschgeschichten über ihn. Es ist den Verringers immer gelungen, ihre Nachbarschaft mit einer Menge Gesprächsstoff zu versorgen. Man erzählt sich, daß er seine Frau geheiratet hat – es war eine arrangierte Heirat –, weil sie ein großes Vermögen mit in die Ehe brachte. Nicht lange nach der Hochzeit hatte sie einen Jagdunfall und wurde gelähmt, und das bedeutete, daß die Verringers keinen Erben haben würden – und da die Verringers seit fünfzehnhundertnochwas immer einen Erben hatten, seit der Zeit, als die Verringers die Ländereien der Abtei übernahmen, war dies für die Familie keine erfreuliche Angelegenheit. Mit Sir Jason würde die direkte Linie enden, weil sein jüngerer Bruder, der Vater der beiden Mädchen, tot ist. Wird der Besitz an eine Frau fallen? Entsetzen ergreift das Land! Doch wie, außer durch einen Mord, konnte sich Sir Jason noch eine Chance verschaffen?«

»Mord!«

»Ein Wort, mit dem das gewöhnliche Volk nicht leichtfertig umgeht. Aber die Verringers? Wer weiß? Jedenfalls, die Lady ist brav gestorben, und als Sie ankamen, läutete die Totenglocke für sie.«

»Bei Ihnen hört sich das sehr makaber an.«
»Man sagte mir, auf die Verringers trifft jede Eigenschaft zu. Wie auch immer, die Lady starb, und nun sind Gerüchte im Umlauf . . .«
»Ich denke, sie war lange krank.«
»Gelähmt. Zu Fortpflanzungszwecken ungeeignet. Aber es war keine Krankheit mit tödlichem Ausgang. Dann erscheint plötzlich Marcia Martindale auf der Bühne, bringt ein Kind zur Welt, und Lady Verringer stirbt.«
»Das ist alles sehr verworren.«
»Da Sie hier leben werden, müssen Sie auch etwas über die Bewohner dieses Ortes erfahren, und die schillerndsten, aufregendsten, dramatischsten – man kann sagen, melodramatisch – sind die Verringers. Jason hatte es immer mit den Frauen. Das liegt in der Familie, und was kann man, bei einer untauglichen Frau, von einem so kraftstrotzenden Gentleman anderes erwarten. Nicht weit von der Abtei steht ein Haus. Es heißt Krähenruh – vermutlich, weil es von Ulmen umgeben ist, in denen die Krähen ihre Nester bauten. Es ist ein kleines elegantes Haus im Queen-Anne-Stil. Dort hat jahrelang eine Tante der Verringers gewohnt. Dann starb sie, und das Haus stand ein paar Monate leer. Vor ungefähr achtzehn Monaten ließ sich Marcia Martindale dort nieder; sie war auffallend hübsch und eindeutig schwanger. Sir Jason quartierte sie dort ein, und sie ist geblieben. Das ist ziemlich augenfällig, aber in Sir Jasons Position braucht es einen nicht zu kümmern, was die Leute sagen. Er ist der mächtige Patron, dem alles gehört, einschließlich der Häuser, in denen die Leute hier wohnen. Und solche Leute dürfen sich über diese kleinen Fehltritte kein Urteil erlauben. Sie mögen hinter vorgehaltener Hand darüber kichern, aber mehr als mit den Schultern zucken und die Augen zum Himmel erheben können sie sich nicht gestatten.«
»Dennoch scheinen eine Menge Skandalgeschichten über diesen Mann in Umlauf zu sein.«
»Meine liebe Miss Grant . . . darf ich Cordelia sagen? Miss

Grant ist so förmlich, und wir werden ja nun oft zusammen sein.«
»Ich bitte darum ... Eileen.«
»Also abgemacht. Wo war ich stehengeblieben? Ach ja ... die kleine Miranda. Niemand zweifelt daran, wer ihr Erzeuger ist. Es ist ziemlich augenfällig, außerdem verachtet es Sir Jason, seine Taten zu vertuschen, denn das würde er als Schwäche ansehen. Er verkörpert in dieser Gegend das Gesetz. Man munkelt, daß das Kind von ihm ist und er noch mehr haben könnte. Und was geschieht zu seinem Glück? Lady Verringer stirbt.«
»Das hört sich teuflisch an. Woran ist sie gestorben?«
»Ich glaube, es war eine Überdosis Opium. Sie nahm es regelmäßig gegen ihre Schmerzen. Soweit die Handlung. Am Ende des Aktes kamst du und hörtest die Totenglocke für die verblichene Lady läuten. Der Vorhang wird wieder aufgehen ... und was gibt es zu sehen?«
»Bei dir hört es sich wirklich wie ein Melodrama an.«
»Glaub mir, Cordelia. Was habe ich dir gesagt? Wo der Mann auftritt, passiert etwas. Jetzt habe ich dich mit unserer schlimmsten Skandalgeschichte bekanntgemacht, und du hast deinen Apfelmost ausgetrunken. Es wird Zeit, daß wir aufbrechen.«
Wir bezahlten den Apfelmost, machten dem Wirt Komplimente zu seinem Gebräu und traten in den Sonnenschein hinaus.

Im Laufe des Wochenendes trafen die Lehrerinnen nach und nach ein, genau wie Daisy vorausgesagt hatte.
Miss Evans unterrichtete Geographie; Miss Barston, die Handarbeitslehrerin, legte besonderen Wert auf Stickerei und *gros point,* und Miss Parker unterwies die Mädchen in Sport. Mathematik wurde von einem Mann gegeben, James Fairly, der ebenso wie der Lehrer für Tanz, Reiten und Musik nicht im Hause wohnte. Daisy hielt es für unangemessen, daß

Männer mit den Mädchen unter einem Dach lebten; das würde den Eltern gewiß nicht recht sein.
»Es ist ja nicht so«, bemerkte Eileen, »daß sie sich keine Tricks ausdenken könnten, um trotzdem unter das klösterliche Dach zu kommen. Aber der Schein muß gewahrt werden.«
Ich fand alle meine Kolleginnen nett und war überzeugt, daß ich gut mit ihnen auskommen würde.
Nun wartete ich gespannt auf die Ankunft der Mädchen. Am Montag trafen sie ein – einige mit dem Frühzug, die anderen am Nachmittag, und die Atmosphäre im Haus war sogleich eine andere. Die Abtei wurde eine Schule. Erregte Stimmen, Wiedersehensfreude unter Freundinnen, begeistertes Erzählen, was sie in den Ferien gemacht hatten.
Montag abend trafen sich alle zur Versammlung in der Halle, die einst das Krankenrevier der Laienbrüder gewesen war. Neugierig betrachtete ich die Gesichter. Die ältesten dürften achtzehn gewesen sein, die jüngsten vierzehn. Ich fühlte mich ein wenig unbehaglich, was eher meiner eigenen Jugend als meiner Unerfahrenheit zuzuschreiben war. Was mochten diese jungen Mädchen wohl empfinden, wenn sie von jemand unterrichtet wurden, der kaum älter war als sie?
Ich war jedoch entschlossen, würdevoll aufzutreten und unbedingt Disziplin zu bewahren, denn ich wußte aus meiner Schaffenbruckener Erfahrung, daß es, ließ man es einmal an Disziplin fehlen, Ärger geben konnte.
Am Ende der Halle befand sich ein Podium, und auf diesem nahm Miss Hetherington Platz, umgeben von ihrem Kollegium. Sie hielt eine kurze Ansprache an die Mädchen, begrüßte sie und drückte die Hoffnung aus, daß es ein erfolgreiches Jahr werden möge.
»Wir heißen eine Neue in unseren Reihen willkommen, Miss Grant. Es ist uns eine Freude, sie bei uns zu haben, und ich bin überzeugt, ihr werdet großen Nutzen ziehen aus dem, was sie euch beizubringen hat. Sie ist jüngst aus Schaffenbrucken in der Schweiz gekommen. Ihr habt gewiß alle schon davon gehört.«

Ich sah ein Mädchen hinter vorgehaltener Hand einem anderen etwas zuflüstern. Die andere unterdrückte ein Kichern. Die Flüsternde war ein großes Mädchen mit strohblonden Haaren, die sie, zu einem Zopf geflochten, rund um den Kopf gesteckt trug. Sie hatte etwas Aufsässiges. Falls sie zu meinem Wirkungskreis gehörte, sah ich bereits heute Auseinandersetzungen auf mich zukommen.

»Und nun, Mädchen«, fuhr Daisy fort, »begeben wir uns zum Abendessen. Anschließend werdet ihr euch leise in eure Zimmer zurückziehen. Ihr seid entlassen.«

Wir aßen gemeinsam, die Lehrerinnen an einem Tisch, die Schülerinnen an einem anderen. Miss Parker sprach das Tischgebet. Dabei erfuhr ich, daß sie für den Religionsunterricht zuständig war.

Nach dem Essen begaben wir uns in unsere Zimmer. Jetzt wollte ich die Bekanntschaft der Mädchen machen, die meiner Obhut unterstellt waren.

Als ich zu meinem Zimmer ging, war es überall ganz still, und mir war klar, daß die Mädchen in ihren Zimmern lauschten. Mir schien es eine gute Idee, sie aufzusuchen und mich mit jeder von ihnen ein wenig zu unterhalten, und ich rief mir in Erinnerung, was Daisy mir über sie erzählt hatte. Von Teresa Hurst, die ich ja schon kannte, erwartete ich keine Schwierigkeiten. Wir waren seit unserer ersten Begegnung gute Freundinnen geworden, und sie mochte mich offensichtlich gern. Sie hatte mir ein wenig über die Mädchen in meiner Abteilung berichtet. Caroline Sangton, die das Zimmer mit ihr teilte, war die Tochter eines Geschäftsmannes. Die anderen blickten auf sie herab, allen voran Charlotte Mackay, weil sie gehört hatte, es habe etwas Anrüchiges, »in Geschäften« tätig zu sein. Caroline war offenbar ein gleichmütiges Mädchen und gab nicht viel darauf, was die anderen dachten. Teresa und sie kamen gut miteinander aus, ohne jedoch eng befreundet zu sein.

Die meisten Mädchen waren Pferdenarren und warteten stets ungeduldig auf die Reitstunden, insbesondere Charlotte

Mackay, die beste Reiterin von allen. Teresa sprach es zwar nicht aus, aber ich nahm an, daß sie selbst nicht so erpicht aufs Reiten war und sich sogar ein wenig vor den Pferden fürchtete.

Als erstes ging ich zu Teresa. Mit stolzer Miene, weil sie mich schon kannte, machte sie mich mit Caroline bekannt. Ich stellte erfreut fest, daß Teresa in meiner Gesellschaft ganz unverkrampft war. Wenn die Verständigung mit allen Mädchen so einfach wäre wie mit Teresa, würde meine Aufgabe mir kaum Schwierigkeiten bereiten.

»Wir sind froh, daß Sie gekommen sind, Miss Grant«, sagte Caroline. »Teresa hat mir viel von Ihnen erzählt. Und mein Vater ist erfreut, daß wir jetzt auch Anstandsunterricht haben.«

»Du wirst bestimmt davon profitieren, Caroline«, sagte ich in schönstem Lehrerinnen-Tonfall. »Haltet euer Zimmer sauber, und nach dem Löschen der Lichter darf nicht mehr gesprochen werden. Teresa habe ich das schon erklärt.«

»Ist gut, Miss Grant.«

»Gute Nacht, Caroline. Gute Nacht, Teresa. Du bist bestimmt froh, daß deine Zimmerkameradin wieder da ist.«

»Ja, danke, Miss Grant«, erwiderte Teresa und lächelte mich schüchtern an. Ich war überzeugt, in Teresa eine Verbündete zu haben.

Die nächste Visite verlief nicht ganz so harmonisch. Ein wenig bestürzt stellte ich fest, daß das flüsternde Mädchen, das mir aufgefallen war, zu meiner Gruppe gehörte – es war die Ehrenwerte Charlotte Mackay. Sie war groß und ziemlich linkisch, was sich jedoch noch zu Anmut würde auswachsen können. Sie hatte strohblonde Haare, eine Menge Sommersprossen, dabei spärliche Augenbrauen und Wimpern. Ihre Zimmergenossin war Patricia Cartwright, die Bankierstochter. Patricia war klein und dunkelhaarig. Ich vermutete, daß sie von sich aus keine Scherereien machen, aber für Charlotte Mackays Einfluß durchaus empfänglich sein würde.

Keines von den Mädchen war im Bett. Patricia Cartwright saß

vor der Frisierkommode und bürstete sich die Haare; Charlotte Mackay rekelte sich angezogen auf dem Bett. Sie stand nicht auf, als ich eintrat. Patricia dagegen erhob sich ziemlich kleinlaut.
»Guten Abend«, begrüßte ich die beiden. »Charlotte Mackay und Patricia Cartwright. Ich schaue bei euch allen kurz herein, bevor wir schlafengehen. Wir werden gewiß gut miteinander auskommen, wenn ihr euer Zimmer in Ordnung haltet und daran denkt, daß nach dem Löschen des Lichtes nicht mehr gesprochen werden darf.«
»Mademoiselle hat sich nie beklagt«, stellte Charlotte Mackay fest. So erfuhr ich, daß Mademoiselle Dupont im letzten Schuljahr mein Zimmer bewohnt hatte.
»Dann bin ich überzeugt, daß auch ich keinen Anlaß dazu haben werde.«
Charlotte und Patricia tauschten verstohlene Blicke, was mich ärgerte, weil es auf eine Verschwörung gegen mich schließen ließ.
»Gute Nacht«, sagte ich streng.
»Ach, Miss . . .«, begann Charlotte.
Ich hätte ihr sagen sollen, sie möge aufstehen, wenn sie mit mir sprach. Aber ich wußte nicht recht, ob es klug war, zu diesem Zeitpunkt darauf zu beharren. Ich durfte auf keinen Fall Unsicherheit an den Tag legen, aber ich wollte auch nicht gleich zu Anfang diesem Mädchen, dessen Betragen eine gewisse Feindseligkeit gegenüber Vorgesetzten erkennen ließ, den Krieg erklären.
»Ja, Charlotte?«
»Letztes Jahr war ich mit Eugenie Verringer zusammen.«
»Ach ja. Dieses Jahr ist sie bei ihrer Schwester.«
»Aber wir wollten dieses Jahr auch zusammen sein.«
»Ich bin sicher, daß du dich mit Patricia sehr gut verstehen wirst.«
»Patricia war bei Fiona.«
»Ja, aber diesmal ist es ein bißchen anders.«
»Miss Grant, *ich* will aber mit Eugenie und Patricia will mit Fiona zusammen sein.«

Ich blickte von einer zur anderen. Patricia wich meinem Blick aus. Mir war klar, daß sie von Charlotte Mackay zu diesem Spielchen angestiftet wurde.
»Ich sehe überhaupt keinen Grund für diese Veränderung«, fuhr Charlotte fort.
»Miss Hetherington weiß zweifellos, was sie tut.«
»Sie haben die Aufsicht, Miss Grant. Sie haben zu bestimmen. Miss Hetherington hat nichts damit zu tun.«
Ich wurde allmählich wütend. Sie wollte mich herausfordern, wie es junge Leute gerne tun, wenn sie glauben, einen Schwächling vor sich zu haben. Ich verstand nun, warum Teresa nervös wurde, wenn sie von Charlotte sprach. Ich bezweifelte nicht, daß Charlotte andere gern schikanierte – aber das würde ich in meinem Revier nicht dulden.
»Würdest du bitte aufstehen oder dich anständig hinsetzen, wenn du mit mir sprichst. Es ist sehr unhöflich, sich so auf dem Bett herumzulümmeln.«
»In Schaffenbrucken kommt so was nicht vor, nicht wahr?« sagte Charlotte mit verschlagenem Lächeln. Ich trat zu ihr, packte ihren Arm und zwang sie, sich aufzusetzen. Sie war dermaßen verblüfft, daß sie gehorchte.
»So«, sagte ich. »Eines möchte ich euch klarmachen. Wir werden gut miteinander auskommen, wenn ihr euch ordentlich benehmt, wie es sich für junge Damen geziemt. Ihr werdet in den Zimmern bleiben, die Miss Hetherington euch zugewiesen hat, es sei denn, sie wünscht eine Veränderung vorzunehmen. Habt ihr verstanden? Gute Nacht. Und denkt daran, es wird nicht mehr gesprochen, wenn die Lichter gelöscht sind.«
Mit dem Gefühl, das erste Scharmützel gewonnen zu haben, ging ich in das Zimmer, das Gwendoline Grey und Jane Everton bewohnten. Sie saßen aufrecht im Bett und hatten offensichtlich gelauscht. Ihre Augen waren weit aufgerissen vor Staunen.
»Wer von euch ist Gwendoline und wer ist Jane?« fragte ich. »Aha. Ich schaue herein, um alle kennenzulernen, da wir in

diesem Jahr eine Gruppe sind. Ich bin sicher, daß alles gutgeht, wenn ihr die simplen Regeln befolgt. Gute Nacht, Mädchen.«

»Gute Nacht, Miss Grant.«

Beides nette Mädchen, dachte ich. Aber nach meiner Begegnung mit der Ehrenwerten Charlotte hatte ich ein unbehagliches Gefühl.

Ich ging zu Bett. Es war neun Uhr, die Zeit, zu der auf Verfügung von Miss Hetherington die Lichter gelöscht werden mußten.

Ich legte mich hin und wartete. Ich rechnete eigentlich damit, aus Charlottes Zimmer Stimmen zu hören. Zu meiner Verwunderung blieb es still, aber ich ahnte, daß ich den Krieg noch nicht gewonnen hatte.

Am nächsten Morgen trafen die Verringer-Mädchen ein. Miss Hetherington ließ mich rufen, um mich ihnen in ihrem Arbeitszimmer vorzustellen. Ich fand das etwas unklug, und es verwunderte mich, daß Daisy es tat, mußte es doch den Mädchen das Gefühl geben, sie seien etwas Besonderes.

»Ah, Miss Grant«, begann Daisy, als ich eintrat, »dies sind Fiona und Eugenie Verringer. Sie sind soeben angekommen.«

Fiona ergriff meine Hand. Sie war ein großes, hübsches Mädchen mit flachsblonden Haaren und haselnußbraunen Augen; sie hatte ein sympathisches Lächeln, und zu meiner Überraschung gefiel sie mir, obwohl ich von einer Verwandten von Jason Verringer nur das Schlimmste erwartet hatte.

»Guten Morgen, Miss Grant«, sagte Fiona.

»Guten Morgen«, erwiderte ich. »Ich freue mich, daß ich dich endlich kennenlerne, Fiona.«

»Und dies ist Eugenie«, fuhr Daisy fort.

Ich war verblüfft; sie sah ihm so ähnlich. Sie hatte sehr dunkles Haar und große, lebhafte braune Augen. Ihre olivfarbene Haut besaß die Glätte der Jugend. Mit ihrem länglichen Ge-

sicht erinnerte sie mich an ein feuriges junges Pony. Etwas Rebellisches sprach aus ihrer Erscheinung mit dem dunklen Haar, den großen Augen und ihrem energischen Kinn. Sie hätte eher seine Tochter sein können als seine Nichte.
»Guten Morgen, Eugenie«, sagte ich.
»Guten Morgen, Miss Grant.«
Beide Mädchen waren schwarz gekleidet. Es paßte gut zu Fionas blonden Haaren. Eugenie würden strahlende Farben besser stehen.
»Sie sind erst jetzt zu uns gekommen«, sagte Daisy, »weil im Herrenhaus ein Trauerfall eingetreten ist.«
»Ach ja«, sagte ich, beide Mädchen ansehend. »Es tut mir leid.«
»Es braucht Ihnen nicht leid zu tun, Miss Grant«, unterbrach mich Eugenie. »Es war sozusagen eine Erlösung.«
Daisy runzelte die Stirn. Sie mochte es nicht, wenn das Gespräch vom Üblichen abwich. »Und jetzt, meine Lieben«, sagte sie, »könnt ihr in euer Zimmer gehen. Wir haben in diesem Schuljahr eine kleine Veränderung vorgenommen. Ihr habt zusammen ein Zimmer.«
»Zusammen!« rief Eugenie aus. »Voriges Jahr war ich bei Charlotte Mackay.«
»Ja, ich weiß. Dieses Jahr bist du bei Fiona.«
»Ich mag nicht mit Fiona zusammen sein, Miss Hetherington.«
»Aber, aber, meine Liebe, das ist nicht gerade artig, nicht wahr?«
Fiona machte ein leicht betretenes Gesicht, aber Eugenie fuhr fort: »Ach bitte, Miss Hetherington, ich verstehe mich so gut mit Charlotte.«
»Es ist beschlossene Sache, meine Liebe«, erwiderte Daisy kühl, aber sie hatte ein Glitzern in den Augen, das Eugenie hätte warnen sollen. Eugenie war jedoch nicht ängstlich und nahm kein Blatt vor den Mund. »Ach was, wir haben's hier doch nicht mit dem Gesetz der Meder und Perser zu tun, oder?«

Daisy lächelte kalt. »Ich sehe, meine Liebe, du hast bei Miss Parker gut aufgepaßt. Das wird sie freuen. Dennoch bleibst du dieses Schuljahr bei deiner Schwester. Geht jetzt in euer Zimmer. Miss Grant bleibt bei mir; ich habe ihr noch etwas zu sagen.«
Die Mädchen gingen. Ich dachte, das ist die richtige Art, mit Eugenie umzugehen. Daisy hat gesiegt.
Als die Tür sich hinter den Mädchen schloß, hob Daisy die Augenbrauen. »Mit Eugenie gibt es immer Ärger«, erklärte sie mir. »Fiona ist ein so braves Mädchen. Mit Eugenie und Charlotte Mackay werden Sie streng sein müssen. Hatten Sie gestern abend Schwierigkeiten?«
»Ein wenig. Charlotte war ziemlich aufsässig.«
»Das sind die Mackays alle. Sie haben den Titel erst seit zwei Generationen. Für die Familie ist es noch nicht selbstverständlich, daß sie zum Adel gehört, sie glauben die Leute bei jeder Gelegenheit daran erinnern zu müssen. Man sollte meinen, sie hätten sich inzwischen daran gewöhnt. Was ist geschehen?«
»Es handelte sich darum, daß sie mit Eugenie Verringer zusammen sein will.«
»Das sind zwei Unruhestifterinnen. Letztes Jahr bewohnten sie zusammen ein Zimmer, aber Mademoiselle war nicht in der Lage, Disziplin zu halten. Deshalb habe ich ihr diese Gruppe weggenommen.«
»Und sie mir zugeteilt . . . einer Neuen!«
»Ich dachte, Sie würden eher damit fertig werden, Cordelia, nach Ihrer Ausbildung in Schaffenbrucken.«
»Die muß für vieles herhalten.«
»Selbstverständlich. Deswegen sind Sie ja hier. Ich bin zuversichtlich, daß Sie mit diesen widerspenstigen Mädchen umzugehen wissen. Mit Mademoiselle war es hoffnungslos. Sie kann sich einfach nicht durchsetzen. In ihrem Unterricht geht es oft drunter und drüber, aber sie ist eine hübsche und liebenswerte Person, und die Mädchen haben sie wirklich gern. Sie würden nicht zulassen, daß die Unruhestifterinnen bei

Mademoiselle zu weit gehen. Bei Eugenie und Charlotte dagegen bedarf es einer strengen Hand. Lassen Sie absolute Härte walten, nur dann können Sie sie bändigen. Im Grunde sind sie wie ungebärdige Füllen, die man mit Strenge erziehen muß. Leider ist Eugenie eine Verringer, und es ist Ihnen ja bekannt, daß hier alles zum Besitz der Verringers gehört. Damit und mit dem Titel von Charlottes Vater müssen wir uns auseinandersetzen. Aber Sie werden schon mit ihnen fertig werden. Bleiben Sie fest und lassen Sie sie nie die Oberhand gewinnen.«

»Habe ich Ihre Erlaubnis, so zu handeln, wie ich es für richtig erachte?«

»Ja. Tun Sie, was man in Schaffenbrucken getan hätte.«

»Ich kann mich nicht erinnern, daß es dort eine derartige Situation gegeben hätte. Den Mädchen war nicht viel an Titeln und Besitztümern gelegen. Die meisten stammten aus Familien, die dergleichen seit Generationen innehatten, so daß es für sie etwas Alltägliches war.«

Daisy zuckte leicht zusammen und murmelte: »Natürlich, natürlich. Tun Sie, was Sie für das Beste halten.«

»Nun gut. Ich werde energisch sein und auf Disziplin bestehen.«

»Ausgezeichnet«, antwortete Daisy.

Im Aufenthaltsraum – Daisy bestand darauf, daß wir ihn Kalfaktorium nannten –, wo sich das Kollegium vor dem Abendbrot versammelte, hießen mich alle willkommen und weihten mich in die hiesigen Gepflogenheiten ein. Eileen erläuterte mir Daisys Wunsch, wir möchten nie vergessen, daß wir uns in einer Abtei befanden; deswegen hatten wir statt eines Aufenthaltsraums auch ein Kalfaktorium. »Das ist der Raum, wo sich die Mönche ein wenig aufwärmen konnten. Die Ärmsten, sie müssen die Hälfte ihres Lebens gefroren haben. Unterirdisch verliefen die Rohre, die ein wenig Wärme abgaben, und man kann sich ausmalen, wie sie alle hierher eilten, wenn sie ein paar Minuten übrig hatten, um sich aufzuwärmen und zu entspannen, genau wie wir. Da sieht man, wie sich die Geschichte wiederholt.«

»Ich werde es beherzigen«, sagte ich.

Die anderen sprachen über Unterricht und Schülerinnen. Ich wechselte ein paar Worte mit Mademoiselle Dupont.

»Oh«, rief sie aus, wobei sie die Hände zusammenschlug, »ich bin froh, daß ich nicht mehr bei den ungezogenen Mädchen bin. Charlotte Mackay, Eugenie Verringer, die schwätzen und lachen, und ich glaube, sie feiern Feste in ihren Schlafzimmern. Die anderen machen mit. Ich 'öre lachen und flüstern, und ich ziehe mir die Bettdecke über die Ohren, bis ich nichts mehr 'öre.«

»Was, Sie haben es durchgehen lassen?«

»Ach, Miss Grant, es geht nicht anders. Charlotte, sie ist die Wortführerin, und Eugenie ist auch so aufsässig.«

»Wenn man ihnen das weiterhin durchgehen läßt, haben sie bald die ganze Gruppe in der Hand.«

»Ja, leider«, meinte Mademoiselle betrübt. Ihre Miene drückte Mitgefühl aus, aber sie vermochte ihre Freude darüber, daß sie dieser Verantwortung entkommen war, nicht zu verbergen.

Mir war recht unbehaglich zumute, doch gleichzeitig fühlte ich mich gefordert. Vielleicht hatte ich Gefallen an einem Zwist. Das hatte Tante Patty immer behauptet, wenngleich ich nie Gelegenheit hatte, mit ihr und Violet zu streiten. Ein- oder zweimal jedoch hatte sich bei häuslichen Schwierigkeiten mein Kampfgeist offenbart. »Der Siegeswille ist ein guter Freund, vorausgesetzt, man macht nur Gebrauch davon, wenn es unbedingt nötig ist«, hatte Tante Patty mir bekannt. »Aber denk daran, gute Freunde können zu Feinden werden, wie das Feuer zum Beispiel.«

Das hatte ich nicht vergessen, und ich wollte diesen Mädchen andere Dinge beibringen als die, die sie im Klassenzimmer lernten.

Danach endete der Abend wie üblich: Versammlung, Gebet, Abendbrot, Entlassung.

Erst gab es ein Getümmel in den Waschkabinen, dann ging es in die Zimmer, und es hieß »Licht aus«.
Ich hatte beschlossen, es mir zur Regel zu machen, daß ich als letztes die Mädchen aufsuchte, um gute Nacht zu sagen und mich zu vergewissern, daß alle in ihren Betten waren.
Als ich in Teresas Zimmer trat, merkte ich sofort, daß etwas nicht stimmte. Sie machte ein unglückliches Gesicht, und ich ahnte schon, daß es meinetwegen war. Caroline lag brav in ihrem Bett. Ich wünschte beiden Mädchen eine gute Nacht.
Gwendoline Grey und Jane Everton waren ebenfalls in ihren Betten, und obwohl sie still, ja nahezu sittsam dort lagen, hatten ihre Mienen etwas Abwartendes.
Ich ging in Charlottes Zimmer. Ich rechnete mit Ärger, und ich sollte recht behalten. Charlotte lag in dem einen Bett, in dem anderen lag Eugenie.
Mit einer Stimme, die in allen anderen Schlafzimmern zu hören war, befahl ich: »Eugenie, steh sofort auf und geh in dein Bett!«
Eugenie fuhr hoch. Ihre dunklen Augen funkelten mich böse an. »Dies ist mein Bett, Miss Grant. Hier hab' ich letztes Jahr geschlafen.«
»Aber dieses Jahr schläfst du nicht hier«, entgegnete ich. »Steh sofort auf.«
Charlotte sah Eugenie mit einem Blick an, der sie zur Rebellion aufforderte.
»Wo ist Patricia?« fragte ich. Ich schaute in das Zimmer nebenan. Patricia lag in dem einen Bett, Fiona in dem anderen. Beide machten erschrockene Gesichter.
»Verlasse sofort das Bett, Patricia«, gebot ich.
Sie gehorchte augenblicklich.
»Zieh deine Pantoffeln und deinen Morgenrock an.«
Sie folgte gehorsam. Ich ging mit ihr nach nebenan. »So, Eugenie, verlasse Patricias Bett und geh in dein eigenes.«
»Mademoiselle . . .« begann Charlotte.
»Mademoiselle hat hier nicht zu bestimmen. Ich habe jetzt hier die Aufsicht, und ich verlange Gehorsam.«

»Sie sind ja selbst nicht mal richtig erwachsen.«
»Werde nicht unverschämt. Hast du mich verstanden, Eugenie?«
Sie sah Charlotte an. Meinem Blick ausweichend, murmelte sie: »Ich geh' nicht weg.«
Ich war nahe daran, sie mit Gewalt herauszuzerren, doch wenn Charlotte ihr zu Hilfe käme, könnten die beiden mich leicht überwinden. Gewalt kam auf keinen Fall in Frage.
Mir fiel etwas ein, was Teresa mir erzählt hatte. Sie waren beide aufs Reiten versessen, besonders Charlotte.
»Und ob du gehen wirst«, sagte ich. »Ich fange jetzt an zu zählen. Je länger du in diesem Bett bleibst, um so länger dauert dein Hausarrest. Wir nehmen in diesem Schuljahr *Macbeth* durch. Dein Arrest richtet sich nach der Anzahl der Minuten, die du im Bett bleibst, und du wirst entsprechend viele Zeilen des Stückes auswendig lernen. Der Arrest findet während der Reitstunden statt. Alle ungehorsamen Mädchen werden nicht mit den anderen ausreiten.«
Charlotte fuhr im Bett hoch. »Das können Sie nicht machen«, stammelte sie.
»Und ob ich das kann.«
»Miss Hetherington . . .«
»Miss Hetherington hat mich bevollmächtigt zu handeln, wie ich es für richtig halte. Wir fangen in dieser Minute an. Wenn du nicht augenblicklich aufstehst, Eugenie, treten Charlotte und du morgen während der Reitstunde euren Arrest an.«
Jetzt ging es ums Ganze. Ich spürte die Spannung. Wenn ich jetzt nicht fest blieb, würde ich den Kampf verlieren. Ich fragte mich, was Daisy wohl dazu sagen würde, wenn ich den Mädchen den Reitunterricht beschnitt, für den ihre Eltern teuer bezahlten.
Ich blickte die beiden unverwandt an. Charlottes Pferdeliebe trug den Sieg davon. Sie sah Eugenie mürrisch an und sagte: »Besser du gehst . . . für heute . . .«
Eugenie stieg aus dem Bett. Der Verzicht auf die Reitstunden würde für sie genauso bitter sein wie für Charlotte. Als sie an

mir vorbeiflitzte, rief ich ihr nach: »Für heute und für den Rest des Schuljahres ... wenn dir deine Reitstunden lieb sind. So, Patricia, geh jetzt in dein Bett, und ich will kein Schwätzen mehr hören. Gute Nacht, Mädchen.«
Im Zimmer nebenan lag Eugenie mit dem Gesicht zur Wand. Fiona sah mich entschuldigend an, als sie mein »gute Nacht« erwiderte.
Ich ging zu Bett. Ich hatte gesiegt, aber ich zitterte.

Marcia

Ich war ziemlich überrascht, daß ich so leicht gewonnen hatte. Als ich anschließend meine Runde machte, gab es keinen weiteren Ärger mehr. Die Mädchen lagen in ihren richtigen Betten, und wenn auch Charlotte mich nicht beachtete und Eugenie ein wenig mürrisch war, waren die anderen doch lieb und nett, und Teresa zeigte mir deutlich, wie ergeben sie mir war.

Ich wußte, daß Charlotte sie als Duckmäuserin verspotten und Eugenie sie ihre Verachtung fühlen lassen würde, doch Teresa hatte – zweifellos, weil sie sich meiner Rückendeckung sicher wähnte – ein bißchen mehr Courage entwickelt, und der Spott der beiden machte ihr offenbar nicht mehr so viel aus.

Die Schulstunden machten mir großen Spaß. Ich unterrichtete unter anderem englische Literatur, die mir sehr am Herzen lag –, und es war sehr interessant auch für mich, Jane Austen und Shakespeare mit noch mehr Aufmerksamkeit zu lesen als früher, sie mit den Mädchen durchzunehmen und zu analysieren. Dieses Fach gab ich in vier Wochenstunden allen Mädchen der Schule, was bedeutete, daß Charlotte und Eugenie mit je zwei Wochenstunden in meiner Klasse saßen. Charlotte verweigerte die Mitarbeit, und Eugenie, die ungefähr ein Jahr jünger war und sehr unter ihrem Einfluß stand, versuchte, ebenfalls passiv zu bleiben, aber ich entdeckte amüsiert, daß sie eine echte Liebe zur Literatur besaß und ihr Interesse nicht völlig zu unterdrücken vermochte. Teresa hingegen bemühte sich sehr, mich zufriedenzustellen. Es war eine Freude, mit ihr zusammenzuarbeiten.

Im Anstandsunterricht ging es weniger geistig zu. Wir sprachen über alle möglichen Themen; daneben mußten die Mädchen lernen, anmutig zu gehen und sich graziös zu bewegen – genau wie bei uns in Schaffenbrucken. Wir hatten viel Spaß dabei.

Auch die Zusammenkünfte im Kalfaktorium genoß ich sehr. Manchmal gesellte sich Daisy zu uns. Natürlich waren wir freier und unbeschwerter, wenn sie nicht anwesend war. Ich erfuhr, daß die Ehrenwerte Charlotte – wie sie ironisch genannt wurde – allgemein als *bête noire* galt. »Jeder soll dort bleiben, wo er hingehört«, sagte Miss Parker, die sich etwas auf ihre unverblümte Redeweise zugute hielt. »Es würde mich sehr freuen, wenn die Ehrenwerte Charlotte bei den Ihren bliebe.«

Von Teresa behaupteten die Lehrerinnen, sie sei ein Mäuschen; ein dummes schüchternes kleines Ding. Dagegen nahm ich sie in Schutz und erklärte, daß das auf ihre Herkunft zurückzuführen sei.

Eugenie wiederum sei ein Ekel, lautete Miss Parkers Urteil. »Sie ist eine Verringer, und das ist ungefähr das schlimmste Etikett, das man jemandem anhängen kann. Aber Fiona ist trotzdem ein liebes kleines Ding.«

Matt Greenway, der Reitlehrer, der zufällig zugegen war, fügte hinzu, es sei kaum zu glauben, daß beide aus demselben Stall stammten.

»Völlig verschieden in Aussehen und Charakter«, meinte Eileen Eccles. »Erstaunlich. Und da redet man von Vererbung. Für mich zählt nur die Umgebung.«

»Ihre Umgebung dürfte aber dieselbe gewesen sein«, bemerkte ich. »Sie sind offenbar beide im Herrenhaus aufgewachsen.«

»Die Mutter soll ja sanft und bescheiden gewesen sein. Ähnlich wie Fiona, denke ich. Eugenie dagegen hat den Verringer-Teufel im Leib.«

Ich genoß diesen Klatsch. Er half mir, die Mädchen kennenzulernen, was für den Umgang mit ihnen ein erheblicher Vorteil war. Eileen Eccles war vielleicht mehr an Menschen interessiert als die anderen und versorgte mich mit einer Menge Informationen.

»Offenbar müssen wir Teresa diesen Sommer wieder hierbehalten«, stellte sie fest. »Ihre Verwandten haben geschrieben, daß sie mehrere Monate verreist sein werden.«

»Das arme Kind«, sagte ich. »Sie wird sich langweilen, den ganzen Sommer hier allein.«

»Ich denke, es ist wohl zuviel verlangt, daß die Eltern sie nach Rhodesien kommen lassen. Kaum wäre sie dort, müßte sie schon zurück. Das Mädchen tut mir wirklich leid.«

Mir war Teresa bereits ans Herz gewachsen. Wenn ich aus dem Unterricht kam, wartete sie oft schon und erbot sich, mir die Bücher zu tragen, und ich hatte Charlottes hochmütige beobachtende Blicke bemerkt, aber Teresa schien sich nichts daraus zu machen. Dabei hatte ich gehört, daß sie sich früher vor Charlotte gefürchtet hatte.

Und immer wieder gab es neuen Klatsch über die Verringer-Mädchen.

»Eugenie«, ereiferte sich Mademoiselle, »das ist ein ungezogenes kleines Mädchen.«

Fräulein Kutscher äußerte die Meinung, daß den Verringers zuviel Ehre erwiesen würde. Dadurch würden sie hervorgehoben.

»Das hat etwas für sich«, meinte Eileen Eccles.

Matt Greenway hingegen konstatierte: »Aus Eugenie wird mal eine richtige Reiterin.« Als sei das ein Ausgleich für ihr arrogantes Auftreten.

»Sie werden einmal sehr reich sein . . . die beiden Mädchen«, sagte Eileen.

»Es tut ihnen nicht gut, das zu wissen«, warf Mademoiselle ein.

»Sie wissen es aber«, hob Eileen hervor, »und das ist Miss Eugenie anscheinend zu Kopf gestiegen.«

»Wie reich sind sie denn?« fragte ich.

»Unermeßlich«, erwiderte Eileen lachend. »Ich hab' läuten hören, daß Onkel das Geld gern in die Finger bekäme.«

»Onkel? Sie meinen Sir Jason?«
»Allerdings, meine Liebe, wenn Sie ihn unbedingt mit seinem rechtmäßigen Titel bezeichnen müssen.«
»Ist er denn nicht reich?«
»Wie Midas . . . oder Krösus, wenn Ihnen der lieber ist. Aber Sie müssen wissen, Geld hat auf manche Menschen eine verderbliche Wirkung. Je mehr sie haben, desto mehr wollen sie. Seit der König sie mit seiner Gunst und den Ländereien der Abtei beschenkte, haben sie es gescheffelt. Daher unsere zwei kleinen Erbinnen. Wenn sie volljährig werden oder heiraten, wird das Vermögen des Bruders geteilt. Ich glaube, wenn Fiona stirbt, fällt alles an Eugenie, und wenn Eugenie das Zeitliche segnet, bekommt Fiona alles.«
»Ja dann«, sagte ich, »finde ich auch, es ist ein Fehler, junge Menschen wissen zu lassen, daß sie reich sind. Dennoch scheint Fiona ein sehr liebenswertes, bescheidenes Mädchen zu sein.«
»Das kommt nur durch den Vergleich mit Eugenie. Die meisten Menschen wirken, verglichen mit ihr, liebenswert und bescheiden.«
Wir lachten alle.
»Oh, ich bin überzeugt, Fiona ist es wirklich«, sagte ich.
Ja, die Tage vergingen wie im Fluge. Es gelang mir, die in mich gesetzten Erwartungen zu erfüllen, und Daisy war mit meinen Leistungen zufrieden. Sie war überzeugt, daß mein Unterricht demjenigen von Schaffenbrucken mit jedem Tag ähnlicher wurde.
Besonders die Reitstunden genoß ich sehr. Matt Greenways Begeisterung hatte sich auf die Mädchen übertragen, und die meisten besaßen eine große Liebe zu den Pferden, wie sie bei jungen Mädchen häufig anzutreffen ist.
Die Ausritte waren jedesmal angenehme Stunden. Sogar die Ehrenwerte Charlotte wurde auf einem Pferderücken erträglicher, als hätte sie endlich etwas gefunden, vor dem sie mehr Achtung hatte als vor sich selbst. Sie liebte ihr Pferd, und Eugenie hing mit beinahe derselben Hingabe an dem ihren. Es

sei interessant, bemerkte ich im Kalfaktorium, wieviel menschlicher Charlotte wurde, wenn sie zu Pferde saß.

Oft begleiteten wir die Mädchen zu zweit. Das war Daisy lieber, weil dann vorn und hinten eine Aufsicht bei der Gruppe war. Ich war etwa zweimal die Woche dabei. Die Mädchen ritten täglich. Bald erhielt ich von Daisy die Erlaubnis, mir auch ein Pferd zu nehmen, wann immer ich wollte, außer dann, wenn die Mädchen ritten. Das war eine Abmachung, die mir sehr zusagte.

Ich schrieb Tante Patty, daß ich mich gut eingewöhne und die Arbeit mir Spaß mache. Ich würde ihr alles genau erzählen, wenn ich in den Sommerferien nach Hause käme.

Wenn ich eine Freistunde hatte, nahm ich das Pferd, das ich gewöhnlich ritt, und erkundete die Umgebung. Zwar liebte ich auch Spaziergänge, aber zu Fuß konnte man nur eine geringe Strecke zurücklegen; da bot das Reiten mir mehr Spielraum.

Wenn ich jedoch spazierenging, tat ich dies mit Vorliebe im Bereich der Abtei, und immer hatte ich dabei das unheimliche Gefühl, zurück in die Vergangenheit zu schreiten. Die Stimmung überkam einen sogar im hellsten Sonnenschein, und oft bildete ich mir ein, daß ich hinter mir auf den Steinplatten Schritte hörte. Einmal glaubte ich sogar Gesang zu vernehmen. Aber die Vernunft sagte mir, es sei das Pfeifen des Windes. Es gab Zeiten, da mich ein unwiderstehlicher Drang zu den Ruinen zog; ich glaube, dann erwartete ich tatsächlich eine Erscheinung aus der Vergangenheit zu sehen.

Eileen Eccles, die von Teilen der Ruinen mehrere Zeichnungen angefertigt hatte, sagte, ihr ergehe es genauso. Einige Bilder hatte sie mit weißgekleideten Gestalten belebt. »Ich hab' sie unwillkürlich hineingesetzt«, erklärte sie. »Es war, als gehörten sie dahin.«

Ich fand das ziemlich merkwürdig, denn im großen und ganzen war sie eine sehr prosaische Person.

Aber es stimmte, daß niemand, sei er auch noch so sachlich, in der Nähe solcher Altertümer leben konnte, ohne davon berührt zu sein.

Eileen ging mit ihren Klassen oft zu der Abtei, wo man dann an einem Aussichtspunkt die Mädchen mit ihren Skizzenbüchern sitzen sah.

Miss Hetherington wünschte, daß die Mädchen ihre Umgebung wirklich kennen und schätzen lernen sollten, denn diese war es ja, die den Unterschied zwischen ihrem Institut und den anderen Schulen ausmachte.

Einmal, als mein Unterricht erst um halb vier begann und das Mittagsmahl um zwei Uhr beendet war, nutzte ich die anderthalb Stunden zu einem Ausritt.

Es war ein herrlicher Tag. Wir hatten Mitte Juni; ich konnte kaum glauben, daß ich erst so lange an der Schule war, hatte ich doch das Gefühl, schon ewig hierzusein. Zufrieden konnte ich auf die letzten Wochen zurückblicken. Ich war meiner Arbeit gewachsen. Mein Englischunterricht war so erfolgreich, wie ich es nur hatte erhoffen können; einige Mädchen zeigten in den Stunden großes Interesse, und zu meiner Verwunderung war auch Eugenie Verringer darunter. Die Ehrenwerte Charlotte dagegen verhielt sich nach wie vor störend und ärgerte mich auf hunderterlei Arten – sie flüsterte im Unterricht, verführte andere zum Ungehorsam, quälte Teresa Hurst –, ja, sie war eine rechte Nervensäge; neben Eugenie hatte sie noch andere Anhängerinnen. Aber das waren geringfügige Störungen, das unvermeidliche Los aller, die unterrichten. Eine Lehrerin muß manchmal damit rechnen, Zielscheibe zu sein, insbesondere wenn sie kaum älter ist als ihre Schülerinnen.

Offenbar hatte ich die richtige Methode gefunden, Charlotte in Schach zu halten, und war dankbar für ihre Liebe zu den Pferden, die mir eine Waffe gegen sie in die Hand gab. Sie verzichtete stets darauf, etwas zu tun, das sie auch nur einer Minute mit ihrem geliebten Pferd berauben könnte.

Dies waren meine Gedanken, als ich an jenem Juninachmittag ausritt. Ich erinnerte mich – wie so oft –, wie ich mich bei meinem ersten Ausflug verirrt hatte, und weil sich das nicht wiederholen durfte, merkte ich mir genau die Richtung. Diesmal war womöglich niemand da, der mir den Weg zeigen konnte. Nicht, daß Sir Jason damals sehr hilfreich gewesen wäre. Mein Verdacht gegen ihn hatte sich bestätigt; nachdem ich auf eigene Faust ein wenig herumgeritten war, wußte ich nun, daß er mich auf einem weiten Umweg zurück in die Stadt geführt hatte.

Warum? fragte ich mich. Er hatte doch gewußt, daß ich dringend zurück wollte. Was wollte er von mir? Nur weil er wußte, daß ich beunruhigt war? Weil er vielleicht wollte, daß ich mich verloren fühlte und auf ihn angewiesen war? Er war nicht eigentlich sympathisch, und ich hoffte, daß ich ihn nicht oft würde sehen müssen. Bedauerlich, daß die Schule so nahe beim Herrenhaus lag.

Ich ließ die Stadt hinter mir und schlug eine Richtung ein, die ich zuvor noch nie genommen hatte. Im Vorüberreiten prägte ich mir die Landschaft ein, um den Rückweg zu finden. Ich kam an einem Baum vorbei, der sich mit seinen kahlen Ästen von anderen Bäumen abhob, die in vollem Blätterwerk standen. Er mußte vom Blitz getroffen worden oder sonstwie verbrannt sein, denn er war total abgestorben. Aber wie schön er war! Seltsam, er wirkte geisterhaft, unheimlich, sogar bedrohlich mit seinen zum Himmel gereckten kahlen Ästen.

Er war ein gutes Merkzeichen.

Ich folgte einem Feldweg und kam an ein Haus. Es war von hohen Ulmen umgeben, und als ich hinaufblickte, sah ich hoch in den Bäumen Krähennester.

Eine Bemerkung über diesen Ort, die ich gehört hatte, fuhr mir durch den Kopf.

Und da stand das Haus – schlicht, aber schön und elegant –, nicht überladen, mit hohen Fenstern, die symmetrisch im Mauerwerk eingelassen waren, ganz schmucklos, so daß die Tür mit ihren kannilierten dorischen Säulen und dem Oberlicht besonders hervortrat. Das Haus war von einem kunstvoll geschmiedeten Eisenzaun umgeben, der wie Spitzenwerk wirkte und einen vollendeten Rahmen für diesen bezaubernden Wohnsitz bildete.

Ich blieb unwillkürlich stehen, um es zu bewundern, und gerade, als ich weiterreiten wollte, ging die Tür auf, und eine Frau kam heraus. Sie hielt ein Kind an der Hand.
»Guten Tag«, rief sie. »Hier können Sie nicht weiter. Das ist eine Sackgasse.«
»Danke«, erwiderte ich. »Ich war aufs Geratewohl unterwegs und habe eben Ihr Haus bewundert.«
»Hübsch, nicht wahr?«
»Sehr.«
Sie kam auf mich zu.
»Sie gehören zur Schule, nicht wahr?«
»Ja. Woher wissen Sie das?«
»Die meisten von da kenne ich, aber Sie sind neu.«
»Ich bin Anfang des Schuljahres gekommen.«
»Dann müssen Sie Miss Grant sein.«
»Ja, die bin ich.«
»An einem Ort wie diesem hört man so allerlei. Wie gefällt es Ihnen an der Schule?«
Sie war jetzt am Zaun angekommen. Sie war ausgesprochen hübsch in ihrem Kleid aus fliederfarbenem Musselin. Groß, gertenschlank und voller Anmut. Ihr üppiges rotbraunes Haar war hoch auf dem Kopf aufgetürmt; sie hatte riesig große hellbraune Augen mit langen Wimpern.
Das Kind betrachtete mich ebenfalls neugierig.
»Das ist Miranda«, stellte die Frau vor.
»Guten Tag, Miranda«, sagte ich.
Miranda starrte mich mit ihren dunklen Augen ungeniert an.
»Möchten Sie hereinkommen? Ich zeige Ihnen das Haus. Es ist recht interessant.«
»Ich habe leider keine Zeit. Um halb vier habe ich Unterricht.«
»Vielleicht ein andermal. Ich bin Marcia Martindale.«
Marcia Martindale! Sir Jasons Geliebte. Dann war das Kind von ihm. Ich schauderte leicht und hoffte, daß sie es nicht bemerkt hatte. Sie tat mir unendlich leid. Ihre Situation mußte

höchst unangenehm sein. Sie hatte es sich gewiß selbst zuzuschreiben, aber aufgrund welcher Umstände? Meine Abneigung gegen Sir Jason Verringer nahm in diesem Augenblick noch zu. Was mußte das für ein Mensch sein, der seine Geliebte so nahe an seinem Wohnsitz mit ihrem Kind allen sichtbar in einem eigenen Haus unterbrachte?
»Vielen Dank«, hörte ich mich sagen. »Ein andermal . . .«
»Ich würde mich sehr freuen, Sie in Krähenruh zu begrüßen.«
Ich blickte zu den hohen Ulmen hinauf. »Stören die Vögel Sie nicht mit ihrem Krächzen?«
»Man gewöhnt sich daran. Ohne sie würde mir etwas fehlen.«
»Ein schönes Haus. Es wirkt kühl . . . geradezu zurückhaltend . . . beinahe modern im Vergleich zur Abtei und dem Tudor-Herrenhaus.«
»Es ist ungemein komfortabel. Ich liebe es sehr.«
»Sie leben wohl schon lange hier?«
»Nein. Ich kam kurz vor Mirandas Geburt hierher. Das Grundstück gehört zum Besitz der Verringers. Wie das meiste Land in dieser Gegend.«
»Ja«, sagte ich kühl.
»Bitte kommen Sie wieder. Ich lasse mir so gern von der Schule erzählen. Kommen Sie, wenn Sie Zeit haben. Trinken Sie eine Tasse Tee oder ein Glas . . . was Sie mögen. Wie ich höre, machen Sie sich gut an der Schule.«
»So? Wo haben Sie das gehört?«
»Man hört so . . .« Sie wandte sich an das Kind. »Ich glaube nicht, daß wir sie überreden können hereinzukommen, Miranda.«
Miranda starrte mich immer noch an.
»Sie scheint sich sehr für mich zu interessieren«, meinte ich.
»Miranda interessiert sich für alles, was um sie vorgeht, und ganz besonders für Menschen. Versprechen Sie mir, daß Sie mich besuchen kommen. Ich sehe so wenig Leute, dabei bin ich so gern mit Menschen zusammen.«

»Danke. Ich werde kommen. Allerdings muß ich warten, bis ich einen freien Nachmittag habe. Das ist nicht oft der Fall, aber ab und zu ergibt es sich.«
»Ich bitte Sie darum.«
»Auf Wiedersehen«, sagte ich.
Sie winkte mir nach, hob den Arm der Kleinen und nötigte sie, ebenfalls zu winken.
Rasch gelangte ich aus dem Feldweg, vorbei an dem abgestorbenen Baum, der seine Arme – verzweifelt, wie mich jetzt dünkte – zum Himmel reckte.
Welch liebenswürdige Frau! dachte ich. Sie ist wahrhaft schön. Wie konnte sie sich nur so erniedrigen? *Seine* Geliebte ... sie gebar ihm ein Kind ... vielleicht in der Hoffnung, daß er sie heiraten würde, wenn er frei wäre. Nun, jetzt war er frei.
Meine Abneigung gegen ihn wuchs mit jeder Minute. Daß er arrogant war, wußte ich. Sollte er wirklich ein Mörder sein? Er schien zu glauben, er habe ein Recht, sich zu nehmen, was ihm gefiel, ungeachtet was er anderen antat, die ihm im Weg standen.
Der Gedanke an diese Frau bedrückte mich sehr. Ich wünschte, mein nachmittäglicher Ausflug hätte mich nicht nach Krähenruh geführt.

Der Juni war fast vorbei, und Ende Juli würden wir alle in die Ferien aufbrechen. Ich freute mich sehr auf Tante Patty und war gespannt, wie sie sich inzwischen in ihrem neuen Heim eingewöhnt hatte; natürlich schrieb sie oft und berichtete mir in allen Einzelheiten von neuen Freundschaften, von Glück und Pech, und dabei war alles in ihren Augen ein fröhliches Abenteuer.
An diesem Nachmittag sollte ich in Begleitung von Miss Barston mit den Mädchen ausreiten. Eileen Eccles oder Miss Parker wäre mir lieber gewesen, weil Miss Barston nicht gerade eine gute Reiterin und auf einem Pferd, wie ich fand, viel zu nervös war.

Einmal hatte sie sich schon von der Reitstunde beurlauben lassen, daher überraschte es mich nicht, als Daisy mich gerade, als wir aufbrechen wollten, in ihr Arbeitszimmer rufen ließ.

»Miss Barston sagt, sie muß noch eine Menge vorbereiten, wenn sie die Vorlagen für die nächste Stunde fertig haben will. Sie hatte es sich für heute nachmittag vorgenommen. Von den anderen hat auch niemand Zeit auszureiten.«

»Das macht nichts«, sagte ich. »Ich schaffe das schon allein. Heute sind die älteren Mädchen an der Reihe, und die meisten sind gute Reiterinnen.«

Daisy war erleichtert. »Ich bin so froh, daß Sie neben Ihren anderen Fähigkeiten auch noch diese beherrschen.«

»Die Reitstunden machen mir Spaß«, gestand ich.

Und so kam es, daß der Trupp an diesem Nachmittag nur mit einer Lehrerin als Aufsicht aufbrach – mit mir.

Es waren zehn Mädchen. Teresa war darunter. Ich wußte, sie würde in meiner Nähe bleiben. Sie hatte ihre Ängstlichkeit nie überwunden, schien jedoch das Gefühl zu haben, ich sei eine Art Talisman, und wenn sie bei mir war, verlor sie viel von ihrer Nervosität, die sich dem Pferd mitteilte – was manchmal unheilvoll sein kann.

Charlotte und die beiden Verringer-Mädchen waren ebenfalls mit von der Partie.

Wir trabten hintereinander über die Feldwege, Charlotte bildete mit Fiona und Eugenie die Nachhut. Oft hatte ich eine bohrende Angst, daß Charlotte, um ihre Überlegenheit zu zeigen, mich in Schwierigkeiten bringen würde. Sie war durchaus fähig, einige nicht so sattelfeste Mädchen zu Wagnissen anzustacheln. Darum hatte ich sie mit der einzigen Drohung, die bei ihr wirkte, davor gewarnt: Wenn ihr Benehmen nicht tadellos war, durfte sie eben nicht mehr so oft reiten.

Teresa trabte neben mir, ein wenig ängstlich wie immer, aber ihre Fortschritte waren erstaunlich. Mit der Zeit würde sie schon ihre Angst verlieren, sagte ich mir.

Wir unterhielten uns über Bäume und Pflanzen, ein Thema,

das Teresa sehr interessierte, und in dem sie sich bestens auskannte; sie war entzückt, wenn sie mir die Namen von Pflanzen nennen konnte, von denen ich nie gehört hatte.
Vor uns konnte ich das Herrenhaus sehen. Es war ein überaus imposantes Gebäude im Tudor-Stil, wirkte jedoch älter und würdiger, denn statt aus den üblichen roten Ziegeln war es aus denselben grauen Steinen errichtet wie die Abtei. Viele Steine stammten tatsächlich von der Abtei. Ich sah den breiten niedrigen Bogen, der zu beiden Seiten von hohen achteckigen Türmen flankiert war, die vielen Giebel und Türmchen, und alles überragt von dem hohen Pförtnerhaus.
Als wir näherkamen, erschien plötzlich eine elegante Kutsche auf der Straße. Sie wurde von zwei prachtvollen Pferden gezogen und raste in gefährlichem Tempo dahin. Sie kam geradewegs auf uns zu. Ich rief den Mädchen zu, sie sollten langsam auf die Seite reiten.
Die Kutsche war jetzt ganz nahe. Ich hörte Teresa aufschreien, und dann ging ihr Pferd durch. Es scheute unmittelbar vor der Kutsche und stürmte über die Straße zum Herrenhaus.
Ich gab meinem Pferd die Sporen und galoppierte hinterdrein.
»Keine Angst, Teresa«, rief ich.
Sie hörte mich natürlich nicht.
Ich erreichte sie gerade, als sie vor dem Herrenhaus aus dem Sattel ins Gras geworfen wurde. Ich stieg ab und lief zu ihr. Sie lag unbeweglich und war sehr blaß.
»Teresa . . .« rief ich. »Ach, Teresa . . .«
Zu meiner ungeheuren Erleichterung öffnete sie die Augen und sah mich an. Ich dankte Gott, daß sie am Leben war.
Die Kutsche war jetzt ganz nahe, ein Mann sprang vom Kutschbock und lief zu uns.
Es war Jason Verringer.
Sogleich war ich von Zorn erfüllt. »Sie waren es also«, rief ich. »Sind Sie wahnsinnig? . . . Das Kind . . .«
Er beachtete mich nicht, sondern kniete sich hin und beugte sich über Teresa.
»So«, sagte er. »Du bist gestürzt. Das kann jedem mal passie-

ren. Ist was gebrochen? Sehen wir mal, ob du aufstehen kannst.«
Teresa zuckte zusammen. »Miss Grant«, flüsterte sie nur.
Ich beruhigte sie: »Es ist alles gut, Teresa. Ich bin bei dir. Du bist offenbar nicht schlimm verletzt. Sehen wir mal, ob du stehen kannst.«
Jason Verringer half ihr auf. Sie konnte ohne Schmerzen stehen.
»Ich glaube nicht, daß etwas gebrochen ist«, meinte er. »Ich werde gleich den Doktor holen, damit er sie untersucht. Und jetzt trage ich dich hinein«, sagte er zu Teresa.
Sie sah mich flehend an.
»Ich bleibe bei dir«, versicherte ich. »Hab keine Angst, Teresa.«
Da fiel mir ein, daß ich ja für die ganze Gruppe verantwortlich war. Die Mädchen auf ihren Pferden beobachteten uns; sie waren entsetzt über das, was vorgefallen war.
Mein Pferd graste inzwischen friedlich. Teresas konnte ich nirgends entdecken.
Ich ging zu den Mädchen hinüber. »Ihr habt gesehen, was Teresa zugestoßen ist«, sagte ich. »Man läßt den Doktor holen. Ich glaube nicht, daß sie schlimm verletzt ist. Ihr solltet jetzt zur Schule zurückkehren und Miss Hetherington berichten, was geschehen ist.« Ich blickte Charlotte an. »Charlotte, du übernimmst die Verantwortung.«
Eine leichte Röte trat auf ihre Wangen. Sie warf den Kopf zurück, und ich sah den stolzen Ausdruck in ihrem Gesicht.
»Du bist eine gute Reiterin und paßt auf die anderen auf. Vergewissere dich, daß sie bei dir bleiben.« Ich hatte meinen Blick über die Gruppe schweifen lassen und festgestellt, daß alle da waren. »Bring die Mädchen zurück, so schnell du kannst, und richte Miss Hetherington aus, daß Teresa im Herrenhaus ist und ich bei ihr bleibe, bis sie in der Lage ist, zurückzureiten. Hast du verstanden?«
»Ja, Miss Grant«, erwiderte Charlotte ernst.
»Also dann«, befahl ich. »Alle folgen Charlotte und tun, was sie sagt. Keine Bange. Teresa ist nicht schlimm verletzt.«

Ich sah ihnen nach, wie sie fortritten. Dann wandte ich mich dem Herrenhaus zu.
Meine Furcht verwandelte sich rasch in Wut. Er hatte das absichtlich getan. Er war rücksichtslos in rasendem Tempo herumkutschiert und hatte dabei die Pferde erschreckt, und Teresa hatte ihres nicht in der Gewalt halten können.
Ich ging eilends ins Herrenhaus – über der Tür war ein verziertes Wappen in den Stein gemeißelt – und befand mich in einer riesigen Halle mit einer gewölbten Decke. Waffen schmückten die Wände, und über dem Kamin hing ein geschnitzter Familienstammbaum. Mehrere Leute standen mit ängstlichen Gesichtern in der Halle.
»Das kleine Mädchen befindet sich im blauen Schlafgemach, Miss«, sagte ein Mann, der eindeutig eine gewichtige Persönlichkeit war – anscheinend ein Butler oder Haushofmeister. »Man hat bereits nach dem Doktor geschickt. Sir Jason sagt, Sie möchten bitte gleich hinaufgehen. Ein Mädchen wird Sie hinführen.«
Ich nickte und folgte einem Mädchen die steinerne Treppe hinauf, deren Pfosten mit Tudorrosen und Lilien verziert waren. In einem Schlafgemach, dessen Vorhänge und Einrichtung in Blau gehalten waren, lag Teresa auf einem Bett. Sie war bei meinem Anblick sichtlich erleichtert.
Jason Verringer wandte sich um, als ich eintrat.
»Der Doktor dürfte spätestens in einer halben Stunde hier sein. Ich habe ihm ausrichten lassen, daß er dringend gebraucht wird. Sie ist sicher nicht schwer verletzt, aber in solchen Fällen ist es immer klug, einen Arzt zu holen. Knochen sind offenkundig keine gebrochen. Vielleicht ein leichter Schock, eine Erschütterung . . .«
»Bleiben Sie hier, Miss Grant«, bat Teresa.
»Aber natürlich.«
»Miss Grant bleibt so lange wie du«, beruhigte sie Jason Verringer mit einer sanften Stimme, die gar nicht zu ihm passen wollte.
Ich konnte ihn nicht ansehen. Ich war so wütend. Er war

schuld, daß das passiert war. Er hatte kein Recht, in einem solchen Tempo über schmale Feldwege zu rasen.
Er holte einen Stuhl, und ich setzte mich ans Bett.
»Miss Grant«, flüsterte Teresa. »Wo sind die anderen?«
»Sie sind zur Schule zurückgeritten. Ich habe Charlotte die Verantwortung übergeben. Sie ist die beste Reiterin. Sie schafft das schon.«
»Ich will nicht mehr reiten . . . nie wieder. Ich hab' es nie gemocht. Ich hatte immer solche Angst.«
»Mach dir jetzt deswegen keine Sorgen. Bleib ganz still liegen.«
Ein Mädchen kam. »Ich bringe heißen süßen Tee. Mrs. Keel sagt, der tut gut in solchen Fällen.«
»Schaden kann er jedenfalls nicht«, meinte Jason Verringer.
»Kannst du trinken, Teresa?« fragte ich.
Sie zögerte. Ich legte meinen Arm um sie und richtete sie auf. Sie trank, und sogleich kehrte ein wenig Farbe in ihre Wangen zurück.
Die Minuten verrannen. Mehr als eine Stunde schien vergangen, ehe der Doktor kam.
»Sie bleiben besser hier, während er sie untersucht, Miss Grant«, meinte Jason Verringer. Damit ging er hinaus und ließ mich mit Teresa und dem Arzt allein.
Die Untersuchung ergab, daß Teresa schwere Prellungen erlitten, aber keine Knochen gebrochen hatte. Sie war glücklich davongekommen. Sie hatte jedoch einen schlimmen Schock. Ihre Hände zitterten noch immer.
Der Arzt empfahl: »Bleib schön so liegen, dann bist du bald wieder auf den Beinen. Im Bett bist du am besten aufgehoben.«
Ich folgte ihm aus dem Zimmer. Jason Verringer wartete auf dem Flur.
»Nun?« fragte er.
»Ihr fehlt nichts«, sagte der Arzt. »Aber sie hat einen schweren Schock. Sie ist ein ängstliches Mädchen, nicht wahr?«
»Ja«, bestätigte ich.

»Möglicherweise hat sie eine leichte Gehirnerschütterung. Das halte ich sogar für sehr wahrscheinlich. Sie darf sich wenigstens einen Tag lang nicht bewegen. Heute auf gar keinen Fall.«
»Das ist kein Problem«, meinte Jason Verringer. »Sie kann hierbleiben.«
»Das wäre das Klügste«, sagte der Arzt mit einem Blick auf mich.
»Ihr wäre es bestimmt lieber, wenn wir sie zur Schule bringen könnten«, sagte ich. »Es ist nicht weit.«
»Das ist wirklich nicht nötig«, warf Jason Verringer ein. »Hier wird es ihr an nichts fehlen. Sie soll doch keine Bewegung haben, nicht wahr, Herr Doktor?«
Der Arzt zögerte.
»Nicht wahr?« wiederholte Jason Verringer.
»Besser nicht«, sagte der Arzt.
Ich runzelte die Stirn.
»Das Mädchen möchte sich nicht von Miss Grant trennen.«
Jason Verringer lächelte. »Dazu besteht auch gar kein Grund. Das Haus ist groß genug, um sowohl dem Mädchen als auch Miss Grant Platz zu bieten.«
Der Arzt lächelte mich entschuldigend an. Meine Abneigung, im Herrenhaus zu bleiben, war mir offenbar anzumerken. »Ich möchte nicht, daß sie in ihrem augenblicklichen Zustand bewegt wird«, sagte er. »Sir Jasons Vorschlag scheint mir unter diesen Umständen das beste.«
Mir war unbehaglich zumute. Kaum hatte sich die Erleichterung eingestellt, daß Teresa nicht schlimm verletzt war, da tauchte schon ein neues Problem auf. Ich konnte Teresa nicht allein lassen. Andererseits war mir der Gedanke zuwider, eine Nacht unter diesem Dach zu verbringen.
Je weniger Angst ich um Teresa hatte, um so mehr Wut hatte ich auf Jason Verringer. Er war schuld an dem Unfall, und jetzt schrieb er dem Arzt mehr oder weniger vor, was er zu sagen hatte.
Ich hatte den Eindruck, daß die Vorstellung, ich würde eine

Nacht unter seinem Dach verbringen, ihn amüsierte, und daß er in gleichem Maße dafür wie ich dagegen war.

Um eine feste Stimme bemüht, sagte ich: »Miss Hetherington muß informiert werden.«

»Sie wird inzwischen von dem Unfall erfahren haben. Ich schicke augenblicklich jemanden zu ihr und lasse ihr ausrichten, was der Doktor sagt. Haben Sie vielen Dank, Herr Doktor. Mehr können wir wohl nicht tun, nehme ich an?«

»Ich schicke Ihnen etwas zum Einreiben.« Er sah mich an. »Tragen Sie es einmal auf ... nur ein einziges Mal. Es ist zu stark für mehrmalige Anwendung. Das hilft gegen die Prellungen. Außerdem schicke ich noch ein Beruhigungsmittel. Falls sie eine Erschütterung hat, stellt sich das nicht sofort heraus. Sie darf sich nicht aufregen. In einer Woche ist sie wieder obenauf ... oder schon eher, vorausgesetzt, es treten keine unvorhergesehenen Folgen auf.«

Jason Verringer ging mit dem Arzt, und ich kehrte zu Teresa zurück. Sie war unendlich erleichtert, als sie mich sah, und ich versicherte ihr, daß alles gut würde.

Teresa schloß die Augen und schlief ein. Etwa eine halbe Stunde später meldete ein Mädchen, daß Miss Hetherington unten sei. Ich eilte in die Halle hinunter. Unterwegs warf ich einen Blick durch ein Fenster und sah die Kutsche der Schule mit Emmet auf dem Bock.

Daisy Hetherington saß neben Jason Verringer an einem Tisch.

»Hier ist sie, die vortreffliche Miss Grant«, verkündete Jason.

»Ach, Cordelia«, rief Daisy. In einem solchen Augenblick war alle Förmlichkeit vergessen. »Das Kind ist nicht verletzt, höre ich.«

»Sie schläft jetzt. Ich glaube, es ist hauptsächlich der Schock.«

»Daß einem von unseren Mädchen so etwas zustoßen mußte!«

»Das kommt davon, wenn die Fahrer mit ihren Kutschen in ei-

nem solchen Tempo über die Straßen jagen, daß sie alle, die in der Nähe sind, in Angst und Schrecken versetzen.«
Daisy machte ein leicht erschrockenes Gesicht. »Ich weiß, daß manchmal Unfälle geschehen«, murmelte sie.
Mein Zorn war kaum zu unterdrücken. Nur weil es sich um Sir Jason handelte, mußten wir es achselzuckend hinnehmen, als sei es ein natürliches alltägliches Ereignis. Er bedachte mich mit einem triumphierenden Feixen.
Daisy fuhr fort, als hätte ich nichts gesagt: »Sir Jason hat mir soeben berichtet, daß der Doktor nicht wünscht, daß sie heute abend bewegt wird.«
»Ja, das hat er gesagt.«
»Es war sehr liebenswürdig von Ihnen, Sir Jason, sofort den Doktor holen zu lassen und Ihre Gastfreundschaft anzubieten.«
»Das ist das mindeste, was ich tun kann«, erwiderte Jason Verringer.
»Allerdings«, bemerkte ich wütend, obgleich mich Daisy durch ihre Gegenwart erinnerte, daß wir unseren reichen und mächtigen Hausherrn zuvorkommend behandeln mußten.
Daisy sagte rasch: »Teresa muß über Nacht hierbleiben, und da sie ein so leicht erregbares Mädchen ist und Sie, meine Liebe, die einzige sind, die sie beruhigen kann . . . also, Sir Jason hatte die Güte, Sie einzuladen, ebenfalls hier zu übernachten.«
Ich hatte das Gefühl, in eine Falle geraten zu sein. »Das wäre ja . . .« begann ich.
»Die ideale Übereinkunft«, fiel er mir ins Wort. »Teresa wird gewiß beruhigt schlafen, wenn sie weiß, daß Sie in der Nähe sind.«
»Ich danke Ihnen vielmals, Sir Jason.« Darauf wandte sich Daisy an mich. »Ich lasse Ihnen gewisse Sachen, die Sie beide benötigen, herüberschicken. Ich denke, ich muß jetzt gehen. Aber ich weiß, daß Teresa bei Ihnen in guten Händen ist, Cordelia. Ich muß zurück und sehen, daß ich die Mädchen beruhige. Sie sind alle schrecklich aufgeregt.«

»Ich hoffe, Charlotte Mackay hat die Mädchen heil zurückgebracht?« fragte ich.
»O ja, und sie hat ihre vorübergehende Verantwortung sichtlich genossen. Ich habe Charlotte noch nie so zufrieden gesehen. Sie war überaus höflich und fügsam. Sie haben unter diesen Umständen das beste getan. Ich lasse Ihnen also die Sachen herüberschicken, und sobald ich morgen Nachricht erhalte, kommt Emmet Sie abholen.«
Damit war es abgemacht.
Jason Verringer und ich begleiteten Daisy zu ihrer Kutsche.
»Machen Sie sich keine Sorgen«, sagte er zu ihr. »Das Mädchen hat lediglich einen Schock. Und wie ich sehe, ist Miss Grant eine sehr vernünftige junge Dame.«
Ich merkte, daß Daisy ein gewisses Unbehagen zu verbergen trachtete, und nahm an, sie war ebensowenig glücklich darüber, mich im Herrenhaus zurückzulassen, wie ich es über mein Verbleiben war. Aber wir befanden uns nun einmal in dieser mißlichen Lage, und Daisy sah keinen diplomatischen Ausweg. Das Wohl der Schule erforderte taktvollen Umgang mit Sir Jason, und die Schule war für Daisy äußerst wichtig.
»Ich schicke Emmet mit den Sachen, die Sie brauchen«, waren ihre letzten Worte, und ich blickte ihrer Kutsche unglücklich nach.
Jason Verringer wandte sich um und lächelte mich an.
»Es wird mir ein Vergnügen sein, mit Ihnen zu speisen, Miss Grant«, bemerkte er.
»Es besteht kein Anlaß zu Förmlichkeiten, Sir Jason. Wenn man Teresa und mir etwas aufs Zimmer schicken kann, sind wir ganz zufrieden.«
»Aber ich wäre äußerst unzufrieden. Sie sollen wissen, daß Sie ein Ehrengast sind.«
»Ich fühle mich nicht im geringsten geehrt. Diese Sache hätte einfach nicht geschehen dürfen.«
»Sie lassen deutlich erkennen, daß Sie mir die Schuld geben.«
»Wie konnten Sie nur so wild fahren! Sie hätten wissen müs-

sen, daß Sie die Pferde scheu machen. Die jungen Mädchen ... einige sind keine erfahrenen Reiterinnen. Es war rücksichtslos ... mehr noch, es war ... sträflich.«

»Sie gehen hart mit mir ins Gericht. Ich gebe zu, ich war rücksichtslos. Ich bin mehrmals in der Woche mit den Grauen kutschiert, ohne einer Gruppe Schulmädchen zu begegnen, die im Schritt über die Feldwege ritten. In Erwiderung Ihrer Vorwürfe könnte ich vielleicht sagen, die Mädchen hätten diesen Abschnitt der Straße nicht benutzen dürfen. Aber ich möchte mich nicht weiter darüber auslassen, sonst wird Ihr Zorn auf mich noch größer.«

»Sie können sagen, was Sie wollen. Die Mädchen reiten immer über die Feldwege. Was ist an dem einen so besonders?«

»Es ist zufällig derjenige, der zu meinem Haus führt.«

»Sie meinen, er ist Ihr Privateigentum.«

»Liebe Miss Grant, Sie sind neu in Colby, sonst wüßten Sie, daß das meiste Land in dieser Gegend mein Eigentum ist.«

»Soll das heißen, daß niemand von uns ein Recht hat, sich hier aufzuhalten?«

»Es heißt, daß Sie sich mit meiner Erlaubnis hier aufhalten. Wenn ich will, kann ich jede beliebige Straße sperren lassen.«

»Warum tun Sie's nicht? Dann wüßten wir wenigstens, wo wir ungefährdet reiten und spazierengehen können.«

»Gehen wir hinein. Ich habe Anweisungen gegeben, daß man Ihnen ein Zimmer herrichtet. Es ist eines unserer schönsten und liegt nahe beim blauen Gemach.«

Ich bekam es plötzlich mit der Angst. Der Mann hatte etwas Teuflisches an sich. Seine Selbstgefälligkeit und seine dreiste Miene gefielen mir nicht. Es war, als mache er Pläne und sei von ihrem Gelingen überzeugt.

»Vielen Dank«, entgegnete ich kühl, »aber ich würde lieber bei Teresa im Zimmer bleiben.«

»Das können wir nicht zulassen.«

»Ich fürchte, etwas anderes kann ich nicht zulassen.«

»Im blauen Gemach ist nur ein Bett.«
»Es ist sehr breit. Teresa wäre bestimmt glücklicher, wenn ich es mit ihr teilte.«
»Ich habe angeordnet, daß man Ihnen ein Zimmer herrichtet.«
»Dann ist es eben schon fertig für Ihren nächsten Gast.«
»Wie ich sehe«, sagte er, »sind Sie entschlossen, Ihren Willen durchzusetzen.«
»Ich bin hier, um mich um Teresa zu kümmern, und das ist auch meine Absicht. Sie hat einen schrecklichen Schock, dank . . .«
Er sah mich vorwurfsvoll an, und ich fuhr fort: »Ich möchte nicht, daß sie in der Nacht aufwacht und nicht weiß, wo sie ist. Dann erschrickt sie womöglich. Der Sturz kann immerhin unangenehme Nachwirkungen haben. Ich muß bei ihr sein.«
»Teresa hat großes Glück, daß sie einen so braven und treuen Wachhund hat.«
»Wir werden es ganz bequem haben. Danke, daß Sie uns gestatten, Ihr blaues Gemach zu benutzen.«
»Das ist das mindeste, was ich tun kann.«
»Ja«, sagte ich kühl.
Er lächelte, als wir hineingingen.
»Sie werden doch mit mir speisen?« bat er beinahe demütig.
»Das ist sehr liebenswürdig, aber ich glaube, ich bleibe besser bei Teresa.«
»Teresa braucht Ruhe. Der Doktor wünscht, daß sie das Beruhigungsmittel sofort nimmt, wenn es eintrifft.«
»Ich lasse Teresa nicht allein.«
Er neigte den Kopf
Ich ging zu Teresa hinauf. Sie war immer noch sehr benommen. »Ich bin so froh, daß Sie da sind, Miss Grant«, flüsterte sie.
»Ich bleibe bei dir, Teresa. In dem Bett ist Platz für uns beide. Es ist riesig, nicht? Das ist was anderes als die Betten in der Schule.«

Sie lächelte matt und zufrieden und schloß die Augen.
Kurz darauf war Jason Verringer an der Tür.
»Das hier hat der Doktor geschickt«, erklärte er. »Dies ist das Einreibemittel. Und dies die Medizin. Er hat einen Zettel mitgegeben, darauf steht, sie soll sie nehmen, nachdem Sie sie eingerieben haben. Dann dürfte sie die Nacht durchschlafen. Das braucht sie mehr als alles andere.«
»Danke.« Ich ging mit ihm zur Tür.
»Wenn sie schläft, läuten Sie«, sagte er. »Dann schicke ich Ihnen jemand, der Sie herunterführt. Es wird kein formelles Mahl sein – nur ein stilles kleines Tête-à-tête.«
»Danke nein. Ich darf Teresa nicht allein lassen.«
Ich kehrte zu Teresa zurück und trug das Einreibemittel auf die Prellungen auf. Sie hatte Glück im Unglück gehabt, und mein Zorn wallte erneut auf.
»Sie schlafen doch hier, nicht, Miss Grant?« bat Teresa.
»Ganz bestimmt.«
»Ich mag nicht allein hier sein. Ich muß immerzu daran denken. Ich hab die Pferde heranpreschen hören . . . ich wußte, Cherry Ripe hatte was dagegen . . . gegen mich hatte sie auch was. Ich wußte, sie würde scheuen, und ich würde sie nicht halten können.«
»Denk nicht mehr daran. Es ist vorbei.«
»Ja, und Sie sind hier, und ich werde nie, nie wieder auf ein Pferd steigen.«
»Warten wir's ab, wie du später darüber denkst.«
»Ich brauch' nicht abzuwarten. Ich weiß es jetzt schon.«
»Sei still, Teresa, du regst dich nur auf. Das darfst du nicht. Jetzt laß mich dich fertig einreiben. Wie das riecht! Eigentlich ganz angenehm. Brennt es? Das ist ein Zeichen, daß es dir guttut. Der Doktor sagt, es ist sehr stark. Morgen oder übermorgen hast du alle Regenbogenfarben an dir.«
Ich verkorkte das Fläschchen und stellte es hin. »Und jetzt nimmst du diese Medizin, dann schläfst du ein und vergißt alles. Du brauchst nur an eins zu denken, nämlich daß ich hier bin. Wenn du etwas wünschst, brauchst du es mir nur zu sagen.«

»Ich bin so froh, daß Sie hier sind. Ist Miss Hetherington böse auf mich?«
»Natürlich nicht. Sie ist genauso besorgt wie alle anderen.«
»Charlotte wird sich ins Fäustchen lachen, nicht?«
»Charlotte hat sich recht gut benommen. Sie hat die Mädchen zurückgebracht. Sie wünscht sich bestimmt nicht, daß du dir wehtust.«
»Warum versucht sie dann dauernd, mir wehzutun?«
»Sie will dir gar nicht richtig wehtun, sie will dir bloß ein paar kleine Nadelstiche versetzen.«
»Es macht mir längst nicht mehr so viel aus wie früher. Seit Sie da sind, ist es anders. Das ist, weil Sie auch in Afrika waren. Und dann sind Sie zu Tante Patty gekommen. Ich wollte, ich hätte auch eine Tante Patty.«
Es klopfte leise an der Tür. Es war ein Mädchen mit einem Köfferchen, das soeben von der Schule geschickt worden war. Ich öffnete es. Drinnen befand sich eine Mitteilung von Daisy. Sie schrieb, hier seien ein paar Sachen, die wir vielleicht brauchen würden. Es waren Teresas und mein Nachthemd mit Morgenrock. Zu meinem Erstaunen stellte ich fest, daß Daisy mir ein Kleid mitgeschickt hatte – mein bestes blauseidenes.
Ich wollte Teresa ihr Beruhigungsmittel geben, daher fragte ich sie, ob sie etwas dagegen hätte, wenn ich ihr in ihr Nachthemd hülfe, da sie es darin bequemer hätte als in ihrer Unterwäsche. Sie hatte ihr Reitkostüm abgelegt, als der Arzt sie untersuchte. Es lag über einem Stuhl. Ich half ihr, sich auszukleiden und ihr Nachthemd anzuziehen. Dann sagte ich: »Trink das. Ich glaube, danach wirst du gut schlafen.«
Sie gehorchte. Dann sprach sie noch eine Weile unzusammenhängende Dinge, wobei ihre Stimme immer leiser wurde. Das Beruhigungsmittel zeigte bereits Wirkung.
»Teresa«, sagte ich leise. Ich erhielt keine Antwort.
Wie sie da lag, sah sie sehr jung und verletzlich aus, und ich überlegte, wie traurig es sei, daß ihre Eltern so weit fort waren und ihre entfernten Verwandten in England sich nicht mir ihr

abgeben mochten. Ob ihre Mutter und ihr Vater sich wohl nach ihr sehnten? Meine Gedanken wanderten wieder einmal zu Tante Patty. Was würde ich ihr alles zu erzählen haben, wenn wir uns wiedersahen!

Es pochte leise an der Tür. Ich schlich hin und öffnete. Draußen stand Jason Verringer mit einer Frau mittleren Alters.

»Wie geht es Teresa?« fragte er.

»Sie schläft. Das Beruhigungsmittel hat rasch gewirkt.«

»Wie der Doktor sagte. Dies ist Mrs. Keel, meine geschätzte Wirtschafterin. Sie wird bei Teresa sitzen, während wir speisen, und sollte Teresa aufwachen, wird Sie sie augenblicklich holen.«

Er lächelte mich siegesgewiß an. Ich zögerte. Es gab keine Möglichkeit abzulehnen. Mrs. Keel nickte mir freundlich zu.

»Sie können mir vertrauen«, sagte sie. »Ich bin es gewöhnt, Menschen zu pflegen.«

Ich war machtlos. Ich mußte nachgeben, weil ich mich vor seiner Wirtschafterin nicht weigern konnte. Es wäre beleidigend für sie gewesen, gleichsam eine Andeutung, sie sei nicht imstande, sich um Teresa zu kümmern – zumal diese schlief. So würde ich also doch mit ihm speisen müssen. Insgeheim mußte ich gestehen, daß mir die Aussicht nicht so zuwider war, wie ich vorgab. Ich fand ein gewisses Vergnügen daran, ihn wissen zu lassen, daß ich mich keineswegs zu ihm hingezogen fühlte, denn ich war überzeugt, daß er mir imponieren wollte. Ich hatte gehört, daß er in dem Ruf stand – oder von sich selbst glaubte –, für Frauen unwiderstehlich zu sein. Es könnte amüsant werden, ihm zu zeigen, daß hier eine war, die für seinen männlichen Charme unempfänglich war.

»Das ist lieb von Ihnen«, sagte ich zu Mrs. Keel. »Sie ist ein empfindsames Mädchen . . . falls sie aufwacht . . .«

»Das ist unwahrscheinlich«, meinte Jason Verringer. »Und sollte es doch der Fall sein, wird Mrs. Keel Sie unverzüglich holen. Wenn Sie fertig sind, können wir jetzt zum Essen gehen.«

Wenn ich nicht in die peinliche Lage geraten wollte, ihm zu

erklären, daß ich seinen Ruf kannte und ihn nicht als angemessenen Gesellschafter betrachtete, blieb mir nichts anderes übrig, als dankend anzunehmen und es so schnell wie möglich hinter mich zu bringen.
Also neigte ich den Kopf zum Zeichen des Einverständnisses, dankte Mrs. Keel und sagte, ich werde in einer halben Stunde fertig sein.
Ich zog das blaue Seidenkleid an und verspürte eine gewisse Befriedigung, weil Daisy dasjenige geschickt hatte, das mir am besten stand.
Ich bürstete meine Haare, bis sie glänzten. Meine Wangen waren leicht gerötet, wodurch meine Augen heller wirkten. Ich freute mich richtig auf das Vergnügen, ihn abblitzen zu lassen.
Mrs. Keel pochte leise an die Tür. Sie kam herein, und Seite an Seite betrachteten wir Teresa.
»Sie schläft fest«, flüsterte ich.
Mrs. Keel nickte. »Falls sie aufwacht, rufe ich Sie sofort.«
»Danke«, sagte ich.
Draußen stand ein Mädchen bereit, um mich hinunterzuführen. Sie geleitete mich in einen kleinen Raum mit einer Tür, die auf einen Innenhof hinausging. Dort erwartete mich Jason. Er machte ein sehr zufriedenes Gesicht.
»Ich dachte, wir essen hier«, meinte er, »und wenn Sie einverstanden sind, können wir hinterher Kaffee und Portwein oder Brandy im Hof einnehmen. Es ist hübsch da draußen, abends im Sommer. Ich sitze oft dort, wenn ich einen Gast habe.«
»Das hört sich sehr verlockend an.«
»Sie müssen hungrig sein, Miss Grant.«
»Was heute geschehen ist, genügt vollauf, um einem den Appetit zu verderben.«
»Wenn Sie unsere ausgezeichnete junge Ente sehen, werden Sie sich eines anderen besinnen. Ich bin überzeugt, Sie werden unseren Koch zu würdigen wissen. Ich bin sehr glücklich dran. Ich habe gutes Personal. Das Ergebnis einer sorgfältigen Auslese ... und Übung. Die Verpflegung in Ihrem exklusiven Institut für junge Damen ist ebenfalls gut, glaube ich.«

»Ja. Miss Hetherington besteht darauf. Vieles davon kommt aus dem Garten der Abtei.«
»Fortführung der alten klösterlichen Traditionen. Ach, die Traditionen, Miss Grant. Sie beherrschen das Dasein von Menschen wie wir. Nehmen Sie Platz. Dort ... mir gegenüber, damit ich Sie sehen kann. Diese intimen Diners machen mir weit mehr Spaß als die in der großen Halle. Hier ist höchstens Platz für vier, aber zu zweit ist es noch gemütlicher.«
Es war ein reizender, mit Eichenholz getäfelter Raum, auf der bemalten Decke tummelten sich pummelige Putten auf Schäfchenwolken, während ein Engel wohlwollend zuschaute.
Jason Verringer sah, wie ich sie betrachtete. »Das schafft eine ausgesprochen himmlische Atmosphäre, finden Sie nicht?«
Als ich ihn anblickte, schoß mir der Gedanke durch den Kopf, er sei wie der aus dem Himmel vertriebene Luzifer. Eine lächerliche Phantasie. Ich war überzeugt, er würde sich von keinem Ort vertreiben lassen, an dem er sich aufzuhalten wünschte.
»Ja«, antwortete ich. »Obgleich ich nicht sicher bin, was die Putten in den Wolken treiben.«
»Sie halten nach einem unachtsamen Herzen Ausschau, um es mit Liebespfeilen zu durchbohren.«
»Sie müßten sehr genau zielen, wenn sie jemanden auf der Erde treffen wollten ... selbst wenn die Wolken tiefer hängen.«
»Sie haben einen nüchternen Verstand, Miss Grant, das gefällt mir. Ah, da kommt die Suppe. Die mundet Ihnen bestimmt.«
Ein diskreter Diener trug eine Terrine herein und servierte die Suppe. Dann entkorkte er eine Flasche Wein und schenkte ihn in Gläser.
»Ich hoffe, Sie wissen auch den Wein zu schätzen«, setzte Jason Verringer das Gespräch fort. »Ich habe ihn eigens ausgesucht. Ein hervorragender Jahrgang, einer der besten dieses Jahrhunderts.«
»Sie sollten meinetwegen nicht solche Umstände machen«, er-

widerte ich. »Ich bin kein Kenner und weiß ihn nicht recht zu würdigen.«
»Hat man Ihnen auf dieser erlesenen Schweizer Schule denn nicht beigebracht, einen guten Wein zu erkennen? Das überrascht mich. Sie hätten nach Frankreich gehen sollen, nach ... ich habe den Namen vergessen. Ich bin überzeugt, dort hätte Weinkenntnis im Stundenplan gestanden.«
Er kostete den Wein und hob die Augen mit einem Ausdruck gespielter Verzückung zur Decke.
»Ausgezeichnet«, sagte er. »Auf Ihr Wohl, Miss Grant, und auf das des Mädchens oben.«
Ich trank mit ihm.
»Und auf uns«, fügte er hinzu. »Auf Sie ... mich ... und unsere gedeihende Freundschaft, die unter recht dramatischen Umständen begann.«
Ich nahm noch einen Schluck und setzte mein Glas ab.
Jason fuhr fort: »Sie müssen zugeben, daß alle drei Anlässe, bei denen wir uns begegneten, ungewöhnlich waren. Zuerst eine Verkehrsstockung auf einem schmalen Weg; dann verirren Sie sich, und ich erscheine zu Ihrer Rettung; und jetzt diese Sache mit dem durchgegangenen Pferd, was zu unserem jetzigen Zusammensein geführt hat.«
»Vielleich gehören Sie zu der Sorte Menschen, bei denen dramatische Begebenheiten an der Tagesordnung sind.«
Er dachte darüber nach. »Ich nehme an, den meisten Menschen stößt in ihrem Leben dann und wann etwas Dramatisches zu. Wie steht es bei Ihnen?«
Ich schwieg. Meine Gedanken waren zu jener Erscheinung im Wald zurückgekehrt und zu meinen unheimlichen – wie es mich jetzt dünkte – Begegnungen mit einem Mann, der einem Grabstein in Suffolk zufolge schon lange tot war. Seltsamerweise erinnerte mich Jason, dieser Mann, dessen hervorstechendstes Merkmal seine Vitalität und Lebensbejahung war, stark an mein merkwürdiges Erlebnis; so intensiv hatte ich schon seit langer Zeit nicht mehr daran gedacht.
Er beugte sich vor. »Ich habe anscheinend Erinnerungen geweckt.«

Er hatte eine beunruhigende Art, meine Gedanken zu erraten.

»Da ich an den von Ihnen als dramatisch bezeichneten Ereignissen beteiligt war, habe ich sie zumindest erlebt. Ansonsten spielt sich ein Drama wie alles andere meist im Kopf derer ab, die daran teilhaben. Ich würde diese Vorfälle – abgesehen von dem, was Teresa zugestoßen ist – nicht gerade als dramatisch bezeichnen.«

»Nehmen Sie noch Suppe.«

»Nein danke. Sie war köstlich, aber wegen meiner Besorgnis um Teresa kann ich Ihren Speisen nicht die Beachtung schenken, die sie verdienen.«

»Sie können Ihr Versäumnis ja vielleicht ein andermal aufholen.«

Ich lachte, und er gab dem Butler ein Zeichen, die Ente hereinzubringen.

Jason erkundigte sich nach seinen Nichten. Er wollte wissen, inwiefern das Institut nach meiner Meinung nützlich für sie sei. Aus Loyalität zu Daisy versicherte ich ihm, der Nutzen sei bedeutend.

»Fiona ist ein stilles Mädchen«, sagte er. »Sie schlägt ihrer Mutter nach. Aber man kann sich manchmal in den Menschen täuschen. Aufgrund Ihrer zahlreichen Erfahrungen werden Sie das wissen.«

»Ich habe gelernt, daß wir sehr wenig über andere wissen. Der menschliche Charakter birgt stets Überraschungen. Man sagt, der oder die Soundso handelte aufgrund des Charakters. Das ist nicht richtig. Es ist meist nur eine Seite des Charakters, die bislang der Welt noch nicht gezeigt wurde.«

»Das ist wahr. Wir können also damit rechnen, daß Fiona uns eines Tages alle überraschen wird.«

»Vielleicht.«

»Eugenie weniger, denn nichts, was sie tut, würde mich sehr überraschen. Sie etwa, Miss Grant?«

»Eugenies Charakter ist noch nicht geformt. Sie ist leicht zu beeinflussen. Das geschieht – leider, muß ich sagen – durch ein Mädchen namens Charlotte Mackay.«

»Ich kenne sie. Sie ist manchmal in den Ferien hier. Ihren Vater kenne ich auch.«
»Charlotte ist sehr drauf bedacht, daß ja niemand vergißt, daß sie aus adliger Familie stammt. Dabei würde es ihr viel besser anstehen, wenn sie diese Tatsache verbergen würde.«
»Halten Sie viel von Verbergen, Miss Grant?«
»Unter bestimmten Umständen schon.«
Er nickte bedächtig und wollte mein Glas füllen. Ich legte meine Hand darüber, um ihn daran zu hindern, denn ich war überzeugt, er hätte es auch dann gefüllt, wenn ich abgelehnt hätte.
»Sie sind sehr enthaltsam.«
»Sagen wir, ich bin es nicht gewöhnt, viel zu trinken.«
»Ein bißchen ängstlich, daß der ausgezeichnete Verstand ein wenig benebelt werden könnte?«
»Das werde ich gewiß verhindern.«
Er füllte sein Glas.
»Erzählen Sie mir von Ihrem Zuhause«, bat er.
»Interessiert Sie das wirklich?«
»Sehr.«
»Da gibt es wenig Interessantes zu erzählen. Meine Eltern sind tot. Sie waren Missionare in Afrika.«
»Sind Sie auch so fromm wie sie?«
»Ich fürchte nein.«
»Man sollte meinen, daß Eltern, die Missionare waren, Nachkommen hervorbrachten, die erpicht darauf sind, die guten Werke fortzusetzen.«
»Im Gegenteil. Meine Eltern glaubten inbrünstig an das, was sie taten. Das habe ich gemerkt, obwohl ich noch sehr jung war, als ich sie verließ. Sie strahlten Güte aus. Sie ertrugen Not und Entbehrungen. Wenn man so sagen will, sind sie am Ende für ihren Glauben gestorben. Ich nehme an, das ist das größte Opfer überhaupt. Dann kam ich nach England zu einer geliebten Tante und lernte eine andere Güte kennen. Wäre ich fähig, der einen oder anderen Form von Güte nachzueifern, so würde ich die meiner Tante wählen.«

»Ihre Stimme verändert sich, wenn Sie von ihr sprechen. Offenbar haben Sie Ihre Tante sehr gern.«
Ich nickte. Ich hatte Tränen in den Augen und schämte mich deswegen. Obwohl er mir unsympathisch war, konnte er in mir geheime Gefühle erwecken. Ich war nicht sicher, woran es lag – an den Worten, die er benutzte, den Nuancen in seiner Stimme, dem Ausdruck in seinen Augen. Merkwürdig, ich glaubte, etwas Trauriges an ihm zu spüren, und das war ausgesprochen absurd. Er wirkte äußerst arrogant, sah sich selbst überlebensgroß, als Herr über viele, und wollte sich als Herr über alle erweisen.
»Ich wurde zu ihr geschickt«, fuhr ich fort, »und das war das Beste, was mir je widerfahren ist . . . denke ich.«
Er hob sein Glas und sagte: »Ich möchte eine Prophezeiung aussprechen. Ihnen wird noch viel Gutes widerfahren. Erzählen Sie mir mehr von Ihrer Tante.«
»Sie hat eine Schule geleitet. Die hat sich aber nicht rentiert. Ich sollte mit ihr zusammen arbeiten. Aber leider mußte sie verkaufen, und deshalb kam ich hierher.«
»Wo ist sie jetzt?«
»Sie lebt in einem kleinen Haus auf dem Land. Mit einer Freundin zusammen. Ich fahre in den Ferien hin.«
Er nickte. »Mir scheint, Miss Grant«, überlegte er laut, »Sie sind eine sehr begünstigte junge Dame. Haben Sie die Schule in der Schweiz besucht, als Ihre Tante noch über Mittel verfügte, oder haben Ihre Eltern Sie wohlversorgt hinterlassen?«
»Alles, was sie besaßen, steckten sie in die Mission. Meine Tante hat mich auf die Schule geschickt. Ich bin sicher, sie konnte es sich kaum leisten, aber sie bestand darauf. Und dadurch . . . war es mir ein leichtes, hierherzukommen.«
»Miss Hetherington spricht kaum noch von etwas anderem als von Ihren Fähigkeiten und dem Einfluß von Schaffenbrukken auf ihre Schule.«
Ich mußte lachen, und er lachte mit mir.
»Ah, ein Soufflé. Sie müssen es bis auf den letzten Bissen aufessen, sonst gibt es eine Rebellion in der Küche.«

»Würde es irgend jemand wagen, gegen Sie zu rebellieren?«
»Nein. Es sei denn, es wäre eine geheime Rebellion. Jedenfalls wissen die Leute, daß ich mich niemals eines so abscheulichen Vergehens schuldig machen und ihre hervorragende Schöpfung verschmähen würde. Sie sind es, der ihr Fluch gelten würde.«
»Ich werde mein Bestes tun, dem zu entgehen.«
»Ich bin überzeugt, daß Sie stets Ihr Bestes tun.«
Das Soufflé war in der Tat köstlich. Ich mußte gestehen, daß ich erlesen gespeist hatte – ein großer Unterschied zu der schlichten, obgleich sehr guten Kost in der Abtei.
Jason sprach von der Schule, der Geschichte der Abtei, und wie sie bald nach der Auflösung an seine Familie gefallen war.
»Mein Vorfahr stand im Dienste des Königs . . . irgendwo im Ausland, glaube ich, und zum Lohn für seine Dienste wurde ihm gestattet, gegen eine geringfügige Summe das Land der Abtei zu bebauen und, was von der Abtei selbst übrig war, zu benutzen. Ich glaube, es waren hundert Pfund . . . was in der damaligen Zeit vielleicht gar keine so geringfügige Summe war. Er erbaute das Herrenhaus und etablierte sich als Edelmann. Er war von Erfolg gesegnet, aber die Leute in der Umgebung waren der Familie nicht gewogen. Sie betrachteten sie als Eindringlinge. Die Abtei hatte immer so viel für die Armen getan. Für Wanderer gab es stets eine Mahlzeit und einen Platz zum Schlafen. Als die Abteien verschwanden, waren die Straßen voll von Bettlern, und die Räuberei nahm überhand. Sie sehen, die Verringers waren gegen die Mönche ein schlechter Tausch.«
»Warum haben sie sich denn nicht bemüht, sie zu übertreffen?«
»Sie meinen, gemessen an den Taten dieses Sprosses des alten Geschlechts. Nun, sie waren so damit beschäftigt, sich als Herren der Gegend zu etablieren, und das schloß nicht unbedingt ein, daß sie zu Wohltätern der Nachbarschaft wurden.

Es gibt einige Schurken unter uns. Ich muß Ihnen die Porträt-Galerie zeigen. Unsere Niedertracht steht uns im Gesicht geschrieben und hat, denke ich, Vorrang vor den Tugenden. Aber sehen und urteilen Sie selbst.«
Als wir mit dem Soufflé fertig waren, sagte ich: »Vielleicht sollte ich mal nach Teresa sehen.«
». . . und Mrs. Keel tödlich beleidigen! Sie bewacht das Mädchen wie ein Zerberus. Wenn Sie jetzt heraufgingen, würde sie meinen, Sie trauen ihr nicht. Kommen Sie in den Hof. Es ist sehr hübsch da draußen, wenn es dunkel wird und die Kerzen angezündet werden. Sie stehen in Nischen, die in den Stein gemeißelt sind. Wir haben nicht viele Abende, an denen wir im Freien sitzen können, deshalb nutzen wir sie weidlich aus.«
Ich hatte mich erhoben, und er war an meiner Seite. Er faßte mich sacht am Ellbogen und führte mich zur Tür.
Im Hof stand ein weißer Tisch mit zwei Stühlen, auf denen Kissen lagen.
Die Luft war still. Ich dachte an die Schule. Dort war das Abendessen jetzt zu Ende, und bald würden die Mädchen zu Bett gehen. Wäre ich dort, würde ich mich auf meine Runde begeben, gespannt, ob Charlotte oder Eugenie Scherereien machen würden.
»Wir trinken Kaffee, wenn Sie möchten, und vielleicht ein wenig Portwein . . .«
»Kaffee, bitte keinen Wein mehr.«
»Aber etwas werden Sie doch mögen. Brandy?«
»Kaffee genügt mir, danke.«
Wir setzten uns, und die Getränke wurden gebracht.
»Jetzt werden wir nicht mehr gestört«, sagte Jason.
»Ich hatte vorhin nicht das Gefühl, gestört zu werden.«
»Wir sind von Dienstboten umgeben«, ergänzte er. »Man vergißt leicht, daß sie eine Bande von Spionen sind. Man muß vor ihnen auf der Hut sein.«
»Vielleicht, wenn man etwas zu verbergen hat?«
»Wer hätte nichts zu verbergen? Sogar treffliche junge Damen von Schaffenbrucken mögen ihre Geheimnisse haben.«

Ich schwieg, und er schenkte sich Wein ein.
»Ich wollte, Sie würden ein wenig kosten«, sagte er. »Es ist ein . . .«
» . . . ausgezeichneter Jahrgang, davon bin ich überzeugt.«
»Wir sind stolz auf unseren Keller, mein Butler und ich.«
»Sie haben bestimmt viel darin, auf das man stolz sein kann.«
»Und wir teilen unsere Schätze gern mit anderen. Kommen Sie, nur ein wenig.«
Ich lächelte, und er füllte mein Glas zur Hälfte.
»Jetzt können wir auf unser Wohl trinken.«
»Das haben wir bereits getan.«
»Glück kann man nie genug haben. Auf uns, Miss Grant . . . Cordelia. Sie machen so ein reserviertes Gesicht. Darf ich Sie nicht beim Vornamen nennen?«
»Ich finde das ziemlich . . . überflüssig.«
»Ich finde, der Name paßt ausgezeichnet zu Ihnen. Sie sind Cordelia von Kopf bis Fuß. Ich kann Sie mir nicht anders denn als Cordelia vorstellen und werde Sie so nennen, auch ohne Ihre Erlaubnis. Finden Sie die Luft von Devonshire nicht herrlich?«
»Ja.«
»Ich bin froh, daß unsere Abtei in Devonshire steht. Sie hätte ja auch im rauhen, kalten Norden sein können. Es gibt ein paar großartige Abteien dort oben. Fauntains, Rievaulx und andere.«
»Ich habe davon gehört.«
»Ich glaube nicht, daß eine davon unsere übertrifft oder ihr auch nur gleichkommt. Aber das ist vielleicht nur der sogenannte Besitzerstolz. Wir sind eine Ruine, nicht wahr . . . das ist nun mal so, aber wir sind auch ein Institut für junge Damen. Wer kann sich damit vergleichen?«
»Ein seltsamer Ort für eine Schule.«
»Inmitten all der Altertümer. Gibt es einen besseren Ort für junge Menschen, um etwas über die Vergangenheit zu lernen?«

»Das sagt Miss Hetherington auch immer.«
»Eine vornehme Dame. Ich bewundere sie. Ich bin froh, daß ihre Schule hier ist. So bequem für meine Mündel. Und ohne diese Schule würde ich nicht hier sitzen und einen der reizendsten Abende meines Lebens genießen.«
Ich lachte fröhlich. »Sie sind ein Meister im Übertreiben.«
Er beugte sich vor und sagte ernst: »Ich meine es ehrlich.«
»Dann«, gab ich zurück, »können Sie kein sehr aufregendes Leben gehabt haben.«
Nach einer Pause sagte er: »Es wird allmählich dunkel. Noch wollen wir die Kerzen nicht anzünden. Die Sterne kommen hervor. Wieso sagt man, die Sterne kommen hervor, wenn sie doch die ganze Zeit da sind?«
»Weil man nur gelten läßt, was man sieht.«
»Die Leute sind eben nicht alle so scharfsichtig wie Sie, Cordelia. Für Sie und mich muß nicht alles sichtbar auf dem Präsentierteller liegen, nicht wahr?«
»Worauf spielen Sie damit an?«
»Auf das Leben. Sie beurteilen mich nicht nach dem, was andere Ihnen über mich erzählen, nicht wahr?«
»Es steht mir nicht zu, Sie zu beurteilen.«
»Vielleicht habe ich mich falsch ausgedrückt. Sie bewerten meinen Charakter nicht nach dem Klatsch, der Ihnen zu Ohren kommt.«
»Ich wiederhole, es steht mir nicht zu, Sie zu bewerten.«
»Aber Sie tun es . . . Sie tun es, ohne nachzudenken. Sie hören etwas über einen Menschen, und wenn dem nicht widersprochen wird, legen Sie es gegen ihn aus.«
»Was wollen Sie damit sagen?«
»Daß ich weiß, daß über mich eine Menge Skandalgeschichten umlaufen. Ich möchte nicht, daß Sie das alles glauben. Zumindest möchte ich, daß Sie wissen, wie es überhaupt dazu kam.«
»Was geht das mich an?«
»Weil Sie nach diesem Abend meine Freundin sein werden, oder etwa nicht?«

»Freundschaft kann man nicht anziehen wie einen Hut oder einen Mantel. Sie entwickelt sich ... sie wächst ... sie muß sich bewähren.«

»Sie wird sich entwickeln«, versicherte er. »Sie wird sich bewähren.«

Ich schwieg eine Weile.

»Ich darf wohl sagen«, fuhr er fort, »ich habe in meinem Leben viele Dinge getan, die Sie nicht gutheißen würden. Ich möchte, daß Sie ein wenig von meiner Familie erfahren. Wissen Sie, daß man von uns sagt, wir stammen vom Teufel ab?«

Ich lachte.

»Aha«, fuhr er fort, »Sie halten das für sehr wahrscheinlich, nicht wahr?«

»Im Gegenteil. Ich halte es für sehr unwahrscheinlich.«

»Satan hat viele Gestalten. Er muß kein Geist mit einem Klumpfuß sein.«

»Erzählen Sie mir, wie es kam, daß der Teufel zu Ihren Vorfahren gehört.«

»Aber gern. Es war die dritte Generation der Verringers. Die alte Königin war tot, und Jakob I. saß auf dem Thron. Sie müssen wissen, es war der Fluch unserer Familie, daß wir keine Erben hervorbringen können. Ich weiß, diese Unfähigkeit sucht viele Familien heim, aber für uns war es unser ureigenes Problem. Wenn zur damaligen Zeit eine Familie neu in den Adel aufstieg, mußte sie auf einem festen Fundament gegründet sein. Sehen Sie, auch ich habe keinen Sohn, der mein Nachfolger werden könnte, und mein Bruder hat zwei Töchter. Aber man möchte doch den Familiennamen in direkter Linie erhalten und nicht, weil eine Tochter ihren Mann verpflichtet hat, den Namen anzunehmen. Nun, dieser gewisse Verringer von Colby Hall hatte nur eine Tochter, und die war das häßlichste Geschöpf, das man in Devonshire je gesehen hatte ... so häßlich war sie, daß man trotz ihres Reichtums keinen Mann für sie finden konnte. Sie mußte aber ein Kind bekommen, und dazu mußte sie heiraten, und der Ehemann mußte den geheiligten Namen der Verringer annehmen. Die Zeit verging. Das Mädchen war dreißig und wurde mit den Jahren nicht ansehnlicher. Ihr Vater war verzweifelt, und eines Tages schickte er eine Truppe Bediensteter bewaffnet in den Wald, wo sie sich verstecken und ihm jeden beliebigen Reisenden bringen sollten, der einigermaßen stattlich und bei guter Gesundheit war und den Eindruck machte, daß er in der Lage sei, Kinder zu zeugen.«

»Das haben Sie sich doch nur ausgedacht.«

»Ich schwöre, es ist eine Familienlegende. Möchten Sie hören, was geschah?«

Ich nickte.

»Also, nach einer geraumen Zeit brachten sie einen jungen Mann. Er war allein durch den Wald geritten. Er war kräftig und von äußerst attraktivem Aussehen. Nur weil sie so viele waren und er ganz allein, hatten sie ihn überwältigen können. Als mein Vorfahr ihn sah, war er überglücklich. ›Heirate meine Tochter‹, sagte der Vater, ›und du wirst Ländereien und Besitztümer bekommen.‹ ›Ich habe Ländereien und Besitztümer und will Eure Tochter nicht heiraten‹, sagte der junge Mann. Der Vater wurde sehr zornig und befahl, ihn in einen Kerker zu werfen – o ja, davon gibt es etliche bei uns. Sie werden jetzt als Kühlräume benutzt. Dort sollte er festgehalten werden, bis er einwilligte. Aber die Wochen vergingen, und der junge Mann willigte nicht ein. Niemand kam zu seiner Rettung. Mein Vorfahr wollte ihn nicht verhungern oder foltern lassen, weil er ja ein makelloses Kind gezeugt haben wollte. Aber da der junge Mann sich nicht mit Besitztümern bestechen ließ, schien der Plan zu scheitern. Doch die Verringers sind von jeher für ihre Hartnäckigkeit bekannt. Der Gefangene wurde aus dem Kerker geholt und in eines der prächtigsten Schlafgemächer gebracht. Ein Feuer brannte im Zimmer, und der Mann wurde mit den feinsten Speisen und reichlich Wein verköstigt. Die Verringers hatten schon immer einen gepflegten Keller. Mein Vorfahr sah ein, daß es ein Fehler war, den jungen Mann in den Kerker zu werfen. Ein angenehmes Leben ist der Verführung viel zuträglicher. Und eines Abends, als der junge Mann den guten Dingen, die der listige Verringer ihm hatte auftischen lassen, kräftig zugesprochen hatte, versetzte man seinen Wein mit einem wirksamen Aphrodisiakum. Er war sehr schläfrig, und als er zu Bett gegangen war, wurde ihm die Tochter heimlich zur Seite gelegt. In dieser Nacht empfing sie ein Kind.«

»Erzählen Sie mir das, um mir zu zeigen, was für wagemutige Männer die Verringers sind?«

»Das auch, aber hören Sie die Fortsetzung. Als der junge Mann erfuhr, daß das Mädchen von ihm schwanger war, erklärte er sich seltsamerweise bereit, sie zu heiraten, und im Herrenhaus herrschte großer Jubel. Nach angemessener Frist gebar sie ein Kind – einen Knaben, kräftig, gesund und so stattlich wie sein Vater. Von da an geschahen seltsame Dinge. Man sah Feuer über der Wiege des Kindes, aber in Wirklichkeit war kein Feuer da. Das Kind lachte, wie noch nie ein Neugeborenes gelacht hatte; es grapschte nach allem, was in seine Reichweite geriet. Sie wollten ein großes Tauffest feiern, und die Kapelle war schon dafür geschmückt. Aber am Tag vor dem Fest trat der junge Mann vor seinen Schwiegervater und sprach: ›Es darf keine Taufe stattfinden. Du weißt nicht, wer ich bin. Du hast gedacht, du spielst mit mir, aber in Wahrheit war ich es, der mit dir spielte. Ich wußte von deinen Plänen; ich ließ mich gefangennehmen und hierherbringen, um deiner Familie meinen Samen zu spenden. Errätst du nun, wer ich bin?‹

Mein Vorfahr fiel erschrocken auf die Knie, denn er konnte dem jungen Mann nicht ins Gesicht sehen; es war hell wie die Sonne und hätte ihn beinahe geblendet.

›Ich bin Luzifer, der Sohn der Morgenröte‹, sagte der junge Mann. ›Ich wurde aus dem Himmel gestürzt. Ich bin ehrgeizig. Ich wollte Gott selbst übertreffen. Du bist ehrgeizig. Du möchtest mächtiger sein als alle anderen. Du wolltest mich benutzen, um dieses Ziel zu erreichen. Also habe ich dir einen Nachkommen geschenkt. Luzifer. Und jedes männliche Kind deines Stammes in den kommenden Generationen wird mich in sich tragen.‹ Und so sind die Verringers tatsächlich eine Brut des Teufels.«

»Sie erzählen die Geschichte wirklich hübsch«, sagte ich. »Ich fühlte mich dorthin versetzt. Ich konnte den jungen Mann und das Resultat direkt vor mir sehen.«

»Sind wir dadurch gerechtfertigt?«

»Gewiß nicht.«

»Ich dachte, wenn wir den Teufel im Blut haben, könnte man uns eine gewisse Zügellosigkeit zugestehen.«

»Ich denke, solche Legenden sind mit den meisten Familien verknüpft, die ihre Abstammung so weit zurückverfolgen können. Ich glaube, dergleichen sagte man auch von der Anjou-Linie der Königsfamilie, von der so viele Könige abstammten.«

»Die Geschichte ist seit Generationen überliefert.«

»Und zweifellos glaubten Sie alle, diesem Ruf gerecht werden zu müssen.«

»Dazu mußten wir uns offenbar nicht besonders anstrengen. Aber ich wollte Ihnen begreiflich machen, daß es nicht allein unsere Schuld ist, wenn wir uns schlecht benehmen.«

Was wollte er mir damit sagen? Daß er zu grausamen Taten fähig war? Mord? Ich konnte den Gedanken an die ungeliebte Frau nicht verscheuchen, die auf ihrem Kissen lag, und an die Flasche mit der tödlichen Dosis Opium in den Händen ihres Mannes. Hatte er es ihr verabreicht?

»Sie sind nachdenklich«, ergriff er wieder das Wort. »Sie wollen meine Entschuldigungen nicht gelten lassen.«

»Da haben Sie recht«, erwiderte ich.

Er seufzte. »Das habe ich gewußt, aber ich wollte es Ihnen trotzdem erklären. Was für ein himmlischer Abend! Blumenduft liegt in der Luft. Und Sie sehen sehr schön aus, wie Sie da sitzen, Cordelia.«

»Das kommt, weil es fast dunkel ist.«

»Ich habe Sie auch im hellen Sonnenschein immer schön gefunden.«

»Ich denke, es ist Zeit für mich, gute Nacht zu sagen. Und danke für das ausgezeichnete Essen.«

»Noch nicht«, sagte er. »Es ist so ein herrlicher Abend. Wie still es ist! Kein Windhauch. So etwas ist selten, und es wäre schade, es nicht auszunutzen. Sie mißachten meine Phantasie. Aber viele Menschen phantasieren in ihrem Leben. Sie nicht?«

Ich schwieg. Durch ihn kehrten meine Gedanken zu dem Kirchhof in Suffolk zurück, und ehe ich mich's versah, sagte ich: »Ich habe . . . einmal etwas ganz Merkwürdiges erlebt.«

»So?« Er beugte sich gespannt vor.

»Ich habe kaum darüber gesprochen, nicht einmal mit meiner Tante.«

»Erzählen Sie's mir.«

»Es wirkt so lächerlich. Es geschah in Schaffenbrucken. Wir waren zu viert, und wir hatten gehört, wenn wir uns zu einer bestimmten Zeit unter einen Baum . . . einen bestimmten Baum . . . im Wald setzten . . . es hatte etwas mit dem Vollmond zu tun, und es war die Zeit des Herbstmonds, die angeblich besonders geeignet war . . . Also, wir hörten, wenn wir uns unter diese Eiche setzten, würden wir den Mann sehen, den wir heiraten würden. Sie wissen, wie albern Mädchen sein können.«

»Ich finde es nicht albern. Ich finde, es würde von großem Stumpfsinn und ausgesprochener Gleichgültigkeit zeugen, wenn man seinen Zukünftigen nicht zu sehen wünschte.«

»Wir gingen also hin, und dort war ein Mann . . .«

»Groß, dunkel und gutaussehend.«

»Groß, *blond* und allerdings gutaussehend. Und er wirkte seltsam, abwesend. Das lag vielleicht an der Geschichte. Wir unterhielten uns eine Weile mit ihm und kehrten dann zur Schule zurück.«

»Ist das alles?«

»Nein. Ich habe ihn wiedergesehen. Im Zug auf der Heimfahrt nach England . . . Wie ein Blitz tauchte er auf und war wieder verschwunden. Dann begegnete er mir bei der Überfahrt nach

England auf dem Schiff. Ich war an Deck halb eingenickt, es war dunkel, und dann ... plötzlich war mir, als wäre er neben mir. Wir sprachen miteinander, aber ich muß wohl ziemlich benommen gewesen sein, denn als ich die Augen aufmachte, war er fort.«

»In einer Rauchwolke aufgelöst?«

»Nein ... einfach fort ... auf natürliche Weise. In der Nähe von Grantley Manor, wo wir gewohnt haben, sah ich ihn wieder. Er sprach mit mir, und ich erfuhr seinen Namen. Er sagte, er wolle uns besuchen, aber er ist nicht gekommen. Dann ... und das ist nun wirklich merkwürdig: Ich fuhr zu dem Ort, wo er angeblich lebte, und fand das Haus. Es war vor mehr als zwanzig Jahren abgebrannt. Ich sah seinen Namen auf einem Grabstein. Er war seit über zwanzig Jahren tot. Finden Sie das nicht ebenso seltsam wie Ihren familiären Umgang mit dem Teufel?«

»Anfangs nicht ... bis Sie zu dem Besuch kamen, den Sie seinem angeblichen Wohnsitz abstatteten. Ich gebe zu, das ist sehr merkwürdig. Der Rest ist einfach zu erklären. Er kam zufällig in den Wald. Sie schrieben ihm die edlen und gewissermaßen übernatürlichen Eigenschaften zu, weil Sie jung und leicht zu beeinflussen waren und an die Legende glaubten. Er war von Ihnen beeindruckt, was mich nicht im mindesten überrascht. Er sah Sie auf der Reise. Er setzte sich zu Ihnen und sprach mit Ihnen, und dann schlug ihm sein Gewissen. Zu Hause warteten eine Frau und sechs Kinder auf ihn. Deshalb hat er sich unauffällig verdrückt. Dann konnte er der Versuchung nicht widerstehen, Sie wiederzusehen, darum hat er Ihnen aufgelauert. Er wollte Sie und Ihre Tante besuchen, und dann gewann das Gute in ihm die Oberhand, und er kehrte heim zu seiner Familie.«

Ich lachte. »Das klingt ganz plausibel, aber es ist keine Erklärung für den Namen auf dem Grabstein.«

»Er hat eben einen beliebigen Namen gewählt, weil er Ihnen seinen richtigen nicht nennen wollte aus Angst, das Getuschel über seine Abenteuer käme seiner geliebten treuen Frau zu

Ohren, die auf ihn wartete. Wenn ich aber nun Ihre Begegnung mit dem geheimnisvollen Fremden gelten lasse, müssen Sie auch meinen satanischen Vorfahren gelten lassen.«
»Ich weiß nicht, warum ich Ihnen das erzählt habe. Ich habe bis jetzt mit niemandem darüber gesprochen.«
»Es liegt an der Nacht . . . eine Nacht für Bekenntnisse. Spüren Sie das? Je dunkler es wird, um so deutlicher kann ich in Ihre Gedanken hineinsehen . . . und Sie in meine.«
»Aber was für eine Erklärung könnte es noch geben?«
»Sie haben mit einem Geist gesprochen . . . oder mit einem Mann, der als Geist auftrat. Die Menschen tun die merkwürdigsten Dinge.«
»Ich bin überzeugt, es gibt eine logische Erklärung für Ihre Geschichte . . . und für meine.«
»Vielleicht finden wir die Antwort erst einmal auf Ihre. Meine liegt etwas zu weit zurück, um etwas anderes zu beweisen, außer daß unsere Taten der lebende Beweis für die Existenz unseres Ahnherren sind.«
Ich mußte lachen. Der Portwein ist sehr schwer, dachte ich. Ich spürte eine wohlige Mattigkeit und wünschte ganz sicher nicht, daß der Abend jetzt schon zu Ende ginge.
Jason Verringer sagte, als läse er meine Gedanken: »Ich bin an diesem Abend sehr glücklich. Ich wollte, er würde niemals enden. Ich bin nicht oft so glücklich wie jetzt, müssen Sie wissen, Cordelia.«
»Ich habe immer geglaubt, das wahre Glück erfahre man im Dienst für andere.«
»Da lugen jetzt aber die Missionars-Vorfahren hervor!«
»Ich weiß, es hört sich phrasenhaft an, aber ich bin überzeugt, daß es wahr ist. Der glücklichste Mensch, den ich je gekannt habe, ist meine Tante, und wenn ich darüber nachdenke, fällt mir auf, daß sie stets unbewußt etwas zum Wohle anderer tut.«
»Ich würde sie gern kennenlernen.«
»Es ist zu bezweifeln, daß es je dazu kommen wird.«
»Natürlich werde ich sie kennenlernen«, beharrte er, »denn Sie und ich werden . . . Freunde.«

»Glauben Sie? Ich habe das Gefühl, daß dies ein einmaliges Ereignis ist. Wir sitzen hier im Dunkeln mit den Sternen über uns und Blumenduft in der Luft, und das tut seine Wirkung. Wir reden zu viel . . . zu offen . . . Vielleicht bereuen wir morgen, was wir heute abend gesagt haben.«

»Ich werde bestimmt nichts bereuen. Schauen Sie, Ihr Leben ist glatt verlaufen, Cordelia, nachdem Sie nicht mehr bei Ihren Missionaren waren. Die gute Fee in Gestalt Ihrer Tante besorgte Ihnen Ihr Kleid, so daß Sie zum Ball gehen konnten; sie verwandelte den Kürbis in die Kutsche und die Ratten in Pferde. Cinderella Cordelia geht auf den Ball. Sie begegnet soeben dem Prinzen. Er ist nicht der undefinierbare Geist, der nichts weiter ist als ein Name auf einem Grabstein. Das wissen Sie doch, nicht wahr, Cordelia?«

»Ihre Vergleiche nehmen eine solch stürmische Wendung, daß ich endlich zu mir kommen muß. Und außerdem wird es Zeit für mich, gute Nacht zu sagen.«

»Sehen Sie«, sprach er beharrlich weiter, »ich hatte keine gute Fee. In meiner Kindheit ging es streng zu. Die ganze Zeit mußte man sich hervortun. Keine Zärtlichkeit . . . niemals. Die Hauslehrer wollten Erfolge sehen. Immer wurde man korrigiert . . . meistens körperlich. Ich war in einem Gefängnis . . . wie der hübsche junge Mann, der sich als der Teufel erwies. Ich war wild, abenteuerlustig, oft boshaft, immer auf der Suche. Ich weiß nicht nach was. Aber ich glaube, allmählich erkenne ich es. Dann ging ich nach Oxford und führte ein ausschweifendes Leben, weil ich glaubte, das sei die Lösung. Ich heiratete . . . sehr jung . . . das geziemende junge Mädchen, das so wenig vom Leben wußte wie ich. Ich hatte meine Pflicht zu erfüllen, dieselbe wie meine häßliche Vorfahrin. Ich mußte einen Sohn zeugen. Mein Bruder hatte jung geheiratet. Er bekam zwei Töchter, wie Sie wissen. Bei mir tat sich nichts. Meine Frau hatte drei Monate nach unserer Heirat einen Reitunfall und war danach unfähig, Kinder zu bekommen. Ich behaupte nicht, daß ich unglücklich war, aber ich war enttäuscht, immer . . . unbefriedigt. Dann starb sie. Wir haben sie am Tag Ihrer Ankunft beerdigt.«

»Ich weiß«, sagte ich sanft. »Sie kamen gerade vom Begräbnis.«
»Ich mußte fort. Ich konnte es nicht mehr ertragen. Dann sah ich Sie auf dem Feldweg.«
»Und zwangen mich zum Rückzug«, vollendete ich munter den Satz.
»Ich habe im Vorbeifahren einen Blick auf Sie erhascht. Sie sahen wunderbar aus, anders als alle, die ich je gekannt hatte; es war, als führe eine Heldin aus der Vergangenheit in der Kutsche.«
»Boadicea?« meinte ich vergnügt.
»Von dem Augenblick an war es mein Wunsch, Sie kennenzulernen. Und als ich Sie dann traf, als Sie sich verirrt hatten . . .«
»Sind Sie mit mir auf einem weiten Umweg um die Stadt herumgeritten.«
»Ich mußte solange wie möglich mit Ihnen reden. Und nun . . . dieser . . .«
Da kamen mir die hübsche Frau und das Kind in den Sinn, die ich im Garten von Krähenruh gesehen hatte, und ich sagte: »Ich glaube, ich habe eine Freundin von Ihnen getroffen.«
»So?«
»Mrs. Marcia Martindale. Sie hat eine hübsche kleine Tochter.«
Er blieb stumm, und ich dachte: Das hätte ich nicht sagen sollen. Ich werde allmählich unachtsam; ich denke nicht, bevor ich spreche. Wie konnte ich ihm nur von dem Fremden im Wald erzählen? Was ist bloß los mit mir?
Ich erschrak, als unversehens ein schwarzes Etwas über meinen Kopf hinweghuschte. Es war unheimlich. Ich hatte plötzlich das Gefühl, daß es in diesen alten Gemäuern Geister geben müsse, die keine Ruhe fanden, die Geister derjenigen, die ein gewaltsames Ende gefunden hatten. Vielleicht von seiner Frau . . .
Ich schrie auf. »Was war das?«
»Nur eine Fledermaus. Sie fliegen tief heute abend.«

Ich schauderte.
»Harmlose kleine Geschöpfe«, fuhr er fort. »Warum flößen sie den Menschen Furcht ein?«
»Weil sie sich in den Haaren festsetzen, und es heißt, daß sie Unglück bringen.«
»Sie tun einem nichts zuleide, wenn man ihnen nichts zuleide tut. Ah . . . da ist sie wieder. Das muß dieselbe sein wie vorhin. Sie sehen ja richtig erschrocken aus. Sie glauben wohl, es sind Boten des Teufels. Das glauben Sie doch, nicht? Sie glauben, ich habe sie herbeigerufen, damit sie mir zu Diensten seien.«
»Ich weiß, daß es Fledermäuse sind. Aber das heißt noch lange nicht, daß ich sie leiden kann.«
Ich sagte mir: Ich muß hineingehen. Aber etwas in mir wollte noch ein wenig verweilen. Ich wollte an diesem zauberhaften Abend draußen bleiben und mehr über diesen Mann erfahren, denn er gab eine Menge von sich preis. Ich hatte ihn für anmaßend und arrogant gehalten. Das war er auch, aber da war noch etwas anderes – eine Traurigkeit, ja sogar Verletzlichkeit, die mich rührten.
Und dann . . . plötzlich waren wir nicht mehr allein. Sie kam in den Innenhof. Sie trug ein Reitkostüm, ihr Kopf war unbedeckt; die schönen roten Haare steckten in einem Netz.
Ich erkannte sie sogleich.
»Jason!« rief sie mit erstickter Stimme, die Traurigkeit, Verzweiflung und Melancholie ausdrückte.
Er erhob sich. Ich sah ihm an, daß er sehr wütend war.
»Was tust du hier?« wollte er wissen.
Sie zuckte zusammen und wich einen Schritt zurück. Ihre auffallend weißen Hände, an denen sie mehrere Ringe trug, hatte sie über der Brust verschränkt, die sich erregt hob und senkte.
»Ich habe von einem Unfall gehört«, gestand sie. »Ich dachte, vielleicht warst du es, Jason. Ich war wie wahnsinnig vor Angst.«
Sie wirkte sehr vornehm, und doch brachte sie es gleichzeitig

zuwege, Mitleid zu erregen. Ich glaubte, die einstmals verehrte Geliebte vor mir zu sehen, die nicht länger zu gefallen vermochte und darüber untröstlich war.
Leise sage er: »Ich möchte dich mit Miss Grant von dem Institut für Mädchen bekannt machen.«
»Wir sind uns bereits begegnet«, erwiderte ich. »Und jetzt müssen Sie mich entschuldigen. Ich muß zu Teresa.« Ich sah Marcia Martindale offen an; sie schien Angst, Kummer und Verzweiflung zur gleichen Zeit auszudrücken. »Eines von unseren Mädchen ist vom Pferd gestürzt. Deswegen bin ich hier. Sie schläft in diesem Haus, und ich muß mich um sie kümmern.«
Ich bemerkte die Erleichterung im Gesicht der Frau. Sie hatte wahrlich das ausdrucksvollste Gesicht, das ich je gesehen hatte. Ihre Empfindungen standen für jeden sichtbar darin geschrieben.
»Ich hoffe . . .« begann sie.
»Ach, es ist nichts Schlimmes«, unterbrach ich sie rasch. »Der Doktor befürchtete eine Gehirnerschütterung und hielt es für besser, wenn sie über Nacht hierbliebe. Mrs. Keel wacht bei ihr, bis ich hinaufkomme. Nun gute Nacht, und danke für Ihre Gastfreundschaft, Sir Jason.«
Ich verließ hastig den Innenhof und ging ins Haus zum blauen Gemach. Meine Heiterkeit von vorhin war in Bedrücktheit umgeschlagen.
Was war in dem Hof mit mir geschehen? Es war, als hätte ein Bann über dem Abend gelegen. War es die Dunkelheit, das Essen, der Wein . . . seine Persönlichkeit, vielleicht meine Unerfahrenheit . . . die anregende Unterhaltung? Ich mußte vollkommen betäubt gewesen sein, daß ich auch nur eine Minute annehmen konnte, er sei nicht der Mann, als den ich ihn nach allem, was ich über ihn gehört hatte, kannte.
Jetzt mußte er sich mit der Geliebten auseinandersetzen, die er um eines abendlichen Abenteuers mit einer Neuen willen vernachlässigt hatte.
Das war genau, was ich von ihm erwartet hätte!

Sie hatte etwas zerstört, diese Frau. Doch das war gut, denn sie hatte mich in die Wirklichkeit zurückgebracht. Ich hoffte, daß ich nicht allzu indiskret war, und versuchte mich zu erinnern, was ich alles gesagt hatte. Wie hatte er mich so um den Finger wickeln können? Ich hatte schon fast begonnen, ihn nett zu finden.

Auf der Treppe traf ich ein Mädchen und bat sie, mir den Weg zum blauen Gemach zu zeigen.

Mrs. Keel stand auf, als ich eintrat.

»Sie schläft tief. Hat sich die ganze Zeit nicht gerührt«, flüsterte sie. »Bleiben Sie jetzt hier?«

»Ja. Ich werde bei ihr im Bett schlafen. Es ist breit genug. So störe ich sie nicht und bin da, wenn sie aufwacht.«

»Sehr wohl«, nickte Mrs. Keel. »Dann also, gute Nacht.«

Sie schloß leise die Tür. Ich war immer noch verwirrt. Das kommt vom Essen und vom Wein, sagte ich mir. Es hat nichts mit ihm zu tun.

Die Tür hatte einen Schlüssel. Ich drehte ihn herum und schloß mich mit Teresa ein.

Daraufhin fühlte ich mich sicher. Wenn es Teresa morgen einigermaßen gut ging – und ich wußte, daß das der Fall sein würde –, kehrten wir zu Schule zurück, und ebenso wie Teresa würde ich unser kleines Abenteuer vergessen müssen.

Ich legte mich neben Teresa, aber der Schlaf wollte sich nicht einstellen. Durch den Wein war ich belebt und angeregt und hätte gern gewußt, was Sir Jason und Marcia Martindale unten einander zu sagen hatten. Ich konnte mir die gegenseitigen Vorwürfe vorstellen und hätte Marcia gern wissen lassen, daß sie meinetwegen keine schlaflosen Nächte zu haben brauche. Ich gehörte nicht zu der Sorte, die auf einen trügerischen Schwerenöter hereinfiel. Doch ich mußte zugeben, daß ich, solange ich mit ihm sprach – auch wenn ich auf der Hut war und ihn leicht zu durchschauen glaubte –, von ihm gefesselt gewesen war. Sicher, er war blasiert, skrupellos und das, was man einen »Mann von Welt« nannte, und ich hatte – was er merkte – wenig Erfahrung mit solchen Menschen. Es bestand kein Zweifel, daß ich ihn interessierte. Doch trotz meiner Unerfahrenheit war mir durchaus bewußt, daß Jason Verringer sich auf diese bestimmte Art für mehrere Frauen gleichzeitig interessierte.

Wie dumm von mir, anzunehmen – und sei es nur für kurze Zeit –, daß er für mich besondere Gefühle hegte. Was mich so überaus merkwürdig anmutete war, daß ich ihm von meinem Erlebnis mit dem Fremden im Wald erzählt hatte, wenn ich doch nicht einmal mit Tante Patty darüber gesprochen hatte. Vielleicht lag es daran, daß es immer dunkler wurde und droben die Fledermäuse flogen. Am hellichten Tag wäre ich gewiß nicht so mitteilsam gewesen.

Nun gut, es war vorüber. Der Abend hatte mit dem dramatischen Auftritt seiner Geliebten ein jähes Ende gefunden.

Vergiß den Mann, sagte mein gesunder Menschenverstand. Schlaf jetzt.

Ich schloß die Augen und versuchte einzuschlafen. Ich hatte die Tür abgeschlossen, weil ich den Verdacht hatte, er könne ins Zimmer kommen, womöglich unter dem Vorwand, Marcia Martindales plötzliches Erscheinen erklären zu wollen. Aber Teresa war hier ... eine schlafende Anstandsdame. Die Tür war verschlossen, und Teresa lag in ihrem durch ein Beruhigungsmittel herbeigeführten Tiefschlaf neben mir.

Schließlich schlummerte ich ein.

Als ich erwachte, war es dunkel. Ich konnte mich kurze Zeit nicht besinnen, wo ich war, dann kam die Erinnerung zurück.

»Teresa!« flüsterte ich leise.

»Ja, Miss Grant.«

»Du bist ja wach.« Ich spürte ihre Furchtsamkeit und fuhr fort: »Du bist nicht schlimm verletzt, Teresa. Morgen oder übermorgen bist du wieder auf den Beinen.«

»Ja.«

»Versuch jetzt wieder einzuschlafen. Es ist mitten in der

Nacht. Sei ganz unbesorgt. Wir bleiben hier bis morgen früh, und dann holt Emmet uns ab.«

»Ich wollte, es wäre nicht Sommer«, brach es aus ihr heraus.

»Na so was! Es ist die schönste Jahreszeit. Denk doch nur an den herrlichen Sonnenschein, die Spaziergänge, die Picknicks, die Ferien . . .«

Ich brach ab. Wie dumm von mir, wie taktlos.

Nach kurzem Schweigen fuhr ich fort: »Teresa, was machst du in den Sommerferien?«

»Ich bleib' in der Schule.« Ihre Stimme klang schrecklich trostlos. »Ich nehme an, Miss Hetherington muß mich hierbehalten, aber ich bin ihr lästig. Ich bin nämlich die einzige.«

Aus einem plötzlichen Impuls sagte ich: »Teresa, angenommen . . . nur mal angenommen . . . ich könnte dich in den Ferien mit zu mir nach Hause nehmen.«

»Miss Grant!«

»Nun ja, ich denke, es geht. Tante Patty hätte sicher nichts dagegen . . . und Violet auch nicht. Ich müßte Miss Hetherington nur um Erlaubnis fragen.«

»Ach, Miss Grant . . . Ich würde Tante Patty kennenlernen und Violets Bienen sehen. Ach, Miss Grant, ich würde gern mitkommen . . . liebend gern.«

Ich starrte in die Dunkelheit. Ich hätte vielleicht erst einmal darüber nachdenken sollen, bevor ich davon sprach. Arme Teresa. Sie war so unglücklich und niedergeschlagen nach ihrem Unfall. Ich mußte ihr den Vorschlag einfach machen, und je mehr ich darüber nachdachte, um so besser erschien er mir. Teresa war jetzt völlig wach. Sie wollte über Tante Patty und ihr Haus auf dem Land reden.

»Ich weiß selbst noch nicht viel darüber. Ich war noch nicht dort, seit es ihr Heim ist. Ich habe es nur als leerstehendes Haus gesehen. Sie sind erst eingezogen, als ich schon in Colby war, deshalb kenne ich es nur aus Tante Pattys Briefen.«

»Erzählen Sie mir von Tante Patty. Erzählen Sie, wie sie Sie mit diesem Federhut abgeholt hat, als Sie aus Afrika kamen.«

Also erzählte ich es ihr, wie ich es ihr bereits früher erzählt hatte, und hörte sie zufrieden neben mir lachen. Da wußte ich, daß die Aussicht auf die Sommerferien mehr zu ihrer Genesung beitrug, als irgend etwas anderes je vermocht hätte.

Am nächsten Tag kam Emmet, um uns zur Schule zurückzubringen. Wir wurden von Mrs. Keel und zwei Bediensteten verabschiedet, und als wir im Begriff waren, in die Kutsche zu steigen, erschien Sir Jason.

Ich sagte: »Vielen Dank für Ihre Gastfreundschaft. Teresa, bitte bedank dich bei Sir Jason.«

»Vielen Dank«, wiederholte Teresa gehorsam. Ihre Augen leuchteten immer noch vor Vorfreude auf die Sommerferien.

»Es war mir ein Vergnügen«, erwiderte er. »Ich habe unser Diner sehr genossen.«

»Ein kulinarisches Meisterwerk«, gab ich zurück. »Nochmals vielen Dank Ihnen und allen Beteiligten. Komm, Teresa.«

»Ich hoffe, wir sehen uns bald wieder«, fügte er hinzu.

Ich lächelte unverbindlich, half Teresa in die Kutsche und nahm neben ihr Platz. Emmet gab dem Pferd die Peitsche, und wir setzten uns in Bewegung. Sir Jason sah mir offen ins Gesicht, ziemlich flehentlich, wie ich fand, und wieder verspürte ich ein leises Mitleid mit ihm, was ihn, hätte er es gewußt, sicherlich amüsiert hätte.

Daisy Hetherington erwartete uns. Sie begrüßte mich und wandte sich dann sogleich Teresa zu.

»Du siehst trotz deines Erlebnisses nicht schlecht aus«, meinte sie. »Kommt herein. Was sagt der Doktor, Miss Grant? Muß Teresa sich eine Weile schonen?«

»Ja, jedenfalls heute. Ich bringe sie in ihr Zimmer. Sie braucht heute Bettruhe, und morgen sehen wir weiter.«

»Wenn Sie sie versorgt haben, kommen Sie in meinen Salon, Miss Grant. Ich möchte mit Ihnen sprechen.«

»Gewiß«, erwiderte ich.

Ich brachte Teresa in ihr Zimmer und half ihr ins Bett.

»Werden Sie Miss Hetherington fragen?« flüsterte sie verschwörerisch.
»Ja, bei der nächsten Gelegenheit.«
»Und sagen Sie mir dann gleich Bescheid?«
»Das verspreche ich.«
Auf dem Weg zu Miss Hetherington traf ich Charlotte und die Verringer-Mädchen.
Ich trat auf sie zu. »Teresa ist wieder da. Sie steht möglicherweise unter einem leichten Schock. Ich wünsche, daß ihr äußerst rücksichtsvoll seid. Sprecht nicht von dem Unfall, wenn sie nicht selbst davon anfängt. Habt ihr verstanden?«
»Ja, Miss Grant. Ja, Miss Grant. Ja, Miss Grant.«
Sogar von Charlotte kam eine einsichtige Bejahung. Das bißchen Verantwortung hatte Wunder gewirkt.
»Ihr drei reitet sehr gut«, fuhr ich fort. »Ihr seid ausgezeichnet im Sattel.« Ich sah Charlotte an, die vor Freude errötete. »Ihr müßt verstehen, daß nicht alle so gut sein können. Deren Begabungen liegen vielleicht woanders.«
Ich ging weiter. Ich hoffte, daß Charlotte Teresa nicht wegen Feigheit verspotten würde, wenn sie sich eine Zeitlang weigerte zu reiten, und glaubte, daß ich über ihre Liebe zu Pferden zu Charlotte vorgedrungen war – viel war es nicht, aber es war immerhin ein Anfang. Mir kam der Gedanke, daß viele Menschen sich aus dem Wunsch, sich zu behaupten, schlecht benahmen, und wenn ihnen Erfolg beschieden war, bestand kein Anlaß mehr dazu. Über diesen Aspekt hätte ich mich gern unterhalten. Allerdings nicht mit Daisy Hetherington, sondern mit Eileen Eccles, Tante Patty . . . und es wäre vielleicht auch ganz interessant gewesen, Sir Jasons Meinung zu hören.
Daisy erwartete mich.
»Ah, Miss Grant, nehmen Sie Platz. Welch ein unglücklicher Vorfall! Und ausgerechnet dort . . .«
»Besser als auf dem einsamen Land«, hielt ich ihr entgegen. »So hat man sich wenigstens gleich um Teresa gekümmert.«
»Wie ich höre, hat sie nur Prellungen.«

»Knochen sind keine gebrochen. Sie hat Glück gehabt. Allerdings hat sie einen Schock.«

»Manchmal wünsche ich, ich hätte Teresa Hurst niemals aufgenommen.«

»Sie ist ein sehr liebes Mädchen.«

»Sie scheint ein Faible für Sie zu haben, Cordelia. Seien Sie vorsichtig. Derlei Schwärmereien können lästig werden.«

»Teresa ist einsam. Wegen ihrer Situation zu Hause kommt sie sich unerwünscht vor. Übrigens, sie ist sehr deprimiert wegen der Sommerferien, und ich habe, leider recht voreilig, versprochen, sie mit nach Hause zu nehmen, wenn alle einverstanden sind.«

»Sie mit nach Hause nehmen!« rief Daisy aus. »Meine liebe Cordelia!«

»Mitten in der Nacht, als das arme Kind so niedergeschlagen war, schien es mir eine gute Idee, und da versprach ich . . .«

Daisy lächelte zögernd. »Das war überaus lieb von Ihnen, und ich bin überzeugt, daß Patience keine Einwände hat.«

»Dann habe ich Ihre Erlaubnis?«

»Meine liebe Cordelia, nichts würde mich mehr freuen, als das Kind in den Sommerferien woanders untergebracht zu wissen. Es ist eine zusätzliche Last, wenn die Mädchen in der Schule bleiben . . . und nicht auszugleichen mit dem Geld, das sie dafür bezahlen. Stellen Sie sich vor, das Kind die ganze Zeit hier, und sonst niemand in ihrem Alter. Und die Verantwortung. Was mich betrifft, ich sage aus vollem Herzen ja. Es kommt jetzt nur noch auf die Eltern an.«

»Die sind doch in Rhodesien!«

»Ich denke gerade an Teresas Vormunde. Die Cousinen . . . Ich werde ihnen schreiben und sie um Erlaubnis bitten, daß Teresa die Ferien bei Ihnen verbringen darf. Ich werde ihnen erklären, daß Ihre Tante, bei der Sie wohnen, eine alte Freundin von mir ist, und ich mich dafür verbürgen kann, daß Teresa bestens aufgehoben ist, wenn sie schon nicht zu ihren Eltern kann.«

»Danke, Miss Hetherington. Haben Sie etwas dagegen, wenn ich es Teresa gleich erzähle? Sie ist so gespannt.«

»Tun Sie das. Eins noch, Cordelia. Es war mir unangenehm, daß Sie die Nacht im Herrenhaus verbrachten.«
»Das weiß ich, und es war sehr liebenswürdig von Ihnen, so besorgt zu sein.«
»Ich fühle mich für mein Personal ebenso verantwortlich wie für meine Mädchen . . . Haben Sie mit Sir Jason gespeist?«
»Ja.«
»Er steht in dem Ruf, mit Frauen ziemlich . . . ziemlich leichtsinnig umzugehen.«
»Das kann ich mir gut vorstellen.«
»Ich hoffe, er ist in keiner Weise zudringlich geworden.«
»Nein. Außerdem kam Mrs. Martindale nach dem Essen vorbei. Ich ließ die beiden allein und ging zu Teresa, um Mrs. Keel abzulösen, die sich freundlicherweise erboten hatte, Wache zu halten, während ich aß.«
Daisy war sichtlich erleichtert.
Ich ging geradewegs zu Teresa.
»Die erste Hürde ist genommen«, erklärte ich ihr. »Miss Hetherington gibt aus vollem Herzen ihre Zustimmung. Bleiben noch die Cousinen. Sie wird ihnen noch heute schreiben.«
»Die haben bestimmt nichts dagegen. Von denen haben wir nichts zu befürchten. Oh, Miss Grant, ich werde meine Sommerferien mit Ihnen und Tante Patty verbringen!«

Sommerliches Intermezzo

Die Cousinen hatten geantwortet, sie seien von der Vereinbarung entzückt, und sie seien überzeugt, daß Miss Grant, da sie von Miss Hetherington so warm empfohlen sei, gut auf Teresa achtgeben werde.
»Als ob ihnen etwas daran läge«, murrte Daisy. »Die Erleichterung trieft ja förmlich aus ihren Worten.«
Tante Patty schrieb, der Vorschlag sei großartig, und Teresa könne das Zimmer neben meinem haben. Sie habe Gardinen aus delphinblauem Musselin mit Zweigmuster genäht, dazu eine passende Tagesdecke für das Bett. Sehr hübsch, aber Violet meinte, der Stoff lasse sich nicht gut waschen. Das sehe Violet ähnlich! Sie könne es nicht erwarten, uns am Bahnhof abzuholen.
Ich zeigte Teresa den Brief, die von nun an von einem Zimmer mit delphinblauen Musselingardinen mit Zweigmuster träumte.
Seit ihrem Unfall war sie nicht mehr auf ein Pferd gestiegen. Zwar war man allgemein der Meinung, daß sie unbedingt bald wieder reiten sollte, aber ich erklärte Miss Hetherington, daß Teresa einen schweren Schock erlitten habe und jedesmal zittere, wenn das Thema Reiten zur Sprache käme. Außerdem sei die ganze Auswirkung des Sturzes noch nicht bekannt. Also ließ man Teresa gewähren.
Charlotte und ihre Freundinnen verhöhnten Teresa nicht. Vielleicht hatten meine Worte ihre Wirkung nicht verfehlt, oder aber die Mädchen waren einfach zu aufgeregt wegen der kommenden Ferien.

Sir Jason bekam ich nicht zu sehen. Ich hörte, er sei nach London gereist, und ich wußte, daß unsere Begegnung nicht von Bedeutung gewesen war. Er war zu einem Abenteuer, einer unbeschwerten kurzlebigen Affäre bereit gewesen, und als ich nicht begeistert darauf eingegangen war, hatte er, der leichtere Eroberungen bevorzugte, es nicht der Mühe wert befunden, die Angelegenheit weiter zu verfolgen. Ich schämte mich, weil ich soviel an ihn dachte. Ich sollte aufhören, darüber nachzugrübeln, mußte den Abend im Innenhof vergessen, so wie ich meine Begegnung mit dem Unbekannten im Wald zu vergessen suchte. Man mußte die Eigenarten der Menschen hinnehmen und durfte nicht versuchen, einen Grund für ihr Handeln zu finden, da man unmöglich wissen kann, was in anderen Menschen vorgeht. Und sich – wenn auch nur schwach – von einem Mann mit dem Ruf eines Jason Verringer verwirren zu lassen, das war schlichtweg eine Torheit.

Der Rest des Schuljahres verstrich, und kaum hatten wir Juli, da sprachen die Mädchen von fast nichts anderem als den bevorstehenden langen Sommerferien.

Und eines Tages fuhren wir in den Bahnhof ein, und da stand Tante Patty mit einer hellbraunen, von blauen und gelben Blumen gekrönten Kreation auf dem Kopf. Teresas Augen leuchteten vor Aufregung, und ich wußte, daß Tante Patty meiner Beschreibung von ihr gerecht wurde.

»Ah, da seid ihr ja.« Ihre lavendelduftende Umarmung weckte Erinnerungen. »Und das ist Teresa.«

Teresa verschwand in Tante Pattys Umarmung.

»So, da wären wir also in Moldenbury. Violet ist im Wagen geblieben. Sie wollte das Pferd nicht allein lassen. Tom wird euer Gepäck nehmen, nicht wahr, Tom«, sagte sie zu dem Gepäckträger. Ich mußte lächeln. Es war bezeichnend für Tante Patty, innerhalb kürzester Zeit mit jedermann auf freundschaftlichem Fuße zu stehen, und sie war hier offenbar genau so zu Hause wie zuvor auf Grantley. »Da wären wir. Vi, Vi, laß das Pferd allein und komm unsere Mädchen begrüßen.«

Violet sah aus wie immer. Ihr braunes Haar lugte unter einem braunen Hut hervor, der neben Tante Pattys Prachtstück düsterer wirkte, als er in Wirklichkeit war.

»Die Mädchen sind da, Violet. Dies ist Teresa.«

»Guten Tag, Teresa«, lächelte Violet, als habe sie Teresa ihr Leben lang gekannt. »Tag, Cordelia.« Wir umarmten uns gerührt. Ich hatte Violet sehr gern und sie mich auch.

Violet kutschierte. Teresa und ich saßen Tante Patty gegenüber, als wir über die Feldwege holperten.

Tante Patty redete die ganze Zeit. »Das Haus wird dir gefallen. Ist natürlich nicht mit Grantley zu vergleichen. Bevor wir hierher zogen, hatten wir ein großes Haus, Teresa. Eine ziemliche Veränderung, aber zum Besseren. Kleine Häuser haben was für sich . . . sie sind warm und gemütlich. Weißt du noch, wie der Wind in Grantley durch die Fenster pfiff, Cordelia? So was gibt's nicht hier in Moldenbury. Wenn der Wind auch noch so heult – und das tut er zuweilen –, wir sind warm wie Toast. Magst du Toast, Teresa? Ich schwärme dafür. Es geht doch nichts über eine Scheibe Toast, wenn die Butter so richtig eingezogen ist. Die Butter bewahren wir immer über einer Schüssel mit Wasser auf, nicht wahr, Cordelia? Genau wie meine Großmutter es gemacht hat. Ich halte viel von alten Bräuchen, Teresa. Die alte Art ist stets die beste, pflegte meine Großmutter zu sagen, und ich finde, sie hatte ganz recht.«

So plapperte sie auf dem ganzen Weg. Dann taumelten wir aus der Kutsche und gingen ins Haus.

Das war der Anfang der Ferien. Sie waren für mich ebenso himmlisch wie für Teresa, denn ihr sichtliches Glück machte alles doppelt schön. Ich war so stolz auf Tante Patty, die das Talent besaß, um sich herum Glück zu verbreiten. Wie haben wir über Violet gelacht, wenn sie über ihre Brille blickte und die Augen gen Himmel hob; ständig ermahnte sie uns achtzugeben, was Tante Patty nun schon wieder im Schilde führte.

Violet war die ideale Ergänzung für Tante Patty. Sie sah stets schwarz, zweifelte ständig an Tante Pattys Klugheit, war immer entsetzt über ihre ungestüme Art und liebte sie dennoch heiß und innig wie wir alle.

Teresa war nie zuvor in einer solchen Familie gewesen. Sie verlor ihre Schüchternheit. Was gab es denn hier auch zu befürchten? Es war immer so viel zu tun, und seltsamerweise war sie mehr mit Violet zusammen als mit uns anderen.
Ihre Liebe zu Blumen und Pflanzen war bald offenkundig geworden, und da Violet für den Garten zuständig war, half Teresa ihr dabei. Sie sprachen unentwegt vom Küchengarten und von den Blumenbeeten, während Tante Patty und ich stumm zuhörten, und wenn Violet klagte, die meisten Pflaumen würden die Wespen bekommen und die schönsten Rosen würden einer Blattlausplage zum Opfer fallen, lachte sogar Teresa mit uns über Violets Schwarzseherei.
Teresa ging täglich mit Violet das Gemüse schneiden, das wir essen wollten, und sie unterhielten sich über Pflanzen und Beschneiden, als ob Teresa für immer bei uns bleiben würde.
Tante Patty war rasch im ganzen Dorf bekannt geworden und beteiligte sich eifrig an seinem Leben und Treiben. Das hatte sie sich schon immer gewünscht, aber auf Grantley hatte sie dafür keine Zeit gehabt. Ihre neue Rolle bekam ihr gut. Sie verstand sich bestens auf das Ausrichten von Veranstaltungen und hatte daher großen Anteil an dem Sommerfest, das in diesen Ferien stattfinden sollte. Alle wurden beteiligt. Violet und Teresa sollten den Blumenstand übernehmen. Ich hatte mit Tante Patty die Krimskramsbude. Die Vorbereitungen für das Ereignis nahmen etliche Tage in Anspruch.
Mit Staunen sah ich Teresas Begeisterung.
Im Dorf gab es einen pensionierten Major, der einen Reitstall hatte, und ich glaube, weil Teresa mir ihre Dankbarkeit zeigen wollte, gelang es mir, sie zu bewegen, wieder auf ein Pferd zu steigen. Ich hatte dem Major erklärt, was geschehen war, und er hatte uns eine Stute namens Snowdrop angeboten. Er erklärte, sie sei ziemlich betagt und habe vom vielen Zügeln ein Maul wie Leder. »Alle meine Anfänger beginnen mit Snowdrop«, erzählte er. »Sie kann stur sein wie ein Maulesel, aber auf ihr ist man so sicher wie im Haus.«
So ritt ich denn mit Teresa auf Snowdrop aus, und schon nach

diesem ersten Morgen hatte sie nichts mehr gegen das Reiten. Ich betrachtete das als beachtlichen Fortschritt.

Die Wochen flogen nur so dahin – lange sonnige Tage, denn es war ein schöner Sommer. Und wenn es regnete, gab es immer etwas im Haus zu tun. Ich war besorgt gewesen, wie wir Teresa an Regentagen beschäftigen sollten, aber darüber hätte ich mir keine Gedanken zu machen brauchen. Sie war mit Violet im Gewächshaus, und abends vertieften sie sich gemeinsam in Pflanzenkataloge.

»Ich habe mir immer einen kleinen eigenen Garten gewünscht«, sagte Teresa.

»Das läßt sich leicht machen«, meinte Tante Patty. »In diesem großen Garten gibt es gewiß ein Stück für dich.«

Violet sann ernsthaft darüber nach und sagte: »Wie wäre es mit dem Stück beim Steingarten? Wir haben bislang nicht viel damit angefangen. Ja, das ist das Richtige. Was könntest du dort anpflanzen?«

Sie und Teresa ergingen sich in einer weitschweifigen Erörterung, bis Teresa bestürzt ausrief: »Aber ich bin ja bloß in den Ferien hier.«

Violet machte ein betrübtes Gesicht, aber Tante Patty wußte einen Ausweg. »Ach weißt du, Liebes, das Stückchen Land bleibt deins, solange du willst. Du willst uns doch hoffentlich nicht erzählen, daß du nicht wiederkommen möchtest.«

Teresa war so gerührt, daß sie beinahe schluchzte. »Aber ja, und ob. Ich könnte es nicht ertragen, wenn ich nicht wiederkommen dürfte.«

»Also, das wäre abgemacht«, bemerkte Tante Patty. »Wie wollen wir den Garten nennen? Teresas Traum.«

»Teresas Trauma, so wie der Boden aussieht«, fand Violet. »Er ist stark alkalisch.«

Wir mußten alle lachen und fingen an, Teresas Garten zu planen. Ich kannte Teresa gut und nahm an, daß sie nicht sosehr an ihren Garten dachte als daran, daß sie wiederkommen würde.

Tante Patty war natürlich an der Schule interessiert und sprach

in den ersten Ferientagen sehr oft darüber, vornehmlich, wenn Teresa mit Violet im Garten war, denn es gab so manches, das ich vor einer Schülerin nicht erwähnen konnte.
Tante Patty hörte aufmerksam zu. Sie wollte unbedingt wissen, wie Daisy Hetherington ihre Schule führte. Sie hegte eine große Bewunderung für Daisy und war keineswegs neidisch, weil Daisy der Erfolg beschieden war, wo sie, Patty, versagt hatte. Tante Patty fand eigentlich gar nicht, daß sie versagt hatte.
»Mir gefällt es hier, Cordelia. So etwas habe ich mir immer gewünscht. Gott sei Dank habe ich zur rechten Zeit verkauft. Ich habe genug, um behaglich zu leben ... natürlich ohne großen Luxus, aber was bedeutet schon Luxus im Vergleich zu Behaglichkeit? Wir sind hier sehr glücklich, sogar glücklicher als auf Grantley. Dort gab es immer dumme kleinliche Unstimmigkeiten. Manche Eltern können schwierig sein und, du liebe Güte, Schülerinnen auch.«
Ich erzählte ihr von der Ehrenwerten Charlotte und ihrer Busenfreundin Eugenie Verringer. »Das ist die Nichte des Mannes, dem das Herrenhaus und auch die Schule und eine Menge Grund in der Nachbarschaft gehören. Er hat zwei Nichten, Fiona und Eugenie, sie gehen beide auf unsere Schule. Eugenie ist die Schwierige.«
Tante Patty wollte mehr über Teresas Unfall hören, und ich schilderte ihr alles, ohne jedoch das Diner zu zweit mit Sir Jason zu erwähnen. Darüber wollte ich ebensowenig reden wie über mein anderes Erlebnis.
Tante Patty fragte mich: »Hast du jemals etwas von den Mädchen aus Schaffenbrucken gehört? Du hast früher soviel von ihnen erzählt. Ich meine die, mit denen du besonders eng befreundet warst.«
»Nein. Wir wollten uns zwar schreiben, aber dann haben wir's doch nicht getan. Erst nimmt man es sich vor, und dann kommt etwas dazwischen: Man vergißt es einfach. Die Tage vergehen, und jetzt erscheint mir das alles so weit fort.«
Sie hatte in mir Erinnerungen geweckt. Ich dachte daran, wie

wir im Wald im Gras gelegen hatten, die Arme unter dem Kopf verschränkt . . . als der Mann erschienen war.

»Einer muß mit Schreiben anfangen«, sagte Tante Patty. »Hast du ihre Adressen?«

»Ja. Wir haben alle unsere Adressen ausgetauscht.«

»Wie heißen sie doch gleich? Ich versuche, mich zu erinnern. Es waren eine Deutsche, eine Französin und eine Engländerin.«

»Stimmt. Lydia Markham war die Engländerin. Dann waren da noch Monique Delorme und Frieda Schmidt. Ich wüßte gern, was sie jetzt machen.«

»Dann schreib ihnen doch.«

»Gute Idee. Ich schreib' ihnen noch heute.«

Gesagt, getan.

Die Tage vergingen unglaublich schnell. Sie waren so ausgefüllt. Wir veranstalteten ein Picknick und ratterten in der Kutsche über die Feldwege. Violet packte einen Imbißkorb und schimpfte über das Rattern der Kutsche, weil die Milch davon sauer würde, und als sie auch noch recht behielt, fanden wir das überaus spaßig.

Wir setzten uns mitten in ein Feld, kochten Wasser in einem Kessel und tranken Tee ohne Milch. Wir wurden von Fliegen belästigt, von Wespen aufgescheucht und spielten Ratespiele.

»Und die machen wohl auch Picknick«, meinte Violet im Anblick der Ameisen, die über den Biskuitkuchen hergefallen waren.

Es war ein äußerst glücklicher Tag. Ein Ferientag.

Benommen von der Sonne, fuhren wir wieder nach Hause, streckten uns im Garten aus und sprachen über frühere Picknicks. Tante Patty gab ein paar heitere Geschichten zum besten, Violet war bezeichnenderweise immerzu bekümmert, und ich beobachtete verwundert Teresa, die in einem Augenblick ernst und aufmerksam zuhörte und sich im nächsten vor Ausgelassenheit kugelte.

An manchen Sommerabenden war es warm genug, um im

Garten zu essen. Es waren liebliche Tage. Wenn ich daran zurückdenke, sehe ich Tante Patty mit einem mit Mohnblumen besetzten Hut im Garten sitzen, eine Schüssel auf den Knien; sie pulte mit großem Geschick Erbsen aus und warf sie in die Schüssel, während Teresa mit halb geschlossenen Augen im Gras lag und Violets Bienen summten. Die Abende waren erfüllt von dem Duft der hereinbrechenden Nacht und vollkommenem Frieden.

Zu meiner Freude erhielt ich kurz darauf einen Brief von Frieda. Ich hätte mir denken können, daß sie als erste antworten würde. Frieda war stets gewissenhaft gewesen. Sie schrieb, sie habe sich sehr gefreut, von mir zu hören. Sie bleibe noch ein Schulhalbjahr in Schaffenbrucken, wo sie mich vermißten, zumal Lydia früher als erwartet abgegangen war.

Ich hatte nicht gewußt, daß Lydia so bald abgehen würde. Eigentlich wollte sie noch ein Jahr bleiben. Es mußte einen Grund dafür gegeben haben. Ich würde gewiß von ihr hören.

»Na siehst du«, meinte Tante Patty. »Da wartet jede, bis die andere schreibt. Jemand muß den Anfang machen. So ist das Leben eben. Ich bin sicher, daß sich die anderen ebenfalls bald melden. Lydia ist gar nicht so weit fort von hier, nicht wahr?«

»Nein, sie ist in Essex . . . und natürlich in London.«

»Ziemlich nahe bei uns. Sie könnte doch mal rüberkommen und dich besuchen. Das wäre nett. Du hattest sie, glaube ich, besonders gern.«

»Wir hatten viel gemeinsam. Vielleicht, weil sie Engländerin ist.«

»Das mag sein. Sie meldet sich bestimmt, du wirst sehen.«

Eine Woche später kam ein Brief von Monique.

Auch sie würde am Ende des nächsten Halbjahres abgehen, gleichzeitig mit Frieda. »Ich bin froh, daß sie noch dableibt. Sonst wär' ich ganz allein. Sich vorzustellen, daß du jetzt schon unterrichtest! Ich fand es schade um Grantley. Es hörte sich so großartig an. Wenn ich Schaffenbrucken hinter mir habe, werden Henri und ich wohl bald heiraten. Ich bin ja dann immerhin schon ziemlich alt. Es war nett, von dir zu hören. Bitte schreib bald wieder.«

»Siehst du«, sagte Tante Patty, »was hab' ich gesagt?«

Seltsam, von Lydia kam keine Antwort, aber ich dachte erst daran, als wir wieder in der Schule waren und ich Tante Patty schrieb, sie möchte mir den Brief nachschicken, falls Lydia schreiben sollte. Irgendwie kam es mir komisch vor, daß ausgerechnet sie, die am nächsten wohnte und mit der ich besonders befreundet war, nicht antwortete.

Dann vergaß ich Lydia für den Rest der Ferien völlig, denn es geschah etwas, das jeden Gedanken an meine alten Freundinnen vertrieb.

Eines Nachmittags saß ich lesend in meinem Zimmer, als Violet ganz aufgeregt hereinkam.

»Ein Herr ist gekommen. Er will dich besuchen. Er ist bei Patty im Garten.«

»Ein Herr? Wer . . .?«

»Sir Soundso Soundso«, antwortete Violet. »Ich hab' seinen Namen nicht richtig verstanden.«

»Sir Jason Verringer?«

»Ja, könnte sein. Deine Tante Patty hat zu mir gesagt, Violet, das ist Sir Soundso Soundso. Er möchte Cordelia besuchen. Geh in ihr Zimmer und sag ihr, daß er da ist.«

»Er ist im Garten, sagst du?«

Ich betrachtete mich in dem verzierten Spiegel, den ich immer in Tante Pattys Zimmer bewundert hatte und der nun in meinem Zimmer hing.

Meine Wangen waren hochrot.

»Was um alles in der Welt tut er hier?«

Ich sah Violet von der Seite an. Wie dumm von mir. Als ob sie das wissen könnte.

Nervös stieß ich hervor: »Ich komme gleich hinunter.«

Als ich erschien, sprang Tante Patty von ihrem Stuhl auf. Mit dem riesigen Sonnenhut, den sie immer im Garten trug, glich sie einem großen Pilz.

»Ah«, rief sie, »da ist ja meine Nichte.«
»Miss Grant ... Cordelia.« Er kam mit ausgestreckten Händen auf mich zu.
»Sie ... Sie wollen uns besuchen«, stammelte ich verwirrt.
»Ja, ich komme aus London, und da ich hier vorbeikam ...«
Vorbeikam? Wie meinte er das? Auf dem Weg von London nach Devon kam er doch nicht an Moldenbury vorbei.
Tante Patty beobachtete uns mit schräg geneigtem Kopf, was von besonderer Aufmerksamkeit kündete.
»Möchten Sie Tee?« fragte sie. »Ich kümmere mich darum. Du kannst dich auf meinen Stuhl setzen, Cordelia, du und hm ...«
»Jason Verringer«, warf er ein.
»Ihr könnt ein wenig plaudern«, beendete Tante Patty ihren Satz und verschwand.
»Ich bin überrascht, daß Sie uns hier aufsuchen«, begann ich.
»Setzen wir uns doch, wie Ihre Tante vorgeschlagen hat. Ich bin gekommen, um Ihnen Lebewohl zu sagen, denn ich reise ins Ausland und werde einige Monate nicht in Colby sein. Ich war der Meinung, ich sollte es Ihnen erklären.«
»So?«
»Machen Sie nicht ein so erstauntes Gesicht. Ich wollte nicht fortgehen, ohne es Ihnen zu sagen.«
Ich starrte geradeaus auf den Lavendel, der beträchlich geplündert war, weil Violet das meiste davon zu Duftkissen für Tante Pattys Kleidung und Schränke verarbeitet hatte.
»Es überrascht mich, daß Sie es für nötig befanden, hierher zu kommen.«
»Wir sind doch Freunde, oder? Und angesichts all dessen, was geschehen ist, wollte ich es Sie wissen lassen. Wie Ihnen bekannt ist, bin ich erst kürzlich Witwer geworden, und der Tod eines Menschen, mit dem man viele Jahre zusammengelebt hat, ist erschütternd, auch dann, wenn man damit gerechnet hat. Ich habe das Bedürfnis, zu reisen. Ich habe etliche gute Freunde auf dem Festland, die ich besuchen werde, und ma-

che dabei so etwas wie eine große Europareise ... Frankreich, Italien, Spanien ... daher wollte ich Ihnen gern *au revoir* sagen.«

»Ich bin wirklich überrascht, daß Sie deswegen eigens hergekommen sind. Ich hätte es schon beizeiten erfahren, wenn ich zur Schule zurückkehre.«

»Aber mir lag daran, Ihnen zu sagen, daß ich fortgehe, und besonders, wie sehr ich mich darauf freue, Sie wiederzusehen, wenn ich zurückkomme.«

»Ich bin wider Erwarten geschmeichelt. Der Tee wird gleich gebracht. Sie bleiben doch noch?«

»Mit dem größten Vergnügen. Es ist eine Freude, mit Ihnen zu plaudern.«

»Wann brechen Sie auf?«

»Nächste Woche.«

»Dann wünsche ich Ihnen eine interessante Reise. Gewöhnlich ist die große Rundreise der Höhepunkt im Leben eines jungen Mannes.«

»So jung bin ich nun auch wieder nicht; ich bin auch nicht auf Höhepunkte aus.«

»Sie haben einfach das Bedürfnis, nach Ihrem Trauerfall zu verreisen. Ich verstehe.«

»Man muß mit sich zu Rate gehen, wenn jemand stirbt.«

»Sie meinen ... das Gewissen?«

»Hm. Damit muß man wohl fertigwerden.«

»Hoffentlich erweist es sich nicht als allzu furchtbarer Gegner.«

Er lachte, und ich lachte unwillkürlich mit. »Es tut so gut, mit Ihnen zusammen zu sein«, sagte er. »Sie machen sich über mich lustig, wie?«

»Es tut mir leid. Das hätte ich nicht tun sollen ... bei einem solchen Thema.«

»Ich kenne die Gerüchte, die über mich im Umlauf sind. Aber ich möchte, daß Sie daran denken, daß Gerüchte sehr oft nur leeres Gerede sind.«

»Ich gebe nichts auf Gerüchte.«

»Unsinn. Jeder gibt was auf Gerüchte.«
»Aber Sie sind doch gewiß der Letzte, der sich etwas daraus macht.«
»Lediglich aus der Wirkung, die sie auf jemanden haben, den man zu beeindrucken sucht.«
»Wollen Sie damit sagen, Sie suchen mich zu beeindrukken?«
»Und ob . . . leidenschaftlich. Bitte bedenken Sie, daß ich vielleicht nicht ganz so schwarz bin, wie man mich malt, wenngleich das letzte wäre, was ich mir wünsche, daß Sie mich als einigen Heiligen ansehen.«
»Seien Sie versichert, daß mir das sehr schwerfallen würde.«
Wieder lachten wir.
»Wir haben einen wundervollen Abend zusammen verbracht«, sagte er versonnen.
»Es war sehr liebenswürdig von Ihnen, Teresa und mich im Herrenhaus übernachten zu lassen. Teresa ist jetzt hier bei uns.«
»Ja. Ich habe gehört, daß Sie sie mitgebracht haben.«
»Die anderen kommen gleich zum Tee heraus.«
»Ich würde mich gern weiter mit Ihnen unterhalten. Ich möchte Ihnen so vieles sagen.«
»Da kommt Teresa. Teresa, wir haben Besuch. Sir Jason Verringer kennst du ja.«
»Natürlich«, bestätigte Teresa. »Fionas und Eugenies Onkel.«
Jason lachte. »Ich bin in Teresas Augen zu Ruhm gekommen. Der Onkel von Fiona und Eugenie! Nur der Abglanz von ihrem Ruhm, natürlich.«
»Es ist erfreulich, bekannt zu sein, einerlei aus welchem Grund«, sagte ich.
Tante Patty und Violet erschienen, und der Tee wurde serviert.
Wir sprachen über das Dorfleben, und Tante Patty brillierte mit ihren Schilderungen darüber. Teresa reichte den Imbiß

herum wie eine Tochter des Hauses, und ich staunte erneut über ihre Veränderung. Es war eine übliche, hübsche Szenerie: Tee auf dem Rasen und ein zufälliger Gast.

Aber dennoch fand ich es höchst merkwürdig, daß er hier war, und fragte mich, welches der wahre Grund für seinen Besuch sein mochte. Mich zu sehen, natürlich. Aber warum? Ich ärgerte mich ein wenig über mich selbst, weil mich die Frage so beschäftigte. Violet erkundigte sich, ob er mit dem Zug um 3 Uhr 45 gekommen sei, und er bejahte.

»Dann fahren Sie wohl mit dem Sechsuhrzug weiter.«

»Es sei denn«, warf Tante Patty ein, »daß Sie eine Weile hierbleiben. Auf Grantley hätten wir Sie unterbringen können. Hier haben wir leider nicht genug Platz. Aber in Moldenbury könnten Sie im King's Arms absteigen.«

»Das Essen soll schlecht sein, wie ich höre«, warnte Violet.

»Aber sie machen ein ausgezeichnetes Roastbeef«, fügte Tante Patty hinzu. »Sie sind bekannt dafür.«

»Ich habe die Droschke für viertel vor sechs bestellt«, sagte Jason.

»Oh, dann haben Sie nicht mehr viel Zeit«, stellte Tante Patty fest. »Cordelia, möchtest du Sir Jason nicht den Garten zeigen?«

»Eine ausgezeichnete Idee«, meinte er.

»Jetzt ist nicht die beste Zeit«, erklärte Violet. »Im Frühjahr ist er am schönsten. Die Blumen sehen schon so müde aus. Die Sonne war dieses Jahr besonders heiß.«

»Cordelia findet bestimmt etwas Hübsches, das sie unserem Gast zeigen kann«, sagte Tante Patty. »Komm, Teresa, hilf mir mal mit dem Tablett. Um den Rest wird sich Violet kümmern.«

»Gestatten Sie, daß ich das Tablett trage«, erbot sich Jason.

»Aber nicht doch«, widersprach Tante Patty. »Wenn Sie wüßten, wie viele Tabletts ich in meinem Leben schon getragen habe . . .«

»Sicher eine astronomische Zahl«, sagte Jason und nahm das Tablett. »Und jetzt zeigen Sie mir ohne weitere Widerrede den Weg.«

Tante Patty watschelte vor ihm her. Ich sah sie zum Haus verschwinden und lächelte vor mich hin.
Nach wenigen Augenblicken war er an meiner Seite.
»Was ist Ihre Tante für eine bezaubernde Person! So fröhlich . . . und so taktvoll.«
»Kommen Sie. Ich zeige Ihnen den Garten.«
Wir gingen ein paar Sekunden schweigend, dann erklärte ich: »Dieses Beet legt Teresa gerade an. Sie hat sich sehr verändert. Das arme Kind, sie kam sich so unerwünscht vor.«
»Sie werden mir fehlen«, gestand er.
»Ich? Sie reden, als ob wir uns jeden Tag sähen. Wir sind uns doch nur ein paarmal begegnet . . . wie lange ist es her, seit ich Sie das letzte Mal sah?«
»Ich hatte das Gefühl, daß Sie irgendwie ungehalten über mich waren.«
»Ungehalten? Ich habe Ihnen mehrmals für die Gastfreundschaft gedankt, die Sie Teresa und mir erwiesen haben.«
»Unser schöner Abend wurde ziemlich unversehens unterbrochen.«
»Ach ja . . . als Ihre Freundin kam. Aber dafür hatte ich vollstes Verständnis.«
»Das glaube ich nicht.«
»Nun ja, es war nicht so wichtig. Das Mahl war vorüber, und ich fand es an der Zeit, zu Teresa zurückzukehren.«
Er seufzte. »Es gibt vieles, was ich Ihnen erklären möchte.«
»Dafür gibt es absolut keinen Grund.«
»Doch, es gibt Gründe. Wenn ich zurückkomme, müssen wir uns treffen. Ich lege großen Wert darauf, daß wir gute Freunde sind. Ich möchte Ihnen noch so vieles sagen.«
»Jetzt wünsche ich Ihnen erst einmal eine angenehme Reise. Die Droschke wird bald hier sein. Sie dürfen Ihren Zug nicht verpassen.«
Er legte eine Hand auf meinen Arm. »Wenn ich zurückkomme, möchte ich mit Ihnen reden . . . ganz ernst. Sehen Sie, es ist noch zu früh . . . nach . . . und es gilt gewisse Schwierigkeiten zu überwinden. Cordelia, ich werde zurückkommen, und dann . . .«

Ich wich seinem Blick aus. »Ah; da kommt Violet«, sagte ich. »Sie hält wohl nach Ihnen Ausschau. Das bedeutet, die Droschke ist da.« Ich rief: »Wir kommen schon, Violet. Die Droschke ist da, ja?«

Ich ging mit ihm über den Rasen. Er hielt meine Hand fest in der seinen und bat mich dabei, bis zu seiner Rückkehr zu warten; dann würde er in der Lage sein, unsere Bekanntschaft fortzusetzen. So wäre er wohl mit jeder jungen Frau umgegangen. Aber ich fand es eigenartig, daß er einen Umweg gemacht hatte, um mir zu sagen, daß er fortging.

Wir winkten, bis die Droschke verschwunden war.

Tante Patty blickte ihr nachdenklich nach.

Als wir allein waren, sagte sie: »Was für ein interessanter Mann! Das war aber nett von ihm, vorbeizukommen und dir zu sagen, daß er weggeht.« Sie sah mich eindringlich an. »Er hegt wohl besonders freundschaftliche Gefühle für dich ... daß er eigens hierherkam.«

»Ach, ich nehme an, er war gerade in der Nähe. Ich bin ihm nur ein paarmal begegnet. Er ist sozusagen der Gutsherr und meint wohl, er müsse sich aller Untergebenen annehmen.«

»Stell dir vor, ich fand ihn ganz sympathisch.«

Ich lachte. »Ich schließe aus der Bemerkung, daß dich das selbst überrascht.«

Ihr Blick schweifte in die Ferne.

»Es war sehr höflich von ihm, vorbeizukommen«, überlegte sie. »Er hatte zweifellos seine Gründe.«

Als ich in der Schule war, kam ich rasch wieder in die Alltagsroutine, und es war mir, als sei ich nach Hause gekommen. Auch die Mädchen gewöhnten sich binnen weniger Tage wieder ein. Teresa hatte sich beträchtlich verändert; ihr ängstlicher Blick war fast verschwunden, und sie bewegte sich gelöster unter den anderen Mädchen.

Daisy Hetherington erkundigte sich, wie Teresa sich in den Ferien benommen hatte, und ich erzählte ihr mit Freuden, daß alles wirklich sehr gut gegangen war.

»Teresas Problem war, daß sie einsam war und sich unerwünscht vorkam«, erklärte ich. »Als sie sah, daß wir sie gern bei uns hatten, entwickelte sie sich zu einem ganz normalen fröhlichen Mädchen.«

»Wie schön, wenn all unsere Probleme so einfach zu lösen wären«, meinte Daisy. Sie lächelte wohlgefällig, und ich sagte, wenn es keine Einwände gebe, sei Teresa zu Weihnachten wieder eingeladen.

»Ich nehme an, diese Cousinen vernachlässigen ihre Pflichten an Weihnachten ebenso bereitwillig wie im Sommer«, bemerkte Daisy.

Darauf kam sie auf die Arbeit im neuen Halbjahr zu sprechen.

»Wir geben Weihnachten eine kleine Vorstellung«, begann sie. »Ich weiß, es ist noch lange hin, aber Sie werden staunen, wie viele Vorbereitungen dazu notwendig sind. Außerdem bringt es die Mädchen auf andere Gedanken, so daß sie den Sommerferien nicht nachtrauern. Ich dachte, Sie, Miss Eccles und Miss Parker stecken die Köpfe zusammen, und natürlich Miss Barston wegen der Kostüme. Wir führen das Stück an einem Abend im Refektorium auf, und bislang haben wir es stets im Herrenhaus für die Leute aus dem Dorf wiederholt. Aber dieses Jahr ist Sir Jason abwesend, soviel ich weiß, und da er nichts davon gesagt hat, daß er uns das Haus zur Verfügung stellt, nehme ich an, daß dort diesmal keine Vorstellung stattfindet. Er hatte mir gesagt, daß er geraume Zeit fortzubleiben gedenkt.«

Ich anwortete, ich würde mich mit Miss Eccles und Miss Parker beraten, und wir würden Daisy vom Ergebnis unserer Konferenz unterrichten.

Sie nickte zustimmend und meinte, ohne Vorstellung im Herrenhaus sei es nicht wie sonst. »Für die Nachbarschaft bedeutet es auch einen Unterschied, wenn der Gutsherr nicht in seiner Residenz weilt.«

Im Verlauf der Wochen mußte ich ihr recht geben. Ich ritt dann und wann am Herrenhaus vorüber und dachte an den Tag von Teresas Unfall und an das Tête-à-tête im Zwielicht des Innenhofes. Es fiel mir schwer, Jason aus meinen Gedanken zu verbannen und nicht darüber nachzugrübeln, warum er sich die Mühe gemacht hatte, nach Moldenbury zu kommen, um mir Lebewohl zu sagen.

Wahrscheinlich hatte Marcia Martindale erwartet, daß er sie nach seiner Rückkehr heiratete. Vielleicht wollte er fort, um sich darüber klar zu werden, was er tun sollte. Er hatte gesagt, er müsse mit seinem Gewissen ins reine kommen. War das eine Anspielung auf den Tod seiner Frau oder auf seine Verpflichtungen gegenüber Marcia Martindale? Es konnte keins von beidem ... oder beides sein.

Aber da er nun nicht mehr da war, sollte ich ihn vergessen können. Meine Arbeit machte mir viel Freude; ich kam gut mit Daisy und meinen Kolleginnen aus und war überzeugt, daß ich mit den Mädchen Fortschritte machte.

Daisy erzählte mir, daß sie für dieses Schuljahr bereits eine Warteliste habe.

»Mehr Anmeldungen, als ich Platz habe«, stellte sie zufrieden fest. »Ich glaube, die Leute merken allmählich, daß hier der Schaffenbruckener *Comment* unterrichtet wird. Und es gibt so viele Eltern, die ihre Töchter nicht gern ins Ausland schikken ... zumal wenn das gewünschte Ergebnis auch in England zu haben ist.«

Damit deutete Daisy an, daß meine Gegenwart ein Gewinn für die Schule sei, und ich vermochte ein leises Gefühl der Befriedigung nicht zu unterdrücken.

Das Halbjahr nahm seinen Lauf. Englischstunden, Anstandsunterricht, Tanzstunden, in denen Walzer und Kotillon gelehrt wurde, und Ausritte lösten einander ab. Jeder Tag hatte sein eigenes kleines Drama, etwa wer für die Rollen des Prinzen und des Aschenputtels ausgewählt werden sollte, wessen Zeichnung als beste des Monats erklärt werden oder wer von Mr. Bathurst, dem Tanzlehrer, als Partnerin für den Walzer erwählt werden würde. Mr. Bathurst war ein hübscher dunkelhäutiger Mann mit italienischem Flair und von den Mädchen sehr umschwärmt, und an den Tagen, an denen er in die Schule kam, um Tanzstunden zu geben, herrschte immer große Aufregung, die in allerlei romantischen Vermutungen mündete. Sein Kommen wurde mit großer Vorfreude erwartet, er wurde eifersüchtig beobachtet, und die älteren Mädchen wetteiferten um die Gunst, von ihm zur Vorführung der Schritte erwählt zu werden.

Es wurde Oktober. Es war die Zeit des Herbstmondes. Ein Jahr war vergangen, seit ich dem Unbekannten im Wald begegnet war. Es kam mir länger vor. Das lag wohl daran, daß inzwischen so viel geschehen war. Allmählich war ich davon überzeugt, daß ich mir das Ganze nur eingebildet hatte. Ich hätte Monique, Frieda oder Lydia gern wiedergesehen, um mich zu vergewissern, daß wir an jenem Tag tatsächlich im Wald gewesen waren.

Fiona Verringer wurde schließlich für die Rolle des Aschenputtels erwählt, und Charlotte war der Prinz. Ihre Wahl war unvermeidlich, weil Fiona so hübsch und Charlotte so groß war. Charlotte war darüber hochbeglückt und wurde viel umgänglicher als zuvor.

Den ganzen November probten wir. Mr. Crowe, der Musiklehrer, schrieb für die Mädchen etliche Lieder, und in Miss Barstons Klassenzimmer, wo die Kostüme gefertigt wurden, herrschte ein reges Treiben.

Eines Morgens ging ich in die Stadt und traf in dem kleinen Stoffgeschäft mit Marcia Martindale zusammen. Sie schien ein ganz anderer Mensch geworden zu sein. Sie war nicht mehr die gebrochene Frau, der ich in jenem Innenhof begegnet war, sondern sie war heiter und freundlich und lud mich ein, sie zu besuchen.

»Sie würden mir eine große Freude machen«, sagte sie. »Ich komme nicht viel mit Leuten zusammen, und es wäre mir ein echter Genuß. Haben Sie nicht manchmal ein paar Stunden frei?«

Ich erwiderte, ich hätte Mittwoch einen freien Nachmittag, falls nichts dazwischenkäme, etwa wenn eine Lehrerin unpäßlich sei und ich sie vertreten müsse.

»Sagen wir also Mittwoch? Ich würde mich so sehr freuen, wenn Sie kommen können.«

Ich muß gestehen, ich nahm die Einladung bereitwillig an, denn ich war sehr neugierig, mehr über Marcia zu erfahren. Zwar gestand ich mir ein, daß ihre Beziehung zu Jason Verringer mich gar nichts angehe; jedoch ich wollte ihr erklären, daß mich gewisse Umstände in die Situation gebracht hatten, mit ihm zu dinieren, wobei sie uns an jenem Abend antraf, als sie so verzweifelt war.

Also ging ich zu Marcia Martindale zum Tee.

Es wurde ein sehr ungewöhnlicher Nachmittag. Die Tür wurde von einer kleinen Frau mit einem scharfgeschnittenen dunklen Gesicht geöffnet, das dem eines klugen Affen ähnelte. Ihr fast schwarzes Haar war fest und widerspenstig und stand wie eine Bürste um ihr schmales Gesicht. Sie hatte unruhige kleine, sehr dunkle Augen, denen nichts entging.

Sie sagte: »Kommen Sie herein. Wir erwarten Sie.« Sie lächel-

te und entblößte dabei große weiße Zähne, als sei mein Kommen ein ungeheurer Spaß.
Sie führte mich in einen Salon, der mit Queen-Anne-Möbeln ausgestattet war, die gut zu dem Haus paßten.
Marcia Martindale erhob sich von einem Sofa und streckte mir beide Hände entgegen. Sie trug einen Hausmantel aus pfauenblauer Seide. Ihr Haar war offen, und um die Stirn hatte sie ein Samtband mit ein paar Brillanten geschlungen, vielleicht waren es auch Diamanten. Ein ähnliches Band trug sie auch um den Hals. Sie wirkte so dramatisch, als sei sie im Begriff, eine tragische Rolle zu spielen, etwa Lady Macbeth oder die Herzogin von Malfi. Wieder war sie ganz anders als die Frau, der ich vor kurzem im Stoffgeschäft begegnet war.
»Sie sind also gekommen«, begrüßte sie mich mit leiser Stimme, dann etwas lauter: »Nehmen Sie Platz. Wir möchten jetzt den Tee, Maisie. Sagst du Mrs. Gittings Bescheid?«
»Ist gut«, nickte die Frau, die offensichtlich Maisie war, mit mehr Verschmitztheit als Respekt. Aus ihrer Cockney-Sprechweise hörte man die Andeutung, daß sie sich als Gleichgestellte fühlte. Sie bildete einen scharfen Gegensatz zu Marcia Martindale, und als sie hinausging, konnte sie nur mit Mühe ihre Heiterkeit unterdrücken.
»Meine Freunde sind an Maisie gewöhnt«, erklärte Marcia. »Sie war meine Garderobiere. Mit denen steht man stets auf vertraulichem Fuße.«
»Ihre Garderobiere?«
»Ja. Ich war nämlich beim Theater, bevor ich hierher kam.«
»Verstehe.«
»Maisie erinnert mich an alte Zeiten. Es ist lieb von Ihnen, daß Sie gekommen sind. Besonders, da Sie so wenig freie Zeit haben.«
»Wir sind augenblicklich sehr beschäftigt, denn wir bereiten ein Weihnachtsspiel vor.«
»Ein Weihnachtsspiel?« Ihre Augen leuchteten auf, dann wurden sie verächtlich. »Damit habe ich auch mal angefangen«, fuhr sie fort. »Das bringt einen nicht weiter.«

»Ich finde es sehr interessant, daß Sie Schauspielerin waren.«
»Ganz etwas anderes als eine Lehrerin.«
»Ein himmelweiter Unterschied.«
Sie lächelte mich an.
»Sicher vermissen Sie das Theater«, fuhr ich fort.
Sie nickte. »Man gewöhnt sich nie richtig ans Nichtstun. Besonders wenn . . .«
Sie zuckte die Achseln. In diesem Augenblick klopfte es an der Tür, und eine untersetzte Frau im mittleren Alter rollte einen Teewagen mit belegten Broten, Gebäck und allem, was wir zum Tee benötigten, herein.
»Hier herüber, Mrs. Gittings«, sagte Marcia mit ziemlich lauter, singender Stimme.
Mrs. Gittings bedachte mich mit einem Blick und einem Nikken und entfernte sich. Marcia begutachtete den Teewagen, als habe sie das Haupt Johannes des Täufers auf einem Tablett vor sich. Ich weiß nicht, wieso ich andauernd auf solche Vergleiche kam. Vielleicht einfach deshalb, weil nichts hier ganz natürlich wirkte. Ich wünschte, Eileen Eccles wäre mitgekommen. Wir hätten uns bestimmt köstlich amüsiert.
»Sie müssen mir sagen, wie Sie Ihren Tee gern mögen. Ich finde es ja so lieb von Ihnen, daß Sie gekommen sind. Sie können sich nicht vorstellen, was für eine Wohltat es ist, jemanden zu haben, mit dem man reden kann.«
Ich erwiderte, ich hätte den Tee gern schwach, mit etwas Milch und ohne Zucker. Ich erhob mich, nahm die Tasse entgegen und setzte mich wieder. Die Tasse stellte ich neben mich auf ein kleines Tischchen.
»Nehmen Sie ein belegtes Brot.« Marcia schwebte gleichsam auf mich zu und reichte mir den Teller. Selbst diese ganz normale Handlung erhielt bei ihr eine gewisse Dramatik. »Mrs. Gittings ist sehr tüchtig. Ein Glück für mich. Aber das Theater fehlt mir.«
»Das kann ich gut verstehen.«
»Das habe ich von Ihnen erwartet. Sie wundern sich gewiß,

warum ich mich auf dem Land verkrieche. Unter anderem wegen der Kleinen. Sie müssen Miranda unbedingt sehen, bevor Sie aufbrechen.«

»Ihre kleine Tochter? Ja, gern.«

»Es ist eigentlich ihretwegen.« Sie warf mit entsagender Geste den Kopf zurück. »Sonst wäre ich nicht hier. Kinder unterbrechen das Berufsleben. Man muß sich entscheiden.«

Ich hätte gern eine Menge Fragen gestellt, aber ich nahm an, sie seien zu persönlich, deshalb beschäftigte ich mich eingehend damit, meinen Tee umzurühren.

»Sie müssen mir alles über sich erzählen«, sagte Marcia.

Ich schilderte kurz, daß ich bei meiner Tante lebte und daß dies meine erste Stellung sei, aber ich spürte, daß sie nicht richtig zuhörte.

»Sie sind sehr jung«, meinte sie schließlich. »Allerdings bin ich auch nicht viel älter als Sie . . . an Jahren wenigstens.«

Sie seufzte; vermutlich bezog sie sich auf ihre größere Lebenserfahrung. Da hatte sie durchaus recht.

»Und«, fuhr sie fort und kam damit auf das zu sprechen, das meiner Meinung nach der Grund war, weshalb sie so auf meinen Besuch erpicht war, »Sie haben sich bereits mit Jason Verringer angefreundet.«

»Ach, angefreundet kann man das kaum nennen. Nach diesem Unfall mußte ich im Herrenhaus bei dem Mädchen bleiben, das vom Pferd gefallen war. Sie kamen dazu, als ich gerade dort war.«

Sie musterte mich eindringlich. »O ja. Jason erging sich in weitschweifigen Erklärungen und Entschuldigungen. Aber ich sagte ihm, daß es unter diesen Umständen seine Pflicht war, Sie zu bewirten.«

»Das wäre gar nicht nötig gewesen. Ich hätte mich gern mit einem gedeckten Tablett im Krankenzimmer begnügt.«

»Er sagte, das sei völlig außer Frage gestanden . . . ein Gast in seinem Haus und so weiter.«

»Er scheint die Angelegenheit recht ernst genommen zu haben.«

»Natürlich hat ihm Ihre Gesellschaft Spaß gemacht. Er mag kluge Frauen . . . besonders wenn sie so hübsch sind wie Sie, Miss Grant.«

»Danke.«

»Ich verstehe Jason sehr gut. Wenn er zurückkommt . . . wir haben nämlich eine Abmachung. Da ist natürlich das Kind, und seine arme Frau . . . Das ist ja nun vorüber . . .«

Ich begriff, daß sie mir sagen wollte, ich dürfe die Beachtung, die ich bei Jason Verringer gefunden hatte, nicht ernst nehmen. Doch darüber konnte sie unbesorgt sein; ich war ihr gewiß nicht im Wege.

Kühl gab ich zurück: »Ich gehe in meinem Beruf auf. Ich sollte bei meiner Tante arbeiten, aber daraus ist nichts geworden. Die Abtei ist eine hochinteressante Schule, und die Zusammenarbeit mit Miss Hetherington klappt großartig.«

»Es freut mich, daß Sie glücklich sind. Sie sind auch anders als die anderen.«

»Welche anderen?«

»Die Lehrerinnen.«

»Ach, Sie kennen sie?«

»Ich habe sie gesehen. Die sehen wie Lehrerinnen aus. Sie nicht.«

»Ich bin aber eine. Doch erzählen Sie mir von den Rollen, die Sie gespielt haben.«

Sie war keineswegs abgeneigt. Ihr größter Erfolg war die Lady Isabel in *East Lynne.* Sie stand auf, vergrub das Gesicht in den Händen und deklamierte: »Tot. Tot. Und nannt' mich niemals Mutter.«

»Das war die Totenbett-Szene«, erklärte sie. »Das ganze Haus war jedesmal überwältigt. Da blieb kein Auge trocken. Ich habe in Pineros *Two Hundred A Year* gespielt. Hinreißend. Dramatische Stücke mag ich am liebsten. Aber nichts reichte an *East Lynne* heran. Das war ein Riesenerfolg.«

Darauf gab sie Auszüge aus anderen Rollen, die sie gespielt hatte, zum besten. Sie schien eine ganz andere Frau als jene, die ich zuerst auf dem Rasen mit dem Kind oder im Stoffgeschäft gesehen hatte. Sie schien tatsächlich alle paar Minuten ihre Persönlichkeit zu wechseln. Die hingebungsvolle Mutter, die Einsame, die um einen Besuch bat, die verzweifelte Geliebte im Innenhof, die bezaubernde Gastgeberin und nun die vielseitige Schauspielerin. Sie schlüpfte mit Leichtigkeit von einer Rolle in die andere.

Wir sprachen über Aschenputtel, das wir in der Schule aufführten. Marcia hatte auch einmal in dem Stück gespielt. »Meine erste Rolle«, rief sie verzückt, indem sie die Knie umklammerte und sich in ein kleines Mädchen verwandelte. »Ich war die gute Fee. Eine kleine, aber eindrucksvolle Rolle.« Sie blickte bewundernd zu einem imaginären Aschenputtel auf. »Ich war sehr gut als Fee. Da begriffen die Leute endlich, daß ich eine Zukunft vor mir hatte.«

Die Tür ging auf, und Mrs. Gittings kam mit einem kleinen Mädchen an der Hand herein.

»Komm, sag Miss Grant guten Tag, Miranda«, sagte Marcia. Sie schlüpfte mit Leichtigkeit in die Rolle der liebevollen Mutter.

Ich begrüßte das Kind, das mich ernsthaft betrachtete. Die Kleine war sehr hübsch und sah ihrer Mutter ähnlich.

Wir sprachen über das Kind, und Marcia versuchte, sie zum Sprechen zu bewegen, aber Miranda weigerte sich. Nach einer Weile blickte ich auf meine Uhr und sagte, ich müsse in einer halben Stunde in der Schule sein. Ich bedaure, daß ich fort müsse, aber sie habe gewiß Verständnis.

Sie war ganz die anmutige Gastgeberin. »Sie müssen wiederkommen«, bat sie, und ich versprach es.

Auf dem Rückweg zur Abtei dachte ich, wie unwirklich alles angemutet hatte. Marcia Martindale spielte offenbar jederzeit irgendeine Rolle.

Vielleicht war das normal, da sie Schauspielerin war. Ich fragte mich nur, aus welchem Grund Jason Verringer sich in sie verliebt hatte, und welche Rolle er in einem solchen Hauswesen spielen könne. Mir kam die ganze Angelegenheit äußerst unerfreulich vor.

Das nächste Schulhalbjahr verging noch schneller als das vorige, vielleicht, weil mir die Schule jetzt so vertraut war. Unterricht, Proben, Klatschgeschichten im Kalfaktorium, Plaudereien mit Daisy ... das alles nahm mich völlig in Anspruch.
Daisy hielt ohne Zweifel große Stücke auf mich. Sie beglückwünschte sich dazu, ihrem Institut jemanden aus Schaffenbrucken zugesellt zu haben, und ich glaube wirklich, daß sie das Wachsen und Gedeihen der Schule meiner Anwesenheit zuschrieb.
Sie bat mich des öfteren in ihren Salon, und beim Tee unterhielten wir uns über Schule und Schülerinnen. Sie war von Teresa Hursts Veränderung sehr angetan und war erleichtert, daß sie Teresa mir überlassen konnte, wenn die Cousinen ihrer Fürsorgepflicht nicht nachkamen.
Mit fortschreitendem Schulhalbjahr wurde das Weihnachtsspiel das Hauptgesprächsthema.
»Die Eltern kommen, um es zu sehen, deshalb ist es wichtig, daß es eine gelungene Vorstellung wird«, sagte Daisy. »Was die eigenen Töchter betrifft, sind die Eltern nicht gerade scharfsichtig, und sie sind ohne weiteres imstande, sie für angehende Sarah Bernhardts zu halten, aber anderen gegenüber können sie sehr kritisch sein. Vor allem möchte ich zeigen, wie gut *alle* Mädchen jetzt aufzutreten wissen, wie sicher sie sich bewegen und einen Raum ohne jede Spur von Verlegenheit betreten können. Sie wissen, was ich meine. Es ist anzunehmen, daß sich eine Menge Eltern das Weihnachtsspiel anschauen werden. Für ihre Unterbringung müssen sie natürlich selbst sorgen. Das Hotel in Colby wird schnell voll sein, aber einige können auch ein paar Meilen entfernt in Bantable übernachten. Dort gibt es etliche große Hotels. Sie können dann gleich mit ihren Töchtern zurückfahren. So viele wie beim letzten Abteifest hatten wir noch nie hier. Das war voriges Jahr. Wir werden es nächstes Jahr wiederholen, wahrscheinlich im Juni. Am besten zur Sommersonnenwende. Dann ist es lange hell, und die Ruinen ergeben eine höchst wirkungsvolle Kulisse. Es war damals ungemein eindrucksvoll ... rich-

tig unheimlich sogar. Die Mädchen aus den oberen Klassen erschienen in ihren weißen Gewändern, und man hätte wahrhaftig denken können, die Mönche seien wieder auferstanden. Dann wurden herrliche Lieder und Gesänge vorgetragen. Es war ein großes Ereignis. Ich glaube, wir haben irgendwo noch ein paar Kostüme. Ich muß Miss Barston fragen.«

»Ein Abteifest, und die Mädchen als Mönche verkleidet. Das muß ja wirklich aufregend gewesen sein.«

»Allerdings. Die Kutten der Zisterzienser . . . und dazu hatten wir Fackeln. Zwar hatte ich deswegen schreckliche Angst – aber ich muß zugeben, sie machten sich gut in der Szenerie. Aber diese unachtsamen Mädchen! Fast hätte es ein Unglück gegeben. Eine Vorstellung bei Vollmond wäre mir lieber. Aber das liegt in der Zukunft. Vorerst wollen wir uns mit Aschenputtel befassen. Ich hoffe, Charlotte wird sich nicht in den Vordergrund spielen. Das wäre den anderen Eltern nicht recht.«

»Ich bin überzeugt, daß sie es sehr gut machen wird. Und Fiona Verringer wird ein zauberhaftes Aschenputtel abgeben.«

Und so ging es weiter.

Das Schuljahr schritt voran, und ich sah Marcia Martindale nicht mehr, doch traf ich zweimal Mrs. Gittings, als sie das Kind im Wagen über die Feldwege schob. Ich blieb stehen und sprach mit ihr. Sie schien dem Kind sehr zugetan, und ich mochte sie. Sie war eine schlichte Frau mit rosigen Wangen und von rechtschaffenem Gebaren, ein krasser Gegensatz zu der exaltierten Schauspielerin und ihrer aufsässigen Garderobiere.

Ich unterhielt mich mit Mrs. Gittings. Es wunderte mich, wie sie sich in ein solches Hauswesen fügen konnte. Es war nicht ihre Art, viel über ihre Vorgesetzten zu reden, aber ein paar aufschlußreiche Bemerkungen entschlüpften ihr doch.

»Mrs. Martindale, die ist vierundzwanzig Stunden am Tag Schauspielerin. Man weiß nie, meint sie's jetzt ernst oder spielt sie 'ne Rolle, wenn Sie verstehn, was ich meine. Das Kind hat sie gern, aber manchmal vergißt sie's einfach . . . so kann man mit Kindern nich' umgehn.« Und über Maisie: »Die is' noch so eine. Steht aber mit beiden Beinen auf der Erde. Die schon. Ich weiß nich', is' fast, wie wenn ich in 'nem Theater arbeite ... aber daß Sie jà nich' denken, Miss Grant, ich hätte mal in einem gearbeitet. Ich sag' mir aber, Jane Gittings, das hier is' kein Theater. Das is'n richtiges Heim und 'n richtiges Kind. Und wenn die's vergessen, sieh zu, daß du's nich' vergißt.«

Als ich sie kurz vor den Weihnachtsferien sah, erzählte sie mir, sie fahre über die Feiertage zu ihrer Schwester nach Dartmoor. »Die Herrin, die geht nach London und nimmt die Maisie mit. Drum kommt die Kleine mit mir. Meine Schwester ist ganz vernarrt in kleine Kinder. Wirklich schade, daß sie keine eigenen hat.«

Aschenputtel war eine ständige Quelle von Angst und Freude. Fiona brillierte mit ihrer hübschen Stimme. Zudem hatten wir eine überschwengliche böse Stiefmutter und zwei garstige Schwestern gefunden, die kaum zurückzuhalten waren und zu Eileen Eccles Verzweiflung dem Stück unbedingt ihr eigenes Gepräge geben wollten. Dann saß Charlottes Kostüm nicht zu Miss Barstons Zufriedenheit, und es gab deswegen einen Aufruhr.

»Du lieber Himmel!« rief Eileen. »Im Drury Lane Theater kann's auch nicht schlimmer zugehen!«

Die Schule mußte geschmückt und ein Briefkasten aufgestellt werden, damit die Mädchen sich gegenseitig Weihnachtskarten schicken konnten. Am Morgen vor der Aufführung von *Aschenputtel* wurde uns die Post ausgeliefert. Zwei von den jüngeren Mädchen hatten Briefträgermützen auf und öffneten feierlich den Kasten, der im Refektorium aufgestellt worden war. Dann wurden die Karten in den verschiedenen Klassen verteilt. Es gab Ohs und Ahs, viele Umarmungen und herzliche Dankesbezeugungen.

Dann kamen die Eltern – soviel wie noch nie –, um sich *Aschenputtel* anzuschauen. Sie klatschten wie wild Beifall, erklärten, es sei zauberhaft gewesen und viel besser als *Dick*

Whittington im vorigen Jahr, und es machte gar nichts, daß die eine von den bösen Stiefschwestern auf der Bühne der Länge nach hinschlug und die andere ihren Text vergaß, und daß die laute Stimme der Souffleuse im ganzen Saal zu hören war. Alle sagten, es sei entzückend gewesen, und beglückwünschten Daisy.

»Ihre Mädchen haben fabelhafte Manieren«, erwähnte einer.

»Es freut mich, daß Sie es bemerken«, erwiderte Daisy lächelnd. »Wir legen großen Wert auf gutes Benehmen. Mehr als in vielen anderen Mädchenpensionaten, nehme ich an.«

Es war wahrhaft ein Triumph.

Dann waren die Mädchen fort, und Teresa und ich wollten am nächsten Tag nach Moldenbury aufbrechen. Wieder war ein Halbjahr vorüber. Es war sehr interessant und vergnüglich gewesen, und das lag zum Teil daran, daß Jason Verringer verreist war. Diese Tatsache verlieh der Umgebung einen gewissen Frieden.

Weihnachten war einfach wundervoll. Teresa hatte sich so darauf gefreut, daß ich schon fürchtete, sie habe ihre Hoffnungen zu hoch geschraubt und würde enttäuscht sein.

Aber nein, alles verlief bestens.

Wir kamen eine Woche vor Weihnachten an. Ich war froh darüber, weil Teresa so die Weihnachtsvorfreude mit den vielen Vorbereitungen auskosten konnte, die ich meistens noch vergnüglicher fand als das Fest selbst.

Sie half Violet bei der Zubereitung des Puddings und des Weihnachtskuchens. Violet sagte, das alles hätte schon längst erledigt sein müssen. Aber da saß nun Teresa auf einem Stuhl, entkernte Rosinen und knackte Nüsse und beobachtete Violet, die wie eine Priesterin feierlich den Pudding rührte und alle herbeirief, damit jeder auch einmal rührte, sogar der Mann, der dreimal in der Woche im Garten aushalf.

»Jeder muß einmal rühren«, verkündete Violet geheimnisvoll. »Sonst . . .«

Sie sprach den Satz nicht zu Ende, aber das Schweigen war verhängnisvoller, als Worte es hätten sein können.

Der Duft durchdrang das ganze Haus, als die Puddings im Kupfergeschirr in der kleinen Waschküche vor sich hin köchelten. Teresa war dabei, als Violet die lange Stange, die zum Herausziehen der Wäschestücke benutzt wurde, geschickt durch die Schlingen der Puddingtücher steckte und sie unter unseren staunenden Blicken triumphierend hochhob. Dann kam die überaus wichtige Kostprobe – eine kleine Schale, die gerade für vier Personen reichte. Nach dem Essen würden wir alle probieren und unser unvoreingenommenes Urteil abgeben.

Teresas Entzücken an derartigen kleinen Ereignissen war geradezu ansteckend. Sie machte ein ganz ernstes Gesicht, als ihr die Kostprobe vorgesetzt wurde. Wir probierten – aller Augen ruhten auf Violet, der Expertin für Weihnachtspudding.

»Ein bißchen zuviel Zimt«, befand sie. »Hab' ich mir's doch gedacht.«

»Unsinn«, widersprach Tante Patty. »Er ist vollkommen richtig.«

»Hätte besser sein können.«

»Das ist der beste Pudding, den ich je gekostet habe«, erklärte Teresa.

»Du hast den vom letzten Jahr nicht probiert«, wandte Violet ein.

»Ich finde jedenfalls nichts daran auszusetzen«, meinte Tante Patty. »Ich hoffe nur, nächstes Jahr wird er halb so gut.«

»Ich auch«, sagte Teresa.

Ein kurzes Schweigen trat ein, das rasch von Tante Patty überspielt wurde. Teresa fühlte sich hier wie zu Hause und war ein gern gesehener Gast, und meine Tante und Violet waren beide froh, daß sie sich bei uns so wohl fühlte. Aber wir mußten darauf gefaßt sein, daß sie jederzeit von ihren Verwandten oder ihren Eltern abberufen werden konnte.

Ich hoffte, daß Teresa die kleine Pause nicht aufgefallen war. Dann rückten wir der Kostprobe erneut zu Leibe.

Tante Patty hatte mit dem Schmücken gewartet, damit Teresa und ich daran teilnehmen konnten. Wir pflückten Stechpalmen und Efeu für die Zimmer und fertigten einen Kranz, der an die Tür gehängt wurde. Wir sangen Weihnachtslieder mit dem Kirchenchor und gingen Heiligabend zum Mitternachtsgottesdienst. Anschließend aßen wir am Küchentisch eine heiße Suppe, und danach schickte uns Tante Patty hurtig ins Bett.

»Wenn ihr jetzt nicht zu Bett geht, schlaft ihr zu lange«, sagte sie, »und dann wird der große Tag zu kurz.«

Trotz der langen Nacht waren wir am Weihnachtsmorgen alle früh auf. Die Geschenke lagen unter dem Baum und sollten nach dem Mittagessen verteilt werden, das um ein Uhr eingenommen wurde. Tante Patty, Teresa und ich gingen zur Kirche; Violet blieb daheim, um die Gans zu braten. Nach dem Gottesdienst versammelten sich die Leute auf dem Vorplatz und wünschten sich gegenseitig frohe Weihnachten, und dann gingen Tante Patty, Teresa und ich über die Felder nach Hause und summten dabei »Herbei, o ihr Gläubigen«.

Nach dem Essen erklärten wir einstimmig, die Gans sei trefflich gelungen gewesen, nur Violet behauptete, sie hätte fünf Minuten zu lange im Ofen gebraten; der Pudding hingegen erfüllte alle Erwartungen, die von der Kostprobe ausgelöst worden waren. Und dann begann das Auspacken der Geschenke. Tante Patty hatte wollene Handschuhe für Teresa, und von Violet bekam sie einen dazu passenden Schal. Ich hatte ihr Pinsel und Farben gekauft, weil sie zu unserer Überraschung im Kunstunterricht immer besser wurde. Sie sei nicht so gut wie Eugenie Verringer, hatte Eileen gesagt, aber ihre Fortschritte seien beachtlich. Wir waren gerührt, weil sie für jeden von uns ein Bild gemalt und in Colby rahmen lassen hatte: Eine Vase mit Veilchen für Violet – sehr treffend, wie wir alle erklärten. Für Tante Patty eine Gartenszene mit einem Mädchen, das auf einem Stuhl saß; sie trug einen riesengroßen Hut, der ihr Gesicht verdeckte, zum Glück, denn ich war sicher, daß Teresa eine solche Schwierigkeit nicht bewältigt

hätte. Und für mich eine Landschaft mit einem Haus im Hintergrund, das ein wenig wie Colby Hall aussah.
Am Nachmittag machten Tante Patty und Violet ein Nickerchen. Teresa und ich unternahmen unterdessen einen Spaziergang außen um den Wald herum, wo die bleiche Wintersonne durch die kahlen Äste der Bäume schien. Wir gingen über die Stoppelfelder, genossen den Geruch feuchter Erde und beobachteten die Dohlen und Krähen, die auf den aufgebrochenen Schollen nach Futter suchten.
Wir sprachen nicht viel, aber wir waren beide zufrieden und glücklich.
Am Abend hatten wir Besuch. Tante Patty hatte im Dorf zahlreiche Freunde gewonnen. Wir spielten Kinderspiele wie »Ich sehe was, was du nicht siehst« und »Stadt, Land, Fluß«, labten uns an belegten Broten und an Violets Pastinaken- und Ingwermost.
Am zweiten Weihnachtstag kamen der Briefträger und der Müllmann und erhielten ihre Weihnachtsgeschenke feierlich in versiegelten Päckchen überreicht, auf denen ›Fröhliche Weihnachten‹ geschrieben stand. Nachmittags waren wir im Pfarrhaus zu Gebäck und Tee und einem glasierten Weihnachtskuchen eingeladen.
Violet stellte mit leichter Genugtuung fest, daß die Glasur eine Spur zu hart war, und fragte sich, ob sie der Pfarrersköchin raten sollte, nächstes Jahr einen Tropfen – beileibe nicht viel – Glyzerin hineinzugeben, um sie weicher zu machen.
Diese Frage beschäftigte sie auf dem ganzen Heimweg. Sollte sie oder sollte sie nicht? Und wir alle erwogen das Für und Wider, obwohl vermutlich keinem von uns außer Violet wirklich daran gelegen war.
Aber so war es eben. Selbst die einfachsten Dinge bereiteten uns viel Freude und Vergnügen. Wenn ich Teresas leuchtendes Gesicht beobachtete, war ich beschämt: Ich hatte so viele Weihnachtsfeste wie dieses erlebt und sie bislang nie richtig gewürdigt.
Am Ende der Ferien stand Tante Patty Lebewohl winkend auf

dem Bahnsteig, Kirschen wippten auf ihrem Hut; Violet versicherte uns, die Butterbrote, die sie uns für die Reise eingepackt hatte, seien bestimmt schon trocken, bevor wir sie verzehrten.
»Auf Wiedersehen bis Ostern«, rief Tante Patty.
»Karfreitag gibt's warme Kreuzsemmeln«, fügte Violet hinzu.
Ich sah Teresa an. Sie lächelte und freute sich sichtlich auf Ostern und warme Kreuzsemmeln.

Verglichen mit den anderen Schulhalbjahren war dieses langweilig. Das erste war aufregend gewesen, weil ich neu war und Jason Verringer begegnet bin, und während des Halbjahres vor Weihnachten war ich mit Proben und dergleichen beschäftigt. Nachdem das aber alles vorüber war, empfand ich dieses Halbjahr als ausgesprochen ereignislos. Erstens war Jason Verringer immer noch verreist. Fiona und Eugenie hatten Weihnachten natürlich im Herrenhaus verbracht, und eine ältere Cousine und ihr Mann hatten auf sie aufgepaßt. Von Teresa erfuhr ich, daß sie gemacht hatten, was sie wollten, und daß die ältere Cousine es alsbald aufgegeben hatte, sie zu beaufsichtigen.
Auf meine Frage, wie es Weihnachten gewesen sei, hatte Eugenie gelacht und mit recht boshaftem Augenzwinkern geantwortet: »Es war sehr interessant, Miss Grant!« Und Fiona erwiderte bescheiden: »Danke, es war sehr schön.«
Eugenie und ich befanden uns in einem Zustand, den ich nur als Waffenstillstand bezeichnen konnte. Auch mit Charlotte Mackay verhielt es sich nicht anders. Die beiden hatten mir nie verziehen, daß ich ihnen ein gemeinsames Zimmer verwehrt hatte, und zahlten es mir heim, wann immer sich die Gelegenheit bot. Aber allmählich schienen sie meine Autorität anzuerkennen, denn mir blieb immer noch als letzte Drohung, sie nicht ausreiten zu lassen, wenn sie sich nicht anständig benahmen.

Mit Fiona war es anders. Sie war ein braves Mädchen, sehr hübsch, fügsam und nicht darauf erpicht, Schwierigkeiten zu machen. Teresa blieb meine treue Verbündete, und die übrigen Mädchen in meiner Abteilung waren normale gutherzige Wesen, die sich wohl von anderen verleiten lassen mochten, aber eigentlich lieber brav waren. Ich glaube, sie waren alle ein wenig beeindruckt von Teresas Veränderung. Ich konnte mir vorstellen, wie begeistert sie Tante Pattys Haus schilderte. Vermutlich machte sie aus ihrem Besuch eine Reise ins Gelobte Land.

Mehr und mehr wurde mir bewußt, daß ich die Gabe besaß, ohne große Anstrengung die Achtung meiner Schülerinnen zu erringen, und das ist eines der wichtigsten Erfordernisse für alle, die gern unterrichten.

Das Halbjahr verlief also glatt, zu glatt vielleicht, und ich freute mich mit Teresa auf die Rückkehr nach Moldenbury.

In der zweiten Januarhälfte endlich fiel Schnee, und trotz mächtiger Feuer war es schwierig, die Räume warm zu halten. Der bittere Nordwind schien selbst die dicken Mauern der Abtei zu durchdringen; die Ruinen, weiß von Schnee, waren von phantastischer Schönheit – und im Mondlicht unheimlicher denn je. Die Mädchen hatten ihren Spaß; sie bauten Schneemänner um die Wette, machten Schneeballschlachten und rodelten den sanften Abhang hinunter, auf dem sich die Abtei erhob. Die Straßen waren unpassierbar, und über eine Woche konnte kein Fahrzeug zu uns gelangen. Daisy war natürlich auf einen solchen Notfall vorbereitet, und gottlob war genug zu essen vorrätig, aber die Mädchen genossen dennoch das Gefühl, abgeschnitten zu sein und hofften, daß die vereisten Zustände anhalten würden. Einige Dienstboten behaupteten, daß es ein solches Wetter in Devon noch nie gegeben habe, und wohin das bloß führen solle?

»Eine Katastrophe«, machte sich Eileen Eccles lustig. »Wenn die Temperatur in Devonshire unter den Gefrierpunkt sinkt, ist das Ende der Welt nahe ... zumindest aber kommt eine neue Eiszeit! Die Leute hier sollten mal nach Nordschottland kommen, dann würden sie wissen, was ein richtiger Winter ist.«

Und noch bevor der Monat zu Ende war, setzte Tauwetter ein, und ich konnte wieder in die Stadt. Mrs. Baddicombe, die Posthalterin, hielt mich zu einem Klatsch zurück, da sonst niemand in dem Laden war, der nicht nur als Postamt diente, sondern wo auch Lebensmittel und viele andere Dinge verkauft wurden.

Eileen hatte mich gewarnt, daß Mrs. Baddicombe die »Stadtklatsche« sei; sie wisse alles, was vorging, und betrachte es als ihren Lebenszweck, die Neuigkeiten so schnell wie möglich unter die Leute zu bringen.

Sie war eine große, magere Frau mit trüben Augen und dichtem graumeliertem Haar, das sie hoch auf dem Kopf aufgetürmt trug. Die Stirn bedeckte ein gekräuselter Pony. Sie redete unaufhörlich, während sie Päckchen wog und Briefmarken ausgab oder sich mit den Waren im Laden zu schaffen machte. »Ah, Miss Grant, nett, Sie zu sehen. Wie war's denn so in der Schule bei diesem scheußlichen Wetter? Ich hab zu Jim gesagt (Jim war ihr Mann, der manchmal im Laden aushalf und für seine Schweigsamkeit bekannt war. ›Seine Zuflucht vor ihrem Redefluß‹ bemerkte Eileen), so'n gräßliches Wetter. Ich hab' tagelang keine Menschenseele im Laden gesehn.«

Ich erklärte ihr, es sei uns ganz gut gegangen, aber nun wolle Mrs. Hetherington die Waren so bald wie möglich geliefert haben. Ich hatte eine Bestellung für sie.

»Jim bringt die Sachen, sobald er kann. Alle Welt will jetzt schnell die Ware haben. Sind alle abgebrannt. Wer hätte gedacht, daß wir mal hier in Devon so'n Wetter haben würden. Das schlimmste seit fünfzig Jahren, hab' ich gehört. Die von Krähenruh hat mir heute morgen wen geschickt. Die kommt nich' selbst ... o nein ... zu vornehm dafür. Schickt diese Londonerin. Die kann ich nich' ausstehn. Sieht aus, als ob sie immerzu lacht. Typisch London, denk' ich. Hält sich für klüger als uns. O nein, Madam kommt selten selbst vorbei. Man könnte meinen, sie ist schon die Gnädige.«

»Oh, Sie sprechen wohl von Mrs. Martindale.«
»Jawohl.« Mrs. Baddicombe beugte sich vor und senkte die Stimme. »Wetten, daß die bald im Herrenhaus sitzt? Na ja ... Reden ist Silber, Schweigen ist Gold. Die selige Gnädige, das war 'ne feine Dame. Hab' sie nicht oft zu sehen gekriegt in letzter Zeit ... aber so ein Ende ... und die andere in Krähenruh, in seinem Haus ... steht Madam alles zur Verfügung, stellen Sie sich vor! Und kriegt dort das Baby. Wenn das keine Schande ist. Aber wissen Sie, die haben den Teufel im Leib, ist doch klar.«
Ich hätte nicht zuhören sollen. Es wäre besser gewesen, wenn ich mich mit einer Entschuldigung entfernt hätte, aber, ehrlich gesagt, ich fand die Gelegenheit, etwas zu erfahren, einfach unwiderstehlich.
»Na, Sie sind ja noch nicht lange hier, Miss Grant, und Sie sind an der Schule, und die Miss Hetherington, das is' 'ne feine Dame, macht ihre Bestellungen rechtzeitig, und mit der Bezahlung gibt's keine Probleme ... So hab' ich's gern. Nicht, daß das Herrenhaus seine Rechnungen nicht bezahlt. Das will ich nicht sagen – aber wie's da zugeht! Das war immer 'ne wilde Bande ... haben den Teufel im Leib. Jetzt ist er weg, damit's 'nen schicklichen Aufschub gibt. Hätt' sie ja nich' gleich heiraten können, oder? Sogar der muß anstandshalber warten. Wetten, Ostern läuten die Hochzeitsglocken. Das letzte Mal hat's zur Beerdigung geläutet.«
»Ich muß leider gehen, Mrs. Baddicombe ...«
Ein schwacher Versuch, aber Mrs. Baddicombe ließ sich nicht so leicht zum Schweigen bringen.
Sie beugte sich noch weiter über den Ladentisch.
»Und wie ist die Gnädige gestorben? Genau zur rechten Zeit, was? Madam hat 'n uneheliches Kind, und die Gnädige nimmt ihre Dosis Opium. Aber dies hier ist Verringers Grund und Boden, das ist nicht zu leugnen. Also was da alles vorgeht ... und dann die beiden jungen Damen in der Schule. Miss Eugenie hat viel von den Verringers. Wetten, daß es Ärger gibt, wenn er die Madam heiratet. Die Leute lassen sich

nicht alles bieten. Die werden sich die Madam noch ganz genau angucken.«

Jemand war in den Laden getreten, und Mrs. Baddicombe fuhr auf.

Es war Miss Barston. Sie wollte Briefmarken und Zwirn kaufen.

Ich wartete, während sie bedient wurde, sagte Mrs. Baddicombe auf Wiedersehen und verließ zusammen mit Miss Barston den Laden.

»Die Frau ist ein gefährliches Klatschweib«, sagte Miss Barston. »Ich lasse sie immer abblitzen, wenn sie's bei mir versucht.«

Ich war ein wenig beschämt. Eigentlich hätte ich es genauso machen sollen, aber ich wollte so gern alles über Jason Verringer und Marcia Martindale erfahren.

Der Schnee war geschmolzen, und das Wetter war mild und beinahe frühlingshaft, als ich Marcia Martindale in der Stadt traf. Wir plauderten ein Weilchen, und sie erzählte mir, wie gräßlich sie eingeschneit gewesen war, und tadelte mich, weil ich sie nicht besucht hatte. Daraufhin verabredete ich mich für kommenden Mittwoch mit ihr, sofern mich nicht unvorhergesehene Pflichten abhielten.

Am vereinbarten Tag ritt ich hinüber. Es war trüb und feucht, nur dann und wann schien die Sonne zögernd durch die Wolken. Ich blickte zu den Nestern in den Ulmen hinauf, ging unter der mit Jasmin behangenen Veranda hindurch und läutete.

Maisie öffnete und sagte: »Kommen Sie herein, Miss Grant. Sie werden erwartet.«

Marcia Martindale erhob sich, um mich zu begrüßen. Sie war in fließendes, enganliegendes Schwarz gekleidet. Sie hatte eine wundervolle Figur; um den Hals lag eine schwere goldene Kette, und an jedem Handgelenk trug sie drei goldene Armreifen. Sie wirkte wie eine Figur aus einem Theaterstück, aber mir fiel nicht ein, welche. Sie ergriff meine Hände. »Miss Grant, wie lieb von Ihnen, daß Sie mich besuchen.«

»Madam braucht 'ne kleine Aufheiterung.« Maisie grinste mir zu. »Sie is' heute in Trauer.«
»In Trauer?« Mein Herz hämmerte vor Angst. Ich dachte, Jason Verringer sei etwas zugestoßen. »Um hm ...«
Maisie zwinkerte. »Um die Vergangenheit.«
»Ach Maisie, sei nicht albern«, schalt Marcia. »Hinaus mit dir, sag Mrs. Gittings, sie soll uns den Tee bringen.«
»Sie ist schon dabei«, bemerkte Maisie. »Sie hat gehört, wie Miss Grant gekommen ist.«
»Nehmen Sie Platz, Miss Grant. Ich bedaure, daß Sie mich in diesem traurigen Zustand antreffen, aber heute ist ein Jahrestag.«
»Du liebe Güte, soll ich lieber gehen und ein andermal wiederkommen?«
»Aber nein, nein. Es ist eine Wohltat, Sie hier zu haben. Ich hasse es, eingeschlossen zu sein, wie bei dem vielen Schnee. Wie habe ich mich nach London gesehnt! Es ist ziemlich still hier, und immer das lange Warten.«
Ich erwiderte, daß der Schnee uns wohl eingeschränkt habe, daß aber die Mädchen ihren Spaß daran hatten.
Marcia seufzte. »Es ist jetzt fünf Jahre her.«
»Was?«
»Eine große Tragödie. Ich werde Ihnen alles erzählen ... wenn der Tee da ist.«
»Wie geht es der Kleinen?«
Sie wirkte ausgesprochen abwesend. »Ach so ... Miranda. Es geht ihr gut. Mrs. Gittings ist sehr nett zu ihr.«
»Den Eindruck hatte ich auch. Ich bin ihnen ein paarmal beim Spazierengehen begegnet. Sie hat das Kind Weihnachten mitgenommen, nicht wahr?«
»Ja. Ich war in London. Ich mußte Maisie mitnehmen. Man braucht schließlich eine Zofe. Und bei all ihren Fehlern versteht sich Maisie bestens auf Frisuren und Kleidung. Sie hängt an mir, wenn es auch manchmal nicht so aussieht. Und Mrs. Gittings hat Miranda zu gern bei sich. Sie nimmt sie mit zu Verwandten nach Dartmoor. Sie sagt, die Luft dort tut dem Kind gut.«

»Das tut sie gewiß.«
»Ah, da kommt der Tee.«
Mrs. Gittings rollte den Teewagen herein, nickte mir zu, und ich erkundigte mich nach ihrem Befinden und ob sie ein schönes Weihnachtsfest hatte.
»Es war wunderbar«, strahlte sie. »Miranda war selig, und Sie hätten meine Schwester mal sehen sollen. Sie liebt kleine Kinder. Fragt immer, wann wir wiederkommen.«
»Ich habe Mrs. Gittings versprochen, daß sie Miranda bald wieder mitnehmen kann«, bestätigte Marcia.
Mrs. Gittings lächelte und entfernte sich.
»Eine gute Seele«, sagte Marcia. »Ich kann ihr Miranda absolut anvertrauen.«
Sie schenkte Tee ein. »Sie haben mich mitten in meiner Trauer angetroffen. Es tut mir leid, wenn ich etwas bedrückend wirke. Es war so tragisch.«
»Was?«
»Heute vor fünf Jahren habe ich Jack Lebewohl gesagt.«
»Jack?«
»Jack Martindale.«
»War er ihr . . .?«
»Mein Mann. Wir waren so jung . . . sehr, sehr jung . . . auf dem Weg nach oben, alle beide. Ich hatte schon Erfolge. Wir sind uns in *East Lynne* begegnet. Er war der Archibald, ich die Isabel. Junge Liebe ist etwas Schönes, finden Sie nicht auch, Miss Grant?«
»Ich denke schon, allerdings kann ich nicht aus Erfahrung sprechen.«
»Oh, Sie sind wohl ein Spätentwickler.«
»Vermutlich.«
»Meine Liebe, seien Sie froh darüber. Wenn man jung ist, kann man manchmal so unbesonnen sein. Aber zwischen Jack und mir war es von Anfang an harmonisch. Wir haben geheiratet. Ich war gerade siebzehn. Es war herrlich. Wir haben oft zusammen auf der Bühne gestanden und unseren Rollen das gewisse Etwas gegeben. Das haben alle gesagt. Aber dann be-

gann ich ihn an die Wand zu spielen. Jack liebte mich zwar leidenschaftlich, aber darüber war er ein wenig verletzt. Wissen Sie, die Zuschauer kamen nur meinetwegen. Ohne mich kam er nicht an.«

Sie erhob sich und stellte sich mit dem Rücken ans Fenster, die Arme über der Brust verschränkt. Sie wirkte überaus dramatisch.

»Deshalb ging er fort. Ich habe nicht versucht, ihn zurückzuhalten. Ich wußte, daß er seinen eigenen Weg gehen mußte. Er bekam ein Angebot nach Amerika, nur für ihn allein. Ein Intendant hatte ihn gesehen . . .«

»Und Sie wollte er nicht?«

Sie bedachte mich mit einem kühlen Blick. »Es handelte sich um eine männliche Hauptrolle.«

»Ich verstehe.«

»Sie haben sicher nicht viel Ahnung, wie es beim Theater zugeht, Miss Grant.« Sie gab sich immer noch recht kühl. »Jedenfalls, Jack ging fort.« Sie stand einen Augenblick in angespannter Haltung. Es war wie das Ende des Aktes, wenn der Vorhang gleich fallen wird und die Zeit für die letzte Textzeile gekommen ist.

»Das Schiff wurde von einem Eisberg gerammt . . . drei Tage, nachdem es von Liverpool ausgelaufen war.«

Sie ließ die Hände sinken und ging zum Teewagen.

»Eine traurige Geschichte«, sagte ich, indem ich meinen Tee umrührte.

»Miss Grant, Sie haben ja keine Ahnung. Wie sollten Sie auch . . . bei Ihrem ruhigen Leben . . . als Lehrerin . . . Sie können sich nicht vorstellen, wie eine Künstlerin empfindet . . . hier eingeschlossen . . . nach einer solchen Tragödie.«

»Ich kann mir sehr wohl vorstellen, wie jemandem nach einem solchen Schicksalsschlag zumute ist. Man muß nicht unbedingt Künstlerin sein, um Trauer zu empfinden.«

»Ich hatte Jack verloren. Trotzdem arbeitete ich weiter. Nichts konnte mich daran hindern. Und dann . . . ungefähr zwei Jahre später, freundete ich mich mit Jason an. Er besitzt in London ein hübsches Haus, in St. James ... und er hat sich stets fürs Theater interessiert. Er kam oft, um mich spielen zu sehen. Er war verrückt nach mir. Er ist ein sehr aufregender Mann. Nun, Sie können sich denken, was geschah. Natürlich werde ich Jack niemals vergessen, aber Jason ist hier, und sein Haus ist äußerst reizvoll. Auch er schien mir ein wenig von Tragik umgeben. Seine Familie lebte seit Jahrhunderten in diesem Herrenhaus, und dann waren keine Erben da; dazu seine unglückliche Ehe. Und nun sind nur die zwei Mädchen da. Sie wissen, was ich meine. Natürlich war es ein Opfer für mich. Ein Kind kann so hinderlich sein. Die ganze Wartezeit bis zu seiner Geburt, ganz zu schweigen von den Unannehmlichkeiten. Und wenn es dann da ist ... Aber ich habe es getan ... für Jason ... und ich glaube, ich kann glücklich werden, wenn alles entschieden ist.«

»Sie meinen, wenn Sie Sir Jason heiraten?«

Sie lächelte mich an. »Natürlich geht es jetzt noch nicht. Die Trauerzeit muß eingehalten werden. Die Leute hier ... Sie wissen schon, so eng beieinander. Es wird viel geklatscht. Ich habe zu Jason gesagt, ›was kümmert es uns?‹ Aber er meinte, wir müssen behutsam vorgehen. Es gab bereits viel unerfreuliches Gerede, müssen Sie wissen.«

»Das kann gefährlich sein«, erwiderte ich mit schlechtem Gewissen, weil ich erst kürzlich mit Mrs. Baddicombe geschwatzt hatte.

»Vernichtend«, sagte sie. »Ich habe einmal in einem Stück gespielt über einen Mann, dessen Frau starb ... ähnlich wie Lady Verringer. Es war eine andere Frau im Spiel.«

»Das ist gewiß keine ungewöhnliche Situation.«

»Männer sind Männer.«

»Und Frauen sind Frauen«, ergänzte ich, vielleicht ein wenig kühl.

»Ganz recht, ganz recht.« Sie stand auf und ging ans Fenster. Dort blieb sie ein paar Sekunden stehen, und als sie sich umdrehte, war sie in eine andere Rolle geschlüpft. Sie war nicht mehr in Trauer um einen Ehemann. Sie hatte sich in die Braut eines Neuen verwandelt.

»Nun«, sagte sie lächelnd zu mir, »das Rad dreht sich. Jetzt muß ich Jason glücklich machen. Er hängt sehr an der kleinen Miranda.«
»Ach ja?«
»Wenn er hier ist. Jetzt ist er schon so lange fort. Aber wenn er zurück ist, werden für uns die Hochzeitsglocken läuten. Das Warten ist recht verdrießlich, aber er mußte fort. Er hat es schließlich nicht leicht, weil ich hier bin ... so nahebei ... und dann all das Gerede.«
»Das kann ich mir denken.«
»Vielleicht gehe ich sogar zu ihm, bevor er zurück ist. Er kann überaus beharrlich sein, und dauernd versucht er mich zu überreden, zu ihm zu kommen.«
»Da kann ich Ihnen nur alles Gute wünschen.«
»Es wird einen fürchterlichen Klatsch geben, aber dergleichen überlebt man, nicht wahr?«
»Ich denke, ja.«
Es klopfte, und Mrs. Gittings erschien mit Miranda.
»Komm her, mein Liebling«, lockte Marcia, jetzt ganz die liebevolle Mutter.
Das Kind kam näher, klammerte sich aber fest an Mrs. Gittings Hand.
»Mein Kleines, komm und sag Miss Grant guten Tag.«
»Guten Tag, Miranda«, sagte ich.
Die blauen Augen richteten sich auf mich. »Ich hab' ein Kornpüppchen.«
»Was hast du, Liebes?«
Mrs. Gittings erklärte: »Es hängt in der Hütte meiner Schwester an der Wand. Miranda sagt immer, es ist ihrs.«
»Wie alt ist sie?« fragte ich.
»Fast zwei«, erwiderte Mrs. Gittings. »Bist schon ein großes Mädchen, nicht, Süße?«
Miranda lachte und schmiegte sich an Mrs. Gittings Röcke.
Es war offensichtlich, wem in diesem Hause Mirandas Zuneigung galt.
Ich wollte fort. Ich wollte nichts mehr von Jason Verringer

und seinen Affären hören. Das Ganze war ziemlich abgeschmackt, und im Haus herrschte eine dermaßen unwirkliche Atmosphäre, daß ich seine Bewohner nie wieder sehen wollte – außer vielleicht Mrs. Gittings und das Kind.
Nach einer Weile wurde Miranda hinausgebracht, und ich empfahl mich. Gottlob hatte ich die Ausrede, daß ich zur Schule zurück mußte. Auf dem Heimritt bedauerte ich, daß die Schule so nahe beim Herrenhaus lag und eigentlich sogar ein Teil von ihm war. Das machte ein Entkommen schwierig. Aber Krähenruh würde ich gewiß nicht so bald wieder einen Besuch abstatten.
Es muß zwei Wochen später gewesen sein, als ich Mrs. Gittings mit Miranda in der Stadt traf. Das rosige Gesicht der Frau leuchtete erfreut auf, als sie mich erblickte.
»Na so was, Miss Grant«, rief sie. »Schöner Tag heute, nicht wahr? Es wird Frühling. Ich bin mit Miranda in der Kutsche gekommen. Das mag sie gern, nicht, Miranda? Wir müssen noch ein paar Einkäufe erledigen, bevor wir fortgehen.«
»Ach, Sie gehen fort?«
»Ich fahre mit Miranda zu meiner Schwester.«
»Wie schön für Sie. Und für Miranda.«
»Ja. Sie wird ihr Kornpüppchen wiedersehen, nicht wahr, Süße? Und Tante Grace. Das ist meine Schwester. Die ist ganz vernarrt in Miranda, und Miranda in sie. Es wird herrlich sein in Dartmoor. Ich bin dort aufgewachsen. Es heißt ja, man möchte immer an seinen Geburtsort zurück.«
»Wie werden sie in Krähenruh ohne Sie zurechtkommen?«
»Es ist ja keiner da. Das Haus wird verschlossen, bis ich Nachricht erhalte, daß ich zurückkommen soll.«
»Mrs. Martindale geht wohl nach London?«
»Viel weiter, sagt sie. Sie spricht kaum darüber, aber manchmal kommt es heraus. Sie fährt zu ihm.«
»Zu ihm?«
»Zu Sir Jason. Irgendwo auf dem Festland. Maisie geht mit.«
»Glauben Sie, daß sie dort heiraten werden ... wo auch immer?«

»Das scheint sie jedenfalls vorzuhaben.«
»Verstehe.«
»Ich kann's kaum erwarten, nach Dartmoor zu kommen. War nett, Sie zu sehen, Miss Grant. Ich glaube, Miranda hat Sie ins Herz geschlossen.«
Ich verabschiedete mich ein wenig bedrückt.
So eine unerquickliche Affäre, dachte ich auf dem Ritt zur Abtei.

Teresa kam in höchster Verzweiflung zu mir.
»Die Cousinen«, jammerte sie. »Sie wollen, daß ich Ostern zu ihnen komme. Miss Hetherington hat mich in ihr Arbeitszimmer rufen lassen; sie hatte es gerade erfahren. Ich hab' gesagt, ich will nicht, aber Miss Hetherington sagt, ich muß.«
»Ach, Teresa«, sagte ich. »Da werden Tante Patty und Violet aber enttäuscht sein.«
»Ich weiß.« Sie hatte Tränen in den Augen. »Violet wollte mir zeigen, wie man Kreuzsemmeln bäckt.«
»Vielleicht läßt sich noch etwas ändern. Ich gehe gleich zu Miss Hetherington.«
Daisy schüttelte erbittert den Kopf.
»Ich habe mich oft gefragt, ob es klug war, daß Sie Teresa mit nach Hause nahmen. Ich kenne Patience und Violet und weiß, was für einen Eindruck sie auf ein Mädchen wie Teresa machen. Das arme Kind, sie ist fast wahnsinnig geworden, als ich es ihr sagte.«
»Man kann es ihnen doch sicher erklären.«
»Ich glaube nicht, daß sie ihre Meinung ändern werden. Eigentlich wollen sie Teresa gar nicht. Sie finden nur, es sieht in den Augen von Teresas Eltern sehr nachlässig aus, wenn sie zweimal hintereinander in den Ferien nicht bei ihnen ist, da sie sich doch um sie kümmern sollen. Also wird sie Ostern hingehen müssen, und vielleicht kann man vereinbaren, daß sie in den langen Sommerferien wieder mit zu Ihnen nach Hause kommt.«

»Wir werden sehr betrübt sein. Sehen Sie, sie gehört schon fast zur Familie.«

»Das ist es ja eben. Man muß mit Mädchen wie Teresa vorsichtig sein. Sie wurde zu rasch mit einbezogen.«

»Sie hat doch nur die Ferien bei uns in einem gewöhnlichen Heim verbracht.«

»Meine liebe Cordelia, kein Haushalt, in dem Patience lebt, ist gewöhnlich.«

»Ich weiß. Sie ist ein ganz wunderbarer Mensch. Ich war so glücklich für Teresa, daß sie an alledem teilhaben konnte.«

»Sie sind zu sentimental. Lassen Sie Teresa zu Ostern ziehen. Ich bin sicher, daß es im Sommer wieder nach Wunsch geht.«

»Könnten wir es ihnen denn nicht erklären?«

»Erklärungen würden es nur schlimmer machen. Sie hätten ein noch schlechteres Gewissen. Sie wollen doch lediglich vor den Eltern ihren guten Ruf bewahren. Wir müssen ihnen diesmal entgegenkommen. Wer weiß, vielleicht benimmt Teresa sich ja so, daß sie sie vorläufig nicht wieder bei sich haben wollen.« Sie lächelte bitter. »Ach, kommen Sie, Cordelia, so tragisch ist es nun auch wieder nicht. Nur dies eine Mal. Teresa muß lernen, daß man im Leben nicht auf Rosen gebettet ist. Das wird ihr gut tun, und sie wird Moldenbury nächstes Mal um so mehr zu schätzen wissen.«

»Sie schätzt es ohnehin schon ungemein.«

Daisy zuckte die Achseln. »Sie muß gehen«, sagte sie abschließend.

Die arme Teresa war am Boden zerstört, und ihr Kummer überschattete den Rest des Halbjahres.

Und als ich ihr und den anderen Mädchen am Tag vor meiner Abreise nachwinkte, waren wir beide den Tränen nahe.

Wir waren eine traurige kleine Familie in Moldenbury. Teresa hätte es bestimmt gefreut, zu sehen, wie sehr wir sie vermißten.

Tante Patty sagte: »Grämen wir uns nicht. In den langen Sommerferien wird sie hier sein.«
»Wir werden sie nie wiedersehen«, prophezeite Violet.
Alle im Dorf erkundigten sich nach Teresa. Erst jetzt wurde mir bewußt, wie sehr sie schon zu uns gehörte. Wir schmückten die Kirche mit Narzissen, und ich dachte betrübt, daß Teresa ihre Freude daran gehabt hätte. Die warmen Kreuzsemmeln waren nicht annähernd so köstlich, als wenn sie dabei gewesen wäre.
»Sie war so gern hier«, seufzte ich, »und durch sie ist uns allen klargeworden, welch ein Glück es für uns ist, einander zu haben.«
»Das habe ich immer gewußt, Liebes«, sagte Tante Patty, ausnahmsweise mal ernst.
Ich unternahm ausgedehnte Spaziergänge und dachte über Marcia Martindale und Jason Verringer auf dem Festland nach. Ich stellte sie mir auf den Kanälen Venedigs vor, malte mir aus, wie sie in Florenz am Arno entlangschlenderten, über die Champs-Élysées fuhren, das Kolosseum in Rom besichtigten . . . alles Orte, die ich selbst so gern besucht hätte.
Ich dachte recht gehässig: Sie haben einander verdient und werden so glücklich, wie es ihnen zusteht.
Es war am Dienstag nach Ostern, am Nachmittag. Ich saß lesend im Wohnzimmer, als ich das Tor einklinken hörte. Ich stand auf und sah aus dem Fenster. Teresa kam mit einem Koffer die Auffahrt hinauf.
Ich lief hinaus. »Teresa!« rief ich.
Sie flog förmlich auf mich zu und in meine Arme.
»Was machst du denn hier?« fragte ich.
»Ich bin einfach gekommen«, lachte sie. »Ich bin in einen Zug gestiegen und hergekommen. Ich hab's nicht mehr ausgehalten.«
»Und die Cousinen?«
»Ich hab' ihnen einen Brief dagelassen. Die sind bestimmt froh. Ich war bloß eine Last für sie.«
»Aber Teresa!« rief ich, bemüht, streng zu klingen, aber meine Freude konnte ich nicht verbergen.

Ich rief die Treppe hinauf: »Tante Patty, Violet, kommt sofort herunter!«
Sie kamen beide gerannt, starrten Teresa kurz an, dann stürzten sie aufeinander zu, und die drei bildeten ein regelrechtes Knäuel, während ich lachend zusah.
Ich sagte: »Eigentlich ist es ziemlich schlimm. Sie ist den Cousinen einfach davongelaufen und hat ihnen nur einen Brief dagelassen.«
Tante Patty bemühte sich, nicht zu lachen, und sogar Violet lächelte.
»Also, wer hätte das gedacht!« sagte Tante Patty. »Hat einfach den Koffer gepackt und ist hergekommen.«
»Mutterseelenallein, den ganzen Weg.« Violet machte ein bestürztes Gesicht.
»Sie ist fast siebzehn«, hielt ich ihnen entgegen.
»Ich kannte doch den Weg«, sagte Teresa. »Ich mußte zuerst nach London. Das war am schwierigsten. Aber der Schaffner war sehr hilfsbereit. Er hat mir alles erklärt.«
»Und die Cousinen?« fragte Violet. »Sie werden außer sich sein vor Sorge.«
»Eher vor Erleichterung«, berichtigte Teresa.
»Und du hast bloß einen Brief dagelassen?« fragte ich.
Teresa nickte.
»Ich werde ihnen sofort schreiben, daß du gut angekommen bist und sie um Erlaubnis bitten, daß du für den Rest der Ferien hierbleiben darfst.«
»Ich werde nicht zurückgehen, wenn sie nein sagen«, erklärte Teresa bestimmt. »Ich konnte es nicht ertragen, zu denken, daß Sie hier ohne mich warme Kreuzsemmeln essen.« Sie wandte sich an Violet. »Wie sind sie dieses Jahr geworden?«
»Nicht so gut wie letztes Jahr«, sagte Violet, wie nicht anders zu erwarten. »Ein paar haben beim Backen ihre Kreuze verloren.«
Teresa machte ein betrübtes Gesicht, und Violet fuhr fort: »Wir können ja noch eine Partie backen. Es steht nirgends geschrieben, daß man sie nur Karfreitag essen darf.«

»O ja«, jubelte Teresa.

Sie war wieder da. Es war wundervoll, und wir freuten uns alle.

Bald darauf erhielt ich einen Brief von den Cousinen. Sie dankten mir, daß ich mich um Teresa kümmerte. Sie wüßten, wie sehr sie die Ferien genossen hatte, die sie bei mir zu Hause verbrachte, aber sie wollten sie mir keineswegs aufdrängen, und wenn ich Teresas überdrüssig würde, sollte ich sie unverzüglich zurückschicken. Ich hatte sie um Erlaubnis gebeten, daß Teresa die Sommerferien bei uns verbringen dürfe, und diese wurde gnädigst – und, wie ich fand, nur zu gern – erteilt.

Als ich Teresa den Brief zeigte, war sie außer sich vor Freude.

Wir gingen ins Dorf, wo sie von den meisten wärmstens begrüßt und ihr von einigen vorgehalten wurde, daß sie nicht am Ostergottesdienst teilgenommen hatte.

Sie errötete vor Freude.

So wurden es doch noch glückliche Ferien. Aber bald war es Zeit für uns, zur Schule zurückzukehren – und das war das Ende der friedlichen Tage.

Der Ohrring mit dem Rubin

Ich bemerkte ihn in dem Augenblick, als ich aus dem Zug stieg. Emmet war gekommen, um uns zur Schule zu bringen, aber als wir auf den Bahnhofsvorplatz kamen, stand da die Kalesche der Verringers, und daneben er.

Er trat vor, den Hut in der Hand.

»Miss Grant, welche Freude, Sie zu sehen. Es ist so lange her.«

Ich war fassungslos. Niemals hätte ich erwartet, ihm so bald zu begegnen.

»So . . . Sie sind also wieder da«, sagte ich und dachte, wie töricht ihm eine solche Bekräftigung des Offensichtlichen vorkommen müsse. Damit hatte ich natürlich meine Verlegenheit verraten.

»Ich habe meine Kutsche hier. Machen Sie mir das Vergnügen, Sie zum Institut fahren zu dürfen?«

»Das ist sehr liebenswürdig von Ihnen«, erwiderte ich. »Aber Emmet ist mit dem Wagen der Schule hier, um uns abzuholen.«

»Das ist doch so ein alter Klapperkasten. In meiner Kutsche haben Sie es bequemer.«

»Wir sind mit Emmet ganz zufrieden, vielen Dank.«

»Ich werde es nicht zulassen. Emmet, Sie können das Gepäck nehmen und vielleicht Miss hm . . .«

Er sah Teresa an, die seinen Blick trotzig erwiderte. »Ich fahre mit Miss Grant.«

»Ausgezeichnet. Emmet, ich nehme die beiden Damen mit.«

»Sehr wohl, Sir Jason«, erwiderte Emmet.
Ich war wütend, aber es hätte lächerlich gewirkt, darüber ein Aufhebens zu machen. Das hätte einer eigentlich unbedeutenden Sache Gewicht verliehen. Andererseits hatte ich jedoch das Gefühl, daß alles, was mit ihm zusammenhing, von Bedeutung sei. Ich war wütend auf mich, weil ich nicht höflich und kühl ablehnte und ihm somit deutlich zu verstehen gab, daß ich ihm nicht zu Dank verpflichtet sein wollte.
»Es ist mir ein Vergnügen«, sagte er. »Sie können beide neben mir sitzen. Es ist Platz genug, und so können Sie die Landschaft am besten genießen. Ich dagegen werde Ihnen zeigen, was meine Pferde können. Ich bin nämlich sehr stolz auf sie.«
Und so setzten wir uns neben ihn und rollten vom Bahnhofsplatz auf die Feldwege.
»Ich hoffe, Sie hatten eine angenehme Reise«, sagte ich.
»Ach, man wird es bald leid, fern von zu Hause zu sein. Heimweh, nehme ich an. Man grübelt darüber nach, was man zurückgelassen hat. Haben Sie und Miss hm . . .«
»Hurst«, sagte ich.
»Miss Teresa, nicht wahr? Haben Sie Ihre Ferien genossen?«
»Ja sehr, nicht wahr, Teresa?«
»Am Schluß schon«, antwortete Teresa.
»Ach . . . nicht die ganzen Ferien?«
Teresa erklärte: »Zuletzt war ich bei Miss Grant, vorher bei meinen Cousinen. Da hat es mir überhaupt nicht gefallen.«
»Ich kann mir denken, wie vergnüglich es bei Miss Grant gewesen ist. Ich beneide Sie.«
Ich blickte starr geradeaus. »Hoffentlich begegnen wir auf diesem Weg keinem anderen Fahrzeug.«
»Ah, Erinnerungen. Falls doch . . .«
»Werden Sie natürlich darauf bestehen, daß es zurückweicht!«
»Selbstverständlich. Hoffentlich sehen wir uns in diesem Halbjahr ab und zu. Ich habe von Miss Hetherington erfahren, daß es im Sommer ein historisches Festspiel geben wird.

Wir im Herrenhaus sind daran ebenso beteiligt wie die Schule, da es um die Abtei geht.«
Wir? dachte ich. Wieso wir? Meint er sich und Marcia Martindale? Ist sie inzwischen Lady Verringer geworden?
»Ich erinnere mich an das letzte Mal. Das war vor einigen Jahren. Da hatten wir eine Gedenkfeier. Irgendwo müssen noch ein paar Kostüme sein. Damals hatten wir Schauspieler hier, die die Sachen zurückgelassen haben. Mönchskutten. Ich muß es Miss Hetherington sagen.«
»Interessant«, erwiderte ich kühl.
Wir hatten den schmalen Weg jetzt hinter uns.
»Geschafft«, sagte er mit einem Seitenblick zu mir. »Sie sind erleichtert, daß ich Sie nicht mit einer Zurschaustellung von Arroganz und Selbstsucht in Verlegenheit gebracht habe.«
Er hielt plötzlich an.
»Damit Sie sie ein paar Minuten bewundern können.« Er wies auf die Abtei. »Sieht großartig aus, nicht? So ähnlich muß sie vor sechshundert Jahren ausgesehen haben. Von hier aus vermutet man nicht, daß es eine Ruine ist, nicht wahr?«
»Ich kann die Schule sehen«, rief Teresa.
»Die ist gottlob keine Ruine. Ich weiß nicht, was wir ohne unsere gute Miss Hetherington mit ihren Schülerinnen und vorzüglichen Lehrerinnen anfangen würden.«
»Ich hätte nicht gedacht, daß es Ihnen im Herrenhaus so sehr darauf ankommt.«
»Aber ja. Das gibt dem Leben Würze. Und bedenken Sie, wie nützlich die Schule für meine Mündel ist. Wo würden sie sonst eine so gute Erziehung genießen? Wo sonst würden sie ihre Bildung erlangen? Man müßte sie in ein ausländisches Internat schicken. Wieviel bequemer ist es doch für sie, nur eine kurze Strecke von zu Hause entfernt zu sein.«
»Miss Hetherington würde sich über Ihre Bemerkungen freuen.«
»Ich habe es ihr schon so oft gesagt.« Er sah mich an. »Aber ich habe es nie so stark empfunden wie in letzter Zeit.«
»Ich nehme an, diese sentimentalen Gefühle kamen Ihnen, als

Sie fort waren. Es heißt, Abwesenheit steigert die Sehnsucht.«
»Zugegeben, bei mir hat sich die Abwesenheit so ausgewirkt.«
»Fahren wir weiter? Miss Hetherington macht sich gewiß Sorgen, wenn sie Emmet ohne uns zurückkehren sieht.«
»Glauben Sie, er ist schon da?«
»Er hat die Abkürzung genommen. Sie sind den Umweg gefahren, Sir Jason«, sagte Teresa.
Wir setzten die Fahrt fort und langten alsbald an der Schule an.
Miss Hetherington kam mit leicht verwirrtem Gesicht heraus, um uns zu begrüßen.
»Ah, da sind Sie ja, Miss Grant. Ich hatte mich schon gewundert. Und Teresa . . .«
»Ich war gerade am Bahnhof«, erklärte Jason Verringer. »Ich sah die Damen und dachte, es sei unhöflich von mir, wenn ich mich nicht erböte, sie mitzunehmen. Da ich sie nun wohlbehalten abgeliefert habe, sage ich *au revoir*. Übrigens, Miss Hetherington, wir haben im Herrenhaus noch ein paar Mönchskutten, die vom letzten Mal zurückgeblieben sind. Ich lasse sie durchsehen, oder könnte das jemand von Ihren Leuten besorgen? Vielleicht können Sie sie gebrauchen.«
»Vielen Dank. Ich werde Ihr freundliches Anerbieten gern annehmen, Sir Jason. Möchten Sie nicht doch hereinkommen?«
»Nein, nicht jetzt. Ich werde Sie später aufsuchen. Guten Tag, meine Damen.«
Er zog mit einer galanten Geste seinen Hut, dann trabten seine Pferde von dannen.
»Teresa«, sagte Miss Hetherington, »du gehst jetzt am besten auf dein Zimmer. Ich nehme an, du hast Miss Grant am Bahnhof getroffen?«
Teresa schwieg, und ich fiel rasch ein: »Ich werde es erklären. Geh nur, Teresa.«
»Emmet hat Ihr Gepäck heraufgebracht«, sagte Daisy. »Kommen Sie ins Arbeitszimmer.«

Ich folgte ihr, und als sich die Tür geschlossen hatte, erzählte ich Daisy von Teresa.
»Sie hat sie verlassen und ist ganz allein gereist! Ich hätte nie gedacht, daß Teresa den Mut dazu hätte.«
»Sie ist in letzter Zeit recht selbständig geworden.«
»Bei den Cousinen hat es ihr offensichtlich mißfallen. Ich habe ihnen geschrieben, und es wurde alles gütlich geregelt. Sie waren wirklich ziemlich erleichtert, das habe ich deutlich gemerkt. Ich habe ihre Einwilligung, daß Teresa die Sommerferien bei uns verbringen darf.«
Daisy nickte. »Daß sie ganz allein gereist ist, dafür sind wir nicht verantwortlich«, sagte sie. »Ich hoffe nur, Teresa gewinnt Sie nicht allzu lieb, Cordelia. Man muß mit dermaßen leicht beeinflußbaren Mädchen sehr vorsichtig sein.«
»Ich glaube, sie hängt mehr an Violet als an mir. Es ist erstaunlich, wie gut sich die beiden verstehen.«
Sie nickte, dann bemerkte sie: »Und Sir Jason ... ich war überrascht, Sie in seiner Kutsche zu sehen ... und dazu noch neben ihm.«
Ich erklärte ihr: »Es war, wie er gesagt hat. Er war dort – und so beharrlich. Ich konnte sein Anerbieten nicht ausschlagen, ohne unhöflich und ... grob zu wirken.«
»Ich verstehe. Seien Sie vor ihm auf der Hut. Er ist ein gefährlicher Mann.«
»Gefährlich ... inwiefern?«
»Ich wollte sagen, es wäre unklug für eine junge Frau in Ihrer Position, sich allzusehr mit ihm anzufreunden.«
»Das habe ich gewiß nicht vor.«
»Das will ich auch hoffen.«
»Ist er mit Mrs. Martindale verheiratet, oder steht das noch bevor?«
»Noch hat keine Hochzeit stattgefunden ... jedenfalls bis jetzt. Es wird viel geredet wie immer, seit Miss Martindale nach Krähenruh kam.«
»Sie ist jetzt dort, ja?«
»O ja. Sie ist seit ungefähr drei Wochen zurück. Er auch, und

jetzt warten die Leute die Entwicklung ab. Man ist allgemein der Meinung, daß sie heiraten werden. Das unerfreuliche Gerücht, daß er beim Tod seiner Frau nachgeholfen hat, damit er Miss Martindale heiraten kann, ist immer noch in Umlauf. Mir gefällt dieser Klatsch über jemanden, der so eng mit der Schule verbunden ist, ganz und gar nicht. Leider gehört ihm das Grundstück, und er tut viel für die Schule. Nach meiner Meinung sind diese Gerüchte barer Unsinn. Er mag in vieler Hinsicht ein Schurke sein, aber ich traue ihm nicht zu, seine Frau zu ermorden. Doch bis er verheiratet ist und sich alles beruhigt hat, wird man über ihn reden, fürchte ich. Unterdessen ist es für unsere Leute ratsam, möglichst Distanz zu wahren.«

»Das ist auch meine Meinung«, sagte ich. »Und es ist ganz gewiß auch meine Absicht.«

Daisy nickte zufrieden. »Es ist nicht leicht«, fuhr sie fort, »da er hier der Grundbesitzer ist und diese enge Verbindung zwischen Herrenhaus und Abtei besteht.«

Anschließend sah ich Eileen Eccles im Kalfaktorium und ging hinein, um ein wenig mit ihr zu plaudern.

»Willkommen in der Tretmühle«, begrüßte sie mich. »Hattest du schöne Ferien?«

»Ja, danke. Und du?«

»Es war wundervoll. Es ist so lange hin bis zu den Sommerferien, und dieses Halbjahr ist immer am schlimmsten. Wohl, weil der Wunsch, fortzukommen, stärker ist als sonst.«

»Na, hör mal«, lachte ich, »es hat doch noch gar nicht angefangen.«

»Ich glaube, es wird hart. Denk doch nur an dieses gräßliche Sommerspiel. Du hast ja keine Ahnung, bis du diese grauenhafte Arbeit mal selbst mitgemacht hast. Musikalische Zwischenspiele, Gesang im Schatten des großen Mittelschiffs, Herumschleicherei in weißer Vermummung, den Kutten unserer Stifter . . . Aufführung eines kleinen Historienspiels . . . erster Akt die Errichtung der Abtei; zweiter Akt die Zerstörung, und dritter Akt der Aufstieg des Phönix – unseres lieben Instituts für junge Damen.«

»Du kannst jedenfalls darüber lachen.«
»Lache, meine liebe Cordelia. Man muß lachen oder weinen.«
»Ich denke, wir werden während der Vorbereitung eher ersteres tun.«
»Und danach – segensreiche Freiheit. Behalte sie in den Wochen der Plackerei und Auseinandersetzungen im Auge: das Licht am Ende des Tunnels. Übrigens, du bist ja höchst vornehm zurückgekommen.«
»Ach, das weißt du schon?«
»Meine liebe Cordelia, das wissen alle. Du bist für jedermann sichtbar neben ihm gesessen. Hier ist nicht nur die Heimat von dicker Sahne und Apfelmost, sondern auch die von Skandalen und Klatsch. Das sind hier die Hauptgewerbezweige.«
»Wegen mir gibt es keinen Skandal, dazu besteht kein Anlaß, da kannst du sicher sein.«
»Da bin ich aber froh. Es wäre mir gar nicht lieb, wenn du erdolcht würdest, und deine erbärmlichen Überreste würden unter dem Altarraum der Ruine begraben . . . oder deine Leiche würde in einer dunklen Nacht in die Fischteiche geworfen. Madam Martindale macht auf mich den Eindruck, daß sie sich der Methoden der Borgias oder Medicis bedient, wenn sie die Laune ankommt.«
»Sie wirkt allerdings ein wenig theatralisch.«
»Und entschlossen, ihr Ziel zu erreichen, und das, meine liebe Cordelia, sind das Herrenhaus und der damit verbundene Titel. Dafür nimmt sie Sir Jason gern mit in Kauf, und wehe allen Rivalinnen, die ihr diese begehrenswerte Partie streitig machen.«
»Was du für einen Unsinn redest«, sagte ich lachend. »Ich versichere dir, eine Fahrt in einer Kutsche bedeutet keinen Heiratsantrag – oder die Absicht, einen solchen zu machen.«
»Ich glaube, er hat vielleicht trotzdem ein Auge auf dich geworfen. Du bist ja schließlich nicht uncharmant.«
»Oh, vielen Dank! Du hast gesagt, Klatsch und Skandale sind

in dieser Gegend zu Hause. Ich dagegen glaube, manche Leute leiden an einer zu lebhaften Phantasie. Ich kenne Jason Verringer kaum, und das Wenige, was ich von ihm weiß, gefällt mir durchaus nicht.«
»Dann laß es dabei, Cordelia. Sei eine kluge Jungfrau.«
Ich lachte mit ihr. Es war schön, wieder hier zu sein.

Obwohl ich mir einredete, daß Jason Verringer mich nicht das geringste angehe, wurde mir in den folgenden Tagen immer mehr bewußt, daß dem nicht so war. Ging ich hinaus, hielt ich nach ihm Ausschau; als ich ihn einmal aus dem Herrenhaus kommen sah, machte ich kehrt und galoppierte so schnell wie möglich fort. Ich glaube, er hatte mich gesehen, da er aber zu Fuß war, hätte er mich nicht einholen können ... falls dies seine Absicht gewesen wäre.
Wenn ich in meiner Freizeit ausritt, begegnete ich ihm häufig, und mir wurde klar, daß er diese Begegnungen suchte. In meiner Stellung war es nur natürlich, daß ich zu geregelten Zeiten Ausgang hatte, und er hatte bald entdeckt, wann.
Das erschreckte und fesselte mich zugleich; und wenn ich ganz ehrlich zu mir war, mußte ich zugeben, daß er mir beileibe nicht gleichgültig war, obwohl mir das eigentlich nicht paßte.
Er drängte sich nicht nur in meine freien Nachmittage, sondern auch in meine Gedanken. Wann immer sein Name fiel – was häufig geschah, denn man konnte kein Geschäft betreten, ohne von ihm oder seinen Affären zu hören –, gab ich vor, nicht interessiert zu sein, dabei versuchte ich die ganze Zeit, soviel wie möglich in Erfahrung zu bringen.
Ich war sehr naiv. Meine einzige Begegnung mit einem Mann war die mit Edward Compton gewesen, und je mehr Abstand ich dazu bekam, desto mehr erschien sie mir wie ein Traum. Hätte ich mehr Erfahrung mit Männern gehabt, so wäre ich vielleicht beunruhigter gewesen. So aber ließ ich mich in Jasons Bann ziehen, und er, ein Mann, der eine gründliche

Kenntnis von Frauen besaß, durchschaute meine Gefühle und beschloß, sie auszunutzen.
Er fühlte sich zu mir hingezogen von dem Augenblick an, als er mich mit Emmet auf dem Kutschbock sah, und wenn ihn eine Frau interessierte, ließ er sich von nichts abbringen.
Und deshalb stellte er mir nun nach.
Mein bissiges Verhalten schreckte ihn nicht im geringsten. Wäre ich klüger gewesen, hätte ich wissen müssen, daß es ihn nur um so mehr reizte.
Für einen Mann, der im Begriff war, eine andere Frau zu ehelichen, war dies schändlich. Ich machte mir vor, daß sein Benehmen mir gegenüber nicht anders war, als er es gegenüber jeder einigermaßen gutaussehenden Frau an den Tag gelegt hätte. Daran war nichts Besonderes.
Aber dem war natürlich durchaus nicht so.
Einmal ritt ich nachmittags aus, als er herbeigaloppiert kam und sich mir zugesellte.
»Welch angenehme Überraschung«, sagte er ironisch, denn er hatte offensichtlich auf mich gewartet. »Sie haben gewiß nichts dagegen, wenn ich mit Ihnen reite.«
»Eigentlich reite ich lieber allein«, sagte ich kurz. »Dann kann man sein Tempo selbst bestimmen.«
»Ich werde mich Ihnen anpassen. Was für ein herrlicher Nachmittag! Für mich um so mehr, da ich Ihnen begegnet bin.«
Ich tat diese Bemerkung achselzuckend ab und sagte, ich müsse bald zur Schule zurück. »Es gibt sehr viel zu tun«, fügte ich hinzu.
»Wie schade. Wegen dieser Sommerorgie?«
Ich mußte unwillkürlich lachen. »Ich glaube, das würde Miss Hetherington nicht gerne hören.«
»Ich möchte, daß sich jemand die Kostüme ansieht, um festzustellen, ob sie noch zu gebrauchen sind. Wollen Sie nicht ins Herrenhaus kommen? Ich würde sie Ihnen gern zeigen.«
»Das ist Miss Barstons Ressort. Sie ist die Handarbeitslehrerin.«

»Die Kostüme müssen nicht genäht werden. Sie sind schon fertig.«
»Vielleicht müssen sie ein wenig ausgebessert und verändert werden für diejenigen, die sie tragen sollen. Ich werde Miss Hetherington sagen, daß Sie wünschen, daß Miss Barston vorbeikommt.«
»Ich hatte gehofft, daß Sie kommen würden. Es geht schließlich darum, wie die Kostüme getragen werden sollen . . . und dergleichen.«
»Auf wie viele Arten kann eine Zisterzienserkutte wohl getragen werden?«
»Sie müßten das wissen. Deshalb möchte ich, daß Sie kommen.«
»Eigentlich brauchen Sie aber Miss Barston.«
»Ich brauche keine Miss Barston. Ich brauche Miss Grant.«
Ich sah ihn mit kühler Verwunderung an.
»Ja«, fuhr er fort. »Warum sind Sie so abweisend? Haben Sie Angst vor mir?«
»Ich und Angst vor Ihnen! Warum sollte ich?«
»Nun ja, ich werde doch immer als Unhold dargestellt, oder?«
»Sind Sie einer? Ich dachte, Sie seien ein Witwer, der im Begriff ist, wieder zu heiraten.«
Er brach in Gelächter aus. »Ach, das ist es! Was man über mich erzählt, ist wirklich sehr amüsant. Früher bekam mein Bruder auch etwas ab. Jetzt muß ich alles allein über mich ergehen lassen.«
»Ihr Leben ist sicher sehr abwechslungsreich. Sie geben der Nachbarschaft bestimmt genügend Stoff zum Reden.«
»So bin ich doch zu etwas gut. Cordelia, warum können wir nicht . . . Freunde sein?«
»Man nimmt sich nicht einfach vor, Freunde zu sein. Freundschaft muß wachsen.«
»Dann geben Sie unserer eine Chance, ja?«
Mein Herz schlug schneller als angemessen. Er hatte wahrhaftig eine starke Wirkung auf mich.

»Alles hat seine Chance«, sagte ich.
»Sogar ich ... bei Ihnen?«
Ich gab meinem Pferd die Sporen und verfiel in leichten Galopp, dann wendete ich und galoppierte über ein Feld.
Er blieb den ganzen Weg an meiner Seite. Ich mußte anhalten, als wir an die Straße kamen.
»Das tut gut«, sagte er.
Ich stimmte ihm zu.
»Ich muß jetzt umkehren. Ich darf mich nicht verspäten. In einer Stunde beginnt mein Unterricht, und ich muß mich noch umziehen.«
Er nickte und ritt neben mir. Er kam nicht ganz mit bis zur Schule. Ich hätte gern gewußt, ob er nicht wünschte, daß der Klatsch Marcia Martindale zu Ohren kam, oder ob er dachte, das Gerede würde mir mißfallen, so daß ich mich weigern würde, wieder mit ihm zu reiten.
Ich ging in die Schule, zog Rock und Bluse an und eilte zu meiner Klasse.
Aber ich mußte unentwegt an ihn denken.

Zwei Tage später ritt ich in meiner Mittagspause nicht aus. Ich war sicher, daß ich ihm dabei wieder begegnen würde. Deshalb schlenderte ich durch die Ruinen der Abtei.
Dort war es still und friedlich, doch gleichzeitig hatte ich ein unheimliches Gefühl wie immer, wenn ich allein in den Ruinen war. Das lag wohl an der allgegenwärtigen Geschichte des Ortes, an dem Bewußtsein, daß dies einst eine blühende Gemeinschaft frommer Männer war, die ihrer Arbeit nachgingen ... und dann kam plötzlich der große Schlag, und anstelle der stillen Schönheit und Frömmigkeit war nur noch eine Ruine da. Sie war freilich immer noch schön. Ihre Schönheit konnte nicht vollends vernichtet werden. Sie war eine Freude für immer – auch wenn die Wandalen alles getan hatten, um sie zu zerstören. Vieles von der Abtei war stehengeblieben, und noch war sie überaus eindrucksvoll mit ihren steinernen

Mauern – ohne Dach –, die bis an den Himmel zu reichen schienen.
Ich ging durch das Quer- und das Mittelschiff und blickte zu dem blauen Himmel über mir hinauf, kam durch die Binnenvorhalle an der Westseite der Basilika, und nachdem ich um das Gotteshaus und die Abtsklause herumgegangen war, ließ ich die Ruinen ein Stück hinter mir und schlenderte zu den Fischweihern.
Eine Weile stand ich dort und sah dem Wasser zu, das von einem Teich zum anderen floß. Es waren ihrer drei, der zweite niedriger als der erste, der dritte wieder niedriger als der zweite, so daß dort, wo sie ineinanderflossen, sich kleine Wasserfälle bildeten. Ein wirkungsvoller, hübscher Anblick.
Ich stand tief in Gedanken am Wasser, als ich Schritte hörte. Ich drehte mich abrupt um und sah Jason Verringer.
Er kam lächelnd näher, mit dem Hut in der Hand.
»Was wollen Sie hier?« fragte ich und erkannte sofort die Dummheit und Unverschämtheit einer derartigen Frage. Schließlich waren die Ländereien der Abtei sein Eigentum. Er konnte gehen, wohin er wollte.
Er lächelte immer noch.
»Raten Sie«, sagte er. »Nur einmal . . . nicht dreimal wie üblich . . . weil die Antwort auf der Hand liegt. Ich will's Ihnen sagen. Ich wollte Sie sehen.«
»Aber woher wußten Sie . . .?«
»Das ist wirklich ganz einfach. Sie sind nicht ausgeritten, also stand alles dafür, daß Sie einen Spaziergang machten. Wohin? Die Ruinen sind unwiderstehlich, nicht wahr? Daher habe ich mein Pferd nicht weit von hier angebunden und bin durch die Ruinen gewandert. Ich sah Sie die Teiche bewundern. Sie sind sehr schön, nicht?«
»Ja. Ich habe mir vorgestellt, wie die Mönche hier beim Angeln saßen.«
»Wie der wackere Emmet, nicht wahr, der Sie mit dem Fisch versorgt, den Sie bei Tisch verzehren.«
»Ganz recht.«

»Das gehört zu den Vorrechten, die Miss Hetherington mir entlockt hat.«
»Ich bin überzeugt, sie weiß das zu würdigen.«
»Daran läßt sie es niemals fehlen. Ich schätze sie wirklich sehr. Wenn die Schule nicht in Betrieb ist, ist es hier äußerst langweilig.«
»Nicht möglich, bei dem großen Anwesen und ... all Ihren Betätigungen.«
»Es fehlt dennoch etwas ... etwas sehr Reizvolles.«
Ich lachte. »Sie übertreiben natürlich. Schließlich waren Sie im Winter die meiste Zeit im Ausland.«
»Nur dieses Jahr. Die Umstände waren anders als sonst.«
»Ja, sicher. Angeln Sie machmal in diesen Teichen?«
Er schüttelte den Kopf. »Aber ein paar von meinen Leuten. Der Fisch ist ausgezeichnet, und gelegentlich findet der eine oder andere seinen Weg auch auf unsere Tafel.«
Ich nickte und sah auf die Uhr, die ich an meiner Bluse befestigt hatte.
»Es ist noch nicht an der Zeit«, sagte er. »Warum achten Sie jedesmal, wenn wir uns treffen, so sehr darauf, wann wir uns trennen müssen?«
»Das Leben einer Lehrerin wird von der Zeit bestimmt. Das müßten Sie doch wissen.«
»Die Mönche haben sich nach Glocken gerichtet. Sie sind wie sie.«
»Ja, mag sein. Und meine freie Zeit am Nachmittag liegt zwischen den Unterrichtsstunden.«
»Das macht es einfach, zu erfahren, wann Sie erreichbar sind. Sie müssen einmal abends mit mir im Herrenhaus speisen.«
»Ich glaube, Miss Hetherington würde das für unschicklich halten.«
»Miss Hetherington habe ich nicht eingeladen. Bestimmt sie Ihr Leben?«
»Die Leiterin einer solchen Schule hat natürlich einen großen Einfluß auf das Benehmen ihrer Leute.«
»Auch auf die Wahl ihrer Freunde? Auf die Entscheidung,

welche Einladungen sie annehmen? Kommen Sie, Sie sind zwar in einer Abtei, aber es sind nur Ruinen. Sie sind keine Nonne, die an ein Gelübde gebunden ist.«

»Es ist liebenswürdig von Ihnen, mich einzuladen, aber ich kann unmöglich annehmen.«

»Es gibt bestimmt einen Weg.«

»Ich sehe keinen.«

Wir waren an den Teichen entlangspaziert. Plötzlich blieb er stehen und legte seine Hände auf meine Schultern.

»Cordelia«, begann er, »angenommen, Miss Hetherington ist einverstanden, würden Sie dann mit mir speisen?«

Ich zögerte, und da sagte er: »Sie würden kommen.«

»Nein . . . nein . . . ich glaube, das wäre nicht sehr . . . angebracht. Und da es nicht in Frage kommt, halte ich es für sinnlos, darüber zu reden.«

»Ich gewinne Sie allmählich sehr lieb, Cordelia.«

Ich schwieg einen Augenblick und ging weiter. Er schob seinen Arm durch den meinen. Die Berührung machte mich sehr verlegen.

»Ich glaube, Sie haben eine Menge Leute gern«, erwiderte ich.

»Das ist ein Zeichen meiner anhänglichen Natur. Aber Sie habe ich besonders gern.«

Ich löste mich von ihm und sagte: »Es ist Zeit, daß ich umkehre. Ich wollte nur einen kurzen Spaziergang durch die Ruinen machen.«

»Oh, ich weiß, Sie hören allerhand über mich, aber Sie dürfen sich nicht davon beirren lassen. Diese Geschichten werden seit Hunderten von Jahren verbreitet. Im Augenblick bin ich hier, deshalb bin ich die Hauptfigur aller Skandale. Meine sämtlichen Vorfahren erlitten dasselbe Schicksal. Frevelhafte Ungeheuer hat man sie allesamt genannt. Wir haben immer nur darüber gelacht. Sollen sich die Leute doch auf unsere Kosten amüsieren, haben wir gesagt. Ihr Dasein ist so fade. Gönnen wir es ihnen, durch uns ein Leben aus zweiter Hand zu führen. Es gibt sogar eine Geschichte über diese Fischweiher. Haben Sie gehört, daß mein Ururgroßvater einen Mann ermordet und seine Leiche in diese Teiche geworfen haben soll?«

Ich sah auf das Wasser, und mich schauderte.

»Die Teiche münden in den Fluß«, fuhr er fort, »der an dieser Stelle eine starke Strömung hat. Ich zeige es Ihnen. Kommen Sie mit dort hinüber. Der Fluß ist hier nur wenige Meilen vom Meer entfernt ... das arme Opfer wurde fortgetragen, und seine Knochen liegen jetzt irgendwo auf dem Meeresgrund.«

Wir waren am letzten Teich angelangt. Es stimmte, was er gesagt hatte. Der Fluß hatte hier eine starke Strömung zur See hin.

»Dieser hemmungslose Verringer begehrte die Frau eines anderen. Er ging mit dem Ehemann zu den Teichen, gab ihm einen Schlag auf den Kopf, warf ihn ins Wasser und ließ seine Leiche ins Meer treiben. Zu seinem Pech gab es einen Zeugen für die Untat. Deshalb wissen wir davon. Doch es focht ihn nicht an. Er ehelichte die Dame seiner Wahl, und sie wurde eine von uns. Sie sehen, wir sind wirklich eine verruchte Bande.«

»Sie besitzen zufällig die Berichte über Ihre Familie, auch wenn sie nur mündlich überliefert sind. Wenn wir alle unsere Familiengeschichte so weit zurückverfolgen könnten, würden wir vielleicht auch auf schwarze Schafe stoßen, über die man lieber nicht spricht.«

»Ein hübscher Gedanke. Eine angenehme Vorstellung, daß wir nicht die einzigen Bösewichte im Lande sind.«

Von oben war ein Geräusch zu vernehmen. Ich drehte mich um und sah Teresa auf dem Hang stehen, der sich zu den Teichen hinabsenkte.

»Suchst du mich, Teresa?« rief ich.

»Ja, Miss Grant. Miss Barston hat Kopfweh und möchte, daß Sie heute nachmittag ihre Klasse beaufsichtigten, falls Sie frei sind. Sie sagt, Sie haben nichts weiter zu tun, als aufzupassen. Sie hat den Mädchen eine Arbeit aufgegeben.«

»Selbstverständlich. Ich komme sofort. Leben Sie wohl, Sir Jason.«
Er verbeugte sich vor Teresa, dann ergriff er meine Hand und drückte einen Kuß darauf. »Es war ein sehr vergnüglicher Nachmittag für mich«, sagte er.
Ich ging zu Teresa. Sie erklärte: »Ich hab' gesehen, daß Sie nicht ausgeritten sind, und da dachte ich mir, daß Sie einen Spaziergang durch die Ruinen machten.«
»Ich bin zu den Teichen hinuntergegangen, und dort habe ich zufällig Sir Jason getroffen.«
»Ich mußte Sie leider stören. Miss Barston hat gemeint . . .«.
»Das war ganz richtig von dir, Teresa.«
»Hoffentlich sind Sie mir nicht böse.«
»Aber nein. Ehrlich gesagt, ich wollte sowieso gehen.«
Teresa nickte. Sie wirkte ganz zufrieden.

Daß er mir nachstellte, fiel den Leuten bereits auf. Er besaß die Unverfrorenheit, Miss Hetherington in der Schule aufzusuchen und ihr vorzuschlagen, ich möge ins Herrenhaus kommen, um die Kostüme zu begutachten. Sie berichtete mir, als sie ihm erklärte, das sei Miss Barstons Aufgabe, habe er erwidert, man müsse den Mädchen beibringen, die Kostüme entsprechend würdevoll zu tragen, und ich mit meiner vorzüglichen Ausbildung solle diejenige sein, die sie begutachtete.
»Es war so offenkundig«, berichtete Daisy. »Er wußte es, und es war ihm klar, daß auch ich es wußte, so daß ich unwillkürlich lachen mußte . . . und er stimmte ein. Ich sagte fest: ›Nein. Miss Barston und sonst keine‹, und er erwiderte, er werde Bescheid geben, wann es genehm sei. Vermutlich werden wir nichts mehr davon hören. Ich weiß nicht, was ich dazu sagen soll, Cordelia. Er hat offensichtlich eine Schwäche für Sie. Sie sind jung und hübsch, und er ist, ehrlich gesagt, ein Wüstling. Er sollte sich aber seine Frauen nicht in anständigen Gefilden suchen. Er hat diese Frau in Krähenruh einquartiert

und sollte wissen – wenn er nicht in seiner Stellung wäre –, daß das genügt, um ihn von unserem Bezirk auszuschließen. Leider ist er nun mal unser Hausherr, und er könnte uns jeden Moment hinauswerfen, wenn ihn die Laune überkäme. Außerdem haben wir zwei Schülerinnen vom Herrenhaus, die äußerst einträglich sind. Es ist eine vertrackte Situation. Glauben Sie, daß Sie damit fertigwerden? Sie sind doch eine vernünftige junge Frau.«
»Ich glaube schon. Er lauert mir zuweilen auf, wenn ich ausreite, und neulich traf ich ihn sogar an den Fischteichen.«
»Du meine Güte ... Natürlich steht es ihm zu, sich dort aufzuhalten. Wir können ihn schließlich nicht von seinem eigenen Grund und Boden verbannen.«
Ich glühte förmlich vor Erregung, und wenn ich ehrlich war, konnte ich nicht gerade behaupten, daß ich seine Nachstellungen mißbilligte. Es war überaus schmeichelhaft, und ich wäre eine sehr ungewöhnliche Frau, wenn ich unempfänglich für Schmeicheleien wäre.
Als ich das nächste Mal in die Stadt kam, redete Mrs. Baddicombe auf mich ein.
»Ich wette, bald läuten die Hochzeitsglocken«, vertraute sie mir an. »Wie ich höre, bereitet man sich in Krähenruh darauf vor. Mrs. Gittings war gestern hier ... heut reist sie ab, sie nimmt die Kleine mit zu ihrer Schwester nach Dartmoor. Richtig gefreut hat sie sich. Man kann sich denken warum. Muß 'n komischer Haushalt sein da in Krähenruh.«
»Ich weiß, Mrs. Gittings freut sich jedesmal, wenn sie ihre Schwester besucht.«
»Schätze, wenn die Kleine nicht wär', würd' sie dort nicht arbeiten. Sie lebt ja förmlich für das Kind. Armes kleines Ding. Ein Segen, daß sich wenigstens eine 'n bißchen um sie kümmert. Schätze, sie wollen sie bei der Hochzeit aus'm Weg haben. Gehört sich auch so für ihresgleichen ... schließlich hätte sie erst *nach* der Trauung auftauchen dürfen, nicht vorher.«
»Sie meinen, daß Mrs. Gittings mit dem Kind verreist, bedeutet ...«

»Aber selbstverständlich, meine Liebe. Es gibt eine Hochzeit, darauf können Sie sich verlassen. Der Pfarrer würde die Trauung bestimmt lieber nicht vornehmen, aber was kann er schon machen? Er will doch seine Stelle nicht verlieren, nicht wahr?«

»Es muß aber nicht unbedingt auf eine Hochzeit hindeuten«, wandte ich ein.

»Was denn sonst? Und wenn jetzt nicht die Zeit dafür ist, wann dann? Ist 'n Jahr her, seit die arme Selige von uns gegangen ist. Er hat sein Jahr abgewartet, und bedenken Sie, die Verringers haben noch keinen männlichen Erben. Das muß schließlich bedacht werden. Denken Sie an meine Worte, es gibt eine Hochzeit, ganz bestimmt!«

Ich kam ganz niedergeschlagen aus dem Laden. Konnte Mrs. Baddicombe recht haben? Aber wenn er im Begriff zu heiraten wäre, würde er doch gewiß kein solches Interesse an mir bekunden?

Ein paar Tage später ließ Miss Hetherington mich rufen.

»Ich habe hier ein Schreiben von Sir Jason«, begann sie. »Er wünscht, daß Sie ins Herrenhaus kommen, um mit ihm über Fionas und Eugenies weitere Entwicklung zu sprechen.«

»Ins Herrenhaus . . . ich! Aber er möchte doch sicher mit Ihnen darüber sprechen.«

»Das dachte ich auch, aber er schreibt weiter, daß er sich Gedanken macht über Fionas Einführung in die Gesellschaft, wenn sie uns nächstes Jahr verläßt. Er meint, da Sie in Schaffenbrucken ausgebildet wurden, kann er mit Ihnen über diese Dinge reden und über den besonderen Unterricht, der dafür vonnöten ist.«

»Aber ich weiß nichts über die Einführung von Mädchen in die englische Gesellschaft!«

»Er hat bei den Mönchskutten den kürzeren gezogen, aber er gibt niemals auf. Ich möchte wissen, was ich ihm sagen soll.«

»Ich könnte ja ins Herrenhaus gehen.«

»Meine liebe Cordelia, ich frage mich, ob das klug wäre.«

»Ich glaube, ich kann ohne weiteres hingehen. Wie ich höre, steht seine Hochzeit unmittelbar bevor.«

»Tatsächlich?«

»Mrs. Baddicombe sagt es jedenfalls.«

»Natürlich! Unser Nachrichtenbüro!« meinte Daisy. »Aber ich glaube, die Neuigkeiten, die sie verbreitet, sind nicht immer wahr.«

»Laut Mrs. Baddicombe ist Mrs. Gittings mit dem Kind abgereist, dessen Anwesenheit unter den gegebenen Umständen peinlich sein könnte.«

Daisy zuckte die Achseln. »Ich wünschte wirklich, er würde sich sittsamer benehmen. Aber solange es sich nicht nachteilig auf die Schule auswirkt, geht es uns wohl nichts an.«

»Ich wüßte nicht, wie sich sein Benehmen auf die Schule auswirken könnte. Angenommen, ich ginge hin und würde die Mädchen mitnehmen. Sozusagen als Anstandsdamen.«

»Hm«, schnaubte Daisy. »Es ist wirklich lächerlich. Das Verdrießliche daran ist, daß er es weiß und sich über uns lustig macht.«

»Ja, ich glaube auch, er will uns necken«, sagte ich. »Aber wie dem auch sei, ich nehme an, er wird bald heiraten, und vielleicht ändert er sich dann.«

»Das möchte ich stark bezweifeln. Schließlich kann niemand aus seiner Haut.«

»Es heißt aber auch, bekehrte Wüstlinge werden die besten Ehemänner.«

»Ach du meine Güte, es ist wirklich absurd. Glauben Sie, Sie könnten damit fertigwerden, Cordelia?«

»Ja. Ich nehme die Mädchen mit und bestehe darauf, daß sie bei der Unterredung zugegen sind.«

»Ich bin überzeugt, er wird irgendwie versuchen, Sie zu überlisten, um mit Ihnen allein zu sein.«

»Das hat er bereits ein- oder zweimal getan, aber ich denke, er wird es aufgeben, wenn ich ihm deutlich zeige, daß ich keinen Wert auf seine Gesellschaft lege.«

Sie sah mich eindringlich an. »Und Sie zeigen es ihm, Cordelia?«

»Aber selbstverständlich.«
»Man sagt, er ist ein äußerst attraktiver Mann. Ich verstehe nicht viel von diesen Dingen, aber ich weiß, daß Wüstlinge mancherorts als attraktiv gelten.«
»Das ist eine romantische Erfindung, Miss Hetherington. Mit dem wirklichen Leben hat das nichts zu tun.«
»Sie wirken sehr sicher.«
»Was ihn anbelangt, bin ich es auch.«
»Nun gut, gehen Sie mit den Mädchen hin und schauen Sie, was dabei herauskommt. Ich sehe nicht ein, wieso er nicht mit mir über ihre Zukunft sprechen kann.«
So kam es, daß ich an jenem Nachmittag im Mai, der sich für die Zukunft als so wichtig erweisen sollte, im Herrenhaus war.
Ich brach am frühen Nachmittag mit Fiona und Eugenie auf; die kurze Strecke zwischen Schule und Herrenhaus war rasch zurückgelegt.
Fiona war zurückhaltend und nett; Eugenie war unverfroren wie immer – ein wenig mürrisch, weil sie das nachmittägliche Ausreiten mit den Mädchen, darunter auch Charlotte Mackay, versäumte.
Als wir beim Herrenhaus anlangten, begaben wir uns geradewegs zu den Stallungen. Jason Verringer war dort und schien uns bereits ungeduldig zu erwarten.
Er half mir beim Absteigen. »Auf die Minute«, stellte er fest. »Ich liebe Pünktlichkeit.«
Ein Stallknecht war herbeigekommen, um die Pferde zu übernehmen. Eugenie tätschelte das ihre und gab dem Knecht ihre Anordnungen.
»Ich habe zwei neue Pferde«, wandte sich Jason an Eugenie. »Ich bin recht stolz auf sie. Ich zeige sie dir noch, Eugenie, bevor ihr geht.«
»O ja, gern«, rief Eugenie mit leuchtenden Augen und sah dabei richtig hübsch aus.
Ich sah auf dem Kopfsteinpflaster etwas liegen und hob es auf. Es war ein Ohrring – sehr groß, etwas bizarr, mit einem erbsengroßen, von Diamanten eingefaßten Rubin.

»Seht euch das an!« rief ich.

Ich hielt ihn in der ausgestreckten Hand, und die Mädchen beäugten ihn.

»Ich weiß, wem er gehört«, sagte Eugenie. »Ich hab' sie an ihr gesehen. Er gehört Mrs. Martindale.« Sie hatte etwas Boshaftes in den Augen, was zu einem so jungen Mädchen gar nicht paßte. »Es ist ihrer, nicht wahr, Onkel Jason?«

»Könnte sein«, meinte er.

»Sie wird ihn bestimmt vermissen«, sagte Fiona. »Was nützt ihr ein Ohrring ohne den anderen?«

»Willst du ihn ihr zurückgeben, Onkel Jason?« fragte Eugenie mit anzüglichem Grinsen. »Oder könnte ich ihn ihr bringen. Ich kann ihn abgeben, wenn ich morgen bei ihr vorbeireite.«

»Tu das«, sagte Jason Verringer. »Wenn er wirklich ihr gehört, wird sie froh sein, ihn wiederzuhaben.«

»Ich wüßte nicht, wem er sonst gehören könnte«, spöttelte Eugenie. »Sie, Miss Grant?«

»Ich weiß es bestimmt nicht«, sagte ich. »Ich habe ihn noch nie gesehen.«

Eugenie steckte ihn in ihre Tasche. »Zeig uns die Pferde, Onkel Jason«, bat sie.

Er sah mich achselzuckend an.

»Ah, da ist Mrs. Keel. Mrs. Keel, führen Sie Miss Grant bitte in den Salon. Sind die Bücher aus der Bibliothek dort?«

»Ja, Sir Jason.«

»Fein. Wir kommen sofort. Die Mädchen sind so gespannt auf die neuen Stuten.«

Er lief über den Hof, die beiden Mädchen ihm dicht auf den Fersen. Ich wollte ihnen folgen, aber Mrs. Keel sprach mich an. »Miss Eugenie ist verrückt nach Pferden. So war sie schon immer. Würden Sie bitte mitkommen, Miss Grant.«

Ich kam mir albern vor. Offenbar war dies genau geplant gewesen. Aber die Mädchen waren ja nur die Pferde anschauen gegangen. Mir blieb nichts anderes übrig, als Mrs. Keel ins Haus zu folgen.

Wir traten in die große Halle, die ich an jenem denkwürdigen Abend durchquert hatte, als ich mit ihm dinierte und anschließend in dem dämmrigen Innenhof saß.
Wir gingen die große Treppe mit den schön geschnitzten Antrittspfosten hinauf, auf denen die Tudorrosen und, ein wenig schwächer, die Lilien erhaben hervorstanden, und ich wurde in einen getäfelten Raum mit dicken roten Teppichen und schweren roten Samtvorhängen geführt. Unter einem Gitterfenster stand ein geschnitzter Tisch, auf dem mehrere Bücher gestapelt lagen. Auf einem kleineren Tisch war ein Silbertablett mit Tassen und Untertassen.
»Wenn Sie bitte Platz nehmen wollen, Miss Grant. Die anderen werden bald hier sein. Ich bringe den Tee, sobald geläutet wird.«
»Danke«, sagte ich. Sie ließ mich allein. Mir war nicht ganz geheuer. Hier war ich nun, eben angekommen, allein in diesem Haus.
Ich blickte mich im Zimmer um. Dies war sein Privatheiligtum. An den Wänden hingen zwei wunderschöne Gemälde. Eins stellte eine Frau dar – offenbar eine Verringer. Es hätte ein Gainsborough sein können. Das andere war eine Landschaft. Ein Bücherschrank mit Glastüren stand im Zimmer. Ich betrachtete die Bücher. Ein paar Gedichtbände. Merkwürdig, ich konnte mir nicht vorstellen, daß er Gedichte las. Der Rest waren hauptsächlich geschichtliche Werke.
»Na, schätzen Sie meine Lesegewohnheiten?«
Ich hatte ihn nicht hereinkommen hören. Abrupt drehte ich mich um und sah zu meiner Bestürzung, daß er allein war.
»Wo sind die Mädchen?« wollte ich wissen.
»Vielleicht sind Sie jetzt ein wenig verstimmt. Machen Sie ihnen keine Vorwürfe. Sie wissen ja, wie junge Mädchen sind, wenn es um Pferde geht.«
»Ich dachte, sie sind hier, um über . . .«
»Das sollten *Sie* tun. Ich habe nicht vorgeschlagen, daß sie mitkommen. Ich halte es sogar für besser, wenn sie nicht dabei sind. So können wir offener über sie sprechen. Eugenie

wollte die Pferde unbedingt ausprobieren, und sie hat Fiona mit ihrer Begeisterung angesteckt. Deshalb habe ich ihnen erlaubt, eine halbe Stunde auf der Koppel zu reiten. Sie kommen nachher zum Tee.«
Er lächelte mich an, und ich las in seinen Augen schelmischen Triumph.
Er hatte wieder einmal gewonnen.
Ich war entschlossen, mir meinen Unmut nicht anmerken zu lassen. Und wenn ich ehrlich war, mußte ich zugeben, daß ich ganz froh war, die Mädchen los zu sein. Eugenie hatte manchmal wirklich eine unangenehme Art, und Fiona neigte dazu, sich dem Verhalten derer anzupassen, mit denen sie zusammen war. Allein war sie ein ausgesprochen fügsames Mädchen, nicht aber in Gesellschaft von Eugenie und Charlotte Mackay.
»Worüber wünschen Sie zu sprechen?«
»Nehmen Sie Platz. Möchten Sie sich vielleicht meine Bücher ansehen? Ich habe Ihnen nämlich etwas Interessantes zu zeigen und sie deshalb eigens aus der Bibliothek heraufbringen lassen. Ich dachte, hier oben ist es bequemer. Da Sie sich so für die Abtei interessieren, wollte ich Ihnen allerlei zeigen.«
»Ich sehe sie mir natürlich gerne an, aber sollten wir nicht zunächst zum Grund meines Hierseins kommen? Weshalb sorgen Sie sich um Fiona?«
»Sorgen? Aber nicht doch. Ich bat nur um Beistand, das ist alles.«
»Aber Sie haben etwas Bestimmtes im Sinn?«
Er sah mich eindringlich an. »In meinem Sinn wimmelt es von Möglichkeiten.«
»Dann lassen Sie sie mich hören, und ich werde sehen, ob wir in der Schule irgend etwas tun können.«
»Es ist ein Problem für mich, für zwei Mädchen sorgen zu müssen. Zumal jetzt, da sie mündig werden.«
»Das kann ich verstehen.«
»Ein Mann . . . ganz allein . . . hat es nicht leicht.«
»Es wäre gewiß weniger schwierig, wenn Ihre Gattin noch lebte.«

»Sie hätte nicht viel ausrichten können. Sie war seit Jahren krank.«
»Ja, ich weiß.«
»Ich bezweifle nicht, daß Ihnen mein komplettes Dossier präsentiert wurde ... von dieser gemeinen alten Posthalterin. Ich weiß selbst nicht, warum ich sie hierbehalte.«
Ich war bestürzt bei dem Gedanken, daß Mrs. Baddicombe so häßlich über ihn redete, obwohl sie ihm ihren Lebensunterhalt verdankte, wie wohl die meisten Menschen in dieser Gegend.
»Könnten Sie nicht ...« begann ich.
»Eine neue Posthalterin einstellen. Gewiß. Hier ist es wie in einem kleinen Königreich, Cordelia. Fast so feudal wie einst, als meine Vorfahren die Ländereien der Abtei kauften. Die Ländereien erstrecken sich bis zur Stadt, die erst seit ungefähr hundert Jahren besteht. Mein Urgroßvater hat sich intensiv mit Bauprojekten befaßt. Er hat sie dann vermietet und seinen Besitz vergrößert. Ich weiß, daß die alte Hexe als Zugabe zu ihren Briefmarken mit Klatsch dient.«
»Sie wissen es und lassen sie gewähren?«
Er lachte. »Soll sie sich doch ihres Lebens freuen, die Arme. Auf diese Weise verleihen die Verringers ihrer faden Kost Würze. Sie hat gewisse Anhaltspunkte, auf die sie sich stützen kann, der Rest ist ... eine lebhafte Phantasie.«
»Woher wissen Sie von all dem Gerede?«
»Sie halten mich wirklich für den leichtsinnigen Taugenichts, der nur auf sein Vergnügen bedacht ist, das nach Ihrer Vorstellung im Besuchen von Bällen und Spielclubs und im Schwelgen in der Gesellschaft willfähriger Damen besteht. Es gibt noch andere Vergnügungen, Cordelia. Die Bewirtschaftung eines Landsitzes gehört dazu, und auch die Erforschung der Vergangenheit. Sie sehen, mein Charakter hat viele Seiten, und ich könnte Ihnen einiges über mich erzählen.«
»Das habe ich nie bezweifelt. Wollen wir nun zum Anlaß meines Hierseins kommen? Sagen Sie mir, was für einen zusätzlichen Unterricht Sie für Fiona wünschen.«

»Ich möchte, daß sie das Institut als gesellschaftsfähige junge Dame verläßt.«
»Glauben Sie, wir sind dazu imstande?«
»Ja.«
»Und wie?«
»Ich hätte gern, daß sie so wird . . . wie Sie.«
Ich errötete. »Wirklich, ich verstehe nicht . . .«
»Ausgeglichen, ausdrucksfähig, kühl, interessant, humorvoll . . . kurz und gut, ungeheuer attraktiv.«
Ich lachte auf, und sicher konnte er mir die Freude über das Kompliment vom Gesicht ablesen. Wie gesagt, ich war sehr empfänglich für Schmeicheleien.
»Warum lachen Sie?«
»Weil *Sie* über mich lachen.«
»Es ist mir todernst. Wenn ich Sie in die Gesellschaft einführen müßte, das wäre eine leichte Aufgabe.«
»Da muß ich Ihnen widersprechen. Eine mittellose Lehrerin würde es in Ihrer Gesellschaft nicht sehr weit bringen.«
Er war an meine Seite getreten, ergriff meine Hand und küßte sie.
Ich sagte: »Das ist absurd. Wenn Sie sich weiter so benehmen, muß ich auf der Stelle gehen.«
Er blickte mich verschmitzt an. »Sie müssen aber auf die Mädchen warten.«
Ich versteckte meine Hände hinter dem Rücken, weil sie ein wenig zitterten.
»Ich dachte, Sie hätten mich aus einem ernsthaften Anlaß hierhergebeten.«
»Ich bin doch ganz ernst.«
»Ihr Verhalten ist aber höchst ungewöhnlich.«
»Ich finde es eher zurückhaltend.«
»Ich spreche von Ihren lächerlichen Komplimenten und Schmeicheleien. Hören Sie bitte auf damit, ich finde das abgeschmackt.«
»Ich habe lediglich die Wahrheit gesagt. Gehört das nicht zu den Sachen, die Sie Ihren Schülerinnen beibringen?«

Ich setzte mich mit gespielter Würde hin.
»Ich habe den Verdacht, dieses Gerede von Fionas Zukunft ist purer Unsinn.«
»Ich gestehe, es ist nicht gerade ein interessantes Thema.«
»Aber warum haben Sie mich dann hergebeten?«
»Weil ich mit Ihnen reden wollte.«
»Warum haben Sie Ihre wahre Absicht nicht genannt?«
»Weil mir meine Bitte dann abgeschlagen worden wäre.«
»Und deshalb haben Sie gelogen!«
»Es war nur eine Notlüge. Wer muß in seinem Leben nicht hin und wieder seine Zuflucht dazu nehmen? Vielleicht sogar Sie.«
»Nennen Sie mir jetzt Ihre Absicht?«
»Mit Ihnen zusammen zu sein.«
»Aber warum?«
»Weil ich Sie unwiderstehlich finde.«
»Spricht so ein angehender Bräutigam mit einer anderen Frau? Mrs. Martindale tut mir leid.«
»Sie braucht Ihr Mitleid nicht. Sie kann durchaus auf sich selbst aufpassen. Sie glauben, daß ich sie heiraten werde, ja? Die brandneue Nachricht der unermüdlichen Mrs. B. von der Post. Cordelia, ich habe und hatte nie vor, Mrs. Martindale zu heiraten . . .«
»Aber das Kind . . .«
»Sie meinen ihre Tochter. Ach, heißt es etwa, das Kind sei von mir? Das war wieder diese Mrs. B. Sie sollte Romane schreiben.«
»Dann . . . Aber das geht mich nichts an. Sie finden mein Einmischen in Ihre Angelegenheiten sicher ziemlich unverschämt. Bitte, verzeihen Sie mir.«
»Aber gern.«
»Haben Sie nichts über Fiona zu sagen, und sind Sie mit ihrem augenblicklichen Unterricht zufrieden?«
»Sie wirkt ein wenig farblos, aber das liegt nicht an der Schule. Das ist ihre Natur. Und Eugenie neigt zu Aggressivität. Beiden fehlt es an Charme – aber vielleicht nur, weil ich

sie ... mit anderen vergleiche. Eigentlich wollte ich über die Abtei und die bevorstehenden Festlichkeiten sprechen. Es geht nicht sosehr um die Kostüme, ich dachte vielmehr, Sie interessieren sich vielleicht für ein paar alte Beschreibungen der Abtei und könnten den Mädchen etwas darüber erzählen. Ich war bestürzt über Fionas und Eugenies Unwissenheit zu diesem Thema. Und dann das Historienspiel. Ich habe in den Archiven gewühlt und das hier gefunden. Wir haben viele Beschreibungen aus alter Zeit hier. Als meine Vorfahren das Anwesen kauften, war offensichtlich noch vieles intakt, einschließlich einer Menge Berichte, die unserer Bibliothek einverleibt wurden. Vielleicht haben Sie Lust, sie sich anzusehen?«

»Das würde mich sehr interessieren.«

»Kommen Sie an den Tisch, dann zeige ich Ihnen ein paar alte Pläne. Es gibt ein paar gute Zeichnungen, die die Mönche ungefähr hundert Jahre vor der Zerstörung angefertigt haben.«

Er schob zwei Stühle an den Tisch. Ich setzte mich, und er zog einen dicken Wälzer heran.

»Was wissen Sie über die Mönche von Colby?« fragte er.

»Daß sie Zisterzienser waren ... und sonst nicht viel.«

»Dann will ich Ihnen ein wenig darüber erzählen. Der Orden wurde im 12. Jahrhundert gegründet, und unsere Abtei wurde um 1190 errichtet. Wissen Sie, woher der Name stammt?«

»Nein.«

»Von Cîteaux, einem entlegenen und nahezu unzugänglichen Waldgebiet, das an die Champagne und an Burgund grenzt. Hier ist eine alte Karte. Ich zeige es Ihnen. St. Bernard, der Gründer, war der Abt von Clairvaux, dem ersten der Klöster.«

Ich blickte ihn an. Er hatte sich wahrhaftig verändert. Er interessierte sich wirklich außerordentlich für die Abtei; seine Überheblichkeit war verschwunden. In seiner Begeisterung wirkte er jünger, beinahe knabenhaft.

»Sie waren ein edler Männerbund«, fuhr er fort. »Sie wollten

sich ganz ihrer Religion widmen. Aber vielleicht ist es edler, in die Welt hinauszugehen und sich zu bemühen, sie zu verbessern, als sich abgeschieden in Betrachtung und Gebet zu versenken. Was meinen Sie?«
»Ja, ich finde es mutiger, in die Welt hinauszugehen. Aber so wenige Menschen vermögen sie zu bessern, und die Liebe zur Macht drängt sich zwischen sie und ihren Ehrgeiz.«
»Ehrgeiz«, wiederholte er. »Durch diese Sünde sind die Engel gefallen. Luzifer war stolz und ehrgeizig, und wie ich Ihnen schon sagte, soll er ein Mitglied unserer Familie gewesen sein. Fragen Sie Mrs. Baddicombe.«
Ich lachte. »Bitte fahren Sie fort. Es ist faszinierend.«
»Die Zisterzienser wollten so einfach leben wie möglich. Alles mußte schlicht sein. Sie bauten stets an abgelegenen Orten, weitab von den Städten. Diese Abtei hier muß einst sehr abgeschieden gewesen sein. Können Sie sich das vorstellen? Der Klosterbezirk war von einer starken Mauer umgeben und lag immer in der Nähe eines Gewässers. Manche Klöster wurden zu beiden Seiten eines Wasserlaufes errichtet. Wir haben den Fluß in der Nähe, der unsere Fischteiche speist. Die Mönche mußten sich ja mit frischer Nahrung versorgen. In den Mauern befanden sich Wachttürme. Man mußte wohl vor Plünderern auf der Hut sein. Schauen Sie, hier ist eine Karte. Sie werden vieles darauf erkennen. Hier sind die Scheunen, die Kornkammern, das Schlachthaus, die Werkstätten. Dies ist der innere Bezirk, und dies der äußere.«
»O ja«, sagte ich. »Man kann es wirklich erkennen.«
»Hier ist die Abtsklause, daneben das Gästehaus. Es kamen immer Leute zur Abtei, und niemand, der Nahrung und Obdach suchte, wurde abgewiesen. Sehen Sie, das Mittelschiff. Es hatte zwölf Streben. Sie können es auf dieser Karte deutlich erkennen. Sehen Sie, man tritt durch die Vorhalle ein. Und hier ist das Querschiff. Schauen Sie, der Chor war einst durch eine Wand getrennt . . . auf der einen Seite die Mönche, auf der anderen die *fratres conversi.* Das waren die Novizen. Ein Teil ihrer Unterkünfte gehört jetzt zum Institut. Sie waren nicht so stark zerstört wie der Rest der Abtei.«

»Eine wundervolle Karte!«
»Ich habe noch eine andere, die zeigt, wie es nach der Zerstörung aussah. Die hat meine Familie anfertigen lassen. Schauen Sie, hier ist das Kalfaktorium, der Tagesraum.«
»Heute unser Aufenthaltsraum.«
Er sah mich an und sagte: »Es freut mich, daß Sie sich so dafür interessieren.«
»Ich finde es faszinierend.«
»So viele Menschen sind von der Gegenwart gefesselt und haben nie den Wunsch, einen Rückblick in die Vergangenheit zu tun. Doch wenn wir erkennen, was einstmals geschah, können wir die heutigen Ereignisse häufig besser verstehen.«
»Ja, das ist anzunehmen. Gottlob kommt heute keiner und reißt unsere Schule nieder.«
»Das soll mal jemand versuchen, solange Miss Daisy Hetherington die Vorsteherin ist!«
Ich lachte. »Sie ist eine fabelhafte Frau.«
»Wir werden für dieses Historienspiel die Köpfe zusammenstecken und ihm ein authentisches Flair verleihen.«
»Ich finde, Sie sollten sich mit Miss Hetherington beraten.«
Er sah mich entsetzt an, worauf wir beide wieder zu lachen anfingen.
»Ich finde das alles ungeheuer spannend«, sagte ich.
»Sie wundern sich, daß ich mich für ein so ernstes Thema interessiere?«
»Ich bin überzeugt, daß Sie sehr ernst bei der Arbeit sein können. Auf dem Landsitz gibt es gewiß eine Menge zu tun.«
»Er erfordert ständige Aufmerksamkeit.«
»Und doch war es Ihnen möglich, lange Zeit abwesend zu sein.«
»Ja, das ist wahr. So etwas mache ich nicht oft. Ich habe gute Leute . . . Gerald Coverdale ist ein sehr guter Mann. Sie sollten ihn kennenlernen.«
»Ich bezweifle, daß wir uns viel zu sagen hätten.«
»Sie möchten doch gewiß gern etwas über den Landsitz erfah-

ren. Er ist eine kleine eigenständige Gemeinde, fast wie eine Stadt . . . mehr noch, wie ein Königreich.«

»Und Sie sind der König.«

»›Schwer ruht das Haupt, das eine Krone trägt.‹ «

»Ihnen würde sie bestimmt nie zu schwer werden.«

»Sie haben mich mißverstanden. Sie müssen noch viel über mich lernen. Sicher halten Sie mich für frivol, unmoralisch und vergnügungssüchtig. Das ist aber nur ein Teil von mir. Wenn ich es recht bedenke, habe ich etliche sehr gute Seiten.«

»Es heißt, gute Seiten müssen von anderen entdeckt werden, nicht von uns selbst.«

»Wer hat das gesagt? Miss Cordelia Grant, möchte ich wetten. Das klingt nach einer Moralpredigt, wie Sie sie vor Ihren Klassen halten.«

»Man sagt, daß man Lehrerinnen überall erkennt, wohin sie auch gehen.«

»Da ist vielleicht etwas Wahres dran.«

»Wir belehren gern und möchten den Eindruck vermitteln, allwissend zu sein.«

»Das ist zuweilen sehr reizvoll.«

»Wie ich sehe, wollen Sie mir heute nachmittag unbedingt schmeicheln. Erzählen Sie mir von dem Landsitz, dem kleinen Königreich mit dem König, dem der Kopf schwer ist.«

»Wir müssen es in Betrieb halten. Die Höfe und die Fabrik.«

»Die Fabrik? Was ist das für eine Fabrik?«

»Die Apfelmostfabrik. Die meisten Leute in dieser Gegend sind in der einen oder anderen Stellung bei uns beschäftigt.«

»Dann sind sie also, was ihr Auskommen betrifft, von Ihnen abhängig?«

»Mehr vom Landsitz als von mir. Ich habe ihn nur zufällig geerbt. Die Verringers haben ihre Aufgaben immer ernst genommen, und ohne meine Familie loben zu wollen, darf ich sagen, daß wir stets gute Herren waren. Wir haben es uns zur Pflicht gemacht, uns um unsere Leute zu kümmern. Deshalb wurde vor ungefähr hundert Jahren die Apfelmostfabrik gegründet. Wir hatten mehrere Mißernten, und viele Höfe konnten sich nicht halten. Es sah ganz so aus, als würde es für eine Anzahl Leute keine Arbeit mehr geben. Da schien die Apfelmostfabrik die rettende Idee. Die meisten stellten den Most bei sich zu Hause her, deshalb gründeten wir die Fabrik, in der wir etwa hundert Leute aus der Nachbarschaft beschäftigen.«

»Sie sind ja die reinsten Wohltäter.«

»Wir haben uns immer gern als solche gesehen.«

»Die Leute sollten dankbar sein.«

»Dankbar. Nur Narren erwarten Dankbarkeit.«

»Da spricht wieder der Zyniker.«

»Wenn Wahrheit Zynismus ist, dann ist der Zyniker nie weit. Ich sehe den Tatsachen immer gern ins Auge. Es ist ein eigenartiger Zug in der Natur der Menschen, daß sie diejenigen nicht mögen, die ihnen helfen.«

»O nein.«

»O doch, meine liebe Cordelia. Denken Sie nur einmal nach. Wer waren immer die erbittertsten Feinde der Verringers? Unsere eigenen Leute. Wer hat uns die teuflischsten Eigenschaften angedichtet? Ebendiese. Ich sage ja gar nicht, daß wir keine schlechten Gewohnheiten besitzen, aber unsere eigenen Leute sind unsere boshaftesten Kritiker, und wenn unsere Taten nicht erschreckend genug sind, werden sie aufgebauscht. Die Leute hassen das Gefühl, daß sie jemandem etwas schulden, und wenn sie auch Hilfe annehmen, so verabscheuen sie sich, weil sie sich in einer Lage befinden, in der sie der Hilfe bedürfen. Und da es das Schlimmste auf Erden ist, sich selbst zu hassen, wird dieser Haß auf den Helfenden übertragen.«

Ich schwieg. Ich dachte an Mrs. Baddicombe, die ihr Auskommen dem Umstand verdankte, daß sie als Posthalterin auf dem Landgut der Verringers angestellt war, und die ihre Gehässigkeit nicht verbergen konnte, wenn sie von ihnen sprach.

»Vielleicht haben Sie recht ... in einigen Fällen«, gab ich zu. »Aber nicht in allen.«

»Niemand hat in allen Fällen recht. Ausnahmen gibt es immer.«
Wir lächelten uns an, und ich wurde rot vor Glück. Ich war froh, daß die Mädchen mit den Pferden draußen waren und hoffte, sie würden nicht sobald zurückkehren.
»Es ist eine Freude, sich vernünftig und ernst mit Ihnen unterhalten zu können. Unsere früheren Begegnungen waren bloße Wortgefechte. Amüsant, anregend, aber diese hier ist ein großes Vergnügen für mich. Ich möchte Ihnen von dem Landgut erzählen. Was ich verbessern möchte, welche Pläne ich damit habe.«
»Ich verstehe bestimmt nichts davon.«
»Deshalb möchte ich ja mit Ihnen reden . . . um es Ihnen verständlich zu machen . . . und um Ihnen über mich und mein Leben zu erzählen. Wissen Sie, dies ist einer der glücklichsten Nachmittage, die ich je erlebt habe.«
Ich lachte. Er hatte den Bann gebrochen. »Das geht zu weit«, sagte ich.
»Sie lachen. Aber es ist nicht zum Lachen. Früher hat es Augenblicke gegeben, da ich glücklich war. Aber Glück, das sind eben nur Augenblicke, nicht wahr? Von dem Moment an, als ich dies Zimmer betrat und Sie vorfand, war ich glücklich. Das dürften nun schon zwanzig Minuten sein. Das ist eine ziemlich lange Zeit.«
»Mir kommt es sehr kurz vor.«
»Ich wußte, es würde guttun, mit Ihnen zu reden. Ich wußte, daß Sie mich verstehen würden. Durch Sie sehe ich das Leben anders. Ich wünsche, daß wir oft beisammen sein können.«
»Das dürfte nicht einfach sein. Miss Hetherington würde es sehr mißbilligen.«
»Warum, um Himmels willen?«
»Ich bin bei ihr beschäftigt, und es geziemt sich nicht, daß eine ihrer Lehrerinnen sich zu sehr mit jemandem vom anderen Geschlecht anfreundet, der in der Nachbarschaft lebt, zumal . . .«
»Mit einem Mann von meinem Ruf. Mrs. Baddicombe würde

es gewiß auch nicht gutheißen. Aber welche Sensation für sie!«
Wieder lachten wir.
»Cordelia«, sagte er ernst, »ich bin drauf und dran, mich in Sie zu verlieben.«
Ich stand auf, aber er wich nicht von meiner Seite. Er nahm mich in seine Arme und küßte mich. Ich bemühte mich krampfhaft, mich von ihm zu lösen.
»Das dürfen wir nicht«, begann ich.
»Warum nicht?«
»Weil ich nicht . . .«
»Ich liebe Sie, Cordelia. Es begann in dem Augenblick, als ich Sie neben Emmet auf dem Kutschbock sah.«
»Ich muß gehen. Wo bleiben die Mädchen nur?«
Wie als Antwort auf meine Frage vernahm ich ihre Stimmen. Ich machte mich los und ging zum Fenster. »Da kommen sie ja.«
»Wir werden noch öfter über diese Dinge reden«, sagte er.
Ich schüttelte den Kopf.
»Denken Sie an mich«, bat er.
»Das läßt sich kaum vermeiden.«
»Versuchen Sie, mich zu verstehen. Ich wünsche mir ein glückliches Familienleben. Das habe ich nie gehabt. Meine Enttäuschungen, meine Fehlschläge haben mich zu dem gemacht, der ich bin. Ich möchte mich ändern.« Er sprach jetzt ganz ernst. »Ich möchte hier mein Leben führen mit meiner Frau und den Kindern, die wir haben werden. Ich möchte das Gut zum besten im Lande machen, und vor allem möchte ich in Frieden leben.«
»Ich finde Ihre Wünsche ganz natürlich, aber . . .«
»Dann helfen Sie mir, sie zu erfüllen. Heiraten Sie mich.«
»Sie heiraten! Aber vor kurzem waren Sie noch im Begriff, Marcia Martindale zu heiraten.«
»Nein. Das hat sich die alte Baddicombe ausgedacht.«
»Das kann nicht Ihr Ernst sein. Sie machen sich über mich lustig.«

»Es ist mir ernst.«
»Nein ... nicht, wenn Mrs. Martindale in der Nähe lebt ... Ich weiß ganz genau, daß Sie mit ihr ...«
Die Mädchen stürzten ins Zimmer.
Eugenie strahlte. »Sie sind fabelhaft, Onkel Jason. Ich hab' alle beide ausprobiert.«
»Sind wir zu lange weggeblieben?« fragte Fiona.
»Nein. Ihr hättet gern noch länger bleiben können«, meinte er ironisch.
»Ich verschmachte nach einem Tee«, sagte Eugenie.
»Dann läute doch.«
Sie läutete, und der Tee wurde gebracht. Fiona schenkte ein. Eugenie sprach die ganze Zeit über die Pferde, aber ich hörte kaum zu und war überzeugt, daß auch er nicht hinhörte.
Auf dem Rückweg zur Schule war ich überaus angeregt und schrecklich skeptisch zugleich. Eugenie sprach immer noch von den Pferden. Sie sagte, sie wolle Charlotte Mackay mit hinübernehmen, um sie ihr zu zeigen.

Die Teufelshöhle

Ich verbrachte eine schlaflose Nacht, in der ich versuchte, mir alles in Erinnerung zu rufen, was er gesagt hatte. War es ihm wirklich ernst gewesen? Ständig sah ich sein vor Begeisterung glühendes Gesicht vor mir. Ich dachte daran, wie seine Augenbrauen sich an den Enden leicht hoben, wie sein dunkles Haar von seiner hohen Stirn abstand; ich dachte an das Strahlen in seinen Augen, wenn er von Liebe sprach.

Was empfand ich? Ich vermochte es nicht genau zu sagen. Ich war zu verwirrt. Ich wußte nur, daß ich mit ihm zusammensein wollte. Als ich dicht neben ihm saß und ihn begeistert von der Abtei sprechen hörte, war ich so erregt gewesen, wie nie in meinem Leben; daß er mich dann küßte, darauf war ich nicht gefaßt.

Er war im Umgang mit Frauen sehr erfahren; er wußte gewiß, welche Wirkung er auf mich ausübte. Ich dagegen hatte so etwas noch nie erlebt.

In unseren Wortgefechten konnte ich mich mit ihm messen, weil es mir stets leichtgefallen war, mich deutlich auszudrükken. Schließlich unterrichtete ich Englisch, nicht wahr? Ein Neuling war ich nur auf dem Gebiet meiner eigenen Gefühle.

Ich mußte meine freudige Erregung zügeln, mußte daran denken, daß er vermutlich mit jeder Frau so sprach, die er zu verführen suchte. Ich war mir über seine Absichten durchaus im klaren und mußte auf der Hut sein.

Am nächsten Tag rief Daisy mich in ihr Zimmer und erkundigte sich, wie die Unterredung verlaufen war.

»Ich kam gestern abend nicht mehr dazu, mit Ihnen zu sprechen«, erklärte sie, »aber ich nehme an, es ist alles gutgegangen.«
»O ja, sehr gut. Er möchte zu dem Historienspiel über die Abtei beitragen. Er hat mir ein paar interessante Karten gezeigt. In der Geschichte der Abtei ist er wirklich beschlagen. Ich glaube, er möchte sichergehen, daß uns in der zeitlichen Abfolge keine Fehler unterlaufen.«
»Hat er etwas von den Kostümen gesagt?«
»Mag sein, daß er sie erwähnt hat. Ich glaube, er borgt sie uns gern.«
»Wir haben ihn also tatsächlich falsch eingeschätzt.«
»Die Mädchen waren allerdings zwischenzeitlich fort, um sich Pferde anzuschauen.«
»Dann waren Sie mit ihm allein?«
»Nicht lange. Er hat mir unterdessen die Karten und die Bücher gezeigt.«
Daisy nickte. »Übrigens«, fuhr sie fort, »es hat sich etwas Interessantes ereignet. Sie wissen, ich habe ein neues Stubenmädchen gesucht, da Lizzie Garnett im letzten Halbjahr gegangen ist.«
»Ach ja. Haben Sie jemanden gefunden?«
»Ja, und das Merkwürdige ist, daß sie in Schaffenbrucken war.«
»Ach!«
»Deshalb habe ich sie genommen. Ich hatte ein paar zur Auswahl. Ich hatte eine Anzeige im *Lady's Companion* aufgegeben und erhielt darauf leider nicht viele Briefe. Den meisten ist es gar nicht möglich, zur Feder zu greifen. Es kann ja sein, daß diejenigen, die schreiben können, nicht gerade die besten Stubenmädchen sind. Aber der Ton dieses Briefes hat mir gefallen, und ich gebe zu, die Tatsache, daß sie in Schaffenbrucken gearbeitet hat, gab den Ausschlag für meine Entscheidung. Ich möchte wissen, ob Sie sie kennen.«
»Wie heißt sie denn?«
»Elsa Soundso. Ja . . . Elsa Kracken.«

»Elsa«, sagte ich. »Wir hatten ein Stubenmädchen namens Elsa. Aber das ist ein ziemlich häufiger Name. Ihren Nachnamen habe ich, glaube ich, nie gehört.«
»Es wäre doch lustig, wenn Sie sie von Schaffenbrucken kennen würden.«
»Ist sie Engländerin?«
»Sie hat auf Englisch geschrieben. Der Name klingt allerdings nicht gerade . . .«
»Elsa«, überlegte ich. »Ja . . . ein ziemlich geschwätziges Mädchen . . . gar nicht wie eine richtige Hausangestellte, aber alle hatten sie gern.«
»Ich finde, sie hat einen guten Brief geschrieben.«
»Wann kommt sie an?«
»Ende der Woche.«
Ich wurde nachdenklich. Die Unterhaltung hatte Erinnerungen an Schaffenbrucken geweckt. Elsa hatte uns die Legende vom Pilcherberg erzählt und gesagt, wenn wir zur Zeit des Herbstmonds dorthin gingen, würden wir unseren zukünftigen Ehemännern begegnen.
Es müßte schon ein merkwürdiger Zufall sein, wenn es sich um diese Elsa handelte. Es konnte aber ebensogut eine andere sein.

Nicht lange darauf lief ich ihr über den Weg. Ich ging die Treppe hinauf, und da kam sie mir entgegen.
»Elsa!« rief ich. »Du bist es wirklich!«
Sie wurde so weiß, daß ich dachte, sie fiele in Ohnmacht. Sie umklammerte das Geländer und starrte mich an, als sei ich ein Geist.
»Nanu«, stammelte sie. »Das ist ja . . .«
»Cordelia Grant. Wir kennen uns aus Schaffenbrucken.«
»Cordelia Grant«. Sie flüsterte meinen Namen. »Wieso . . . ach ja, natürlich.«
»Ich bin nicht ganz so überrascht wie du«, sagte ich. »Miss Hetherington hat mir erzählt, daß eine Elsa kommen würde,

die in Schaffenbrucken gearbeitet hat. Ich habe an dich gedacht, hielt es aber eigentlich nicht für möglich.«
Die Farbe kehrte in ihr Gesicht zurück. Sie lächelte und sah nun schon eher wie das lustige Mädchen aus, das ich gekannt hatte.
»Na, so was. Die Zeit der Wunder ist noch nicht vorbei. Was tun Sie hier?«
»Ich arbeite hier als Lehrerin.«
»Ach. Ich dachte . . .«
»Es kam alles ganz anders. Als ich die Schule verließ, mußte ich eine Stellung finden. Meine Tante kannte Miss Hetherington, und so kam ich her.«
»Wer hätte das gedacht!« Sie lachte. »Das waren schöne Zeiten, damals in Schaffenbrucken.«
»O ja. Erinnerst du dich an die Mädchen . . .«
»Ihre Freundinnen. Eine Französin, eine Deutsche und diese Lydia . . . hieß sie nicht so?«
»Ja. Frieda und Monique werden wohl dieses Jahr abgehen. Vielleicht sind sie inzwischen schon fort. Ich habe Lydia geschrieben, aber nichts von ihr gehört.«
»Ist wohl zu sehr mit ihren eigenen Angelegenheiten beschäftigt.«
»Sie hat Schaffenbrucken kurz nach mir verlassen, wie ich hörte.«
»Ach ja?«
»Aber Elsa, woher kommst du jetzt?«
»Ich bin nach England gegangen. Ich habe die Schule ein Halbjahr nach Ihnen verlassen und habe hier in der Gegend eine Stellung bekommen . . . da bin ich nicht lange geblieben, und dann hab' ich mich um diese hier beworben. Wie das Leben halt so spielt!«
»Miss Hetherington nimmt es sehr genau. Du mußt deine Arbeit ordentlich machen.«
»Hab' ich das in Schaffenbrucken etwa nicht getan?«
»Ich weiß nur, daß du mehr geschwätzt hast als alle anderen.«

»Ach, es ist wie in alten Zeiten. Ich kann Ihnen gar nicht sagen, wie froh ich bin, Sie zu sehen.«
»Vorhin hast du ein Gesicht gemacht, als hättest du ein Gespenst erblickt.«
»Ich war völlig sprachlos. So eine Überraschung. Aber eine schöne.«
»Wir werden uns ja jetzt öfter sehen, Elsa.«
»Ich freu' mich darauf, die Mädchen kennenzulernen. Sie und die anderen Mädchen fand ich in Schaffenbrucken am nettesten.«
»Miss Hetherington wird nicht wünschen, daß du dich allzu sehr mit ihnen anfreundest.«
Elsa zwinkerte mir zu und ging die Treppe hinunter.

Sir Jason sandte eine Nachricht, er habe ein paar interessante Informationen gefunden, die bei der Zusammenstellung der Erläuterungen zu dem Historienspiel von Nutzen sein könnten. Wenn Miss Grant herüberkommen möchte, würde er sie ihr mit Vergnügen zeigen.
Daisy rief mich in ihr Arbeitszimmer, um mich zu informieren. Meine Verlegenheit entging ihr nicht.
Sie sagte: »Ich finde, Sie sollten hingehen, aber nehmen Sie Miss Barston mit. Ich kann mir vorstellen, daß er versucht, allzu vertraulich zu werden, und da muß man vorsichtig sein. Ich habe Ihnen noch nicht von Miss Lyons erzählt, nicht? Das war vor einigen Jahren. Sie war ein hübsches, zierliches kleines Ding. Sie gab Tanzunterricht – das war vor Mr. Bathursts Zeit. Sie fiel Sir Jason auf. Ich weiß nicht, was geschah. Er stellte ihr ein wenig nach, und das arme Kind war gänzlich unerfahren. Sie hat wohl alles geglaubt, was er ihr gesagt hat. Sie war unglücklich, als sie entdeckte, auf was für eine Art von Beziehung er aus war. Sein Gefallen an ihr war natürlich nur vorübergehend. Sie und ich wissen, wie solche Männer sind, aber die arme Hilda Lyons glaubte an eine schöne Romanze. Sie war ganz deprimiert und wollte sich fast umbrin-

gen. Ich mußte sie fortschicken – und das mitten im Halbjahr! Sie dagegen sind aus anderem Holz geschnitzt.« Sie lächelte mit einem seltenen Anflug von Humor. »Ich weiß, daß Sie gut auf sich aufpassen. Er hat Gefallen an Ihnen gefunden, aber Sie sind ganz und gar nicht wie die arme Hilda ... oder wie diese Mrs. Martindale. Er liebt offenbar die Abwechslung und hat sämtliche Eisen gleichzeitig im Feuer ... falls Sie verstehen, was ich meine.«

»Ich verstehe sehr gut«, antwortete ich. »Ich glaube aber zu wissen, wie ich mich bei Sir Jason zu verhalten habe.«

»Das Ärgerliche an der ganzen Sache ist, daß wir uns gut mit ihm stellen müssen. Wenn er böse würde ... bedenken Sie, wozu er dann imstande wäre.«

»Bei all seinen Fehlern glaube ich nicht, daß er so weit gehen würde.«

»So?«

»Ja, wenn ich an all das Gerede in der Stadt denke, über ihn und den Tod seiner Frau und seine Beziehung zu Mrs. Martindale. Er weiß davon, und doch ist er gegenüber diesen Leuten sehr nachsichtig. Wenn er wollte, könnte er ihnen doch das Leben zur Hölle machen.«

»Hm. Nun, meine Liebe, Sie können sich wohl kaum weigern, hinzugehen, und Miss Barston ist eine gute Anstandsdame.«

»Ich gehe heute nachmittag.«

»In Ordnung. Wenn Sie gegen zwei aufbrechen, können Sie um vier zurück sein. Ich glaube, Sie haben um halb fünf Unterricht.«

»Ja. Die letzte Stunde des Tages.«

Für Daisy war die Sache damit erledigt. Ich muß gestehen, daß ich durchaus nicht abgeneigt war, zum Herrenhaus zu reiten, obwohl ich mit jedem Tag etwas Neues, und nur Nachteiliges, über Jason erfuhr. Jetzt war auch noch die zierliche, hübsche Hilda Lyons aufgetaucht.

Mrs. Keel begrüßte uns. Sie hatte ohne Zweifel ihre Anweisungen.

»Ich soll Sie in die Räume führen, die Sir Jason Ihnen unbedingt zeigen möchte. Er wird in wenigen Minuten bei Ihnen sein.«

»Danke, Mrs. Keel.«

»Er freut sich, daß Mrs. Barston mitgekommen ist. Er hat ihr etwas Besonderes zu zeigen. In der Bibliothek. Ich führe Sie hin, Miss Barston, und anschließend können Sie zu Miss Grant hinaufgehen.«

»Ich bin sehr gespannt, was immer es ist, was ich zu sehen bekomme«, sagte Miss Barston.

Mrs. Keel führte uns in die Bibliothek, wo auf dem Tisch mehrere Handschriften ausgebreitet waren, in die Miss Barston sich auf der Stelle vertiefte.

»Ich bringe Miss Grant nur eben hinauf und komme Sie später holen, Miss Barston, wenn Sie sich diese Papiere in Ruhe angesehen haben. Es sind ein paar Kostümzeichnungen dabei . . . aus dem vorigen Jahrhundert, hat Sir Jason, glaube ich, gesagt. Miss Grant, wollen Sie bitte mit mir kommen?«

Ich folgte ihr aus der Bibliothek. Wir gingen durch einen Korridor und kamen an eine Steintreppe.

»Ich weiß nicht, ob Sie schon mal in diesem Teil des Hauses waren, Miss Grant.«

Ich verneinte.

»Diese Treppe führt zu einer Zimmerflucht, die wir nicht benutzen. Die Räume haben historische Bedeutung, sagt Sir Jason.«

»Interessant.«

Mrs. Keel öffnete eine Tür. Ich befand mich in einem länglichen Raum mit schweren Deckenbalken. Die Fenster waren klein, aber da wir uns ganz oben im Haus befanden, war es ziemlich hell.

»Dies ist eine richtige Wohnung«, sagte Mrs. Keel. »Ein wenig abseits von den übrigen Räumen des Hauses. Ich führe Miss Barston hinauf, wenn sie mit den Zeichnungen fertig ist.«

Sie ließ mich allein. Mir war ein wenig unbehaglich zumute. Miss Barston war als Anstandsdame mitgekommen, und schon war ich von ihr getrennt.

Was wollte er mir hier oben wohl zeigen?
Ich ging umher. Der Raum war eine Art Wohnzimmer mit reichgeschnitzten Stühlen und einer Sitzbank. Eine Verbindungstür führte in ein Schlafgemach. Dieses enthielt ein Himmelbett, eine Kredenz und mehrere Stühle. Ich gewahrte bestürzt, daß die Fenster vergittert waren. Es wirkte wie ein Gefängnis.
Ich wollte schon wieder zu Miss Barston hinuntergehen, um das hier dann später mit ihr gemeinsam anzuschauen.
Ich trat aus dem Schlafgemach, und da stand er und lächelte mich an.
So ruhig ich konnte, sagte ich: »Guten Tag. Mrs. Keel hat mich hier heraufgebracht.«
»Ich weiß. Ich sah Sie mit Ihrer Kollegin ankommen und sorgte dafür, daß sie in der Bibliothek blieb.«
»Was wollen Sie mir hier oben zeigen?«
»Haben Sie etwas Ungewöhnliches bemerkt?«
»Nur, daß die Fenster vergittert sind.«
»Es war einmal so etwas wie ein Gefängnis. Kommen Sie, nehmen Sie Platz.« Er führte mich zu der Bank, und wir setzten uns nebeneinander. In seiner Nähe war mir nicht ganz geheuer. Wie dumm von mir, mich von Miss Barston trennen zu lassen. Ich war geradewegs in die Falle getappt, dabei hatte ich die ganze Zeit geahnt, daß sie für mich aufgestellt worden war. In ihrer korrekten Art verstand es Mrs. Keel, alles ganz normal erscheinen zu lassen. Das war ihr zuvor schon einmal gelungen.
»Warum ließen Sie mich hier heraufbringen?«
»Weil ich wußte, daß Sie es sehen möchten. Sie waren so interessiert an der Geschichte.«
»An welcher Geschichte?«
»Von unseren teuflischen Vorfahren. Dies sind angeblich die Räume, in denen unser satanischer Gefangener festgehalten wurde, als der verruchte Verringer ihn zwingen wollte, seine Tochter zu heiraten. Die Wohnung wird Teufelshöhle genannt.«

»Sehr interessant«, sagte ich. »Ist das alles, was Sie mir zeigen wollten?«
»Ich habe Ihnen eine ganze Menge zu zeigen.«
»Das wird Miss Barston bestimmt auch interessieren. Sollte sie nicht heraufkommen?«
»Sie wollen ihr doch nicht die Freude an den prächtigen Zeichnungen verderben. Diese Räume werden nur zu bestimmten Gelegenheiten benutzt. Möchten Sie, daß ich Ihnen davon erzähle?«
»Ja.«
»Es heißt, sie besitzen eine gewisse Atmosphäre . . . eine Aura . . . Vielleicht können Sie es spüren.«
Ich blickte mich um. Ich spürte nur die Abgeschiedenheit, und die Gitter an dem Fenster des Schlafgemachs schufen eine unheimliche Atmosphäre.
»Diese Räume sollen ein Aphrodisiakum enthalten . . . das der Teufel zurückließ, als er uns beehrte.«
Ich lachte, um mein Unbehagen zu verbergen. Es machte mich verlegen, daß er so mit mir sprach, und ich hatte den Verdacht, daß er auf irgend etwas hinauswollte. Er hatte etwas an sich, was ihn von allen anderen Menschen, die ich kannte, unterschied und mich gleichzeitig erschreckte und fesselte.
»Die Geschichte reicht weit in die Vergangenheit zurück«, fuhr er fort. »Es hieß, wenn kinderlose Paare hier schliefen, wurden sie mit Sicherheit fruchtbar. Eine wichtige Persönlichkeit wie der Teufel konnte nirgends leben, und sei es nur für kurze Zeit, ohne etwas zu hinterlassen, nicht wahr?«
»Nun ja, ich nehme an, man muß daran glauben.«
»Sie glauben es, nicht wahr?«
»Nein.«
»Und Ihr Unbekannter im Wald? Sie sehen, jeder von uns hat irgendwann ein unerklärbares Erlebnis. Mrs. Keel kommt immer mit den Dienstboten hier herauf, wenn sie saubermachen. Sie sagt, die albernen Mädchen phantasieren. Eine behauptete, sie habe den Teufel gesehen, und er habe sie gezwungen, mit ihm ins Bett zu gehen. Es stellte sich heraus, daß sie mit

einem Stallknecht geliebäugelt hatte, und weil er nichts davon wissen wollte, schien der Teufel ein guter Ersatz.«

»Da sehen Sie, die Leute legen diese Legenden so aus, wie es ihnen paßt.«

»Mein Bruder und ich kamen manchmal hier herauf. Einmal sind wir über Nacht geblieben ... nur um zu beweisen, daß wir keine Angst hatten. Dann wettete er mit mir, daß ich nicht allein hier schlafen würde.«

»Was Sie selbstverständlich taten, und da haben Sie den Teufel gesehen.«

»Ja und nein. Ich bin gekommen, aber Seine Satanische Majestät geruhte in jener Nacht nicht zu erscheinen.«

»Miss Barston möchte das bestimmt auch gern sehen. Wollen wir nicht jetzt zu ihr hinuntergehen?«

»Ich habe Mrs. Keel genaue Anweisungen gegeben, was Miss Barston betrifft.«

»So viel gibt es hier oben anscheinend nicht zu sehen«, sagte ich. »Ohne die Legende handelt es sich hier um eine ganz normale Wohnung.«

»Ich möchte, daß Sie noch viel mehr sehen.«

»Dann zeigen Sie es mir.«

»Es ist mehr eine Sache des Verstehens. Sie wissen, wie sehr ich mich zu Ihnen hingezogen fühle.«

»Ich habe bemerkt, daß Sie ziemlich häufig neben mir auftauchen.«

»Wie könnte ich Ihnen sonst begreiflich machen, was ich für ein feiner Kerl bin?«

»Sie brauchen nicht so oft zu erscheinen, um mich darüber ins Bild zu setzen. Ich höre ständig von Ihnen. Wir sprachen bereits davon, daß Sie das Hauptgesprächsthema in der Nachbarschaft sind. Aber daß Sie mir auflauern – anders kann ich das nicht nennen – und solche Begegnungen wie diese einfädeln, das finde ich ziemlich geschmacklos. Ich bin nämlich keine von Ihren Mrs. Martindales oder Miss Lyons' ...«

»Du lieber Himmel!« rief er aus. »Das liegt ja eine Ewigkeit zurück.«

»Sie können sicher sein, daß es gebührend beachtet wurde.«
»Offensichtlich. Hilda Lyons, ein hübsches kleines Ding, aber nicht wortgewandt.«
»Sie war Lehrerin, soviel ich weiß. Verständlicherweise fehlte ihr der Glanz einer Mrs. Martindale.«
»Nicht unbedingt. Nehmen Sie zum Beispiel Miss Grant.«
»Deren Zukunft ist es, an der mir am meisten liegt.«
»Und mir«, sagte er. Er wirkte plötzlich ganz ernst.
Ich stand auf, aber er wich nicht von meiner Seite. Er legte einen Arm um mich.
»Bitte . . . rühren Sie mich nicht an.«
Er faßte mich an den Schultern und drehte mich zu sich herum.
»Ihr zitternder Mund verrät Sie«, sagte er. Dann küßte er mich. Er machte mir Angst. Ich hatte das Gefühl, er würde mich zerquetschen, so eine heftige Umarmung war das.
Ich wehrte ihn ab.
»Sie sind unausstehlich«, keuchte ich.
»Was eigentlich ganz reizvoll ist, wie?«
»Bitte kommen Sie mir nicht mit dieser Taktik.«
»Ich weiß, daß Sie nicht Mrs. Martindale und schon gar nicht Miss Lyons sind. Sie sind weitaus anziehender . . . und viel leidenschaftlicher . . . viel begehrenswerter als jene Damen.«
»Ihre verflossenen Geliebten interessieren mich nicht im geringsten.«
»Sie sprechen nicht immer die Wahrheit, oder? Ich dachte, Lehrerinnen müssen ehrlich sein. Ich will Ihnen etwas sagen, sie interessieren Sie ungemein.«
»Schreiben Sie den Leuten immer vor, was sie zu denken und zu tun haben?«
»Immer.«
»In diesem Fall nicht.«
»Ich merke, daß ich hart daran arbeiten muß.«
»Ohne Ergebnis. Ich gehe jetzt hinunter. Und bringen Sie

mich bitte nicht noch einmal unter falschen Vorspiegelungen hierher. Ich werde nicht kommen. Sie können sich rächen wie Sie wollen. Ich komme nicht immer, wenn Sie winken.«

»Dann muß ich mich wohl aufs Bitten verlegen.«

»Nichts bringt mich wieder hierher.«

»Keine voreiligen Gelöbnisse, Cordelia, denn Sie sind eine Frau, der es zuwider sein wird, sie zu brechen. Kommen Sie, setzen Sie sich. Ich verspreche Ihnen, Sie nicht zu küssen, zu berühren oder sonst etwas zu tun, das Sie kränken könnte, während wir uns unterhalten.«

»Bitte sagen Sie, was Sie zu sagen haben, und zwar rasch.«

»Sie sind ein äußerst attraktives Mädchen und sehr gut erzogen. Haben Sie nicht – wie viele Jahre? – in diesem Ort in der Schweiz verbracht? Vielleicht macht sich das bemerkbar. Ich nehme an, Ihre Charakterfestigkeit, dieser unerschütterliche Wunsch, das Rechte zu tun, waren schon immer da. Aber dort hat man Sie in eine junge Dame verwandelt, die allen Kreisen Ehre machen würde.«

»So?«

»Sogar an einem Ort wie diesem.«

»Tatsächlich!« konterte ich sarkastisch.

»Ich meine es ernst.«

»Dann bin ich wirklich geschmeichelt, und damit empfehle ich mich.«

»Ich bin noch nicht fertig, und wie Sie in diesem hervorragenden Institut gelernt haben, dessen Name mir im Augenblick entfallen ist, entfernen sich junge Damen nicht, wenn ihre Gastgeber mit ihnen sprechen. Sie bleiben, hören zu und zeigen sich interessiert und machen den Eindruck, bei der Sache zu sein, auch wenn sie mit den Gedanken woanders sind. Ist das richtig?«

»Ja.«

»Dann befolgen Sie die Schulregeln. Es kann durchaus sein, daß ich Sie heirate.«

»Wirklich, mein Herr, ich bin von Ihrer Großzügigkeit überwältigt. Aber ich werde ablehnen müssen.«

»Warum?«
»Ich hätte gedacht, das liege auf der Hand, und höfliche junge Damen reden nicht von unangenehmen Dingen.«
»Sehen Sie sich dieses Anwesen an. Hier wären Sie in Ihrem Element. Was war denn der Zweck von Schaffenbrucken, wenn nicht der, Sie darauf vorzubereiten, Ihren Platz am Kopf des Tisches eines reichen Mannes einzunehmen?«
»Sie wissen den Namen ja doch. Das freut mich. Ja, das war tatsächlich der Zweck von Schaffenbrucken, aber es gibt immer Außenseiter, denen ein anderes Schicksal bestimmt ist.«
»Sie meinen, Lehrerin zu werden?«
»In einigen Fällen sicher.«
»Seien Sie nicht albern, Cordelia. Sie wollen doch nicht Ihr ganzes Leben einfältige Mädchen unterrichten, oder? Wollen Sie eine zweite Miss Hetherington werden?«
»Miss Hetherington ist eine wahrhaft große Dame. Wenn ich wie sie wäre, hätte ich viel erreicht.«
»Unsinn. Sie sind nicht zur Lehrerin bestimmt. Glauben Sie, ich verstehe etwas von Frauen.«
»Ich glaube, sie verstehen eine Menge davon ... körperlich. Geistig wissen Sie sehr wenig. Von mir scheinen Sie jedenfalls nicht viel zu wissen.«
»Sie würden sich wundern. Im Augenblick sind Sie eine jungfräuliche Lehrerin ... prüde, konventionell, ohne jede Ahnung von der Welt. Meine liebe Cordelia, unter dieser Lehrerin verbirgt sich eine leidenschaftliche Frau, die begierig darauf ist, das Leben kennenzulernen.«
Ich lachte, und er stimmte in mein Lachen ein, sagte aber mit gespieltem Vorwurf: »Sie finden mich wohl ein bißchen albern?«
»Und wie ... Und ich weiß, Ihr Interesse an mir hat nur ein Ziel.«
»Stimmt.«
»Und dieses Ziel heißt Verführung. Haben Sie Rezepte dafür? Dieses für Marcia Martindale, jenes für Miss Lyons. Jetzt haben wir hier Cordelia Grant. Welche Formel gilt für sie?«

»Sie sind sehr zynisch. Trauen Sie mir keine tiefen Gefühle zu?«
»Nein.«
»Mein liebes Mädchen, ich bin von Ihnen entzückt. Ich würde Sie wirklich gern heiraten.«
»Sind Sie nicht ein bißchen voreilig? Eine mittellose Lehrerin . . .«
»Ich brauche kein Geld.«
»Ich auch nicht. Ich bin zufrieden mit dem, was ich habe. Wie Sie sehen, hat es keinen Sinn, mich hierherzuführen und mir auf Ihre diabolische Art die Reichtümer zu zeigen, die meine sein könnten.«
»Jedermann liebt Reichtum.«
»Sicher, mit Geld kann man viel anfangen. Aber denken Sie doch daran, was eine in Kauf nehmen muß, um Lady Verringer zu werden und Ihrem Hause Ehre zu machen. Sie!«
»Sie überzeugen mich nicht. Sie zittern ja geradezu vor Erregung.«
»Das ist keine Erregung«, gab ich zurück. »Das ist Zorn.«
Ich stand auf, aber er umfaßte meinen Arm mit festem Griff und zwang mich, mich wieder zu setzen.
»Sie kennen mein Problem. Ich brauche einen Erben. Einen Sohn . . .«
»Davon habe ich gehört.«
»Ich wünsche mir einen Sohn. Ich würde Sie heiraten, wenn Sie mir einen Sohn schenken.«
Ich starrte ihn ungläubig an und sagte: »Oh . . . jetzt verstehe ich. Sie wollen einen Beweis, bevor Sie sich binden. Wie klug! Andere Menschen heiraten und erhoffen sich Kinder, aber das ist nicht die Art der Verringers. Habe ich recht?« Ich brach in Lachen aus. »Tut mir leid, aber da muß ich lachen! Ich habe mir soeben die Frauen Ihrer Wahl vorgestellt, in Krähenruh festgehalten, bis sie bewiesen haben, was sie können. Wie ein Harem oder ein Stück aus der Restaurationszeit. Also so was!«
Er versuchte, sein Lachen zu unterdrücken, aber es gelang

ihm nicht, und einen Augenblick waren wir heiter und ausgelassen.
Ich grinste: »Das wird sehr amüsant. Gegenwärtig haben Sie nur eine dort. Das ist ziemlich harmlos. Ich sehe sie alle in unterschiedlichen Stadien der Schwangerschaft vor mir. Welche bringt den Knaben zur Welt und gewinnt den Preis? Arme Marcia. Sie hat nur ein Mädchen. Wie schade!«
Ich hatte die Gelegenheit genutzt und war zur Tür gegangen. Er war vor mir dort und stand mir, mit dem Rücken zur Tür, gegenüber.
Er flüsterte: »Cordelia, ich begehre Sie. Ich verliebe mich von Mal zu Mal mehr in Sie. Unsere Begegnungen bedeuten mir sehr viel.«
»Ich möchte jetzt gern zu Miss Barston.«
Er trat beiseite, und ich wollte die Tür öffnen. Sie war verschlossen.
Ich drehte mich zu ihm um. Er lächelte mich an, und ich dachte: Ja, sie sind wahrhaftig Söhne des Teufels. Ich hatte jetzt wirklich Angst, denn ich las die Absicht in seinem Gesicht und wußte, daß er zu allem fähig war.
»So«, sagte er spöttisch. »Und was jetzt?«
»Sie werden die Tür öffnen.« Ich bemühte mich um einen entschlossenen Ton, fürchtete aber, daß ich nicht recht überzeugend klang.
»Nein, Miss Grant, das werde ich nicht tun.«
»Lassen Sie mich auf der Stelle hier heraus.«
»Nein, Miss Grant.«
»Sie haben mich hier heraufgelockt.«
»Sie sind freiwillig mit meiner Haushälterin gekommen.«
»Ist sie . . . so etwas wie eine Kupplerin?«
»Sie erfüllt meine Wünsche, wie ich es von allen meinen Bediensteten erwarte. Und Sie? Jetzt sind Sie gar nicht mehr so ruhig, nicht wahr, Cordelia? Bemerke ich da ein leichtes erwartungsvolles Zittern? Ich werde Ihnen zeigen, wofür Sie geschaffen sind. Wir holen diese wunderbare leidenschaftliche Frau ans Licht. Sie wird die prüde Lehrerin verdrängen.«

»Sie werden mich auf der Stelle hier herauslassen.«
Er schüttelte den Kopf. »Ich begehre Sie seit langem. Ich möchte Sie . . . willig.«
»Willig? Glauben Sie etwa . . .«
»Ja, wenn Sie erst wissen, wie glücklich ich Sie machen kann. Aber Sie sind ziemlich dickköpfig. Die Lehrerinnenfassade ist ausgesprochen fürchterlich. Ich finde, ich sollte Ihnen helfen auszubrechen.«
Mit zitternden Händen sah ich auf die Uhr, die an meiner Bluse befestigt war.
»Immer die Uhrzeit!« stöhnte er. »Was kümmert uns jetzt die Zeit?«
»Ich muß gehen.«
»Noch nicht.«
»Begreifen Sie denn nicht . . .«
»Ich begreife nur eins. Ich bin verrückt nach Ihnen. Ich begehre Sie, und wenn Sie sich in Ihrer Dickköpfigkeit abwenden von dem, was für Sie das Beste ist, muß ich Sie eben mit Gewalt zur Vernunft bringen.«
»Ich hasse Sie«, schnaubte ich. »Sehen Sie das denn nicht? Sie erwarten, daß Ihnen jede Frau in die Arme sinkt. Ich nicht. Und wenn Sie es wagen, mich anzurühren, benehmen Sie sich wie ein Verbrecher, und ich werde dafür sorgen, daß Sie wie ein solcher bestraft werden.«
»Welches Feuer!« spottete er. »Welche Wut! Cordelia, Sie und ich, wir sind Liebende . . .«
»Hassende, was mich betrifft«, zischte ich.
»Wenn Sie kämpfen wollen . . . dann kämpfen Sie. Aber Sie werden bald einsehen, daß ich stärker bin als Sie. Kommen Sie, geben Sie mir Ihren Mantel. Sie sind ganz rot und erhitzt. Cordelia, meine Geliebte, Sie werden so glücklich sein . . . wir beide.«
Er zog mir einfach meinen Mantel aus. Ich trat nach ihm, und er lachte.
»Sind sie wirklich dazu fähig«, stammelte ich. »Ich bin keine von Ihren Dienstboten oder Pächtern, die sich fürchten, sich

gegen Sie zu erheben. Meine Familie wird sich rächen und ich mich auch. Vergewaltigung ist ungesetzlich, Jason Verringer, sogar für Männer wie Sie.«
Er packte mich an den Schultern und lachte mich an.
»Ich werde behaupten, daß Sie freiwillig herkamen, daß Sie mich gereizt, mich verlockt haben, und das ist die Wahrheit.«
»Sie sind ein Satan.«
»Ich habe Sie vor meinem großen Vorfahren gewarnt.«
Plötzlich merkte ich, daß seine Wachsamkeit nachgelassen hatte, und riß mich los. Ich lief ans Fenster. Dieses eine war nicht vergittert. Er stand dicht hinter mir, und in meiner Verzweiflung schlug ich mit bloßen Händen gegen das Glas.
Das Glas zersplitterte. Blut rann an meinen Armen entlang auf die Ärmel meines Kleides und spritzte auf mein Mieder.
»O mein Gott«, rief er. Das hatte ihn ernüchtert. »Ach, Cordelia«, fuhr er beinahe traurig fort. »So sehr hassen Sie mich?«
Ich war so durcheinander, daß ich mich mit meinen Gefühlen nicht mehr auskannte. Einerseits fürchtete ich mich vor ihm, aber gleichzeitig wollte ich mit ihm zusammensein. Zwar wollte ich den Gedanken nicht aufkommen lassen, aber ich glaube, heimlich wünschte ich mir, daß er mich in das Zimmer mit den vergitterten Fenstern trüge. Und doch hatte ich diesen vergeblichen Versuch gemacht, hatte die Scheiben zertrümmert, um zu fliehen. Ich kannte mich selbst nicht mehr.
Er betrachtete meine blutenden Hände. Seine Stimmung hatte sich gewandelt. Er war jetzt ganz zärtlich und sagte: »Ach Cordelia, meine liebe Cordelia!«, und drückte mich kurz an sich. Zitternd löste ich mich von ihm. Tränen liefen über meine Wangen. Ich wünschte, er würde mich festhalten und mir beteuern, daß er mich in gewisser Hinsicht besser kennen würde als ich mich selbst. Ich war nicht mehr die sachliche Lehrerin, irgend etwas war passiert.
Jason hatte meine Hände ergriffen. »Das muß augenblicklich verarztet werden«, sagte er.

Er legte einen Arm um mich und führte mich zur Tür. Er zog einen Schlüssel aus seiner Tasche und schloß auf.
Wir gingen hinunter. Mrs. Keel kam aus der Bibliothek, gefolgt von Miss Barston.
Miss Barston sagte: »Wir werden uns verspäten, Miss Grant. Oh . . .« Sie hatte meine Wunden gesehen.
»Ein kleiner Unfall«, erklärte Jason Verringer. »Miss Grant hat sich die Hände an einem Fenster verletzt. Mrs. Keel, holen Sie Verbandszeug . . . Sie haben sicher eine Salbe . . .«
»Ja, Sir Jason.«
Ich setzte mich auf einen Stuhl. Miss Barstons forschender Blick ruhte auf mir. Jason war ganz ruhig. Das verblüffte mich, und meine Wut auf ihn kam wieder hoch.
»Sie sehen nicht wohl aus, Miss Grant«, bemerkte Miss Barston. »Sie haben sich böse geschnitten . . .«
»Ich glaube, es ist nicht so schlimm, wie es aussieht«, sagte Jason. »Wenn das Blut abgewaschen ist, werden wir sehen, wie groß die Verletzung ist. Die Schnitte scheinen nicht tief zu sein. Wichtig ist, die Wunden zu säubern. Mrs. Keel kennt sich in diesen Dingen aus. In der Küche kommt es häufig zu derartigen Unfällen, und sie ist noch immer damit fertiggeworden. Wie fühlen Sie sich, Miss Grant? Ah, Sie sehen schon etwas besser aus. Mrs. Keel bleibt nicht lange fort.« Er wandte sich an Miss Barston. »Ich habe Miss Grant einige Räumlichkeiten gezeigt, die mit unserer Familiengeschichte verbunden sind . . . Wir sagten gerade, das dürfte Sie auch interessieren. Und dann passierte es. Ich schicke jemanden zu Miss Hetherington, um ihr zu sagen, daß Sie sich etwas verspäten. Sie können dann solange hierbleiben und mit Miss Grant im Wagen zurückfahren. Miss Grant ist gewiß ein wenig geschwächt. Ein Stallknecht kann Ihre Pferde mitnehmen, wenn er Miss Hetherington die Nachricht überbringt.«
Wie plausibel er alles erklärte, und wie leicht es ihm gelang, den Vorfall als etwas ganz Normales darzustellen. Ich bewunderte ihn und verachtete gleichzeitig die Sicherheit, mit der er uns aus einer peinlichen Situation half. Zweifellos besaß er ei-

ne Menge Übung. Ich haßte ihn für sein Ansinnen und seinen Versuch, mich zu bezwingen, und ich war ziemlich verwundert, daß er seine Absicht beim Anblick meines Blutes so rasch aufgegeben hatte.
Ich hasse ihn, versicherte ich mir heftig ... allzu heftig.

Das Erlebnis hatte mich tief erschüttert, und ich brachte es nicht über mich, mit irgend jemanden darüber zu sprechen. Fragen beantwortete ich so knapp ich konnte: Sir Jason habe mir einige Räumlichkeiten gezeigt; ich habe gedankenlos die Hände ausgestreckt und dabei das Glas zerbrochen und mich geschnitten. Ja, es sei mir überaus peinlich. Ich wisse nicht, ob es sich um ein besonders wertvolles Glas handele. Gewiß, ich müsse die Hände mit einiger Kraft ausgestreckt haben. Nein, Sir Jason schien nicht verstimmt zu sein, im Gegenteil, er sei überaus besorgt über meine Verletzung. Seine Haushälterin habe meine Wunden verbunden, nachdem sie sie sorgfältig gesäubert und eingerieben habe, und Sir Jason habe uns in seiner Kutsche zurückbringen lassen.
Daisy blickte mich merkwürdig an, drang aber nicht weiter in mich. Sie ahnte wohl, daß sonst etwas Unangenehmes zum Vorschein kommen würde, und ließ es klugerweise auf sich beruhen.
Ich wurde einen Tag vom Unterricht freigestellt.
»Ein ziemlicher Schock für Sie«, meinte Daisy.
Ich legte mich in meinem Zimmer aufs Bett und ließ mir alles, was geschehen war, durch den Kopf gehen. Der Mann war ein Ungeheuer, soviel stand fest. Ich durfte niemals mehr mit ihm allein sein. Ständig mußte ich daran denken, was geschehen wäre, wenn ich die Hände nicht durch das Glas gestoßen hätte. Mir graute davor ... oder etwa nicht?
Was hatte er von einer prüden Lehrerin gesagt? War ich so eine? In gewissem Grade traf es wohl zu. Ich sah mich Jahre später – mit weißen Haaren, würdevoll wie Daisy Hetherington ... und ebenso tüchtig ... auch wenn ich meine törichten Momente hatte. Ob Daisy jemals ...?

Mit meinen Gedanken allein, konnte ich ehrlich mit mir sein. Er hatte recht. Unter der Lehrerin verbarg sich in mir eine andere Frau. Er wußte es und hatte sein Bestes getan, um sie ans Licht zu bringen. Und doch hatte der Anblick von ein wenig Blut ihn zurückgehalten. Er war so besorgt gewesen, so zärtlich ... Oh, wie dumm von mir. Ich versuchte ja, Entschuldigungen für ihn zu finden!

Hör auf, an ihn zu denken, ermahnte ich mich. Und gib ihm nie wieder eine solche Gelegenheit.

Es war drei Tage nach dem Vorfall. Meine Wunden heilten dank der prompten Behandlung und der Salbe, die Mrs. Keel mir gegeben hatte. Ich wurde ruhiger, hatte mich wieder in der Gewalt.

Jetzt sah ich ihn, wie er war – ein arroganter sinnlicher Wüstling, der jede Frau, die er begehrte, für Freiwild hielt.

Aber mich nicht, sagte ich entschlossen zu mir.

Ich ging in die Stadt und schaute im Postamt herein, um Briefmarken zu kaufen. Mrs. Baddicombe bediente gerade, blickte aber erfreut auf, als sie mich bemerkte.

Sie wartete, bis die Glocke über der Ladentür klingelte und der Kunde ging.

»Ah, Miss Grant, schön, Sie zu sehen. Was machen die Hände? Ich hab' von Ihrem Unfall gehört. War schlimm, was?«

Ich errötete leicht. Wußte die Frau denn alles?

»Es wird schon besser«, erwiderte ich. »Es war nicht so schlimm.«

»Und geht's den jungen Damen gut? Wissen Sie schon das Neueste?«

»Was?«

»Sie ist weg ... verschwunden ... auf und davon.«

»Wer?«

»Diese Mrs. Martindale natürlich.«

»Wohin ist sie gegangen?«

»Das wüßten wir auch gern.«

»Ich glaube, sie ist oft in London.«

»Na, diesmal ist sie auf Nimmerwiedersehen weg.«

»Woher wissen Sie das?«
»Das Haus ist zugesperrt. Mrs. Keel vom Herrenhaus hat Leute rübergeschickt, um sauberzumachen. Wie man hört, zieht Gerald Coverdale dort ein. Sein Haus ist zu klein, seit er verheiratet ist und zwei Kinder hat. Er soll ja schon lange damit geliebäugelt haben. Das kann nur bedeuten, daß sie für immer weg ist.«
»Aber woher wissen Sie das so genau?«
»Die, die bei den Coverdales in Stellung ist, war erst heute früh hier bei mir. Sie sagt, Sir Jason hat ihnen gesagt, sie können einziehen, wenn sie wollen. Ich möchte wissen, was mit ihr passiert ist . . . mit dieser Mrs. Martindale.«
»Ich kann mir nicht vorstellen, daß sie einfach so fortgegangen ist.«
Mrs. Baddicombe zog die Schultern hoch. »Ist doch klar. Sie mußte schnellstens aus dem Weg.«
Mrs. Baddicombes neugierige kleine Augen hatten einen forschenden Blick, und ich hielt es in ihrem Laden nicht mehr aus. Ich wollte fort, wollte darüber nachdenken, was sie gesagt hatte. Worauf spielte sie an?
Mit ruhiger Stimme sagte ich: »Wir werden es sicher bald wissen. Ich wollte nur ein paar Briefmarken, bitte, Mrs. Baddicombe. Ich muß schnell zurück.«
Dann trat ich wieder in den Sonnenschein hinaus. Plötzlich hatte ich Angst. Warum? Wenn Marcia Martindale in aller Eile fort wollte, war das für mich doch gewiß kein Grund zur Besorgnis?

Miss Hetherington berief eine Versammlung ein, um über das »Historienspiel«, wie sie es hochtrabend nannte, zu diskutieren. Sie mahnte uns alle, daß die Zeit bis dahin nur noch kurz und es am wirkungsvollsten sei, wenn es zur Sommersonnenwende aufgeführt würde. Es blieb uns also noch ein Monat für die Vorbereitungen, das war nicht viel, aber sie wollte auch nicht, daß zu viel Zeit damit vertan würde, weil das die

Arbeit in der Schule störte, wie wir ja erst kürzlich bei *Aschenputtel* gesehen hätten.
»Wir haben etliche Kostüme«, fuhr sie fort. »Diejenigen, die bei früheren Aufführungen benutzt wurden, und Sir Jason hat versprochen, uns weitere zu leihen. Natürlich müssen wir Mönche haben. Die älteren Schülerinnen können diese Rollen übernehmen. Die kleineren Mädchen würden in den Gewändern unwürdig aussehen. Wir führen das übliche Stück in drei Akten auf. Von der Gründung des Klosters bis heute. Am Schulgesang und so weiter können sich alle Mädchen beteiligen. Wenn das Wetter warm und schön ist, wird die Aufführung im Freien stattfinden. Zu der Zeit wird Vollmond sein, das ist ideal, und die Ruinen geben eine wunderbare Kulisse ab. Ich hoffe und bete, daß es nicht regnen wird. Dann muß im Refektorium gespielt werden, oder vielleicht stellt uns Sir Jason auch den Ballsaal im Herrenhaus zur Verfügung? Der ist dafür sehr geeignet, aber ich muß warten, bis er ihn uns anbietet. Mr. Crowe, Sie können anfangen, die Lieder einzustudieren. Es sollte möglichst viel gesungen werden, so daß alle einstimmen können. Miss Eccles, Sie können die Bühnenbilder gestalten, und Miss Grant wird die Texte aussuchen, die vorgetragen werden, und außerdem Regie führen. Miss Parker, vielleicht können Sie zum Abschluß ein paar gymnastische Übungen vorführen lassen. Auch Volkstänze, Mr. Bathurst. Es muß ein interessanter Abend werden, und wenn er Anklang findet, könnten wir die Höhepunkte unmittelbar vor den Ferien wiederholen, wenn die Eltern kommen. Die wenigsten werden ja die Reise mitten im Schuljahr machen, nicht einmal, um ihre eigenen Sprößlinge spielen zu sehen. Die Sache muß unverzüglich angegangen werden. Noch irgendwelche Fragen?«
Es gab deren einige, und von Stund an war in der Schule von nichts anderem mehr die Rede. Ich stürzte mich mit Feuereifer auf die Vorbereitungen und versuchte dabei jene erschreckenden und dennoch belebenden Augenblicke in der Teufelshöhle zu vergessen. Ich wußte, daß Jason mir etwas Grausames

antun wollte, und ich wunderte mich nach wie vor, daß der Anblick meiner Verletzungen eine solche Wirkung auf ihn ausgeübt und das bißchen Anstand, das in ihm sein mußte, zum Vorschein gebracht hatte. Vielleicht hatte er bis zu diesem Augenblick geglaubt, daß ich *wünschte,* er würde Besitz von mir ergreifen, wie er es eindeutig angedroht hatte. Vielleicht hatte ich es wirklich gewünscht?
Jedenfalls konnte ich es nicht vergessen; es verfolgte mich bis in meine Träume.
Und nun war Marcia Martindale fortgegangen. Was konnte das bloß bedeuten?
Er kam zur Schule und hatte mit Miss Hetherington eine längere Besprechung in ihrem Arbeitszimmer. Eileen Eccles und ich wurden hinzugerufen. Ich vermied es möglichst, ihn anzusehen. Er erkundigte sich nach meinen Händen, und ich erwiderte, daß sie gut heilten. Wir sprachen über das Historienspiel, und ich glaube, ich war recht kühl und distanziert. Er suchte ständig meinen Blick, und es war fast, als bäte er um Vergebung.
Daisy begleitete ihn bis zum Tor. In den folgenden Tagen ritt ich nicht allein aus. Ich fürchtete, ihm zu begegnen, und ermahnte mich ständig, daß ich nie wieder mit ihm allein sein dürfe.
Von Teresa erfuhr ich, daß das neue Stubenmädchen Elsa bei den meisten Schülerinnen als »sehr lustig« galt. Sie war nicht wie die anderen. Sie beklagte sich nie über unordentliche Zimmer, und als sie hörte, daß Miss Hetherington eine Besichtigung vornehmen werde, war sie in Charlottes Zimmer geeilt und hatte dort aufgeräumt. Das fanden die Mädchen »sehr kameradschaftlich«.
Sie schien dem Quartett besonders zugetan und plauderte ständig mit Fiona, Eugenie und Charlotte. Das wunderte mich, denn es war nicht Charlottes Art, mit Dienstboten zu reden. Elsa jedoch hatte sie offensichtlich für sich gewonnen.
»Ich erinnere mich gut an sie«, sagte ich zu Teresa. »In Schaffenbrucken war sie genauso beliebt bei den Mädchen.«

Ungefähr eine Woche nach Marcia Martindales Abreise kamen Gerüchte auf. Mrs. Baddicombe hatte bestimmt unentwegt ihre Bemerkungen über die eigenartige Situation gemacht, und als ein Bäckerjunge, der etwas im Postamt ablieferte, ihr erzählte, er sei mit seinem Karren an Krähenruh vorbeigekommen und habe eine Dame mit einem Kind auf dem Arm an der Tür stehen sehen, schmückte Mrs. Baddicombe diesen Umstand mit so viel Dramatik aus, wie ihr zu Gebote stand.

Die Dame, die der Junge gesehen hatte, war vermutlich Mrs. Coverdale, die ein kleines Kind hatte, und es war ganz natürlich, daß sie mit ihrem jüngsten auf dem Arm an der Tür stand.

Eine solch simple Erklärung wollte Mrs. Baddicombe allerdings nicht gelten lassen.

»Der arme Tom Yeo! Er war wie vom Donner gerührt! Er sagt, die Haare standen ihm zu Berge. Sie war von einem dunstigen Licht eingehüllt und hielt die Hände hoch, als ob sie um Hilfe flehte.«

»Hoffentlich hat sie das Kind nicht fallen lassen«, bemerkte ich kurz. »Und warum hat Tom Yeo ihr nicht geholfen oder wenigstens gefragt, was sie wollte?«

»Aber ich bitte Sie, Miss Grant, haben Sie schon mal dem Unnatürlichen ins Auge geblickt?«

»Nein«, gab ich zu.

»Sonst würden Sie es verstehen. Der arme Tom, er hat seinem Pferd die Peitsche gegeben und hat sich schleunigst aus dem Staub gemacht.«

»Aber die Coverdales sind doch schon eingezogen, oder nicht?«

»Nein, bis jetzt noch nicht. Werden nun wohl auch nicht mehr wollen.«

»Mrs. Baddicombe, woran denken Sie?«

»Nun ja, sie ist ziemlich plötzlich weg, nicht?«

»Mrs. Baddicombe«, warnte ich ernst. »Sie sollten vorsichtig sein.«

Sie richtete sich entrüstet auf und sah mich mißtrauisch an. »Vorsichtig? Ich? Bin ich nicht immer vorsichtig?«
»Ich möchte gern wissen, worauf Sie anspielen.«
»Ist doch sonnenklar, Miss. Sie kommt her, und als sie nicht mehr erwünscht ist, verschwindet sie . . .«
»Nicht erwünscht?«
Mrs. Baddicombe feixte. »Ich lese zwischen den Zeilen.«
»Und verfassen dazu auch den Text«, fügte ich ärgerlich hinzu.
Sie sah mich verständnislos an.
»Guten Tag, Mrs. Baddicombe.«
Ich stand zitternd draußen vor dem Laden. Wie dumm von mir. Jetzt war ich von den Informationen abgeschnitten, die sie zu bieten hatte; war auch die Hälfte davon falsch, wollte ich doch hören, was man sich so erzählte.
Das Ausmaß meiner Dummheit zeigte sich, als Eileen Eccles im Kalfaktorium zu mir sagte: »Du bist ganz schön in das dramatische Geschehen von Colby verwickelt, Cordelia. Die Hexe von der Post hat mir zugeflüstert, du seist in Jason Verringer verknallt, und sie wüßte schon seit einiger Zeit, daß er ein Auge auf dich geworfen hat, und ob es nicht komisch wäre, daß die arme Mrs. Martindale, die sich solche Hoffnungen gemacht hatte, wie durch ein Wunder verschwindet, wenn sie nicht mehr erwünscht ist.«
»So ein Unsinn!« sagte ich, über und über rot werdend.
»Das Dumme an solchem Geschwätz ist, daß es oft ein Körnchen Wahrheit enthält. Ich glaube tatsächlich, daß der lüsterne Sir J. ein Auge auf dich geworfen hat, und es ist nicht zu bezweifeln, daß Mrs. Martindale eine Zeitlang eine sehr gute Freundin von ihm war. Soweit, so gut. Auf dieser dürftigen Grundlage spinnt nun Mrs. B. ihre Phantasien. Sicher, es ist Unsinn, aber er gründet auf einer bestimmten Tatsache, und darin liegt die Gefahr.«
»Das hört sich wie eine Warnung an«, bemerkte ich.
Sie legte den Kopf schief und betrachtete mich mit gespieltem Ernst. »Du weißt am besten, was du willst«, sagte sie. »Ich

kann nur sagen, daß er keinen guten Ruf hat. Es gab Gerüchte über den Tod seiner Frau. Jetzt munkelt man über das angebliche Verschwinden seiner Freundin. Er ist anfällig für Gerüchte, und unsereinen kann ein Gerücht um die Stellung bringen. Ich würde raten ... aber du weißt bestimmt so gut wie ich, daß Ratschläge, zwar freiwillig erteilt, aber nur angenommen werden, wenn sie den Neigungen des Empfängers entsprechen. Ich an deiner Stelle würde mich von Sir Jason fernhalten, und nach den Sommerferien sieht die Sache vielleicht ganz anders aus.«

Ich blickte Eileen liebevoll an. Sie war eine gute Freundin und eine vernünftige Frau, und ich hätte ihr gern gesagt, daß ich keine Warnung nötig hatte, nachdem ich beschlossen hatte, niemals mehr mit Jason Verringer allein zu sein.

Miss Hetherington rief mich in ihr Arbeitszimmer. Sie war so durcheinander, daß sie es nicht ganz verbergen konnte; sie wirkte bei weitem nicht so beherrscht wie sonst.

»Eine Schande!« sagte sie. »Ich habe Sie kommen lassen, Cordelia, weil Teresa Ihr Schützling ist.«

»Teresa! Was hat sie angestellt?«

»Sie hat ein Mädchen angegriffen.«

»Angegriffen!«

»Jawohl. Leiblich angegriffen!«

»Welches Mädchen? Warum?«

»Es handelt sich um Charlotte Mackay. Keine will den Grund nennen. Ich schätze, es ging um eine unbedeutende Auseinandersetzung, aber daß eine meiner Schülerinnen regelrecht tätlich wird ...«

»Ich kann mir das von Teresa nicht vorstellen. Sie ist wirklich ein sanftes Mädchen.«

»Sie ist in letzter Zeit selbstbewußter geworden. Sie hat mit einem Schuh nach Charlotte Mackay geworfen. Er hat sie an der Schläfe getroffen. Es hat einen ziemlich tiefen Riß gegeben. Die Mädchen bekamen es mit der Angst, als sie Blut sahen, und riefen Miss Parker, die zufällig vorbeikam.«

»Wo sind sie jetzt?«
»Charlotte hat sich hingelegt. Zum Glück ist der Schuh nicht ins Auge gegangen. Wer weiß, was da hätte passieren können. So aber ist es gottlob nur eine Wunde. Teresa ist im Strafzimmer eingeschlossen. Ich werde später entscheiden, welche Strafe sie bekommt. Aber was mich erschüttert, ist, daß dergleichen hier geschehen kann. Ich hoffe nur, daß die Eltern nichts davon erfahren.«
»Soll ich zu Teresa gehen?«
»Sie ist widerspenstig und will nicht reden. Sie sitzt mit fest verkniffenen Lippen da und sagt nur, daß Charlotte es verdient hat.«
»Charlotte ist natürlich ein sehr schwieriges Mädchen. Sie hat nicht gerade einen angenehmen Charakter, und ich weiß, daß sie Teresa früher sehr viel geärgert hat.«
»Das Mädchen hat sie aber bisher nie angegriffen.«
»Nein . . .«
»Sie ist temperamentvoller als früher, und ich hielt das für erfreulich. Jetzt bin ich da nicht mehr so sicher. Ja, gehen Sie zu ihr und versuchen Sie den Grund für dieses abartige und ungebührliche Betragen herauszufinden.«
Ich schloß die Tür des Strafzimmers auf. Es war ein kleiner zellenartiger Raum, der von den Laienbrüdern als Vorratskammer benutzt worden war. Die abschreckende Bezeichnung paßte dazu. Drei Pulte, ein Tisch und ein Stuhl standen in dem Zimmer. Hier wurden die Mädchen hingeschickt, um Gedichte auswendig zu lernen oder abzuschreiben, wenn ein Vergehen als unverzeihlich betrachtet wurde.
Teresa saß an einem Pult.
»Teresa!« rief ich.
Sie stand unsicher auf und sah mich beinahe trotzig an.
»Erzähl mir, was passiert ist«, begann ich. »Es gibt bestimmt eine Erklärung dafür.«
»Ich hasse Charlotte Mackay.«
»Das tust du bestimmt nicht. Sie ist doch nur ein dummes überhebliches Mädchen, meistens jedenfalls.«

»Ich hasse sie. Sie ist gemein.«
»Sag mir, was passiert ist.«
Sie blieb stumm.
»Miss Hetherington wünscht eine Erklärung.«
Sie schwieg immer noch.
»Es muß doch einen Grund geben. Ging es vielleicht um eine Kleinigkeit, und dir fiel deine ganze alte aufgestaute Wut auf sie ein?«
Sie sagte: »Es war keine Kleinigkeit.«
»Was dann?«
Wieder Schweigen.
»Wenn du es erklären könntest, würde Miss Hetherington es vielleicht verstehen. Sie ist gerecht, das weißt du. Wenn du einen guten Grund hattest, wird sie einsehen, daß du im Moment die Beherrschung verloren hast. Wir wissen alle, wie einem Charlotte auf die Nerven gehen kann.«
Aber sie wollte es mir nicht sagen. Ich versuchte es wieder und wieder, doch trotz ihrer Zuneigung zu mir konnte ich nichts aus ihr herausbekommen.
»Sie ist gemein«, das war alles, was sie sagen wollte. »Sie ist gemein und eine Lügnerin, und ich hasse sie. Ich bin froh, daß ich's getan hab'.«
»Sag das nicht zu Miss Hetherington. Du mußt zerknirscht sein und sagen, daß es dir leid tut, und du darfst so etwas nie wieder tun. Du wirst bestimmt eine Strafarbeit aufbekommen. Wahrscheinlich mußt du morgen den ganzen Tag hier sitzen.«
»Ist mir egal. Ich bin froh, daß ich ihr wehgetan hab'.«
Ich seufzte. Das war nicht das richtige Verhalten, und ich war sehr beunruhigt, daß Teresa nicht einmal mir sagen wollte, was vorgefallen war.
Ich mußte Daisy meine Niederlage eingestehen.

Es folgte eine schwierige Zeit. Charlotte bauschte ihre Verletzung mächtig auf. Einmal ging ich in ihr Zimmer und fand

Fiona, Eugenie und Elsa bei ihr. Sie saßen alle drei lachend auf den Betten.

Ich konnte sie kaum tadeln, erinnerte ich mich doch, daß ich noch vor kurzem in Schaffenbrucken an ähnlichen Szenen beteiligt war.

Ich wich weiterhin Jason Verringer aus, verließ jedoch das Haus auch manchmal allein. Wenn ich in die Stadt ritt, machte ich einen weiten Umweg, um nicht am Herrenhaus vorbei zu müssen. Das führte mich einmal an Krähenruh vorüber, wo ich Anzeichen von Geschäftigkeit bemerkte, und ich nahm an, daß die Coverdales Einzug hielten.

Das Postamt war mir seit damals verleidet, aber eines Tages ließ es sich nicht mehr vermeiden, und ich trat mutig ein. Mrs. Baddicombe war außer sich vor Freude, mich zu sehen. Sie zeigte keinen Groll wegen meines abweisenden Verhaltens bei unserer letzten Begegnung. Sie ließ mich warten, bis sie zwei Kunden bedient hatte, dann musterte sie mich mit ihrem lebhaften neugierigen Blick und lehnte sich mit plumper Vertraulichkeit über den Ladentisch.

»Nett, Sie zu sehen, Miss Grant. Ich höre, in der Schule tun sich große Dinge wegen dieses Festspiels.«

»Ach ja«, erwiderte ich. »Es ist der Jahrestag der Gründung der Abtei, also ein besonderer Anlaß.«

»Kaum zu glauben! So viele Jahre. Ich hab' heute morgen zu Mrs. Taylor gesagt, möchte wissen, wie's dem kleinen Dingelchen so geht. Ist bestimmt glücklich, nehm' ich an. Die Jane Gittings hängt an der Kleinen und Ada Whalley auch.«

»Wer ist Ada Whalley?«

»Janes Schwester. Die Whalleys haben jahrelang hier in Colby gelebt. Der alte Billy Whalley war der Verwalter von der Mostfabrik. Hat sich gut gemacht. Ist im Moorland aufgewachsen, und die Mächen waren dort bei ihrer Großmutter, als sie klein waren. Als er sich zur Ruhe setzte, zog er in die Hütte im Moorland. Die Mutter war schon lange tot. Jane hatte Gittings geheiratet, und Ada zog zu ihm, um ihm den Haushalt zu führen. Unten in Bristonleigh, am Rande des

Moorgebiets. Die Whalleys, die haben immerzu vom Moor geredet. Percy Billings war mal 'ne Zeitlang in die Ada vergafft, aber da ist nichts draus geworden, weil sie sich um den alten Mann kümmern mußte, und da hat Percy ganz plötzlich die Jenny Markey geheiratet.«

»Das ist ja ein richtiger kleiner Familienroman.«

»Tja, so ist das, meine Liebe. Ada hätte eine gute Mutter abgegeben. Die ist bestimmt lieb zu der kleinen Miranda, und Jane Gittings sowieso. Jane hat auch keine Kinder. Komisch, manche kriegen welche und manche nicht ... und meistens kriegen die welche, die gar keine wollen. Wie die Sophie Prestwick. Ist ja nicht zu übersehen, was mit der los ist. Das gibt 'ne überstürzte Hochzeit, verlassen Sie sich drauf. Die Sophie hat ihren Spaß, und dann hat sie's erwischt ... und die welche wollen, können keine kriegen. Nehmen Sie zum Beispiel Sir Jason ...«

Sie bedachte mich mit einem hinterhältigen Blick.

Ich sagte ihr, welche Briefmarken ich wünschte, und beinahe zögernd nahm sie die Mappe und händigte mir die Marken aus.

»Na ja, wir werden ja sehen, was passiert, jetzt wo die Betreffende dahingegangen ist, sozusagen.«

»Dahingegangen?«

»Wir wissen nicht wohin, oder? Wir wissen nur, daß sie nicht mehr bei uns ist. Ich sag' Ihnen was, Miss Grant, nichts bleibt stillstehen, nicht wahr? Das Leben geht weiter. Ich sag' oft zu mir, ich bin gespannt, was als Nächstes passiert.«

»Sie sind anscheinend über alle Vorgänge sehr gut unterrichtet«, sagte ich ironisch.

»Das liegt in der Natur des Postamts, könnte man sagen. Wie ich immer zu Baddicombe sage: Ist nicht viel dran an dem Posten ... viel Arbeit, und es springt kaum was dabei raus ... aber ich sag' zu ihm, sag' ich: Man kommt mit Leuten zusammen ... und drum lohnt es sich.«

Sie blickte auf, und mit der Miene einer Wohltäterin der Menschheit legte sie ihre Mappe in ein Schubfach.

Ich verließ sie, erleichtert, daß sie nicht beleidigt war, und fragte mich, ob sie letztes Mal meinen Unmut überhaupt bemerkt hatte.
Am Nachmittag machte ich einen Spaziergang durch die Ruinen, stets auf der Hut vor Jason Verringer, falls er womöglich ebenfalls dort umherspazierte. Das hätte durchaus der Fall sein können, denn ich vermutete, daß er versuchte, mich abzufangen.
Ich kam zu den Teichen und betrachtete die Wasserfälle. Ihr Geräusch wirkte beruhigend auf mich; ich wanderte an ihnen vorbei zum Fluß und ging noch ein Stück weiter am Ufer entlang.
Dann aber mußte ich umkehren, wenn ich mich nicht verspäten wollte. Ich ging denselben Weg zurück, und kurz vor den Fischweihern sah ich Teresa.
Ich rief sie, und sie kam zu mir gelaufen.
»Machst du auch einen Spaziergang?« fragte ich.
»Ja. Ich hab' Sie hier entlanggehen sehen.«
»Wir müssen zurück. Ich darf nicht zu spät zum Unterricht kommen, und du auch nicht. Hast du deine Verse gelernt?«
»O ja. Ich mußte von ›Noch einmal, bis zum Bruch‹ bis ›Gott mit Harry! England und St. Georg!‹ lernen.«
»Ein ziemlich langes Stück.«
»Das meiste konnte ich schon.«
»Ach, Teresa, es ist so schade, daß das passiert ist. Willst du wirklich nicht darüber reden?«
Sie schüttelte heftig den Kopf.
Ich seufzte. »Ich dachte, du hättest Vertrauen zu mir.«
Sie blieb stumm, und ein störrischer Ausdruck huschte über ihr Gesicht.
Wir gingen eine Weile schweigend nebeneinander.
»Hast du eine Rolle in dem Historienspiel?« fragte ich.
»Nein. Bloß zum Schluß ... Gymnastik und Gesang. Miss Grant ... ich muß mit Ihnen sprechen.«
Ich stieß einen Seufzer der Erleichterung aus und dachte, jetzt erzählt sie mir, womit Charlotte sie so schwer gekränkt hat.

»Ja?«
»Es fällt mir schwer, es zu sagen, weil ich glaube, Sie haben ihn gern . . . ich glaube, Sie haben ihn sehr gern.«
»Wen? Wovon sprichst du?«
»Es geht um Mrs. Martindale.«
Meine Stimme zitterte leicht, als ich sagte: »Was ist mit ihr?«
»Ich – ich glaube, sie ist tot. Ich – ich glaube, sie ist ermordet worden.«
»Teresa! Wie kannst du so etwas sagen. So darfst du nicht reden.«
»Ich hab's sonst niemandem gesagt.«
»Das will ich hoffen.«
Sie blieb stehen, fuhr mit der Hand in ihre Tasche und streckte sie mir hin. Als die Finger sich lösten, sah ich einen Ohrring, bizarr und auffallend. Ich erkannte ihn sofort.
»Der hat ihr gehört«, sagte sie. »Ich hab' ihn an ihr gesehen.«
»Na und?«
»Ich hab' ihn hier gefunden . . . bei den Teichen . . . er muß ihr abhanden gekommen sein . . . bei einem Kampf.«
»Meine liebe Teresa, du hast eine zu lebhafte Phantasie. Du bist wie Mrs. Baddicombe.«
»Es ist ihr Ohrring. Das weiß ich, weil Eugenie ihn ihr vor kurzem bringen sollte. Sie hat ihn uns gezeigt. Ich hab' ihn hier am Wasser gefunden . . . Sie muß ihn verloren haben.«
»Nun gut, daß Ohrringe verlorengehen, kommt häufiger vor, und da sie diesen schon einmal verloren hat, ist anzunehmen, daß der Verschluß nicht in Ordnung ist.«
»Ich glaub', er ist ihr runtergefallen, als man sie in den Fluß geworfen hat.«
»Teresa! Was ist nur in dich gefahren. Zuerst greifst du Charlotte Mackay an, und jetzt diese ungeheuerlichen Anschuldigungen gegen . . . gegen wen, Teresa?«
»Gegen ihn. Ich fürchte, Sie haben ihn gern, Miss Grant. Ich weiß, daß er den Frauen gefällt. Aber Sie dürfen nicht . . . ich

– ich ertrage es nicht, daß er ... mit Ihnen spricht ... und Sie in alles hineinzieht. Das verdirbt alles ... den Spaß, den wir mit Tante Patty haben und mit Violet. Miss Grant, bitte lassen Sie sich nicht mit ihm ein. Er ist ein gemeiner Mensch. Eugenie sagt ...«

»Hast du mit irgendwem darüber gesprochen, Teresa?«

Sie schüttelte heftig den Kopf.

»Versprich mir, daß du mit niemandem darüber sprichst.«

Sie nickte entschlossen.

»Es ist der reine Unsinn«, erklärte ich. »Es gibt eine Menge bösen Klatsch. Mrs. Martindale ist abgereist, weil sie es auf dem Land einfach nicht mehr ausgehalten hat.«

»Warum hat sie denn nicht gesagt, daß sie fortgeht?«

»Weshalb sollte sie? Es ging niemanden etwas an. Und denen, die es etwas anging, hat sie es bestimmt gesagt.«

»Ach, Miss Grant, lassen Sie sich nicht da hineinziehen. Die können tun, was sie wollen, aber halten *wir* uns da raus. Denken wir an den Sommer und an die Bienen und die Blumen und Tante Pattys Hüte und Violets Apfelkuchen.«

»Teresa, beruhige dich. Du bildest dir das alles nur ein. Es würde mich nicht wundern, wenn Mrs. Martindale plötzlich wieder auftauchte.«

»Sie kann nicht. Er will sie nicht. Er ist fertig mit ihr. So ist er eben. Er verstößt die Menschen, wenn er mit ihnen fertig ist ... und bringt sie um. Wie seine Frau.«

»Das ist alles nur Geschwätz.«

»Es ist wahr.«

»Nein.«

»Es *ist* wahr«, beharrte Teresa. »Ich habe Angst. Ich will nicht, daß Sie ...«

Ich legte meinen Arm um sie. »Ich habe nichts damit zu tun«, beschwichtigte ich sie. »Der Mann geht uns nichts an. Ihm gehören nur zufällig die Ländereien der Abtei. Alles ist wie immer. Du kommst in den Sommerferien mit zu mir nach Hause, und es wird wunderschön.«

»O ja ... ja.«

»Sieh dich nur vor, daß du nichts tust, was Miss Hetherington verärgern könnte. Sonst mußt du am Ende zur Strafe in der Schule bleiben.«

Teresa war erbleicht.

Rasch tröstete ich sie: »Ach was, so weit wird es nicht kommen. Aber geh lieber kein Risiko ein. Und, Teresa, zu keiner Menschenseele ein Wort darüber. Es ist nicht wahr . . . es wäre falsch, darüber zu reden. Du hast doch mit niemandem darüber gesprochen, oder?«

»O nein, nein.«

»Und der Ohrring . . .«

Sie streckte ihre Hand aus. Da lag er; der leuchtendrote Rubin glitzerte im Sonnenschein.

Ich wußte nicht, was damit geschehen sollte, und was passieren würde, wenn die Leute erführen, daß man ihn bei den Fischteichen gefunden hatte.

Ich brauchte nicht lange zu überlegen, denn Teresa hob mit einer raschen Bewegung den Arm und warf den Ohrring ins Wasser.

Erschrocken rief ich: »Teresa, warum hast du das getan?«

»Damit ist alles vorbei«, sagte sie. »Reden wir nicht mehr davon. Ich sag' kein Wort mehr . . . wenn Sie auch nichts sagen.«

Ich war leicht verwirrt und gleichzeitig erleichtert, daß ich wegen des Ohrrings nichts unternehmen mußte.

Schweigend gingen wir zur Schule zurück. Teresa kam mir ruhiger und glücklicher vor, als sie es seit der Geschichte mit Charlotte gewesen war.

Sommersonnenwende

Ich wurde von Zweifeln gequält, hatte keine ruhige Nacht mehr. Immer mußte ich darüber nachdenken: Wie konnte der Ohrring zu den Fischweihern gelangt sein? Nur, indem die Trägerin dort gewesen war?

Vielleicht hatte sie einen Spaziergang zu den Teichen gemacht? Es war eine ziemliche Strecke von Krähenruh, und ich war Marcia nie auf einem Spaziergang begegnet; es war nicht ihre Art, lange Wanderungen zu unternehmen.

Angenommen, sie war tot. Angenommen, sie war wirklich ermordet worden. Was war mit Maisie geschehen? Wo war sie? Glaubten die Klatschmäuler, sie sei ebenfalls umgebracht worden? Die Vorstellung, daß man *eine* Leiche in die Teiche geworfen hatte, mochte ja noch angehen. Aber zwei? Jason Verringer hatte mir einmal erzählt, daß einer seiner Vorfahren sich eines Rivalen entledigte, indem er ihn getötet und seine Leiche in die Fischteiche geworfen hatte. »Der Fluß hat eine starke Strömung, es sind nur noch wenige Meilen bis zum Meer.« So etwas Ähnliches hatte er gesagt.

Und das Kind? Was war mit dem Kind? Es war in Dartmoor in Mrs. Gittings Obhut, aber es konnte nicht ewig dortbleiben, ohne daß gewisse Vorkehrungen getroffen würden.

Ich machte mir Gedanken wegen des Kindes, und je mehr ich darüber nachsann, um so stärker wurde der Drang in mir, der Sache auf den Grund zu gehen. Wenn ich Mrs. Gittings aufsuchte, die mir ein sehr vernünftiger Mensch zu sein schien, könnte ich womöglich eine Menge in Erfahrung bringen, und wenn ich entdeckte, daß dies alles Unsinn war, würde ich da-

für sorgen, daß dieser boshafte Klatsch in der Nachbarschaft ein Ende fand.
Ja, das war das Beste. Ich hatte den Namen der Ortschaft gehört, wo Mrs. Gittings' Schwester wohnte. Sie hieß Ada Whalley und wohnte in einem Ort namens Bristonleigh in Dartmoor. Das war nicht weit von hier, höchstens 15 Meilen.
Und je mehr ich darüber nachdachte, um so besser erschien mir die Idee.
Ich sagte zu Daisy: »Am Sonntag möchte ich gern eine Freundin in Dartmoor besuchen, aber ich weiß nicht genau, wo der Ort liegt.«
»Sonntag dürften Sie wohl ohne weiteres fort können. Es läßt sich gewiß einrichten, daß andere für Sie einspringen, falls Sie irgendwelche Pflichten haben.«
»Ja, gewiß. Hätten Sie wohl eine Karte? Ich möchte gern sehen, wo der Ort genau liegt.«
»Ich habe mehrere. Ich zeige sie Ihnen.«
Auf der ersten Karte war Bristonleigh nicht verzeichnet, aber dann zeigte mir Daisy eine Karte von Dartmoor und Umgebung – und da war es, ein kleines Dörfchen am Rande des Moorgebietes. Ich merkte mir die nächstliegende größere Ortschaft. Dorthin würde ich fahren und dann mit irgendeinem Gefährt in das Dorf gelangen.
»Um halb elf geht ein Zug von hier«, sagte Daisy. »Und gegen vier geht einer zurück. Da bleibt Ihnen gewiß genügend Zeit für Ihre Freunde.«
»Ja.«
Und so kam es, daß ich am Sonntagmorgen durch die üppige Landschaft von Devonshire fuhr. Die Fahrt dauerte nur eine halbe Stunde, und als ich den Gepäckträger am Bahnhof fragte, wie ich nach Bristonleigh käme, war er ein wenig ratlos, aber nur kurz. »Es sind drei Meilen von hier ... ein Stückchen bergauf. Aber Dick Cramm hat sicher nix dagegen, wenn er sich am Sonntag 'n bißchen was dazuverdienen kann. Jetzt is' er bestimmt schon auf. Sonntags bleibt er gern lang in den Fe-

dern. Aber wenn's 'ne Fuhre zu erledigen gibt, kommt ja nicht oft vor, dann macht er's gern.«

»Wo kann ich ihn finden?«

»Über den Vorplatz, dann rechts, da sehen Sie sein Haus schon, Holzapfelhütte heißt es, weil ein großer Holzapfelbaum danebensteht.«

Ich dankte ihm und machte mich auf die Suche nach Dick Cramm. Er war zum Glück schon munter und gern bereit, mich nach Bristonleigh zu befördern.

»Ich möchte zu Miss Ada Whalley«, sagte ich.

»Ah, 'ne gute Seele, die Ada Whalley.«

»Sie kennen sie?«

»Wer kennt Ada Whalley nicht in dieser Gegend! Sie zieht weit und breit das beste Gemüse. Meine Frau baut auch ein bißchen was an . . . wie die meisten hier. Das Zeug geht sogar bis nach London. Ich lade es immer für sie auf den Zug. Klar kenn' ich Ada Whalley.«

So ein Glück. Ich hatte mich schon auf der Suche nach Miss Ada Whalley durch Bristonleigh streifen sehen.

»Im Moment ist ihre Schwester bei ihr«, fuhr er fort. »Tut ihr gut. Hat sie mir erst neulich gesagt, als ich 'ne Ladung Gemüse bei ihr abgeholt hab'. ›Schön, daß ich meine Schwester bei mir hab'‹, hat sie gesagt. Die Ärmste. War wohl ziemlich einsam vorher.«

Wir kamen nach Bristonleigh. Es war ein hübsches, typisch englisches Dorf, wie es sie in Devonshire besonders häufig gibt, wo die Vegetation üppiger ist als sonst irgendwo im Land. Die alte Kirche, der Dorfanger, ein paar Häuser, meist achtzehntes Jahrhundert, ausgenommen das elisabethanische Herrschaftshaus in der Ortsmitte. Die Kirchenglocke schlug gerade zwölf, als wir in das Dorf fuhren.

»Miss Whalley wohnt 'n bißchen außerhalb. Sie hat 'n Stückchen Land, wo sie ihr Zeug anbaut. Wir sind in 'n paar Minuten da.«

»Ich muß den Rückzug erreichen. Er geht um halb vier, nicht wahr?«

»Stimmt genau, Miss.«
»Können Sie mich abholen und zum Bahnhof fahren?«
»Mach' ich. Ich bin kurz vor drei hier, wenn's recht ist, Miss.«
»Ausgezeichnet. Haben Sie vielen Dank. Ich bin froh, daß ich Sie angetroffen habe.«
Er kratzte sich am Kopf und sah starr geradeaus, aber ich merkte, daß er sich freute.
»So, da wären wir. Ich warte lieber noch. Gucken Sie erst mal, ob sie da sind. Ist allerdings unwahrscheinlich, daß sie weg sind, ohne daß wir's wüßten.«
Auf dem Land gibt es wohl kaum etwas, das die Leute nicht voneinander wissen, dachte ich. Manchmal werden gewiß falsche Schlüsse gezogen, aber man kann ihnen niemals den Vorwurf machen, daß ihnen das Leben ihrer Nachbarn gleichgültig ist.
Ich bezahlte Dick Cramm und gab ihm ein kleines Trinkgeld, das ihn ein wenig verlegen machte, aber dennoch freute.
»Sie haben mir wirklich sehr geholfen«, sagte ich.
»Nicht der Rede wert. Ah, da ist Mrs. Gittings mit der Kleinen.«
Und siehe, als wolle sie mir mein Unternehmen leichter machen, als ich zu hoffen gewagt hatte, kam Mrs. Gittings mit Miranda an der Hand aus dem Haus.
»Miss Grant!« rief sie.
Ich eilte zu ihr. Der Kutscher beobachtete uns neugierig, daher sagte ich zu ihm: »Haben Sie vielen Dank. Also dann bis kurz vor drei.«
Er berührte seine Mütze mit der Peitsche und wendete die Pferde.
»Ich bin Ihnen eine Erklärung schuldig«, sagte ich zu Mrs. Gittings.
»Ach Miss Grant, ist das aber eine Überraschung. Sind Sie eigens hergekommen, um mich und Miranda zu besuchen?«
»Ich habe gehört, daß Sie hier bei Ihrer Schwester sind. Mrs. Baddicombe nannte mir ihren Namen und ihren Wohnort. Hier also kommen Sie immer mit Miranda her?«

»Ja. Wollten Sie . . .?«
»Ich möchte mit Ihnen reden.«
Miranda betrachtete mich voll Neugier.
»Sie sieht recht gut aus«, sagte ich.
»Die Luft bekommt ihr hier. Sie ist glücklich.«
Mrs. Gittings muß gespürt haben, daß ich vor dem Kind nicht offen reden wollte. Miranda mochte gewisse Dinge verstehen, und ich wollte nichts sagen, was sie beunruhigen könnte.
»Kommen Sie herein, ich stelle Sie meiner Schwester vor. Wegen Miranda essen wir früh zu Mittag. Danach schläft sie ein paar Stunden. Meine Schwester wird sich freuen, Sie kennenzulernen. Dann . . . können wir uns unterhalten.«
Sie meinte wohl, sobald Miranda schlafen gegangen sei, und ich war dankbar für ihre Rücksichtnahme.
Miss Ada Whalley hatte Stimmen gehört und war herausgekommen. Sie war eine starkknochige Frau mit muskulösen Schultern und wettergebräuntem Gesicht.
»Das ist Miss Grant von der Schule, Ada«, stellte Mrs. Gittings mich vor. »Du weißt doch . . . die Schule bei der Abtei.«
»Ach, das ist aber nett«, sagte Ada.
»Sie ist gekommen, um sich mit uns zu unterhalten . . .«
Sie nickte zu Miranda hinüber, und Ada nickte ebenfalls.
»Ich schätze«, meinte Mrs. Gittings, »Miss Grant kann einen Happen zu essen vertragen.«
»Entschuldigen Sie, daß ich so unangemeldet gekommen bin«, sagte ich. »Ich wußte mir keinen Rat und dachte, Mrs. Gittings könnte mir vielleicht helfen.«
»Das macht doch nichts«, beruhigte Ada mich. »Wir sind es gewöhnt, daß die Leute vom Dorf hereinschauen. Sie wollen meine Sachen kosten, sagen sie. Ich hab' nichts dagegen. Alles selbstgezogen.«
»Sogar das Schwein«, warf Mrs. Gittings ein.
»Kleiner Piggy Porker«, trällerte Miranda.
»Nein, Schätzchen, der kleine Piggy Porker nuckelt an seiner Mama. Das ist der gierigste vom ganzen Wurf.«

Miranda machte grunzend ein Schwein nach und sah mich schüchtern an, als erwarte sie, bewundert zu werden.
»Ach du meine Güte«, sagte Ada, »ich glaub', ich hör' den kleinen Piggy Porker irgendwo hier drinnen.«
Miranda grunzte wieder, und Ada tat so, als blicke sie erschrocken um sich. Miranda fand das äußerst spaßig. Eines war mir sogleich klar: Bei diesen beiden würde sie ihre Mutter nicht vermissen.
»Ich zeige Miss Grant, wo sie sich die Hände waschen kann«, sagte Ada.
Ich folgte ihr eine hölzerne Treppe hinauf in ein Zimmer, wo ich eine Waschschüssel und einen Wasserkrug vorfand. Alles war blitzsauber.
»Von hier haben Sie einen schönen Blick auf den Garten.« Ada wies aus dem Fenster. Ich sah Reihen über Reihen von Pflanzen, zwei Gewächshäuser und einen Schuppen.
»Und Sie machen alles allein?«
»Ich habe einen Mann, der mir hilft. Ich werde wohl noch einen einstellen müssen, wenn das Geschäft so weitergeht. Jetzt hab ich ja Jane hier. Sie hilft mir viel im Haus. Und Sie sind also gekommen, um mit Jane zu reden. Hoffentlich wollen Sie sie nicht hier weglocken. Es tut so gut, sie hier zu haben, und ich hab' mir immer gewünscht, daß wir zusammen sind.«
»Ich bin nicht gekommen, um sie wegzuholen. Ich wollte nur mit ihr sprechen, um ein paar Ungereimtheiten zu klären.«
Als ich mir die Hände gewaschen hatte, ging ich mit ihr nach unten. Mrs. Gittings deckte gerade den Tisch, und Miranda half ihr eifrig dabei. Aus dem Ofen kam der würzige Duft nach Schweinebraten, und in dem kleinen Zimmer, wo wir uns zum Essen setzten, herrschte eine Atmosphäre äußerster Zufriedenheit. Das Gemüse war köstlich.
»Frisch geerntet«, bemerkte Ada. »So muß man Gemüse essen.«
»Sie haben das Glück, es zu können«, gab ich zurück.
»Nehmen Sie noch Kartoffeln, Miss Grant. Wir hatten dieses Jahr eine gute Ernte, und eins muß ich Jane lassen, kochen

kann sie. Bei mir geht das immer hopplahopp. Das kommt für Jane nicht in Frage. Sie ist ein rechter Hausteufel, was, Schätzchen?«

Sie hatte die Angewohnheit, bei Miranda Bestätigung zu suchen, was das Kind mit verständigem Nicken erwiderte.

Miranda wurde in einen hohen Kinderstuhl gesetzt und bekam ein riesiges Lätzchen umgebunden. Sie aß allein, ein Unterfangen, das nicht allzu haarsträubend verlief. Wenn etwas danebenfiel, lachte Ada und steckte es ihr in den Mund. »Das Häppchen hat sich verlaufen, hat die Speiseröhre nicht gefunden, nicht, Schätzchen?«

»Nicht gefunden, nicht?« echote Miranda fröhlich.

Nach dem Essen wurde Miranda zum Mittagsschlaf hingelegt. Ada sagte rücksichtsvoll, sie wolle einen Blick in die Gewächshäuser werfen, und so blieb ich mit Jane Gittings allein.

Ich begann: »Hoffentlich finden Sie es nicht aufdringlich, daß ich einfach so hereingeschneit komme.«

»Es ist uns ein Vergnügen. Ada freut sich über jeden Besuch. Sie genießt die Anerkennung der Leute für das Zeug, das sie anbaut.«

»Sie ist ein großartiger Mensch. Doch jetzt zu dem anderen. Mrs. Gittings, in Colby gehen eine Menge Gerüchte um. Die Leute behaupten die abwegigsten Sachen.«

»Das ist bestimmt diese Frau von der Post.«

»Ja, ich glaube, die steckt dahinter. Es ist ja auch mysteriös, nicht? Ich möchte den Klatsch beenden, aber ich weiß nicht wie. Wenn ich dahinterkäme, was wirklich passiert ist ... oder wo Mrs. Martindale ist, damit ich sie zurückholen kann und sie sich sehen läßt oder so ...«

»Ich kann Ihnen nichts sagen, Miss Grant, denn ich weiß sowenig wie Sie, wo sie ist.«

»Aber das Kind ist doch hier.«

»Für das Kind sorgt Sir Jason.«

»Sir Jason hat ...«

»Er hat sich immer um das Kind gekümmert. Er bat mich, es

zu meiner Schwester mitzunehmen und für es zu sorgen. Er bezahlt mich dafür ... er wollte nur, daß wir zu meiner Schwester gehen. Ich wußte ja, was Ada dazu sagen würde. Sie wollte immer, daß ich kündige und zu ihr ziehe. Und sie liebt Miranda. Ich sagte zu Sir Jason, was Ada betrifft, steht dem nichts im Wege.«
»Er bat Sie also, Miranda fortzubringen. Das war wohl ein paar Tage vor Mrs. Martindales Abreise.«
»Richtig. Wenn sie fortging, fuhr ich immer mit Miranda zu Ada, das war selbstverständlich. Es war der gleiche Tag, an dem Maisie verschwand.«
»An dem Maisie verschwand ...?« wiederholte ich.
»Ja, sie ist abgehauen. Es gab einen schrecklichen Krach, und am nächsten Tag war Maisie auf und davon. Sie hat die meisten Sachen von Mrs. Martindale mitgenommen, Kleider und dergleichen. War nicht mehr viel übrig, als sie weg war. Ich habe keine Ahnung, was sich abgespielt hat, ich lausche nämlich nicht an Schlüssellöchern. Ich weiß nur, daß sie aufeinander losgegangen sind. Darauf haute Maisie ab, und Sir Jason bat mich, Miranda zu Ada zu bringen.«
Eine ungeheure Spannung ergriff mich. »Maisie ist also fortgegangen ... und dann Sie.«
»So ist es. Und deshalb kann ich Ihnen nicht sagen, was hinterher geschehen ist. Ich war heilfroh, dort wegzukommen. Mrs. Martindale und diese Maisie hatten sich oft fürchterlich in der Wolle. Ich dachte, Miranda könnte es hören. Ach, ich war so froh, als ich weg war. Mrs. Martindale hatte nichts dagegen. Sie hat sich fürs Gröbste ein Mädchen aus dem Dorf geholt. Solche Arbeiten hab' ich sowieso nie gemacht. Ich hatte mich um das Kind zu kümmern, aber ich bin auch im Haushalt zur Hand gegangen, es liegt mir nicht, untätig rumzustehen, wenn's was zu tun gibt.«
Ich hörte nur halb zu. Ein Gedanke ging mir ständig im Kopf herum. Maisie war fortgegangen, und danach hatte Jason Mrs. Gittings gebeten, das Kind wegzubringen.
»Die Coverdales«, hörte ich mich sagen, »Sie kennen sie

doch ... die wohnen in Krähenruh, also steht fest, daß sie nicht zurückkommt.«

»Ach, so was Ähnliches hab' ich mir gedacht, weil Sir Jason gesagt hat, ich soll Miranda mitnehmen, und das Geld würde mir hier ausbezahlt, und wenn sie fünf wird – aber bis dahin ist ja noch etwas Zeit –, sorgt er dafür, daß sie in die Schule kommt. Vorläufig soll sie in meiner Obhut bleiben. Ah, dachte ich da, Madam zieht also aus. Das heißt, er hat genug von ihr. Na ja, da ist es ja immer komisch zugegangen, und ich bin richtig froh, daß ich nichts mehr damit zu tun habe. Sir Jason hat zu mir gesagt: ›Ich weiß, daß ich Ihnen vertrauen kann, Mrs. Gittings. Keiner kann so für das Kind sorgen wie Sie.‹ Das ging gegen sie, wenn Sie mich fragen. Ihr war das einerlei. Sie hat sich nie richtig um die Kleine gekümmert. Sie hat sie nicht gewollt. Sie wollte ihm bloß zeigen, daß sie Kinder kriegen kann. Dieses ganze Gerede, daß er keinen Erben hat und so. Das ist keine Art, Kinder in die Welt zu setzen, Miss Grant.«

»Um Mirandas Wohl ist mir nicht bange«, sagte ich. »Ich sehe, daß sie in guten Händen ist, da hat Sir Jason gewiß recht. Sie ist glücklich bei Ihnen, und Ihre Schwester liebt sie, das ist nicht zu übersehen.«

»Es freut mich, daß Sie das finden, Miss Grant. Als ich Sie sah, fürchtete ich schon, Sie seien gekommen, um mir auszurichten, daß ich Miranda zurückbringen soll. Sie werden Sir Jason erzählen, wie glücklich sie hier ist, nicht wahr?«

»Wenn ich ihn sehe, selbstverständlich. Eigentlich bin ich gekommen, um zu fragen, ob Sie eine Ahnung haben, warum Mrs. Martindale so plötzlich abgereist ist.«

»Bei ihr konnte man nie wissen ... und als Maisie beleidigt abgezogen ist und alle ihre schönen Kleider mitgenommen hat, da hat sie's wohl auf dem Land nicht mehr ausgehalten. Sie hat ja immer von London geschwärmt.«

Ich beschloß, ganz offen zu sein. »Es sind Gerüchte im Umlauf ... Anspielungen. Die sind sicher nicht wahr, aber die Leute fragen sich natürlich, warum sie so plötzlich abgereist

ist. Hat sie irgend etwas davon gesagt, daß sie aus Krähenruh ausziehen würde?«

»Sie hat ständig von Ausziehen gesprochen. In letzter Zeit nicht mehr als sonst.«

»Hatte sie öfters Besuch?«

»Sir Jason war da. Ach ja, sie hatten eine schreckliche Szene, ein paar Tage bevor Maisie abgehauen ist. Mrs. Martindale hat rumgeschrien, und er hat gesagt, sie soll still sein. Maisie hat an der Tür gehorcht. Ich hab' sie dabei erwischt. ›So was tut man nicht‹, hab' ich zu ihr gesagt. ›Stell dich nicht so an‹, hat sie gesagt, ›wie soll ich sonst rauskriegen, was los ist‹, und hat gelacht. Dann hat sie gesagt: ›Schätze, lange bleiben wir nicht mehr in diesem gemütlichen kleinen Nest‹. Ich hab' sie stehen lassen. Kurz darauf hab ich Sir Jason gesehen. Er ritt wie zufällig vorbei, ich ging gerade mit Miranda spazieren. Er hat zu mir gesagt: ›Mrs. Gittings, halten Sie sich bereit, mit Miranda zu Ihrer Schwester zu fahren und vorerst dort zu bleiben.‹ Ich war so platt, daß ich's erst gar nicht begriffen habe. Da saß er auf seinem Pferd, guckte zu mir runter und machte so mir nichts, dir nichts solche Pläne. Ich sollte augenblicklich alles in die Wege leiten; das Geld würde mir regelmäßig monatlich geschickt, und zwar im voraus. Sollte Miranda etwas brauchen, soll ich mich direkt an ihn wenden. Ob meine Schwester wohl einverstanden wäre? Ich sagte ihm, meine Schwester würde vor Wonne in die Luft springen. Das freute ihn, und er sagte: ›Ich bin Ihnen dankbar, Mrs. Gittings. Sie haben ein großes Problem gelöst.‹«

»Was hat Mrs. Martindale dazu gesagt?«

»Sie hat bloß mit den Achseln gezuckt und hatte nichts dagegen. Also hab' ich meine Sachen gepackt, und wir sind abgereist. Sie hätten Adas Gesicht sehen sollen – ich hatte ja keine Zeit, ihr Bescheid zu geben. ›Na so was, ich kann's nicht fassen‹, hat sie wieder und wieder gesagt. Sie hat Miranda in ihre Arme genommen und gesagt: ›Es geschehen noch Wunder, was, Schätzchen?‹ Und sie hat vor Freude fast geweint. Ada ist selig, sie war ja immer allein, seit unser Vater tot ist.«

»Es ist ein großes Glück für Miranda, daß sie Sie beide hat. Ich habe selbst eine geliebte Tante. Sie hat mir all die Liebe geschenkt, die ein heranwachsendes Kind braucht. Aber ich möchte wirklich gern wissen, was aus Mrs. Martindale geworden ist.«

»Sie muß kurz nach uns abgereist sein.«

»Hat sie nichts davon gesagt, daß sie fortgehen würde? Hat sie keine Vorbereitungen getroffen?«

»Mir hat sie nichts gesagt. Sie hat keinerlei Pläne erwähnt.«

Mir war übel vor Angst. Meine Unterredung mit Mrs. Gittings hatte meinen Argwohn nur noch vermehrt.

»Ich kann Ihnen gar nicht sagen, wie froh ich bin, hier zu sein, Miss Grant«, fuhr sie fort. »Das war kein Honigschlecken bei Mrs. Martindale. Sie konnte zuweilen sehr ausfallend werden. Sie ist uns ganz schön auf die Nerven gegangen, sogar Maisie, die 's doch mit ihr aufnehmen konnte. Wie oft hat sie zu Maisie gesagt, sie soll verschwinden! Aber Maisie hatte irgendwie Einfluß auf sie. Es wundert mich, daß sie fortgegangen ist, denn sonst haben sie sich immer versöhnt, und wenn sie sich noch so gestritten hatten. Das letzte Mal war's wohl einfach zuviel. Maisie hat immer gesagt, sie hätten was Feines in petto. Sir Jason und alles . . .«

»Es kommt mir sehr merkwürdig vor, daß sie so plötzlich abgereist ist.«

»Wie man's nimmt. Bei Mrs. Martindale konnte man nie wissen.«

Wir unterhielten uns noch eine Weile, aber ich brachte weiter nichts in Erfahrung. Dick Cramm kam mich abholen, und Ada trat aus dem Gewächshaus und sagte, es habe sie gefreut, mich kennenzulernen.

Auf der Rückfahrt dachte ich über alles Gesagte nach, und mir war sehr bange zumute.

Es war auf die Dauer unmöglich, Jason auszuweichen. Er hatte es darauf angelegt, mit mir zusammenzutreffen, und eines Tages gelang es ihm auch.

Es geschah vier Tage nach meinem Besuch in Bristonleigh. Ich hatte zwei Stunden Pause und ritt aus. Am Waldrand, nicht weit von Krähenruh, gesellte er sich zu mir. Ich glaube, er kam direkt von dort.

»Sie sind mir die ganze Zeit ausgewichen, Cordelia«, sagte er vorwurfsvoll.

Seine Unverfrorenheit brachte mich unwillkürlich zum Lachen.

»Hatten Sie etwas anderes erwartet?« fragte ich.

»Nein ... nicht nach meinem abscheulichen Benehmen, als wir das letzte Mal allein waren. Ich habe versucht Sie zu treffen, um Sie um Verzeihung zu bitten.«

»Das überrascht mich.«

»Also, haben Sie mir verziehen?«

»Ich möchte Sie nicht mehr sehen. Ist Ihnen denn nicht klar, daß Sie mich gekränkt haben?«

»Gekränkt? Im Gegenteil, ich habe Ihnen das schönste Kompliment gemacht, das ein Mann einer Frau machen kann.«

»Reden Sie keinen Unsinn«, versetzte ich und gab meinem Pferd die Sporen.

Er blieb natürlich an meiner Seite.

»Lassen Sie es mich erklären. Ich möchte Sie bitten, mich zu heiraten.«

Wieder mußte ich lachen.

»Ohne mich«, rief ich ihm zu. »Sie sind zu stürmisch.«

»Keineswegs. Ich habe lange darüber nachgedacht. Ich begehre Sie ... und nur Sie allein.«

»Da haben Sie leider Pech gehabt. Leben Sie wohl.«

»Ein Nein akzeptiere ich niemals als Antwort.«

»Zum Heiraten gehören zwei, vergessen Sie das nicht. Vielleicht haben Ihre Vorfahren, auf die Sie ja so stolz sind, ihre Bräute vor den Altar geschleift und mit vorgehaltenem Messer gezwungen, ihr Jawort zu geben ... aber das geht heutzutage nicht mehr.«

»Dergleichen haben wir nie getan. Wie kommen Sie denn auf diese Idee? Wir waren stets eine höchst begehrenswerte Partie, und die Frauen haben uns mit List und Tücke in die Ehe gelockt.«

»So ein Unsinn. Ich mag Sie nicht. Ich traue Ihnen nicht über den Weg. Sie haben sich mir gegenüber sehr unziemlich benommen, und die einzige Möglichkeit, meine Verzeihung zu erlangen ist, mir aus den Augen zu gehen und sich nie mehr blicken zu lassen.«

»Dann muß ich wohl leider ohne Ihre Verzeihung auskommen.«

»Ich will nichts mit Ihnen zu tun haben und lege keinen Wert darauf, dauernd mit Ihnen in Verbindung gebracht zu werden. Ich wäre Ihnen sehr dankbar, wenn Sie mich in Ruhe ließen.«

»Das ist nicht so einfach, und zwar aus zwei Gründen. Der eine betrifft das Festspiel und die treffliche Miss Hetherington. Der andere, erst recht unüberwindliche, ist der, daß ich mich unsterblich in Sie verliebt habe.«

»Dann suchen Sie sich schleunigst eine andere, die Sie mit Ihrer Zuneigung beglücken können. Wo ist übrigens Mrs. Martindale?«

»In London, nehme ich an.«

»Sind Sie denn völlig ahnungslos? Wissen Sie nicht, was über Sie . . . und sie gesagt wird?«

»Lassen Sie mich raten. Daß ich sie ermordet hätte, stimmt's?«

»Das wird angedeutet. Haben Sie's getan?«

Er lachte mich an. »Großer Gott! Was für eine Frage! Sie halten mich also für einen Mörder, wie?«

»Ich habe erst vor kurzem eine sehr häßliche Seite Ihres Charakters kennengelernt.«

»Cordelia, ich liebe Sie. Ich wollte Sie glücklich machen.«

»Sie machen sich lustig über mich. Ich fand das gar nicht spaßig.«

»Sie wären sehr glücklich geworden. Wir hätten der prüden Lehrerin den Laufpaß gegeben und hätten Pläne gemacht. Es wäre wunderbar gewesen, dabei hätte ich Ihnen eine neue Cordelia gezeigt.«

»Sie haben eine hohe Meinung von sich. Allerdings stimme ich da nicht mit Ihnen überein. Andere auch nicht, glaube ich.«

»Ich möchte, daß Sie mir eine Chance geben, mich richtig kennenzulernen.«

»Nach dem, was ich bereits kenne, glaube ich nicht, daß das eine erfreuliche Entdeckung wäre.«

»Hören Sie. Ich weiß nicht, wo Mrs. Martindale ist. Sie ist fort. Alles weitere geht mich nichts an. Sie sind zu streng mit mir. Immer denken Sie das Schlimmste. Schon gleich am Anfang, als ich dem Kutscher befahl, zurückzuweichen.«

»Das war bereits eine bezeichnende Geste. So behandeln Sie die Leute immerzu.«

»Cordelia, lassen Sie mich versuchen, es Ihnen begreiflich zu machen. Ich weiß, ich wirke arrogant und selbstsüchtig. Das bin ich auch. Aber durch Sie könnte ich anders werden. Sie könnten mich verändern. Wir würden uns wunderbar ergänzen, weil ich Sie auch verändern würde. Ich würde Ihnen die Augen über die Welt öffnen, Cordelia. Es freut mich schon, nur mit Ihnen zu reden. Ich liebe es, wie Sie mich mit Worten schlagen. Das haben Sie bestimmt in Schaffenbrucken gelernt. Ich bin auch von meinem Milieu geprägt, von meiner Erziehung. Ich wünsche mir Kinder, die meinen Besitz erben. Ist das nicht ganz natürlich? Ich will nicht so weiterleben wie bisher. Ich wünsche mir jemanden, der mir hilft, so zu werden, wie ich sein möchte. Und dieser Jemand sind Sie. Ich hatte keine glückliche Kindheit. Mein Bruder und ich wurden sehr streng erzogen. Sie wissen ja, er hat nach seiner Heirat weiter unter diesem Dach gelebt – und nun sind die Mädchen meine Mündel. Meine Frau war ein guter Mensch, aber mir lag nichts an ihr . . . auch vor dem Unfall nicht. Danach befaßte sie sich nur noch mit ihren Unpäßlichkeiten. Aber das spielte nicht so eine große Rolle wie die Tatsache, daß wir absolut nichts gemein hatten . . . nichts, worüber wir sprechen konnten. Können Sie sich so etwas Trostloses vorstellen? Sie war gleichmütig, und ich wurde manchmal ungeduldig. Ich grollte dem Schicksal, das mich mit ihr belastet hatte. Sie konnte mir keine Ehefrau sein, aber das hat mir nicht soviel ausgemacht. Es gab natürlich andere ... viele. Ich habe keine besonders bevorzugt ... vielleicht waren es deswegen so viele. Haben Sie mich soweit verstanden?«

»Ja, sicher.«

»Und Sie halten immer noch Gericht über mich?«

»Nein. Ich will schlicht und einfach nichts mit Ihnen zu tun haben.«

»Sie ist an einer Überdosis Opium gestorben. Sie hat oft gesagt, sie würde sich das Leben nehmen, wenn die Schmerzen unerträglich würden. Sie war ein frommer Mensch, und die Schmerzen waren wohl nicht mehr auszuhalten. Sonst hätte sie es nicht getan. Wir waren gute Freunde. Sie wußte, daß ich mich anderswo tröstete. Ja, und dann starb sie.«

»Und Sie haben Marcia Martindale in Krähenruh untergebracht. Warum?«

Er schwieg kurze Zeit. Ich fragte mich, warum ich mich eigentlich noch weiter mit ihm unterhielt. Ich hätte mein Pferd wenden und davongaloppieren sollen. Doch irgend etwas hielt mich zurück.

»Marcia hat mich amüsiert«, fuhr er fort. »Sie konnte so ausfallend werden. Sie hat stets eine Rolle gespielt ... ob sie auf der Bühne stand oder nicht. Sie wurde schwanger, und ich bot ihr impulsiv an, nach Krähenruh zu kommen, damit sie ihr Kind in Ruhe gebären konnte. Dann entdeckte sie, wie die Dinge hier lagen ... eine kranke Frau, ein Landgut und nur zwei Mädchen als Erben ... das Ende des Namens Verringer. Für sie war es wie ein Theaterstück. Daher behauptete sie, das Kind sei von mir; sie hatte mir bewiesen, daß sie nicht unfruchtbar war, und wenn ich frei wäre, sollte ich sie heiraten. Das hat mich amüsiert. Vielleicht hätte ich ernsthafter sein sollen. Jedenfalls spielte sie ihre Phantasien durch, so daß sie schließlich fest an sie glaubte.«

»Und dann starb Ihre Frau.«

»Ja. Und da wurde es schwierig.«

»Ich verstehe.«
»Marcia glaubte wirklich, ich würde sie nun heiraten. Ich bin in der Hoffnung verreist, sie würde inzwischen des Landlebens überdrüssig und nach London zurückkehren.«
»Aber statt dessen ist sie Ihnen nachgereist.«
»Nein. Sie hätte es vielleicht getan, wenn sie gewußt hätte, wo ich mich aufhielt, aber ich habe dafür gesorgt, daß sie es nicht erfuhr.«
»Aber sie war fort, und es hie[illegible]
»Es hieß, es hieß! Dauernd ha[illegible]ie mir etwas vor, das Sie nur vom Hörensagen wissen!«
»Glauben Sie etwa, bei allem, was ich von Ihnen weiß, bin ich auf die Meinung anderer Leute angewiesen? Habe ich nicht meine eigenen Erfahrungen mit Ihnen gemacht?«
»Sie müssen einsehen, daß ich nur aus meinem verzweifelten Verlangen nach Ihnen so gehandelt habe. Wenn ich mein Ziel erreicht hätte, wäre das der Beginn eines neuen Lebens gewesen, für Sie, für uns beide. Ach, Cordelia, seien Sie doch nicht immer diese scheinheilige Lehrerin, hören Sie auf damit. Das sind Sie doch gar nicht. Das ist eine Fassade, hinter der Sie sich verstecken.«
Ich wandte mich ab, er aber legte seine Hand auf den Zügel meines Pferdes.
»Sie müssen mir zuhören. Sie müssen versuchen, mich zu verstehen. Ich liebe Sie. Ich begehre Sie. Ich bitte Sie, heiraten Sie mich.«
»Welche Ehre«, sagte ich sarkastisch.
»Für mich, o ja«, erwiderte er ernst. »Ich liebe Sie, Cordelia. Was Sie auch tun würden, ich würde Sie immer lieben. Wenn Sie Miss Hetherington ermordeten und sie den Fischen im Teich vorwürfen, würde ich Sie trotzdem lieben. Das ist die wahre Liebe.«
»Wie rührend«, gab ich zurück. Lächerlicherweise hatte ich Mitleid mit ihm. Ich wußte nicht warum. Er wirkte so stark, rücksichtslos und arrogant, lauter Eigenschaften, die mir äußerst mißfielen, und doch, wenn er von seiner Liebe zu mir

sprach, konnte ich ihm beinahe glauben. Er war wie ein Knabe, der im Dunkeln jemanden zu erhaschen suchte, der ihn liebte und verstand, wie er noch nie geliebt und verstanden worden war.

Ich bat impulsiv: »Sagen Sie mir, wo Marcia Martindale sich aufhält.«

»Das weiß ich nicht. Ich nehme an, sie ist in London bei Jack Martindale.«

»Jack Martindale! War das nicht ihr Mann?«

»Kann schon sein.«

»Er ist bei der Überfahrt über den Atlantik umgekommen.«

Jason lachte. »Ach, Ihnen hat sie diese Version aufgetischt. In einer anderen wurde er bei einem Duell getötet; selbstverständlich ging es dabei um Marcias Ehre. In wieder einer anderen starb er in den Flammen, die in einem Theater ausgebrochen waren, nachdem er vielen Menschen, darunter auch Marcia, das Leben gerettet hatte. Ich glaube, er kehrte noch einmal um, um ihren Schoßhund zu holen. Das war die rührendste Version.«

»Sie meinen, das ist alles gelogen? Sie meinen, ihr Mann lebt noch?«

»Das kann ich nicht sagen. Ich habe nur gemeint, vielleicht ist sie zu ihm zurückgegangen.«

»Hat sie etwas davon gesagt? Kam es nicht ziemlich plötzlich?«

»Nicht, wenn man sie kennt. Hören Sie mich an, Cordelia. Es war unklug von mir, sie hierherkommen zu lassen. Aber sie war in Schwierigkeiten ... sie konnte nicht mehr arbeiten, weil sie ein Baby erwartete. Sie wußte nicht wohin. Krähenruh stand leer, deshalb brachte ich sie hierher. Ich war niedergeschlagen. Sylvia, meine Frau, litt starke Schmerzen. Ich sah sie kaum. Von Fiona war nicht zu erwarten, daß sie sich auf dem Gut nützlich machen würde, und ich wurde langsam älter. Ehrlich gesagt, ich verübelte dem Leben, was es mir angetan hatte. Ich führte in London ein ausschweifendes Dasein, und ich dachte, es wäre vielleicht amüsant, Marcia hierherzubringen. Das war ein Fehler, denn sie verwickelte mich sofort in ihre Hirngespinste, und die Klatscherei begann. Und als Sylvia dann die Überdosis nahm, kam ich schlagartig zur Besinnung ... und ausgerechnet am Tag der Beerdigung sah ich Sie. Ich spürte sofort, daß hier eine war, die anders war als alle anderen ... eine, die mich erregte, nicht nur körperlich, sondern in jeder Hinsicht. Und da faßte ich meine Pläne. Ich hatte das Gefühl, vor einem neuen Anfang zu stehen. Alles andere lag hinter mir. Und ich hatte dies verflixte Weib in Krähenruh am Hals.«

»Ja«, sagte ich. »Und weiter?«

»Verstehen Sie mich jetzt? Billigen Sie meine Gefühle für Sie?«

»Nein. Ich weiß nur, daß es viele Frauen in Ihrem Leben gab und Sie es recht amüsant finden würden, mich der Schar einzuverleiben.«

»Sind Sie wirklich ehrlich mit sich selbst, Cordelia? Sicher, als gute Lehrerin verstehen Sie Ihre Gefühle zu beherrschen.«

»Hören Sie doch auf, über Lehrerinnen zu spotten.«

»Spotten? Sie haben meine tiefste Bewunderung. Ein höchst ehrenwerter Beruf. Aber Ihnen habe ich ein anderes Schicksal bestimmt.«

»Über mein Schicksal bestimme ich selbst. Aber ich wüßte gern, was aus Mrs. Martindale geworden ist.«

»Sie ist ganz bestimmt in London. Sie war in letzter Zeit sehr überheblich. Sie hat mir mehr als einmal gesagt, ich soll mich zum Teufel scheren, deshalb vermute ich, daß sie etwas vorhatte. Sie hat begriffen, daß ihr Wunschtraum zu Ende war.«

»Und doch fühlten Sie sich für ihr Kind verantwortlich, obgleich Sie überzeugt scheinen, daß es nicht von Ihnen ist.«

»Es besteht immerhin die Möglichkeit.«

»Ich war bei Mrs. Gittings in Bristonleigh.«

Er starrte mich verwundert an.

»Ich dachte, ich würde vielleicht etwas über die mysteriöse Geschichte erfahren, über die in der Stadt geredet wird.«

»Wer hätte gedacht, daß Sie so weit gehen würden!« Er lächelte. »So, und was haben Sie entdeckt?«
»Nur, daß Mrs. Gittings auf Ihre Anweisung ein paar Tage vor Marcia Martindales Abreise dorthin gefahren ist und daß Sie versprochen haben, für Mirandas Unterhalt aufzukommen.«
»Und was schließen Sie daraus?«
»Daß Sie wußten, daß Marcia ... verschwinden würde, und daß Sie beschlossen, das Kind vorsichtshalber aus dem Weg zu schaffen.«
»Ah, ich sehe, Sie haben bereits alles herausgefunden. Meine liebe, kluge kleine Detektivin. Was mache ich jetzt? Gestehen? Ich habe sie erwürgt ... Nein, ich habe sie mit einem stumpfen Gegenstand auf den Kopf geschlagen. Ich habe ihren Leichnam im Garten vergraben ... Nein, ich habe sie zu den Fischteichen geschleppt und hineingeworfen.«
Ich sah ihm direkt ins Gesicht. »Man hat ihren Ohrring bei den Fischteichen gefunden.«
Er starrte mich an.
»Ja«, fuhr ich fort, »ihren Ohrring. Ich wußte, daß es ihrer war. Es war der, den sie in Ihrem Stall verloren hatte. Sie erinnern sich vielleicht.«
Er nickte. »Wieso ... wie ist ihr Ohrring dahin geraten?«
»Weil sie dort war.«
»Wo ist der Ohrring jetzt?«
»In den Teichen. Teresa Hurst hat ihn gefunden. Sie hat ihn mir gezeigt und dann ins Wasser geworfen.«
»Warum hat sie das getan?«
»Weil sie Angst hatte ... um mich. Sie dachte, daß Sie und ich ... Sie hat keine sehr gute Meinung von Ihnen. Sie hat mich nämlich vor Ihnen gewarnt.«
Er lachte. »Was für ein vertracktes Gespinst. Ich mag Teresa. Natürlich sollte ich meine Feinde nicht mögen, aber sie ist ein braves Mädchen und ein kluges dazu. Ich mag sie, weil sie so an Ihnen hängt.«
»Vielleicht verstehen Sie jetzt, warum ich mit Ihnen nichts

mehr zu schaffen haben möchte, als aufgrund schulischer Angelegenheiten nötig ist. Wenn wir uns begegnen, versuchen Sie bitte nicht, meine Aufmerksamkeit auf sich zu ziehen. Das sind Sie mir schuldig.«
Er machte ein ganz entgeistertes Gesicht und sagte: »Ich muß Ihnen erklären, daß ich Miranda fortgeschickt habe, weil ich nach einer Szene zwischen uns den Verdacht hegte, daß Marcia etwas vorhatte. Ich dachte mir, daß sie nach London gehen würde. Sie konnte Mrs. Gittings nicht mitnehmen. Deshalb mußte ich wegen des Kindes etwas arrangieren.«
Ich wandte mich ab. Die Sache mit dem Ohrring hatte ihn sichtlich erschüttert.
Als ich davongaloppierte, folgte er mir nicht.

In der Schule war von nichts anderem mehr die Rede als dem Historienspiel. Die Zeit werde knapp, meinte Daisy. Sie hatte sich endgültig für die Sommersonnenwende entschieden. Da war es abends hell. Wenn wir Glück hätten, würde Vollmond sein. Daisy wollte sehen, wie weit unsere Vorbereitungen gediehen waren.
Ich hatte beschlossen, von drei oder vier älteren Mädchen einen Bericht vortragen zu lassen, der womöglich von kleinen Spielszenen unterbrochen würde. Die wollte ich schreiben, wobei ich die Aufzeichnungen zu Hilfe nehmen wollte, die mit der Ankunft des Abgesandten von Clairvaux begannen, der von St. Bernhard den Auftrag hatte, einen Ort weit abseits von Städten und Siedlungen ausfindig zu machen und dort eine Abtei zu bauen.
Als Mönche verkleidete Mädchen sollten singend durch die Ruinen ziehen, während der Bericht erläuterte, welche verschiedenen Aufgaben sie zu erfüllen hatten. Danach würden wir zur Auflösung und Zerstörung kommen.
Der zweite Teil spielte im elisabethanischen Zeitalter, als das Land blühte, das Herrenhaus unter Verwendung von Steinen der Abteiruinen errichtet und der Schlaftrakt der Laienbrüder

restauriert wurde. Mädchen in Kostümen aus der Tudorzeit sollten Madrigale singen und Tänze aufführen.
Der dritte Akt spielte in der heutigen Zeit. Die Mädchen sollten zeigen, was sie in der Schule lernten: Singen, Tanzen, Gymnastik; und ein gemeinsames Lied sollte den Abschluß bilden.
Daisy fand den Plan ausgezeichnet, und auch ich ließ mich rasch davon begeistern. Es war der beste Weg, mich von meinen Ängsten und Zweifeln abzulenken, die ich trotz allen Bemühens nicht hatte abschütteln können.
Daisy kam mit überaus zufriedener Miene zu uns ins Kalfaktorium.
»Im Herrenhaus findet ein Fest statt«, verkündete sie. »Früher hat es das in dieser Jahreszeit immer gegeben – nur in letzter Zeit nicht mehr. Als Lady Verringer so krank war, gab es wenig Geselligkeiten. Nun ist seit dem traurigen Ereignis ein Jahr vergangen, und da Mrs. Martindale nun auch fort ist, wird vielleicht alles wieder wie einst. Ich habe beschlossen, die Festgäste zu unserem Historienspiel einzuladen. So etwas gefällt den Eltern. Drüben soll dann ein musikalischer Abend stattfinden. Ein berühmter Pianist oder Violinist wird auftreten, genau wie in alten Zeiten. Sir Jason hat Sie alle eingeladen, und ich habe in Ihrem Namen angenommen. Das Fest wird am Abend nach dem Historienspiel stattfinden. Selbstverständlich können nicht sämtliche Schülerinnen hingehen, aber Fiona und Eugenie werden natürlich dort sein und dürfen ein paar Freundinnen mitnehmen . . . jede zwei oder drei; so haben Sir Jason und ich beschlossen. Ich denke, das wird ein höchst interessanter Abend werden.«
Ich schämte mich ein bißchen, daß diese Aussicht mich so erregte, aber ich konnte nichts dagegen tun.
Die Vorbereitungen gingen voran. Die Kostüme wurden probiert und gaben zu ständigen Auseinandersetzungen Anlaß. Es gab ein großes Gekicher, als die Mädchen in ihren weißen Zisterzienserkutten herumsausten. An den größten Mädchen sahen sie überaus wirkungsvoll aus.

Fiona und Charlotte gehörten zum Chor der Mönche. Beide hatten hübsche Stimmen. Mr. Crowe wollte, daß sie auch die Madrigale mitsangen, aber Daisy wünschte, daß auch die anderen Mädchen eine Chance bekamen. »Wir möchten doch nicht, daß einige wenige den ganzen Ruhm einheimsen. Wenn die Vorstellung am Ende des Schuljahres wiederholt wird, wollen die Eltern ihre eigenen Kinder sehen . . . also für jede eine Rolle, wenn ich bitten darf.«

Wir probten die Abteiszenen im Freien, und der Auftritt in den Ruinen war sehr eindrucksvoll. Ich liebte schöne Worte, und als ich Gwendoline Grey ihre Zeilen vortragen hörte – sie hatte eine angenehme Stimme –, war ich tief gerührt. Ich war überzeugt, daß das Historienspiel ein großer Erfolg werden würde.

Mr. Crowe war wegen der Gesänge sehr aufgeregt, und ständig hörte ich im Musikzimmer Stimmen trällern. Es gab endlose Proben, und alle warteten gespannt auf den großen Tag.

Die Witterung war ideal, und waren es auch noch gut drei Wochen bis zur Aufführung, beobachteten die Mädchen bereits jetzt ängstlich den Himmel und sagten das Wetter voraus. Als ob es sich nicht innerhalb einer halben Stunde ändern könnte! Aber das gehörte eben zur allgemeinen Aufregung.

In der ersten Juniwoche bekamen wir einen leichten Schrekken. Miss Barston war allein mit den Mädchen ausgeritten, weil sie als einzige abkömmlich war. Sie war gegen zwei Uhr aufgebrochen und wurde gegen vier zum Tee zurückerwartet.

Um vier Uhr waren sie noch nicht da. Die Mädchen waren so mit ihren eigenen Angelegenheiten beschäftigt – es ging meistens um das Historienspiel – und wir anderen Lehrerinnen ebenfalls, daß wir ihr Fehlen erst gar nicht bemerkten, bis ein kleineres Mädchen fragte, wo Miss Barston sei; sie sei unmittelbar nach dem Tee zu ihr bestellt.

»Und wo sind Fiona und Charlotte?« fragte Mr. Crowe. »Ich möchte den Mönchschor noch einmal mit ihnen proben.«

Da erst entdeckten wir, daß die Reiterinnen noch nicht zurück waren.
Es war halb fünf.
Kurz darauf kam Miss Barston in die Halle gestürmt. Sie hatte ein paar von den Mädchen bei sich und war sehr aufgeregt.
»Was ist geschehen?« fragte ich.
»Wir haben die Verringer-Mädchen und Charlotte Mackay verloren.«
»Verloren?«
»Auf einmal haben wir gemerkt, daß sie nicht bei uns waren.«
»Sie meinen . . . sie sind einfach verschwunden?«
»Ich habe keine Ahnung, ob eines der Mädchen weiß, wo sie sind. Sie wollen nichts sagen.«
Disziplin hatte nie zu Miss Barstons starken Seiten gehört, deshalb sagte ich: »Jemand muß sie doch gesehen haben. Eine von euch vielleicht?«
»Nein, Miss Grant«, tönte es im Chor.
Ich hatte den Eindruck, daß nicht alle die Wahrheit sprachen.
»Wenn die Mädchen sich absichtlich abgesetzt haben, müssen sie bestraft werden«, sagte ich. »Sie wissen genau, daß sie sich nicht von der Gruppe entfernen dürfen. Hat sie wirklich niemand gesehen?«
Immer noch keine Antwort. Es war natürlich Ehrensache, niemanden zu verraten, und dies war nun ein Anlaß, den Kodex in die Tat umzusetzen.
»Die drei sind wahrscheinlich zusammen«, mutmaßte ich. »Es wird ihnen schon nichts passieren.«
»Vielleicht sollte ich Miss Hetherington verständigen?« sagte Miss Barston.
Daisy war jedoch nirgends zu finden, und die Sache wurde nicht gemeldet. Gegen fünf Uhr kamen die drei dann hereingeritten.
Ich lief mit Miss Barston zu den Stallungen.
»Mädchen . . . Mädchen . . .« rief sie hysterisch. »Wo seid ihr bloß gewesen?«

Charlotte ergriff das Wort. »Wir waren im Wald. Wir wollten nachsehen, ob es noch Glockenblumen gibt.«
»Ihr hättet die Gruppe nicht verlassen dürfen«, sagte ich streng.
»Jawohl, Miss Grant«, erwiderte Charlotte in anmaßendem Ton.
»Trotzdem habt ihr euch entfernt«, gab ich zurück.
»Wir wollten unbedingt die Glockenblumen sehen und haben die Zeit vergessen«, sagte Fiona entschuldigend.
Mir fiel auf, daß sie anders war als sonst. Ihr Gesicht war gerötet. Sie war eines der hübschesten Mädchen der Schule, jetzt aber sah sie ausgesprochen schön aus. Doch wirkte sie keineswegs zerknirscht; das war eigenartig, denn im Grunde war sie ein folgsames Mädchen.
»Das war nicht recht von euch«, sagte Miss Barston.
»Es war rücksichtslos und unbedacht«, fügte ich hinzu, dann wandte ich mich ab. Es war Miss Barstons Angelegenheit, und ich wollte mich nicht einmischen.
Ich glaube nicht, daß Miss Barston Miss Hetherington von dem Vorfall unterrichtet hat, denn ich hörte nichts mehr davon und dachte erst wieder bei einer anderen Gelegenheit daran.

Der große Tag nahte. Wir hatten eine Woche lang warmes trockenes Wetter gehabt, und es sah ganz so aus, als ob es noch ein paar Tage anhalten würde. Wir setzten unsere ganze Hoffnung darauf. Die Proben waren vorüber, und alle Mitwirkenden wußten, was sie zu tun hatten. Überall herrschte ungeheure Aufregung. Miss Barston legte letzte Hand an die Gewänder. Man hatte uns aus der Sammlung des Herrenhauses ein paar elisabethanische Kostüme geschickt, und wir hatten die richtigen Mädchen in den passenden Größen dafür gefunden. Miss Barston gestaltete zudem noch weitere Kostüme nach eigenen Entwürfen.
Am Vormittag stellten wir die Sitzreihen auf. Die Ruinen bil-

deten glücklicherweise eine natürliche Bühne; vor dem Mittelschiff war ein großer freier Platz, ein grasbedecktes Geviert, das aus dem ehemaligen Speise- und Schlafsaal der Laienbrüder, die im rechten Winkel zum Mittelschiff lagen, sowie den Gästehäusern nebst Krankenrevier einerseits und den Stallungen andererseits gebildet wurde.

Von hier aus hatte man einen sagenhaften Blick auf die Kirchenruine, den normannischen Mittelturm und das nördliche Querschiff; und über die Mauern des äußeren Bezirks hinweg konnte man das Gelände mit den Fischweihern und dem Fluß sehen.

Am Vormittag kam Jason herüber. Ich zählte gerade die aufgestellten Sitzplätze, als er aus dem Stall trat, wo er sein Pferd untergestellt hatte.

»Cordelia!« begrüßte er mich. »So ein Glück!«

Am liebsten wäre ich fortgelaufen und hätte ihn stehen lassen, aber wir befanden uns an einem Fleck, wo uns jeder sehen konnte, und ich wußte nicht, ob wir beobachtet wurden. Ich mußte versuchen, mich so zu benehmen, als ob zwischen uns nie mehr gewesen wäre als eine flüchtige Bekanntschaft.

»Ich nehme an, Sir Jason, Sie möchten Miss Hetherington wegen der Vorkehrungen für heute abend sprechen.«

»Wenn ich hierher komme, dann ist es nur Ihretwegen.«

»Soviel ich weiß, bringen Sie heute abend Gäste mit. Wir wüßten gern, wie viele.«

»Ich werde nach Ihnen Ausschau halten. Seit die gute Daisy mich und meine Gäste eingeladen hat, bin ich voller Erwartung.«

»Eltern mit Kindern, die bald eingeschult werden, sind besonders willkommen.«

»Deren gibt es etliche. Ich werde mein Bestes tun, um Daisy heute abend gut ins Geschäft zu bringen. Vor allem aber hoffe ich, mit Ihnen zusammenzusein.«

»Ich muß natürlich hier sein, aber –«

»Es könnte sich eine Gelegenheit ergeben. Wäre es nicht eine

Überraschung, heute abend unsere Heiratsabsichten bekanntzugeben? Wie wäre es, wenn ich mich zwischen die Mönche stellte und verkündete, daß Schule und Herrenhaus mehr denn je verbunden sein werden, weil Miss Grant meine Frau wird?«
»Eine Überraschung allerdings. Aber eine lächerliche. Ich wünsche Ihnen einen guten Morgen. Ich habe viel zu tun. Da ist Miss Hetherington. Sie hat Sie wohl kommen sehen. Miss Hetherington, Sir Jason möchte sich vergewissern, daß wir allen Gästen Platz bieten können, die er heute abend mitbringt.«
»Aber sicher«, sagte Daisy herzlich. »Ist das nicht ein herrlicher Tag? Und heute abend haben wir Vollmond. Mir wäre allerdings lieber, wir müßten nicht so spät beginnen. Ich finde es nicht gut, wenn die jüngeren Mädchen viel länger aufbleiben als sonst.«
»Einmal wird ihnen nicht schaden«, meinte Sir Jason.
»Nein, das wohl nicht. Alles in Ordnung, Miss Grant?«
»Ich denke, ja. Gestern bei der Probe sind sie höchstens zweimal steckengeblieben.«
»Das passiert sogar bei ganz professionellen Vorstellungen«, grinste Jason. »Eine glatte Kostümprobe bedeutet eine schlechte Premiere, heißt es.«
Daisy lachte kurz auf. »Wir können uns kaum mit einer professionellen Vorstellung messen, Sir Jason. Aber ich hoffe, daß Ihre Gäste sich gut unterhalten und einen ungewöhnlichen Abend erleben werden.«
»Es wird ihnen bestimmt gefallen.«
»Und morgen haben Sie einen Pianisten aus London bei sich?«
»Ja, Serge Polenski wird für uns spielen. Ich hoffe, daß Sie und Ihre Lehrerinnen kommen werden. Anschließend gibt es einen Imbiß . . . und Tanz.«
»Meine Lehrerinnen werden Ihre Einladung mit Freuden annehmen. Eine oder zwei werden allerdings hierbleiben müssen, wegen der Mädchen. Ich erinnere mich an frühere Aben-

de bei Ihnen. Fast jedesmal hat ein berühmter Musiker die Gesellschaft unterhalten.«

»Eine Tradition aus den Tagen, als die Fiedler noch auf der Musikantengalerie aufspielten.«

»Ja. Die Verringers waren ja stets Förderer der Musik.«

»Wir haben unser Bestes getan, allerdings ist es uns nie gelungen, selbst ein Genie hervorzubringen.«

»Fiona singt sehr hübsch, und Eugenie hat ein beachtliches Zeichentalent. Miss Eccles hält sie für sehr begabt. Kommen Sie in mein Arbeitszimmer, Sir Jason, dann können wir die Sitzordnung durchgehen. Miss Barston sagte, sie möchte Sie sprechen, Miss Grant. Es gibt noch Unklarheiten wegen der Mönchskutten. Sie vermißt eine, wenn ich sie richtig verstanden habe.«

Damit war ich entlassen. »Ich gehe sofort zu ihr«, erwiderte ich.

Jason warf mir einen wehmütigen Blick zu, und ich ließ die beiden allein.

Miss Barston war völlig verzweifelt.

»Eine Mönchskutte fehlt!«

»Sie muß doch irgendwo sein.«

»Ich habe schon überall gesucht. Ich habe die Mädchen gefragt. Keine weiß etwas.«

»Sie hatten zwölf Kutten, nicht?«

»Ja, und jetzt sind es nur noch elf. Zählen Sie nach.«

Sie hatte recht. Es waren nur elf.

»Ich weiß nicht, was wir tun sollen. Es werden eben nur elf Mönche sein. Jetzt ist es zu spät, um . . .«

»Sie muß doch irgendwo sein«, sagte ich. »Sie kann nicht einfach verschwinden.«

»Aber sie ist weg, Miss Grant. Ich verstehe das nicht.«

»Glauben Sie, jemand will uns einen Streich spielen?«

»Ein Streich! Und das im letzten Moment. Wenn ich das Kostüm nicht finde, haben wir nur elf Mönche.«

»Das macht doch nicht soviel aus.«

»Es bedeutet, daß ein Mädchen verzichten muß. Welche? Janet Mills hat keine besondere Stimme . . . ich habe sie nur genommen, weil sie groß ist und die Kostüme für Männer zugeschnitten sind.«

»Sehen wir lieber zu, ob wir nicht doch die Kutte finden können.«

»Miss Grant, wenn Ihnen noch etwas einfällt, wo wir suchen können, bitte sagen Sie es mir. Ich habe alles getan.«

»Wenn wir sie nicht finden, sind es eben nur elf. Da kann man nichts machen.«

»Ach du meine Güte, es ist zum Verzweifeln.«

»Sie taucht bestimmt im Laufe des Tages wieder auf.«

Ich überließ Miss Barston ihrer Verzweiflung und begab mich an meine Arbeit.

Später rief Daisy mich in ihr Arbeitszimmer, um weitere Vorkehrungen zu besprechen.

»Es geht um den Abend im Herrenhaus. Fiona und Eugenie dürfen wählen, welche Freundinnen sie mitnehmen wollen. Miss Barston und Miss Parker bleiben als Aufsicht hier. Sie legen ohnehin keinen Wert auf Geselligkeiten. Übrigens, Cordelia, es gehen immer noch unerfreuliche Gerüchte um. Die Sache mit der verschwundenen Dame ist äußerst verhängnisvoll. Ich brauche Ihnen wohl nicht eigens zu sagen, daß Sie vor Sir Jason auf der Hut sein müssen.«

»Ich verstehe.«

»Er hat leider nun mal keinen guten Ruf. Ein angesehener älterer Gutsherr wäre viel besser für die Schule. Mir scheint, Sie stehen nicht auf allzu freundschaftlichem Fuße mit Sir Jason. Das ist gut. Ich muß sagen, ich hatte gewisse Bedenken. Und dann diese Geschichte mit der zerbrochenen Fensterscheibe.«

»Es tut mir leid, Miss Hetherington.«

Sie winkte ab. Von unangenehmen Bekenntnissen wollte sie nichts hören. Ihr war ausschließlich am Wohle der Schule gelegen, und sie wünschte, daß alles möglichst glatt verlief.

»Ich verspreche Ihnen, Miss Hetherington«, fuhr ich fort, »soweit es in meiner Macht steht, wird nichts geschehen, was Ihnen Anlaß zur Besorgnis gibt.«

Wir hatten Glück. Das Wetter blieb schön. Alles schien glatt zu gehen, und der Mondschein zwischen den Ruinen verlieh der gewöhnlichen Laienvorstellung einen eigenen Reiz.
Die Stimmen der Mädchen erklangen jung und unschuldig rein in der Abendluft. Sie erweckten die Entstehungsgeschichte der Abtei zu neuem Leben, die Unruhen, den Bruch des Königs mit Rom, seine Geldnot, die verführerischen Reichtümer der Abteien und schließlich die Säkularisierung. Ich blickte um mich. Es war ein imposantes Publikum anwesend: die Damen in schimmernden Abendroben, die Herren in würdigem Schwarzweiß, und mitten unter ihnen Jason, eleganter als alle anderen. Unsere Lehrerinnen in ihren eigens für diese Gelegenheit angefertigten Kleidern wirkten vielleicht nicht ganz so prächtig wie die Gäste vom Herrenhaus, aber nichtsdestoweniger bezaubernd. Und mitten in der ersten Reihe, Jason zu ihrer Rechten und Lady Sowerby zu ihrer Linken (Lady Sowerby hatte zwei Töchter, die demnächst das Alter erreichten, da das Institut für sie in Frage käme), saß Daisy in einem Kleid aus grauem Satin; um den Hals hatte sie mehrere Goldketten, und am Busen trug sie eine kleine perlenverzierte Uhr. Sie sah großartig und sehr würdevoll aus.
Die jüngeren Schülerinnen saßen im Schneidersitz auf dem Rasen, denn wir hatten nicht genug Stühle für die vielen Leute. Die Mädchen konnten von hier aus ohnehin besser sehen, und die Unbequemlichkeit machte ihnen nichts aus. Ich betrachtete gerührt ihre gespannten Gesichter, als sie dem Bericht von der Gründung des Klosters lauschten; sie hielten den Atem an, als die Mönche aus dem Mittelschiff der Ruine geschritten kamen.
Als diese gemessen ihren Weg durch die Ruinen nahmen, fiel mir die Aufregung über die verlorengegangene Kutte ein. Ich zählte sie; es waren zwölf. Miss Barston mußte sie also doch noch gefunden haben.

Es war wahrlich eine eindrucksvolle Szene, so wirklichkeitsnah, als sei die Vergangenheit wieder auferstanden. Man vergaß völlig, daß man sich zwischen Ruinen befand. Die Abtei war wieder mit Leben erfüllt, ihre Insassen befanden sich auf dem Weg zur Abendandacht. Selbst die blasiertesten unter Jasons Gästen waren beeindruckt, und der Beifall nach dem ersten Akt war ehrlich.
Darauf folgte die elisabethanische Szene. Mr. Crowe spielte Laute, die Mädchen führten Tänze aus der Tudorzeit auf und sangen Madrigale. Sprechstimmen erläuterten, dies sei die Zeit der Erneuerung. Das Gutshaus wurde errichtet, wozu etliche Steine der Abtei verwendet wurden. So waren Herrenhaus und Abtei vereint, wie sie es Jahre hindurch geblieben waren, und wie es heute abend besonders deutlich zum Ausdruck kam.
Wieder gab es Beifall.
Und dann kam die Schlußszene. Der Wiederaufbau von Speise- und Schlaftrakt der Laienbrüder, die Gründung des Instituts. Darauf folgten die Tänze, die von den Mädchen vorgeführt wurden, die weder als Mönche noch als elisabethanische Höflinge aufgetreten waren. Und zum Abschluß der Schulgesang . . .
Während der ersten Tanzvorführung hatte ich Janet Mills im Gras sitzen gesehen. Verblüfft starrte ich sie an. Die Mönche steckten noch in ihren Kutten und warteten, daß sie zur Abschlußverbeugung vortraten. Ich hatte zwölf gezählt. Ich mußte mich geirrt haben. Binnen so kurzer Zeit konnte keine andere Janets Rolle übernommen haben. Sie war nur ausgefallen, weil kein Kostüm für sie da war. Ich mußte mich verzählt haben. Es konnten nur elf sein.
Der Schulgesang war verklungen. Unter rauschendem Beifall traten alle Mitwirkenden vor und verbeugten sich. Zuerst die elisabethanischen Höflinge – es waren acht. Danach kamen die Mönche wie zuvor während der Vorstellung singend aus dem Mittelschiff und stellten sich uns gegenüber auf dem Rasen auf. Ich zählte. Elf. Merkwürdig! Während der Vorstel-

lung hatte ich zwölf gezählt. Ich mußte mich getäuscht haben.

Der Abend war ein voller Erfolg. Wein und Erfrischungen wurden gereicht. Die Gäste mischten sich unter die Mönche und Höflinge und wandelten zwischen den Ruinen. Mit vor Aufregung über ihren Erfolg geröteten Gesichtern versicherten sich die Darstellerinnen gegenseitig, daß sie so einen Abend noch nie erlebt hatten.

Eine juwelenbehängte Dame äußerte in lauten Tönen, es sei köstlich gewesen, ganz bezaubernd. Dergleichen habe sie noch nie gesehen. Sir Jason sei ein Engel, da er eine so zauberhafte Überraschung arrangiert habe.

Daisy war ganz in ihrem Element. Der Abend war ein größerer Erfolg geworden, als sie erwartet hatte. Sie war von den anwesenden Gästen begeistert und überzeugt, daß die Veranstaltung ihr viele neue Schülerinnen bescheren würde. Jason hatte ihr nämlich erzählt, daß er etliche stolze Eltern eingeladen habe, und Daisy hatte der Anerkennung und dem Applaus entnommen, daß sie von den Vorführungen sehr angetan waren.

Sie gratulierte mir zu meiner Auswahl der Texte. »Sehr gut«, lobte sie, »ganz hervorragend«, und ich glühte vor Stolz. »Ich möchte, daß die Mädchen bald ins Haus gehen«, fuhr sie fort. »Es behagt mir nicht, daß sie zwischen den Gästen herumtollen. Man kann ja nie wissen. Einige sind zur Zeit in einem schwierigen Alter. Ich halte es für angebracht, daß Sie und noch ein paar Lehrerinnen sie zusammenrufen und ihnen meinen Wunsch mitteilen, daß sie sich leise in ihre Zimmer begeben. Zweifellos werden sie aus den Fenstern die Vorgänge beobachten, aber da müssen wir wohl ein Auge zudrücken. Die jüngeren habe ich bereits zu Bett geschickt. Jetzt möchte ich, daß die Mönche und die Höflinge ins Haus gehen.«

»Ich werde mich bemühen.«

Ich fand drei von den Höflingen; sie gingen folgsam hinein. Die Mönche – allesamt ältere Mädchen – waren nicht so leicht zu finden. Ich sah zwei von ihnen mit Gästen vom Her-

renhaus reden und beschloß, sie fürs erste in Ruhe zu lassen.
Dann sah ich eine Mönchdarstellerin allein dem Mittelschiff zustreben. Ich ging ihr nach, doch sobald sie sich so weit entfernt hatte, daß die übrigen Anwesenden sie nicht mehr sehen konnten, fing sie zu laufen an. Sie eilte in Richtung des Presbyteriums und der Kapelle mit den fünf Altären.
Ich beschleunigte meine Schritte. Sie ging jetzt vorsichtig über die Steinplatten. Als sie die Kapelle betrat, kam ihr eine große Gestalt in einer Mönchskutte entgegen.
Ich rief ihnen zu: »Ihr zwei, ihr sollt in eure Zimmer gehen. Miss Hetherington hat es befohlen.«
Ein paar Sekunden standen sie wie versteinert. Sie waren so starr, daß sie kaum von den Steinen um sie herum zu unterscheiden waren. Dann ergriff plötzlich die größere die Hand der anderen und zog sie fort. Sie brauchten nicht an mir vorbei, weil die Kapelle keine Wände hatte; sie mußten lediglich über die Steine steigen.
»Kommt her«, rief ich.
Aber sie rannten, als ob ihr Leben davon abhinge. Einer fiel die Kapuze herunter, und das flachsblonde Haar von Fiona Verringer kam zum Vorschein.
»Fiona«, rief ich. »Komm zurück. Kommt zurück, ihr zwei.«
Sie rannten weiter. Sie liefen zum Küchentrakt, und von dort war es nicht mehr weit bis zu den unterirdischen Gängen.
Ich seufzte. Fiona hatte sich verändert. Sie war sonst immer ein braves Mädchen gewesen. Ob die andere Charlotte Mackay war? Sie kam mir allerdings größer vor als Charlotte.
Ich kehrte zu den anderen zurück und hielt nach weiteren Mitwirkenden Ausschau, die zu Bett geschickt werden mußten.
Es war nach Mitternacht, als sich die Gesellschaft zerstreute. Diejenigen, die das Historienspiel einstudiert hatten, standen bei Miss Hetherington und nahmen Dank und Anerkennung der scheidenden Gäste entgegen, die sodann in ihren Kutschen ins Herrenhaus zurückfuhren.
Ich mußte noch meine Runde machen, bevor ich zu Bett ging.

Auf dem Weg in Fionas Zimmer dachte ich daran, daß sie mit einer anderen fortgelaufen war, als ich sie gerufen hatte.
Zu meiner Erleichterung lag sie in ihrem Bett und schlief offenbar schon. Ihr goldblondes Haar lag über das Kissen gebreitet, und sie sah aus wie ein Engel.
»Schlaft ihr schon?« fragte ich leise.
Von Fiona kam keine Antwort. Eugenie antwortete: »Ich nicht. Fiona schläft. Sie war sehr müde.«
Ich hätte sie natürlich wecken und ihr Vorhaltungen machen können, aber ich beschloß, am nächsten Morgen mit ihr zu reden. Es war wirklich ungezogen, einfach so davonzulaufen. Aber schließlich waren alle wohlbehalten in ihren Zimmern. Die meisten waren noch wach und unterhielten sich flüsternd über den Abend, was nur allzu verständlich war.

Am nächsten Tag sprachen alle von der Einladung ins Herrenhaus. Als einzige besaß Mademoiselle ein wunderschönes Ballkleid, das, wie sie sagte, aus Paris stammte.
»Da können wir nicht mithalten«, meinte Eileen Eccles. »Ich muß mich mit Plymouth begnügen, wenn ich mir etwas Modisches zum Anziehen kaufen will.«
»Wir hätten es früher wissen sollen«, sagte Fräulein Kutscher.
»Eine unverhoffte Einladung ist viel aufregender«, hielt Mademoiselle ihr entgegen.
Miss Parker und Miss Barston waren sichtlich erleichtert, daß sie daheim bleiben konnten, und somit waren alle zufrieden.
Ich war mit mir zu Rate gegangen, was ich anziehen sollte. Tante Patty hatte mir empfohlen, zwei Abendkleider mitzunehmen. Sie meinte, es gäbe immer mal wieder die seltsamsten Anlässe, und ich könne nie wissen, was ich brauchen würde. »Ein bescheidenes und ein auffälliges, mein Liebes. Damit hast du für jeden Fall das richtige.«
Ich wollte keineswegs bescheiden aussehen, daher wählte ich

das auffällige Kleid. Es war ziemlich tief ausgeschnitten und in einem ungewöhnlichen bläulichgrünen Farbton gehalten. Es war aus Chiffon, hatte ein enganliegendes Oberteil und einen schwingenden weiten Rock.
»Gerade der einfache Schnitt macht es so auffällig«, hatte Tante Patty gesagt. »Damit bist du überall die Ballkönigin, wo du auch hingehst.«
Eine tröstliche Bemerkung angesichts der Tatsache, daß ich mich unter lauter wohlhabende Leute begeben würde.
Mein Kleid wurde im Kalfaktorium von allen bewundert. Selbst Daisy – sie prunkte in malvenfarbenem Samt – gratulierte mir zu meinem guten Geschmack.
Dann brachte Emmet einige von uns zum Herrenhaus; für die übrigen schickte Sir Jason seinen Wagen. Es waren mehrere Fahrten vonnöten, weil wir nicht alle in zwei Kutschen paßten.
Fiona und Eugenie waren schon seit dem Nachmittag drüben, denn sie waren schließlich dort zu Hause und hatten daher auch gewisse Gastgeberinnenpflichten wahrzunehmen. Eine gute Übung für die Zukunft. Ich und einige andere Lehrerinnen sollten mit Emmet fahren.
Eine Stunde vor dem Aufbruch legte ich letzte Hand an mein Äußeres. Da kam Elsa herein; sie hatte wieder dieses verschwörerische Lächeln, das sie immer aufsetzte, wenn wir zusammenwaren, und das mich wohl an unsere Zeit in Schaffenbrucken erinnern sollte.
»Hübsch schauen Sie aus«, bemerkte sie. »Ich hab' was für Sie.«
Sie zeigte mir einen Brief.
»Um diese Tageszeit«, wunderte ich mich.
»Die Post ist wie üblich gekommen, aber bei dem ganzen Trubel hier hab' ich sie ganz vergessen. Ich verteile die Briefe erst jetzt.«
Ich sagte: »Heute geht aber auch alles drunter und drüber.«
Ich nahm den Brief entgegen. Elsa blieb. Jede andere hätte ich mit kühlen Worten entlassen, aber bei Elsa war es etwas ande-

res. Das hing mit den Erinnerungen an die Vergangenheit zusammen.
»Ich wünsch' Ihnen viel Vergnügen heut abend.«
Es war fast, als warte sie darauf, daß ich den Brief öffnete.
Ich legte ihn hin und setzte mich vor den Spiegel.
»Na, dann viel Spaß.«
Sobald sie draußen war, nahm ich den Umschlag zur Hand. Ich betrachtete ihn genau, denn mein Name und die Adresse waren in Blockbuchstaben geschrieben. Der Brief war in Colby abgestempelt. Wer konnte mir von dort schreiben? Ich schlitzte den Umschlag auf. Er enthielt ein einziges Blatt Papier. Die Worte darauf, ebenfalls in Blockschrift geschrieben, trafen mich wie ein Hieb:

> WO IST MRS. MARTINDALE?
> GLAUBEN SIE JA NICHT, DASS SIE BEI MORD UNGESCHOREN DAVONKOMMEN.
> SIE WERDEN BEOBACHTET.

Mir war, als ob ich träumte. Ich wendete das Schreiben in meinen Händen um und um. Nur ein gewöhnliches Blatt Papier. Ich betrachtete die Druckschrift. Jeder konnte so schreiben, um sich nicht durch seine Handschrift zu verraten. Wieder besah ich den Umschlag, den Poststempel von Colby. Was hatte das zu bedeuten? Eine gehässige Person behauptete, ich hätte Marcia Martindale getötet oder bei ihrer Ermordung meine Hand mit im Spiel gehabt.
Wie konnten die Leute so etwas annehmen? Was hätte ich für ein Motiv? Sicher . . . trotz meines Bemühens um Distanz war ich in die Angelegenheit verstrickt. Jasons Nachstellungen waren nicht gerade diskret gewesen, und die Leute hatten etwas gemerkt. Die Gedanken jagten sich in meinem Kopf. Die Person, die den Brief geschrieben hatte, glaubte, Marcia Martindale sei meine Rivalin, da wir es beide auf Jason Verringer abgesehen hätten.
»Sie werden beobachtet.« Was für schreckliche, unheilvolle Worte!

Ich blickte verstohlen über die Schulter. Sogar in meinem eigenen Zimmer vermeinte ich beinahe Augen wahrzunehmen, die mich anstarrten.
Ich las das Schreiben wieder und wieder.
Der Abend war mir verdorben. Gegen meinen Willen wurde ich immer tiefer in dieses Ränkespiel hineingezogen. Wo war Marcia Martindale? Wenn sie doch nur zurückkommen und sich zeigen würde! Nur das konnte dieses Gerede zum Schweigen bringen.
Wieder betrachtete ich das Blatt Papier. War es vielleicht Mrs. Baddicombe? Nein. So weit würde sie bestimmt nicht gehen. Sie klatschte gern im Laden, weiter nichts. Es war nicht ihre Art, anonyme Briefe zu schreiben. Aber wer tat so etwas?
Ich stopfte den Brief ins Mieder. Unten hörte ich geschäftiges Treiben. Die Kutschen warteten.
Ich nahm kaum etwas wahr, als ich zum Herrenhaus fuhr.
»Du träumst ja«, neckte mich Eileen Eccles. »Wohl von kommenden Vergnügungen?«
Ich riß mich zusammen und versuchte zu lächeln.
Jason empfing seine Gäste. Er küßte mir die Hand. Daran war nichts Ungewöhnliches, da er die meisten Damen auf diese Weise begrüßte.
»Cordelia«, flüsterte er, »wie schön, daß Sie hier sind.«
Am liebsten hätte ich laut herausgeschrien, ich habe einen Brief . . . einen schrecklichen, schrecklichen Brief, und alles ist Ihre Schuld.
Aber ich sagte nichts. Ich wurde einem Herrn vorgestellt und war so verwirrt, daß ich seinen Namen überhaupt nicht verstand. Es wurde viel über die ausgezeichnete Vorstellung am Vorabend gesprochen.
»Ich habe von Sir Jason gehört, daß Sie für die Zusammenstellung verantwortlich waren, Miss Grant«, sagte eine junge Frau. »Sie müssen ja überaus tüchtig sein.«
Ich bedankte mich für das Kompliment. Der Herr, dessen Namen ich nicht verstanden hatte, meinte, der aufregendste Moment sei gewesen, als plötzlich die singenden Mönche zwischen den Ruinen erschienen waren.

»Ich fand es richtig schauerlich«, fuhr die Dame fort.
»Das war gewiß beabsichtigt«, meinte der Herr. »Jedenfalls haben Sie eine richtig lebendige Atmosphäre geschaffen.«
»Es war wirklich unheimlich. Schauen Sie, da ist Serge Polenski. Er soll einer der größten Pianisten unserer Zeit sein.«
»Deshalb hat Sir Jason ihn ja engagiert. Er eroberte London im Sturm. Soviel ich weiß, ist er vor kurzem aus Paris gekommen, wo er große Erfolge gefeiert hat.«
»Wie winzig er ist. Ich hatte ihn mir größer vorgestellt. Aber vielleicht wirkt er nur neben Sir Jason so klein.«
»Wann wird er spielen?« fragte ich, da ich das Gefühl hatte, es sei an der Zeit, daß auch ich etwas äußerte.
»Recht bald, denke ich. Jason geht gerade mit ihm ins Musikzimmer. Wollen wir folgen?«
Wir begaben uns in einen kleineren Raum, wo ein Flügel auf einem Podest stand. Das Zimmer war in Weiß und Scharlachrot gehalten. Auf einem marmornen Wandtischchen stand eine große Vase mit roten Rosen, deren Duft den Raum erfüllte. Durch die weitgeöffneten Fenster blickte man auf die mondbeschienenen Rasenflächen. Ich sah einen Brunnen und Blumenbeete, und in der Ferne waren die Bäume eines Gehölzes zu erkennen. Die friedliche Stimmung bildete einen krassen Gegensatz zu meiner seelischen Verfassung.
Mehrere von unseren Mädchen saßen in einer Gruppe zusammen. Es waren acht. Fiona und Eugenie hatten jeweils drei einladen dürfen. Unter ihnen sah ich Charlotte Mackay, Patricia Cartwright und Gwendoline Grey.
Teresa war nicht eingeladen worden, aber es hatte ihr nichts ausgemacht.
Als Charlotte und die anderen Mädchen mich sahen, lächelten sie mir zu.
Ich ging zu ihnen hinüber. »Das wird bestimmt wundervoll«, sagte ich.
»O ja, Miss Grant, wir freuen uns sehr darauf«, erwiderte Gwendoline. Sie wollte Pianistin werden, ein Wunsch, der

von Mr. Crowe mit einer gewissen Skepsis betrachtet wurde.

»Gleich wirst du sehen, wie man es macht«, sagte ich.

»O ja, Miss Grant.«

Ich kehrte an meinen Platz zurück.

Das Konzert war wirklich großartig. Für kurze Zeit, während Serge Polenski etliche Stücke von Chopin und Schumann vortrug, vergaß ich den gräßlichen Brief.

Es war nur zu bald vorüber. Der Pianist verbeugte sich zu begeistertem Applaus. Jason dankte ihm und geleitete ihn aus dem Zimmer.

Stimmen wurden laut. Jedermann sagte: »Wie wundervoll!«, und danach begaben sich alle in den Ballsaal. Ich war immer noch mit meiner unbekannten Dame und dem Herrn zusammen, und ein weiterer Herr hatte sich zu uns gesellt. Er sprach voller Lob über Serge Polenskis großartigen Vortrag. Wir setzten uns neben eine große Palme. Aus den Gewächshäusern hatte man Pflanzen herbeigeschafft, die in dieser Jahreszeit ihre ganze Pracht entfalteten. Bedienstete in blau-silbernen Livreen liefen hin und her. Die meisten benutzten eine Tür, die vermutlich in den Speisesaal führte.

Von Jason war nichts zu sehen. Ich nahm an, er war noch mit dem Pianisten zusammen. Dann begannen die Musiker auf dem Podium zu spielen, und ein Herr aus unserer Gruppe bat mich zum Tanz.

Wir plauderten beim Tanzen. Der Herr stammte aus Cornwall.

»Ungefähr fünfzehn Meilen von hier, gleich hinter der Grenze. Mein Bruder ist auch hier. Wir sind zeit unseres Lebens Gäste in Colby gewesen. Während der letzten Jahre der armen Sylvia Verringer waren wir seltener da. Sie war ja so leidend.«

»Ja.«

»Jason ging es auch ziemlich schlecht. Vielleicht hat er sich immer noch nicht erholt. Allerdings ist es inzwischen schon ein Jahr her, seit Sylvia von uns gegangen ist. Die Ärmste.«

Ich wollte Jason von dem Brief erzählen. Er sollte erfahren,

was er mir mit seinem unbesonnenen Benehmen antat. Doch erst kurz vor dem Essen lief er mir über den Weg.
»Cordelia«, lächelte er. »Wie schön, daß Sie hier sind. Ich habe den ganzen Abend versucht, Sie zu erwischen. Tanzen wir?«
Es war ein Walzer. In Schaffenbrucken hatte man großen Wert aufs Tanzen gelegt, und ich konnte es recht gut.
»Wie finden Sie das Herrenhaus?« fragte er.
»Sehr imposant. Aber wie Sie wissen, kenne ich es bereits.«
»Aber nicht richtig. Ich möchte es Ihnen zeigen. Nicht heute abend. Kommen Sie morgen her.«
»Ich habe einen Brief bekommen«, platzte ich heraus.
»Einen Brief?«
»Er ist schrecklich. Ich werde beschuldigt . . .«
»Wessen?«
»Marcia Martindale ermordet zu haben.«
»Großer Gott! Das muß ein Wahnsinniger sein. Warum . . . warum ausgerechnet Sie?«
»Begreifen Sie denn nicht? Die Leute denken, sie war meine Rivalin. Es ist so schäbig, so grauenhaft!«
»Haben Sie den Brief hier?«
»Ja, ich habe ihn mitgebracht.«
»Haben Sie eine Ahnung, von wem er ist?«
»Nein. Er ist in Blockschrift geschrieben.«
»Ich möchte ihn sehen.« Er war mit mir zu einer Nische getanzt, wo hohe Topfpflanzen uns etwas vom Ballsaal abschirmten.
Er besah den Brief.
»Gemein«, sagte er kurz.
»Ich habe mich gefragt, ob es vielleicht die Posthalterin war. Sie verbreitet doch immer so skandalöse Geschichten.«
»Die Druckschrift kann jeder. Sie soll die Handschrift verbergen. Könnte es das Mädchen sein, das den Ohrring gefunden hat?«
»Teresa? Sie würde niemals etwas tun, was mir schaden könnte. Sie setzt alles daran, mich zu beschützen.«

»Immerhin hat sie sich Gedanken gemacht.«
»Nur, weil sie Angst um mich hat. Sie würde mir niemals vorsätzlich so etwas antun.«
»Junge Mädchen können manchmal komisch sein. Man redet über Sie und mich. Das beste Mittel, dem ein Ende zu machen, wäre die Verkündung unserer Verlobung.«
»Skandalgeschichten werden nicht durch Verlobungen beendet. Die einzige, die dem einen Riegel vorschieben könnte, ist Marcia Martindale selbst.«
Ein Hüsteln ertönte hinter uns. Ich drehte mich blitzschnell um. Vor mir stand Charlotte Mackay.
»Charlotte!« rief ich.
»Ich habe Sie oder eine andere Lehrerin gesucht, Miss Grant.« Sie blickte mit einer Spur von Belustigung von mir zu Jason. Ich dachte, in der Schule können sie doch nicht über uns reden. Oder doch? Teresa war allerdings deswegen beunruhigt gewesen.
»So?« sagte ich kurz angebunden. »Was gibt's, Charlotte?«
»Fiona hat Kopfweh. Sie möchte gehen.«
»Sie kann sich hier hinlegen«, sagte Jason. »Sie hat hier ihr Zimmer.«
»Sie sagt, es ist nicht schlimm, und morgen geht es ihr wieder gut, aber sie will trotzdem jetzt gehen.«
»Emmet wartet draußen, glaube ich. Er kann sie fahren.«
»Ich komme mit, Miss Grant, und Eugenie auch.«
»Aber Miss Hetherington hat euch doch erlaubt, zum Essen zu bleiben, wenn ihr danach gleich heimgeht.«
»Wir wollen nichts essen. Und Fiona sagt, von der Musik und dem Lärm werden ihre Kopfschmerzen nur schlimmer.«
»Wo ist sie jetzt?«
»Sie hat sich unten hingesetzt. Eugenie ist bei ihr.«
»Vielleicht fragst du lieber Miss Hetherington.« Ich ging mit ihr. Ich wollte nicht, daß sie den Leuten erzählte, sie habe mich mit Sir Jason allein gelassen. Schlimm genug, daß sie uns allein angetroffen hatte.
Miss Hetherington saß bei einem älteren Oberst. Sie schienen

sich bestens zu verstehen. Ich unterrichtete Daisy, daß Fiona gehen wolle und warum.
»Nun gut«, sagte sie. »Emmet ist da. Wer begleitet sie?«
»Ich, Miss Hetherington«, erwiderte Charlotte prompt, »und Eugenie will auch mitkommen. Die anderen können ja hierbleiben. Wir wollen ihnen den Abend nicht verderben.«
»Gut. Aber seid leise. Fiona und Eugenie sind immerhin in gewisser Weise die Gastgeberinnen. Sei's drum. Entfernt euch unauffällig, ihr drei.«
Die Mädchen gingen. Ich ließ Miss Hetherington mit ihrem Oberst allein.
Jemand forderte mich zum Tanzen auf. Es war der letzte Tanz vorm Abendessen. Jason hatte mir einen Platz an seinem Tisch freigehalten. Außer uns saßen dort noch vier Personen, so daß wir keine Gelegenheit hatten, uns über private Dinge zu unterhalten. Ich war froh darüber, hatte ich doch das Gefühl, daß Jason die Sache mit dem Brief nicht richtig ernst nahm.
Der Abend, auf den ich mich so gefreut hatte, war zu einem Alptraum geworden.
Ich war richtig erleichtert, als das Fest vorüber war. Auf dem Rückweg zur Schule war ich ziemlich wortkarg. Die anderen plauderten angeregt, so daß meine Schweigsamkeit hoffentlich nicht auffiel.
Die Mädchen, die nach Fionas, Eugenies und Charlottes Aufbruch noch geblieben waren, gingen unmittelbar nach dem Essen nach Hause. Gewiß waren sie inzwischen in ihren Betten. Jedoch bevor ich mich zurückzog, mußte ich noch meine Runde machen.
Als ich zu Fionas und Eugenies Zimmer kam, fiel mir Fionas vorzeitiger Aufbruch ein, und ich war neugierig, ob ihr Kopfweh vergangen war. Ich warf einen Blick hinein. Ich merkte sogleich, daß Eugenie wach war, obwohl sie rasch die Augen schloß, als ich die Tür öffnete – aber nicht rasch genug.
»Du bist ja noch wach, Eugenie«, sagte ich.
Sie schlug die Augen auf. »Ja, Miss Grant.«
»Wie geht es Fiona?«

Sie blickte zu dem anderen Bett hinüber. »Sie war müde. Sie ist gleich eingeschlafen. Morgen geht es ihr wieder gut.«
»Gute Nacht«, sagte ich.
Die anderen Mädchen schliefen alle. Ich beneidete sie. Ich wußte, daß mir eine schlaflose Nacht bevorstand. Woran ich auch zu denken versuchte, es lief immer auf dieselbe Frage hinaus: »Wo ist Mrs. Martindale? Weiß Jason, wo sie ist?«

Am nächsten Morgen traf uns ein Schock, wie es ihn wohl in der ganzen Geschichte des Instituts noch nie gegeben hatte.
Ich war nach einer schlaflosen Nacht früher als sonst aufgestanden. Auch die Mädchen rührten sich schon, was ich an den Geräuschen merkte, die aus ihren Zimmern drangen.
Eugenie kam mit verschlagen triumphierendem Blick zu mir.
»Fiona ist weg«, verkündete sie.
»Weg? Wohin?«
»Weg. Sie will heiraten.«
»Was redest du da?«
»Sie ist gestern abend weggegangen ... direkt vom Herrenhaus. Sie ist gar nicht hierher zurückgekommen.«
Ich raste in ihr Zimmer. Unter Fionas Bettdecke sah ich einen Haufen Kleidungsstücke, die ich abends zuvor für Fiona gehalten hatte.
»Du kommst sofort mit mir zu Miss Hetherington«, befahl ich.
Noch nie hatte ich Daisy dermaßen sprachlos gesehen. Ihr Gesicht war fahl, ihre Lippen zuckten. Sie blickte von Eugenie zu mir, als wolle sie uns beschwören zu erklären, alles sei nur ein Scherz.
»Weg! Fiona! Durchgebrannt ...«, stotterte sie schließlich.
»Sie will heiraten, Miss Hetherington«, erklärte Eugenie.
»Das muß ein schreckliches Mißverständnis sein. Geh zu Fiona und sag ihr, sie soll sofort zu mir kommen.«
Ich sagte sanft: »Ich glaube, es ist wahr, Miss Hetherington. Sie ist nicht in ihrem Zimmer.«

»Aber sie ist gestern abend zurückgekommen? Sie hatte doch Kopfschmerzen!«
»Die Kopfschmerzen waren offensichtlich ein Vorwand. Als sie das Herrenhaus verließ, muß ihr Liebhaber auf sie gewartet haben.«
»Ihr Liebhaber!« schrie Daisy auf. »Eins von meinen Mädchen!«
Sie tat mir leid. Sie war wirklich verzweifelt. Einerseits wollte sie die Sache nicht wahrhaben, andererseits aber fragte sie sich, wie sich das auf die Schule auswirken würde. Aber sie wäre nicht Daisy gewesen, wenn sie sich nicht rasch von dem Schock erholt hätte.
»Ich möchte alles von Anfang an wissen«, sagte sie.
Ich ergriff als erste das Wort und berichtete: Als ich gestern abend meine Runde machte, schien Fiona in ihrem Bett zu sein. Heute früh habe ich entdeckt, daß ich ein Bündel Kleidungsstücke für Fiona gehalten hatte. Eugenie habe mir dasselbe gesagt, was sie soeben Miss Hetherington erzählt habe.
»Ist das wahr, Eugenie?«
»Ja, Miss Hetherington.«
»Du hast gewußt, daß Fiona fortgehen wollte, und hast nichts davon gesagt?«
»Ja, Miss Hetherington.«
»Das war nicht recht. Du hättest sofort zu mir oder zu Miss Grant kommen müssen.«
Eugenie schwieg.
»Wer ist der Mann?«
»Er sieht sehr gut aus und ist sehr romantisch.«
»Wie heißt er?«
»Carl.«
»Carl, und wie weiter?«
»Weiß ich nicht. Für uns war er einfach Carl.«
»Wo habt ihr ihn kennengelernt?«
»Im Wald.«
»Wann?«

»Beim Spaziergang.«
»Ihr seid allein im Wald spazierengegangen!«
»Es waren noch mehr dabei.«
»Wer?«
»Charlotte Mackay und Jane Everton.«
»Wann war das?«
»Am ersten Mai.«
»Willst du damit sagen, ihr habt mit einem Fremden gesprochen?«
»Ganz so war es nicht. Er hat uns nach dem Weg gefragt, und da gerieten wir ins Plaudern.«
»Und dann?«
»Er hat sich nach der Schule erkundigt und nach den Mädchen und allem Drum und Dran. Fiona hatte er anscheinend besonders gern. Dann sahen wir ihn wieder. Es war immer im Wald. Er interessierte sich für die Bäume und die Landschaft. Er war hierhergekommen, um sie zu erforschen.«
»War er denn kein Engländer?«
»Scheinbar nicht. Er stammte von irgendwo . . . ich weiß nicht woher.«
»Ihr wußtet nur, daß er Carl hieß. Er kam von irgendwo, und Fiona brennt mit ihm durch!«
»Es war Liebe auf den ersten Blick«, erklärte ihr Eugenie. »Sie war sehr glücklich.«
»Und ihr habt euch verschworen . . .«
»Sie ist schließlich meine Schwester. Wir mußten ihr helfen.«
»Wir? Wer mußte ihr helfen?«
»Sie meint wohl Charlotte«, warf ich ein.
»Meine Güte«, stöhnte Daisy und schlug sich an den Kopf. »Jemand muß zum Herrenhaus gehen und Sir Jason von dieser Katastrophe benachrichtigen. Vielleicht ist es noch nicht zu spät.«
Von Eugenie war nicht viel zu erfahren. Vielleicht bekam Sir Jason mehr aus ihr heraus. Ich hätte das Mädchen ohrfeigen können. Sie stand mit aufsässiger Miene vor uns. Ihre zusam-

mengepreßten Lippen verkündeten deutlich, daß sie nichts zu verraten gedachte.

Daisy schickte sie in ihr Zimmer mit der Anweisung, dort zu bleiben, bis man sie rief, und stellte sie unter Miss Barstons Aufsicht. Während wir auf Jason warteten, redete sie unzusammenhängend vor sich hin: »Sie sind gestern abend fort . . . als die Mädchen das Herrenhaus verließen. Kopfschmerzen! Ach, die Arglist der Mädchen! Haben sie hier denn nichts gelernt? Es war vor dem Essen . . . und gegessen wurde um zehn. Wo können sie hingegangen sein? Ob sie wohl schon verheiratet sind? Wer hätte gedacht, daß so etwas heutzutage noch möglich ist? Und ausgerechnet eins von meinen Mädchen! Sir Jason wird schon wissen, was zu tun ist. Er holt sie bestimmt zurück. Hoffentlich gibt es kein Gerede . . .«

Es war der reinste Alptraum. Gestern der Brief. Heute Fionas Entführung. Was folgte als nächstes?

Jason kam sogleich, und Daisy erging sich in Erklärungen. Er wollte es einfach nicht glauben.

Er ließ Eugenie rufen und fragte sie aus. Sie war zunächst recht verstockt, wurde dann aber mitteilsamer und sagte, Fiona sei verliebt und habe das Recht, zu heiraten, wenn es ihr gefiel. Carl sei wundervoll. Er liebe Fiona und Fiona liebe ihn. Sie seien glücklich. Ja, sie habe gewußt, daß Fiona fortgehen würde. Charlotte hatte ihr geholfen. Fiona sei nicht mit ihnen in der Kutsche zur Schule zurückgefahren, sondern zu Carl gegangen, der auf sie wartete. Ja, sie habe es so aussehen lassen, als ob Fiona in ihrem Bett liege und mich so getäuscht, als ich hereinschaute.

Charlotte wurde gerufen. Sie war genauso verschwiegen. Es war eindeutig, daß zwischen den Mädchen und diesem Liebhaber eine Verschwörung bestand . . . dieser Carl hatte sich das zunutze gemacht.

Aber trotz zermürbender Fragen, Bitten und Drohungen bekamen wir weiter nichts heraus, als daß sie Carl im Wald begegnet waren; er habe sich nach dem Weg erkundigt, und sie seien dann ins Plaudern gekommen; später hatten sie sich

wieder getroffen. Einmal waren sie ausgeritten, weil sie wegen der Vorkehrungen für die Entführung mit ihm verabredet waren. Ich erinnerte mich gut an den Vorfall, als Miss Barston sich so geängstigt hatte.
Jason sagte: »Jemand muß ihre Abreise beobachtet haben. Ich erkundige mich am Bahnhof. Wenn wir feststellen können, wohin sie gefahren sind, haben wir vielleicht einen Fingerzeig, mit dem wir etwas anfangen können.«
Damit empfahl er sich.
An diesem Tag wurde im Unterricht kaum aufgepaßt. Alle sprachen von Fionas Entführung. Die Schülerinnen waren sehr aufgeregt. Sie fanden, dies sei das Romantischste, was sich im Colby-Abbey-Institut jemals zugetragen hatte.
Ich fand keine Ruhe mehr. In dem ganzen Aufruhr wegen Fionas Flucht hatte ich den Brief halbwegs vergessen, aber hin und wieder fiel er mir wieder ein, und mir wurde übel. Wie schnell sich alles verändert hatte! Das letzte Halbjahr war so friedlich gewesen. Ich konnte kaum glauben, daß sich in so kurzer Zeit so viel Unheil ereignen konnte.
Doch dann kam mir eine Idee, und ich machte mich auf die Suche nach Eugenie. Es war eine halbe Stunde nach dem Mittagessen, und da der Unterricht erst um zwei Uhr fortgesetzt wurde, nahm ich an, daß sie draußen war. Ich fand sie mit Charlotte bei den Fischteichen.
»Eugenie, ich möchte ein Wörtchen mit dir reden.«
»Mit mir?« gab sie in anmaßendem Ton zurück.
»Vielleicht könnt ihr zwei mir helfen.«
Das Benehmen der Mädchen hatte etwas Aufsässiges. Sie hatten mir nie verziehen, daß ich sie damals, als ich neu war, getrennt hatte. Mir war es seinerzeit wie ein Sieg erschienen, aber inzwischen hatte ich bei diesen beiden stets ein unbehagliches Gefühl, und wenn ich bedachte, wie sie mit Fiona und ihrem Liebhaber gemeinsame Sache gemacht hatten, war ich maßlos wütend auf sie.
»Ich habe über das Historienspiel nachgedacht«, begann ich. »Erinnert ihr euch, daß Miss Barston ein Kostüm vermißt hat?«

»Ja«, erwiderte Charlotte lachend.
»Vielleicht verrätst du mir, was du daran so lustig findest?«
Beide schwiegen.
»Kommt schon«, drängte ich. »Bald beginnt der Unterricht. Wißt ihr irgendwas über das Kostüm?«
Eugenie sah Charlotte an, die trotzig erwiderte: »Fiona hat's genommen.«
»Ich verstehe. Jemand hat es während der Vorstellung getragen. Könnte es zufällig der romantische Carl gewesen sein?«
Sie kicherten.
»Die Angelegenheit ist sehr bedenklich«, sagte ich streng. »Hat Carl das Kostüm getragen?«
Sie standen nur da und suchten ihre Ausgelassenheit zu unterdrücken.
»Hat er es getragen?« fuhr ich sie an.
»Ja, Miss Grant«, antwortete Charlotte.
»Und er besaß die Unverfrorenheit, mit den Mönchen aufzutreten?«
»Er mußte Fiona treffen. Er mußte sie wegen der Entführung sprechen.«
»Ich verstehe. Und ihr wart eingeweiht?«
Wieder schwiegen sie. Ich dachte an den Augenblick, als ich Fiona und ihren Liebhaber beinahe erwischt hätte. Wäre es mir doch nur gelungen. Hätte ich diesen Mann demaskieren können, hätte ich die verhängnisvolle Entführung vielleicht verhindert.
»Ihr wart sehr unklug«, sagte ich.
»Wieso?« wollte Eugenie wissen. »Liebe ist schön, und Fiona ist glücklich.«
»Fiona ist noch sehr jung.«
»Sie ist achtzehn. Wieso dürfen manche lieben und andere nicht?«
Aus ihren Augen sprach unverhohlene Herausforderung.
»Ich sagte bereits, dies ist eine schändliche Angelegenheit. Geht jetzt in eure Klassenzimmer.«

Sie liefen übers Gras. Ich folgte ihnen.
Am Abend kam Jason zur Schule. Miss Hetherington berief die Lehrerinnen in ihr Arbeitszimmer, damit sie hörten, was er zu sagen hatte.
Er hatte herausgefunden, daß zwei Leute kurz vor der Abfahrt des Neunuhrzuges nach Exeter zum Bahnhof gekommen waren. Der Mann war ein Fremder, und der Stationsvorsteher hatte die Begleiterin nicht erkennen können. Sie trug einen Umhang, der ihren Kopf vollständig verhüllte. Außerdem waren noch zwei weitere Passagiere da, beides Männer. Mehr wußte er nicht.
»Sie können nach Exeter gefahren sein, oder nach London ... oder sonstwohin«, sagte Jason. »Es scheint, daß wir ihnen nicht auf die Spur kommen.«
Im Arbeitszimmer herrschte eine gedrückte Stimmung. Die meisten von uns waren wohl überzeugt, daß Fiona die Flucht gelungen war.
Am nächsten Tag begab sich Jason nach Exeter. Er stellte eingehende Befragungen an, hatte aber damit keinen Erfolg.
Wir bemühten uns, unser normales Dasein wieder aufzunehmen, aber das war nicht einfach. Nie hatte ich Daisy so niedergeschlagen gesehen. Sie war schrecklich besorgt, wie sich der Vorfall auf die Schule auswirken würde.
»In gewisser Hinsicht«, erklärte sie, »ist es ein Segen, daß es sich ausgerechnet um Fiona handelt. Sir Jason weiß genau, wie es sich zugetragen hat. Immerhin ist sie aus dem Herrenhaus ausgerissen. Er wirft uns keine Vernachlässigung der Aufsichtspflicht vor. Dennoch reden die Mädchen, und ich weiß nicht, wie die Eltern auf eine Entführung reagieren.«
Vier Tage danach erhielt Eugenie eine Postkarte von Fiona. Sie zeigte ein Bild vom Trafalgar Square und war in London abgestempelt.
»Es geht mir großartig, und ich bin sehr glücklich. Fiona.«
Die Postkarte wurde konfisziert und eingehend betrachtet. Sir Jason wurde herübergebeten. Aber die Karte sagte uns lediglich, daß Fiona glücklich war und sich in London aufhielt.

»Und das«, verkündete Eileen, »bedeutet die Suche nach einer besonders schwer aufzufindenden Nadel in einem ungewöhnlich großen Heuhaufen. Es ist sinnlos, sie zu suchen. Sie ist auf und davon. Vielleicht ist sie schon verheiratet. Das ist durchaus zu erwarten, denn sie besitzt ein hübsches Vermögen. Womöglich ist das überhaupt der springende Punkt. Obgleich Fiona ein reizendes Kind ist . . . bei weitem das netteste von dieser unheiligen Dreifaltigkeit, zu der außer ihr ihre Schwester gehören und die gräßliche Charlotte. Schade, daß nicht Eugenie oder Charlotte getürmt ist.«

Das war bezeichnend für die allgemeine Auffassung, und allmählich wurden wir des Themas von Fionas Weggang überdrüssig. Sie war ein für allemal fort und würde nicht mehr zur Schule zurückkehren. »Lassen wir's dabei bewenden«, sagte Eileen. »Sie ist schließlich nicht das erste Schulmädchen, das durchgebrannt ist. Im vorigen Jahrhundert gab es ganze Scharen von ihnen . . . immer waren es reiche Erbinnen . . . was sicher für den Zweck der Übung eine nicht unerhebliche Rolle spielte. Das ist nun mal so.«

Im Postamt machte Mrs. Baddicombe vor Aufregung runde Augen.

»Meiner Treu«, rief sie, »was wir so alles erleben. Wie finden Sie das, die junge Dame läuft einfach davon! Was soll nur aus der Weltgeschichte werden? Er soll ja ein sehr stattlicher Herr sein. Sie war ganz hingerissen. Sie wissen ja, wie die jungen Mädchen sind. Einfach nicht zu bremsen. Ich kann mir denken, daß es ganz schön rundgegangen ist in der Schule und im Herrenhaus.«

Im Städtchen hatte die Aufregung über Fionas Flucht offenbar diejenige über Marcia Martindales Verschwinden verdrängt.

Ich schickte Tante Patty ein eingeschriebenes Päckchen. Das wäre eigentlich nicht nötig gewesen. Es waren ein paar künstliche Blumen, die ich in Colby gesehen hatte. Ich dachte, sie könnte sie für einen Hut verwenden. Sie würde sich wundern, daß ich sie per Einschreiben schickte, aber das konnte ich ihr später erklären.

»Würden Sie die Quittung bitte in Blockschrift schreiben?«
»Blockschrift«, rief Mrs. Baddicombe aus, »was ist das?«
»Wie Druckschrift.«
»Hab' ich noch nie gemacht. Ich schreib' meine Quittungen immer ganz normal.«
»Es wäre aber besser zu lesen.«
Sie sah mich argwöhnisch an und kam meiner Bitte recht mühsam nach. Sie händigte mir die Quittung aus und sagte: »Bin gespannt, ob wir bald was Neues hören. Die hat Mut, das muß man ihr lassen. Dabei dachte ich immer, das ist eine von den ganz Stillen. Aber da sieht man's mal wieder, wie ich immer zu Baddicombe sage, stille Wasser gründen tief.«
Sie zwinkerte mir verständnisinnig zu.
Ich wünschte ihr einen guten Tag und verließ das Postamt mit meiner Quittung in der Hand. Ich konnte keine Ähnlichkeit mit der Druckschrift auf dem Umschlag feststellen.

Das verhängnisvolle Schuljahr ging dem Ende zu. Die heiße Witterung war abgeklungen, und es regnete die meiste Zeit. Miss Hetherington hatte den versammelten Mädchen eingeschärft, sie dürften unter keinen Umständen mit Leuten sprechen, die sie nicht kannten, und wenn sie angesprochen würden, müßten sie es unverzüglich ihr persönlich oder einer der Lehrerinnen melden.
Die Mädchen waren alle recht folgsam, aber ich glaube, sie fanden, daß Fiona etwas Wunderbares erlebt habe, und jede wäre gern selbst die Heldin einer solch aufregenden Romanze gewesen.
Ich mied Jason mehr denn je. Meine Gedanken befanden sich in Aufruhr. Ich konnte den Brief nicht vergessen und hatte das Gefühl, daß es wichtiger sei, Marcia Martindale zu finden als Fiona. Ich sehnte mich verzweifelt fort von der Schule und konnte den 20. Juli kaum erwarten.

Zwei Tage vor Ende des Schuljahres, als wir uns alle auf die Abreise vorbereiteten, kam Jason herüber. Ich war bei Daisy, als er hereingeführt wurde. Er hatte einen Brief von Fiona erhalten. Er war in einem Ort namens Werthenfeld in der Schweiz aufgegeben worden.

»Kennen Sie den Ort?« fragte Daisy.

»Ich kenne ihn recht gut«, erwiderte Jason. »Er liegt wenige Kilometer von Zürich entfernt. Sie schreibt, sie ist glücklich, und wir brauchen uns keine Sorgen um sie zu machen. Sie ist verheiratet und freut sich des Lebens. Lesen Sie selbst.«

Wir lasen den Brief. An Fionas Glück war nicht zu zweifeln. Der Überschwang kam in dem Schreiben deutlich zum Ausdruck. Sie war verliebt und verheiratet. Machten wir uns womöglich unnötig Sorgen um Fiona?

Ich las die Nachschrift: »Carl hat versprochen, mir das Skilaufen beizubringen.«

Ich sah Jason an und sagte: »Sie scheint glücklich zu sein.«

»Carl«, sprach er vor sich hin. »Sie teilt uns keinen Nachnamen mit. Könnte Ausländer sein. Ich denke, ich fahre nach Werthenfeld, schließlich ist sie mein Mündel und hat ein ansehnliches Erbe. Wenn ich herausbekomme, wer er ist, bin ich vielleicht beruhigt. Wer weiß, vielleicht hätte ihr gar nichts Besseres zustoßen können. Sie war stets zurückhaltend. Anders als Eugenie . . . ich habe mir oft Gedanken über die Zukunft der beiden gemacht, über ihre Einführung in die Gesellschaft und so weiter. Wenn er einigermaßen akzeptabel ist und sie glücklich macht, was sorgen wir uns da noch?«

»Seine Methoden gefallen mir nicht«, bemerkte Daisy.

Jason zuckte die Achseln. »Er ist vermutlich sehr jung, und die Entführung hat ihm zweifellos einfach Spaß gemacht.«

»Warum haben sie es dann nicht bekanntgegeben?« fragte Daisy.

»Bei einem Mädchen wie Fiona wären alle möglichen Formalitäten zu erledigen gewesen. Nehmen wir an, er hat sich einfach hinreißen lassen.«

»Von einer Erbin, hm . . .«

»Das gibt allerdings zu gewissen Zweifeln Anlaß. Auch aus diesem Grund gedenke ich dem Hinweis nachzugehen.«
»Sie haben recht«, sagte Daisy. »Ich wünsche Ihnen alles Gute.«
Der 20. Juli war ein heißer, schwüler Tag. Ich begleitete die Mädchen zu den Zügen und machte mich bereit, mit Teresa aufzubrechen.
Daisy stand im Innenhof, um Lebewohl zu sagen.
»Wir brauchen alle Erholung«, sagte sie. »Das Schuljahr ist gottlob zu Ende. So etwas ist mir mein Lebtag nicht vorgekommen. Mit dem nächsten Halbjahr machen wir einen neuen Anfang.«

Besuch auf dem Land

Tante Patty holte uns am Bahnhof ab. Sie trug einen Hut, der fast nur aus Veilchen bestand, und wir umarmten uns alle lachend.

»Meine Güte«, rief Tante Patty aus, »das ist was anderes als letztes Mal. Weißt du noch, Cordelia? Keine Teresa.«

»Ich bin froh, daß ich hier bin«, lachte Teresa.

»Und wir sind mindestens ebenso froh, dich hier zu haben. Violet hat dauernd befürchtet, daß deine Cousinen uns in letzter Minute noch einen Strich durch die Rechnung machen. Bis wir zurückkommen, ist sie bestimmt in fieberhafter Aufregung. Sie konnte sich einfach nicht entscheiden, ob sie mitkommen sollte, um euch abzuholen, oder ob sie zu Hause bleiben und auf die Schmalznudeln aufpassen sollte. Sie sagt, die magst du besonders gern, Teresa, und sie wollte sie fertig haben, wenn du kommst.«

»Dann laßt uns rasch nach Hause gehen«, sagte Teresa.

Wir stiegen in den Einspänner, und Tante Patty ergriff die Zügel.

»Wie war's in der Schule?« fragte sie, als wir heimwärts rumpelten.

»Ziemlich turbulent«, erwiderte ich hastig. »Das kann ich dir jetzt nicht alles erzählen.«

»Dann warten wir eben, bis wir's uns gemütlich gemacht haben«, meinte Tante Patty. »Übrigens, ein Herr wollte dich besuchen.«

»Was für ein Herr?«

»Violet hat ihm aufgemacht. Sie war ganz überwältigt von

ihm. Sie sagt, er sei der netteste Herr, den sie je gesehen hätte.«
»Aber . . . wie hieß er denn?«
»Sie hat seinen Namen nicht behalten. Typisch Violet. Hat ihn nicht mal hereingebeten und ihm von dem Mandelkuchen angeboten, mit dem sie sonst immer so angibt. Sie sagt, er wollte sowieso nicht bleiben. Er ist im King's Arms abgestiegen.«
»Merkwürdig. Ich habe keine Ahnung, wer das sein könnte.«
Zuerst hatte ich gedacht, Jason hätte beschlossen, nicht in die Schweiz zu fahren, und sei statt dessen hierhergekommen. Aber er hätte ja genau gewußt, wann ich ankomme und hätte nicht schon gestern seine Aufwartung gemacht. Überdies kannte Violet ihn ja schon.
»Violet kann dir sicher mehr sagen. Jetzt sind wir gleich zu Hause. Hü hott, nun komm schon, Buttercup. Er wird immer ganz aufgeregt, wenn wir in diesen Weg einbiegen. Man könnte ihn beim besten Willen nicht dazu bewegen, am Haus vorbeizugehen.«
Da stand es, zurückgesetzt von der Straße, inmitten des grünen Rasens und der Hecke, die Violet gepflanzt hatte. Damals waren es winzige federartige Setzlinge gewesen, die inzwischen kräftig gewachsen waren. Lavendel und Buddlejas mit ihren weißen Schmetterlingsblüten machten das Bild des Friedens vollkommen.
Violet erschien und wischte sich hastig die Hände ab. Sie umarmte Teresa und mich.
»Da seid ihr ja. Willkommen daheim. Cordelia, du siehst ein bißchen blaß aus. Und wie geht's dir, Teresa? Ich fürchtete schon, deine Cousinen würden uns wieder in die Quere kommen. So, hier bist du und hier bleibst du. Die Schmalznudeln sind fertig, und als ich den Wagen in den Weg einbiegen hörte, hab' ich auch schon den Wasserkessel aufgesetzt.«
Ich sagte erleichtert: »Es tut gut, daheim zu sein.« Und damit gingen wir ins Haus.
Violet meinte: »Was haltet ihr von Tee im Freien? Bißchen zu

schwül, oder? Die Wespen sind dieses Jahr eine Plage. Trinken wir ihn doch lieber drinnen. Wir machen alle Fenster weit auf, damit wir in den Garten gucken können. Zwei Fliegen mit einer Klappe, wie? Hinterher könnt ihr auf eure Zimmer gehen. Aber zuerst wird Tee getrunken.«

»Und Violets Wort ist Gesetz, wie wir alle wissen«, setzte Tante Patty hinzu und machte es sich gemütlich. »Na, was ist passiert?« fuhr sie fort.

»Fiona Verringer ist nach dem Historienspiel durchgebrannt.«

»Durchgebrannt? Ist das nicht das Mädchen aus dem Herrschaftshaus?«

»Ja, eine von den zwei Schwestern.«

»Hier ist mal einer gewesen«, erinnerte sich Violet. »War der nicht von dort?«

»Ja, das ist der Onkel. Es war ein schrecklicher Tumult, nicht, Teresa?«

»O ja. Miss Hetherington war außer sich.«

»Das kann ich mir denken«, sagte Tante Patty. »Wenn Mädchen durchbrennen!«

»Es war aber sehr romantisch«, meinte Teresa versonnen.

»Ich glaube, sie sind irgendwo in der Schweiz.«

»Womöglich in der Nähe von Schaffenbrucken«, sagte Violet.

»Nimm noch eine Schmalznudel, Teresa. Hab' ich extra für dich gemacht.«

»Lieber nicht, Violet. Was gibt's zum Abendbrot?«

»Wer viel fragt, bekommt viel Antwort. Du weißt genau, daß ich nicht verrate, was es gibt, bevor ich das Essen auf den Tisch bringe. Wart's nur ab . . . es ist noch geraume Zeit hin. Ich an deiner Stelle würde noch eine Schmalznudel nehmen.«

Teresa bediente sich. Ich beobachtete mit Staunen, wie die Niedergeschlagenheit, die ich während des letzten Halbjahres an ihr bemerkt hatte, von ihr abfiel, dabei überlegte ich, ob ich Tante Patty von dem anonymen Brief erzählen sollte. Doch ich wollte erst einmal abwarten. So schnell mochte ich den Hausfrieden nicht stören. Hier konnte ich vielleicht vergessen.

»Übrigens, Violet«, sagte ich. »Tante Patty hat mir erzählt, wir hatten Besuch.«
»O ja. Gestern. So ein netter Herr. Höflich, gute Manieren, groß und gutaussehend.«
»Und du kannst dich nicht an den Namen dieses strahlenden Ritters erinnern?«
»Er hat ihn mir genannt. Aber er fällt mir wahrhaftig nicht mehr ein. Er sagte, er wollte dich besuchen . . . hat irgendwas mit früher zu tun.«
»Wie meinst du das . . . mit früher?«
»Na ja, er kennt dich offenbar von früher.«
»Und du weißt seinen Namen nicht mehr. Ach, Violet . . .«
»Je nun, er hat ihn genannt, als er kam, aber du kennst ja mein Namensgedächtnis. Morgen wirst du's wissen. Er hat gesagt, daß er morgen wiederkommt. Und er sieht aus wie einer, der Wort hält, außerdem war er ganz erpicht darauf, dich zu sehen.«
»Groß, sagst du?«
»Groß und blond.«
Augenblicklich fiel mir das Erlebnis im Wald wieder ein. Ich dachte: Seltsame Dinge nehmen ihren Lauf. Er ist zurückgekommen und wird eine Erklärung abgeben.
Eine ungeheure Erregung ergriff mich. Es würde wunderbar sein, ihn wiederzusehen.
»War sein Name Edward Compton?« fragte ich.
Violet überlegte. »Kann sein, kann auch nicht sein.«
»Ach, Violet«, sagte ich verstimmt.
»Was soll das Getue? Morgen wirst du's wissen. Geduld ist eine Tugend.«
Morgen, dachte ich. Das ist nicht mehr lange hin.

Die vertraute friedliche Stimmung von Moldenbury nahm mich wieder gefangen. Ich packte meine Sachen aus und machte mit Teresa einen Spaziergang. Nach dem Abendbrot saßen wir im Garten und unterhielten uns über die Belange des Dorfes. Der Trödelmarkt und das Wohltätigkeitsfest der Kirche standen bevor. Es erhob sich eine Diskussion, ob der Erlös dem Turm oder den Glocken zugute kommen sollte. Tante Patty war für den Turm. »Wir wollen doch nicht, daß er auf uns hinunterstürzt«, sagte sie. Violet dagegen war für die Glocken. »Ich hör' sie so gern. Vor allem am Sonntagmorgen.«

»Die Glocken wären nicht viel nütze, wenn der Turm einstürzt«, fand Tante Patty.

»Was nützt ein Turm ohne Glocken, die die Leute zur Kirche rufen.«

Und so ging es weiter.

Als ich mich zum Schlafengehen zurückzog, kam Tante Patty in mein Zimmer.

»Alles in Ordnung?« fragte sie. »Ich fand dich ein wenig ... bedrückt. Du machst dir doch keine Sorgen wegen des Mädchens, das durchgebrannt ist? Ich hoffe nicht, daß man dich dafür verantwortlich macht.«

»Aber nein. Daisy ist sehr gerecht. Von der Schule konnte niemand etwas dafür. Das haben die Mädchen ganz allein ausgeheckt. Ein paar von ihnen haben sich mit diesem Mann getroffen. Wäre es Eugenie Verringer gewesen, hätte es mich nicht sonderlich überrascht, aber daß Fiona den Mut dazu hatte ... das sieht ihr gar nicht ähnlich.«

»Sie war wohl verliebt. Es heißt, das verändert die Menschen. Cordelia, möchtest du mir nicht erzählen, was du auf dem Herzen hast?«

Ich zögerte. Dann platzte ich heraus: »Ich hab' einen anonymen Brief bekommen. Ich werde beschuldigt, an einem ... Mord beteiligt zu sein.«

»Du lieber Himmel!«

»Es geht um eine Frau, die plötzlich verschwunden ist. Sie war eine Zeitlang Jason Verringers Geliebte, und er ...«

»Er schien sich sehr für dich zu interessieren, als er hier war.«

»Ja«, sagte ich.

»Und was empfindest du für ihn?«

»Ich versuche ihm auszuweichen, so gut ich kann, aber er ist nicht der Mann, der die Wünsche anderer respektiert, wenn sie seinen entgegenstehen. Er ist arrogant und skrupellos. Dazu ist er sehr mächtig. In Colby gehört ihm nahezu alles ... einschließlich der Schule. Sogar Daisy Hetherington ist ihm gegenüber ein wenig unterwürfig.«

Tante Patty nickte bedächtig. »Ich vermute, es gibt noch eine ganze Menge, was du mir nicht erzählt hast.«

Allerdings. Ich brachte es nicht über mich, darüber zu sprechen, wie ich mir die Hände am Fenster verletzt hatte.

Tante Patty fuhr sanft fort: »Du kannst jederzeit in der Schule aufhören. Komm wieder zu uns. Wenn du willst, findest du hier auch eine Stellung. Daisys Schule ist schließlich nicht die einzige im Land.«

»Die Schule verlassen! Fort von Colby! Das wäre mir aber gar nicht recht. Außerdem beträgt die Kündigungsfrist ein halbes Jahr. Ich müßte also in jedem Fall zurück und all den Klatsch und die Gerüchte über mich ergehen lassen. Sogar Teresa ist deswegen außer sich.«

»Was hat sie damit zu tun?«

»Es wird offenbar viel über Jason Verringer und mich geklatscht. Teresa glaubt, er hat etwas mit dem Verschwinden dieser Frau zu tun, und sie hat Angst um mich. Ich habe das Gefühl, sie möchte mich vor ihm warnen. Als ob ich es nötig hätte, vor ihm gewarnt zu werden!«

Tante Patty machte ein komisches Gesicht.

Ich fuhr fort: »Die Mädchen reden viel. Sie bauschen alles auf. Teresa meint, er hat diese Frau umgebracht. Für Mädchen in Teresas Alter gibt es nur Gute und Schlechte ... Heilige und Teufel.«

»Und sie hat ihn unter die Teufel eingereiht.«

»Allerdings.«

»Du auch?«

Ich wurde ein wenig verlegen, als ich daran dachte, wie angenehm mir seine Nähe war.

»Ich erinnere mich gut, wie er einmal hier war«, fuhr Tante Patty fort. »Ich hatte nicht den Eindruck, daß er ein glücklicher Mensch war.«

»Ich glaube, er ist niemals richtig glücklich gewesen. Seine Ehe war ein Fehlschlag, und ich nehme an, er hat vieles falsch angefangen.«

»Seltsam«, sagte Tante Patty, »so viele, die mit irdischen Gütern gesegnet sind, finden kein wahres Glück. Ich nehme an, er ist sehr vermögend.«

»Allerdings.«

»Ich war schon immer der Meinung, die wirklich erfolgreichen Menschen im Leben sind nur diejenigen, die verstehen, glücklich zu sein. Wer nicht glücklich ist, ist auch nicht erfolgreich. Einer kann alle Königreiche der Erde besitzen, aber wenn er das Glück nicht gefunden hat, hat er versagt. Schließlich ist es doch das Glück, wonach wir alle streben, nicht wahr?«

»Da hast du recht. Du und Violet, ihr müßt die erfolgreichsten Menschen der Welt sein.«

»Zum Lachen, nicht wahr? Hier sitzen wir in unserem Häuschen ... ohne jede Bedeutung für die Welt ... außer für diejenigen, die uns nahestehen ... und doch haben wir das Ziel erreicht, nach dem alle streben. Ja, wir sind glücklich. Liebes Kind, dir wünsche ich dasselbe Glück. Vielleicht habe ich es leichter gehabt. Ich war immer unabhängig. Ich habe mein Leben selbst in die Hand genommen. Es war ein gutes Leben.«

»Du hast es dir so gestaltet.«

»Wir alle gestalten unser Leben selbst. Manchmal hat man einen Partner, der einem dabei hilft. Dann ist es nicht immer leicht, den Weg zu gehen, den man sich vorgenommen hat, und hierin liegen die Schwierigkeiten. Der arme Mann! Interessant ... aber mir ist gleich etwas Düsteres an ihm aufgefallen. Er ist nicht glücklich. Aber du, Cordelia. Du kamst zu uns, und alles war von vornherein schön und gut. Wir gaben dir Liebe, und du hast sie angenommen und erwidert. Das war ganz unkompliziert. Ich will dir keine Vorschriften machen, aber ich möchte, daß du sehr vorsichtig bist, wenn einmal die Zeit kommt, da du dein Leben mit jemandem teilen möchtest.«

»Ich denke nicht daran, mein Leben mit jemandem zu teilen, Tante Patty, außer mit dir und Violet.«

»Du denkst aber sehr viel an diesen Mann.«

»Tante Patty, ich mag ihn nicht. Ich finde ihn äußerst . . .«

Sie wehrte mit erhobener Hand ab. »Sei nicht so ungestüm.«

»Das wärst du auch, wenn . . .«

Sie wartete, aber ich fuhr nicht fort.

Plötzlich beugte sie sich vor und gab mir einen Kuß. »Liebes«, sagte sie, »du hast dir einen Beruf ausgesucht, der zu dir paßt. Du bist dafür geschaffen zu lenken, zu raten und zu beschützen. Sir Jason ist, wie du angedeutet hast, ein Lebemann, und gerade die bedürfen manchmal der besonderen Obhut. Nun, wir werden sehen. Jetzt bist du erst einmal hier. Du wirst faulenzen und dich erholen, und wir werden reden und reden. Und nun wird es Zeit, daß du ins Bett kommst. Gute Nacht, Liebes.«

Ich warf mich in ihre Arme, und sie küßte mich. Dann ließ sie mich los und ging zur Tür. Keinem von uns war daran gelegen, unsere tiefen Empfindungen zur Schau zu stellen. Aber wir waren uns beide unserer Liebe und unseres gegenseitigen Vertrauens bewußt. Es war nicht nötig, darüber zu sprechen.

Ich lag zwischen den kühlen, nach Lavendel duftenden Laken und dachte daran, wie Violet die Blüten unermüdlich sammelte und in Säckchen einnähte, die der Haushaltswäsche und auch Tante Pattys Kleidern diesen Duft verliehen. Friede . . . und doch, wie konnte ich mich daran erfreuen?

Dann dachte ich an den morgigen Tag, an dem der geheimnisvolle Fremde wieder vorsprechen wollte. Ich war überzeugt, daß es sich um den Unbekannten aus dem Wald handelte, der endlich gekommen war, um mich aufzusuchen. Ich erinnerte mich deutlich an sein Gesicht. Ja, er sah zweifellos gut aus.

Sein Haar war aus der hohen Stirn zurückgestrichen; er hatte kräftige Züge und ziemlich stechende blaue Augen; und er hatte etwas, das ihn von anderen Männern unterschied, gleichsam als sei er nicht ganz von dieser Welt. Oder hatte ich mir das nach dem unheimlichen Erlebnis auf dem Kirchhof in Suffolk eingebildet?
Es würde seltsam sein, ihm wieder gegenüberzustehen. Ich war gespannt auf seine Erklärung und auch auf meine eigenen Empfindungen.

Wir hatten gefrühstückt, und Teresa half Violet beim Abwasch. Tante Patty wollte zum Pfarrhaus gehen, um etwas wegen des Trödelmarkts zu besprechen, und fragte mich, ob ich sie begleiten wolle.
»Sie werden dir gleich einen Stand aufschwätzen«, sagte sie. »Nimm um Himmels willen nicht die Krimskramsbude, wenn es sich irgend vermeiden läßt. Das Zeug wirst du nie los.«
»Du bleibst drauf sitzen, und wer sitzenbleibt, kriegt keinen ab«, trällerte Violet aus der Küche.
»Violet ist heute morgen richtig übermütig«, bemerkte Tante Patty. »Das kommt, weil Teresa ihr mit den Topfpflanzen hilft.«
»Ich hol' meinen Mantel und komme mit dir«, sagte ich.
Als ich hinunterging, kam ein Mann den Weg herauf. Er war groß und blond und mir völlig unbekannt.
Violet hatte ihn bereits durchs Küchenfenster erspäht.
»Da ist er«, rief sie. »Der Herr, der dich besuchen wollte.«
Ich ging in den Vorgarten.
Der Mann sagte: »Sie müssen Cordelia sein ... Miss Grant.«
»Ja«, erwiderte ich. »Leider weiß ich nicht ...«
»Sie können mich nicht kennen, aber ich mußte Sie einfach aufsuchen. Ich bin John Markham, Lydias Bruder. Sie erinnern sich doch an Lydia?«
»Lydia Markham! Aber natürlich. Ich freue mich, Sie kennenzulernen.«

»Hoffentlich macht es Ihnen nichts aus, daß ich einfach so hereingeschneit komme.«
»Im Gegenteil, ich freue mich.« Tante Patty war hinzugekommen. »Tante Patty, das ist Mr. Markham. Ich hab' dir doch von Lydia erzählt, die mit mir in Schaffenbrucken war. Mr. Markham ist ihr Bruder.«
»Sehr erfreut«, sagte Tante Patty. »Waren Sie neulich schon mal hier?«
»Ja, und man sagte mir, daß ich Miss Grant heute antreffen würde.«
»Kommen Sie herein.«
»Wollten Sie nicht gerade ausgehen?«
»Das ist nicht so wichtig.«
Ich führte ihn in den kleinen Salon. Violet kam auch hinzu.
»Da sind Sie ja wieder«, begrüßte sie ihn. »Nehmen Sie doch Platz. Was darf ich Ihnen anbieten, Kaffee oder Tee?«
»Als erstes«, sagte er, »möchte ich mich gern mit Miss Grant unterhalten.«
»Dann bringe ich Ihnen später etwas«, entschied Violet. »Der Pastinakenwein ist dieses Jahr besonders gut geraten.«
»Vielen Dank.«
»Ich muß jetzt ins Pfarrhaus«, verkündete Tante Patty. »Macht's gut, ihr zwei. Bis später.«
Somit zogen sich beide zurück und ließen uns allein.
Mr. Markham begann: »Hoffentlich komme ich nicht ungelegen.«
»Keineswegs. Ich freue mich ja so, Sie kennenzulernen. Ich habe viel an Lydia gedacht. Ich hatte ihr nämlich geschrieben, und sie hat nie geantwortet. Wie geht es ihr? Hätten Sie sie doch mitgebracht.«
»Lydia ist tot«, sagte er.
»Tot! Aber ...«
»Ja. Es war ein schwerer Schlag für uns. Sie fehlt uns sehr.«
»Aber sie war so jung ... Sie war nie krank. Woran ist sie gestorben?«
»Es war ein Unfall ... in den Bergen ... in der Schweiz. Sie war Skilaufen.«

»Lydia und Skilaufen! In der Schule hat sie sich immer vor jedem Sport gedrückt. Sogar vor der Gymnastik, wenn es irgend ging.«

»Sie war mit ihrem Mann dort.«

»Mit ihrem Mann! Lydia war verheiratet?«

»Das ist eine ziemlich lange Geschichte. Ich wollte mit Ihnen sprechen, weil sie soviel von Ihnen erzählt hat: Ich glaube, sie mochte Sie von allen Schulfreundinnen am liebsten. Dann haben Sie ihr geschrieben. Ich fand Ihren Brief und dachte, ich müsse Ihnen schreiben oder Sie aufsuchen. Deshalb bin ich hier.«

»Verzeihen Sie . . . ich kann nicht klar denken. Es ist ein ziemlicher Schock. Lydia . . . tot!«

»Es war sehr tragisch. Ihr Mann war untröstlich. Sie waren gerade drei Monate verheiratet.«

»Ich kann es nicht fassen. Ich dachte, sie wäre noch ein Jahr in Schaffenbrucken geblieben.«

»Ja. Sie war erst siebzehn. Aber dann hat sie sich in diesen Mann verliebt. Uns wäre lieber gewesen, sie hätten noch etwas gewartet, aber davon wollte Lydia nichts wissen. Sie konnte sehr eigensinnig sein. Unserem Vater war die Heirat gar nicht recht, aber er hat Lydia vergöttert. Mein Bruder und ich waren etliche Jahre älter. Mein Vater liebte uns alle, aber Lydia hat er regelrecht angebetet. Er ist kurz nach ihr gestorben. Er hatte ein schwaches Herz, und der Kummer war zuviel für ihn.«

»Ich kann Ihnen gar nicht sagen, wie nahe mir das geht.«

»Das ist lieb von Ihnen. Ich wollte, daß Sie Bescheid wissen. Ich dachte, Sie würden Lydia sonst vielleicht noch einmal schreiben.«

»Wo hat sie den jungen Mann kennengelernt?«

»Mark Chessingham wohnte in der Nähe unseres Hofes in Epping. Wir sind keine Bauern. Der Hof wird von einem Verwalter bewirtschaftet. Für uns ist es nur eine Liebhaberei. Meistens leben wir in London und fahren nur an den Wochenenden auf den Hof, oder wann immer wir Zeit haben.

Mark studierte Jura. Seine Familie betrieb in Basel ein Geschäft und hatte einen Wohnsitz in London, aber zum Arbeiten kam er oft aufs Land. Er bereitete sich auf seine Prüfungen vor. Unser Hof liegt direkt an der Grenze zum Eppinger Forst, also in bequemer Nähe zu London. Hauptsächlich deshalb hat mein Vater diesen Flecken ausgesucht.«

Nach einer Pause fuhr er fort: »Eines Tages lernte sie Mark kennen. Sie verliebten sich und wollten heiraten. Meinem Vater wäre eine angemessene Verlobungszeit lieber gewesen, aber Lydia wollte nichts davon hören und drohte durchzubrennen, wenn er ihr die Erlaubnis verweigerte. Schließlich gab mein Vater nach . . . allerdings nicht ohne Bedenken. Aber Mark war charmant und schien eine recht passable Partie zu sein. Da alles so schnell ging, war es eine recht stille Hochzeit.«

»Sie hat mir nie geschrieben.«

»Seltsam. Sie hat nämlich oft von Ihnen gesprochen, und sie war so stolz auf ihn und ihre Ehe. Er war ein netter Kerl. Lydia besaß ein kleines Vermögen, über das sie verfügen konnte, sobald sie verheiratet war. Mein erster Gedanke war, daß dieser Umstand vielleicht mit im Spiel gewesen sein könnte, aber Mark schien selbst so vermögend, und die Firma seiner Familie war sogar in England bekannt. Er hat nie das geringste Interesse an Lydias Geld bekundet. Sie haben England fast unmittelbar nach der Hochzeit verlassen, und drei Monate später . . . war sie tot. Sie hat uns so fröhliche Briefe geschrieben, und sogar mein Vater war zu der Überzeugung gelangt, daß er recht daran getan hatte, sie heiraten zu lassen. Doch eines Tages erhielten wir die Nachricht. Mark war untröstlich. Er schrieb uns einen überaus ergreifenden Brief. Sie sei zu tollkühn gewesen, berichtete er. Er habe sie immer wieder gewarnt, aber sie hätte das Risiko gesucht. Sie wäre so begeistert, so erpicht gewesen, in seinen Augen zu glänzen, und hätte versucht mehr zu leisten, als sie konnte. Das war das Ende. Man hat ihren Leichnam erst eine Woche nach dem Unfall gefunden.«

Ich schwieg, und er fuhr leise fort: »Es tut mir leid, daß ich Sie so betrübt habe. Vielleicht hätte ich nicht kommen sollen.«

»Doch, doch. Es ist gut, daß ich Bescheid weiß. Aber es ist ein schwerer Schock. Wenn man jemanden so gut gekannt hat wie ich Lydia . . . auch wenn es schon eine Weile her ist, seit ich sie zuletzt gesehen habe . . .«

»Es freut mich, daß Sie sie so gern hatten.«

»Sagen Sie, machen Sie hier Urlaub?«

»Nein. Ich arbeite in London und habe mir ein paar Tage freigenommen, um Sie aufzusuchen. Ich hatte das Gefühl, es Ihnen schuldig zu sein. Ich muß gestehen, ich habe Ihren letzten Brief an Lydia gelesen und fand, ich müßte Sie verständigen. Ich wollte nicht, daß Sie denken, sie hätte sich nicht die Mühe gemacht, Ihnen zu antworten.«

»Lydia hat viel von ihrer Familie gesprochen. Sie hat Sie alle so gern gehabt. Vermutlich sind Sie jetzt der Familienvorstand?«

»So könnte man sagen. Es hat in unserer Familie allerdings nie eine patriarchalische Hierarchie gegeben. Wir waren alle wie gute Freunde untereinander.«

»Sie sind im Bankgeschäft tätig, nicht wahr?«

»Ja.«

»In der Londoner Innenstadt?«

Er nickte. »Wir haben ein Haus in Kensington, außerdem den Hof. Meine Mutter ist schon vor langer Zeit gestorben, aber wir hatten glücklicherweise immer vorzügliche Gouvernanten für Lydia. Zu Hause ging es stets heiter zu. Unser Vater war mehr wie ein Bruder für uns. Vielleicht war er nicht streng genug . . . beispielsweise mit Lydia. Wenn sie gewartet hätte . . . wenn sie nicht so waghalsig gewesen wäre . . .«

»Sie war so ein fröhliches Mädchen. Wie sie von zu Hause sprach . . . man hat richtig gemerkt, was ihre Familie ihr bedeutete.«

»Und dann ging sie mit einem Mann fort, den sie kaum kannte.«

»Das«, sagte ich, »ist die Liebe.«

»Sie haben vermutlich recht. Wenn nur ... Ach, das ist ein morbides Thema. Erzählen Sie mir von sich. Lydia hat gesagt, Sie wollten mit Ihrer Tante in einer wundervollen elisabethanischen Villa zusammenarbeiten.«
»Ich glaube, ich habe mit der Pracht dieses elisabethanischen Hauses etwas übertrieben. Ich neige wohl zur Übertreibung, wenn ich stolz auf etwas bin.«
»Vielleicht sind wir alle so.«
»Es hat den Mädchen offenbar den Eindruck vermittelt, daß wir sagenhaft reich seien und die erfolgreiche Schule in der vornehmen Villa als eine Art Steckenpferd betrieben. Als ich in den Ferien nach Hause kam, fand ich meine Tante in Geldschwierigkeiten. Sie mußte das Haus verkaufen, und ich mußte mir eine Stellung in einer anderen Schule suchen.«
»Und das haben Sie getan.«
»Ja, ich fand eine Stellung in Devonshire – in einem herrlichen alten Gebäude inmitten einer Abteiruine. Die Schule befindet sich in den alten Unterkünften der Laienbrüder.«
»Das hört sich fabelhaft an.«
»Ist es auch.«
»Und Ihnen gefällt es gut dort?«
»Die Arbeit macht mir Freude. Ich hege die tiefste Bewunderung für meine Vorgesetzte und die Art, wie sie die Schule leitet. In den Ferien ziehe ich mich allerdings hierher zurück.«
»Ein hübsches Haus. Ich weiß nicht warum ...« Er brach ab. »Verzeihung, das klang wie ...«
Ich lachte. »Es klang wie die Wahrheit. Ein gewöhnliches Häuschen ... kaum mehr als eine Hütte, aber es hat so etwas Heimeliges, nicht wahr? Sie sind kaum eine halbe Stunde hier und spüren es. Es liegt an meiner Tante. Sie verleiht Häusern dieses Flair.«
»Hoffentlich ergibt sich für mich die Möglichkeit, sie wiederzusehen.«
»Wann müssen Sie zurück?«
»Ich gedachte morgen aufzubrechen.«
»Sie werden bestimmt zum Mittagessen eingeladen, wenn Sie

es geschickt anstellen. Violet – die ergebene Freundin und Gefährtin meiner Tante – wird jeden Augenblick mit einem Tablett mit Gläsern und einer Flasche von ihrem Pastinakenwein erscheinen. Wenn Sie sich den schmecken lassen und ihr auch noch versichern, daß Sie nie einen besseren Pastinakenwein gekostet haben, werden Sie mit Sicherheit aufgefordert, zum Mittagessen zu bleiben.«

»Hängt das von meinem Lob ab?«

»Ach was. Meine Tante wird Sie ohnehin einladen, und ich hatte es auch längst vor. Aber Ihr Lob wird Violet freuen. Seien Sie nur nicht zu überschwenglich, sie ist nämlich schlau. Genießen Sie nur, legen Sie den Kopf auf die Seite und sagen Sie ›Ah‹. Sie ist ein Schatz, aber das merken die Leute nicht immer. Wir necken sie gern und machen ihr ebenso gern eine Freude.«

»Danke für die Vorwarnung.«

»Und da ist bereits Violet mit ihrem Pastinakenwein.«

»Es war ein gutes Jahr«, verkündete Violet. »Kein Mensch kann guten Wein machen ohne eine gute Ernte. Das ist Ihnen gewiß bekannt, Mr. . . .«

»Markham«, stellte ich vor.

»Ach ja, jetzt erinnere ich mich. Mr. Markham, bitte kosten Sie. Teresa, bring das Weingebäck.«

»Sie verwöhnen mich«, sagte Mr. Markham. Er nahm das Glas ehrfürchtig in die Hand, hob es an die Lippen und schnupperte das Aroma, als befinde er sich auf einer Weinprobe im Keller eines berühmten Weingutes; dann nahm er einen Schluck, worauf tiefe Stille eintrat.

Darauf hob er seine Augen zur Decke und sagte: »Ich wußte es, bevor ich ihn kostete. Das Bouquet ist superb. Ein fabelhafter Jahrgang.«

Violet lief rot an. »Ich sehe, Sie wissen, wovon Sie reden.«

»Ich wollte Mr. Markham vorschlagen, zum Mittagessen zu bleiben«, sagte ich. »Er ist im King's Head abgestiegen.« Violet zog eine Grimasse. »Ich hab' gehört, das Essen ist dort nicht besonders. Hätte ich das bloß früher gewußt. Bei uns gibt es nur Fleischpastete in Kartoffelteig und Apfeltorte.«

»Ich kann mir nichts Besseres denken als Fleischpastete und Apfeltorte.«
»Fein«, sagte Violet erfreut. »Es wird uns ein Vergnügen sein. Ich lege noch ein Gedeck auf.«
Teresa war hereingekommen und wurde vorgestellt.
Als Tante Patty zurückkehrte, hatte John Markham bei Violet und Teresa bereits einen Stein im Brett. Für mich war er Lydias Bruder, und ich hatte kaum das Gefühl, daß er ein Fremder war.

Er blieb zum Mittagessen und kehrte erst in sein Hotel zurück, als er eingeladen worden war, auch das Abendbrot mit uns einzunehmen.
Ich wußte, daß Lydias Tod ihn tief betrübt hatte, aber er gehörte nicht zu denen, die andere mit ihrem Kummer belasten. Er war amüsant und konnte fesselnd erzählen. Er sprach über das Bankwesen, sein Leben in London und den Hof in Epping. Sein Bruder Charles sei auch in London, berichtete er, und alle seien stets froh, auf den Hof zu kommen, wenn sich die Möglichkeit ergebe.
»Erstaunlich«, berichtete er, »welch ein Vergnügen das Heumachen und das Einbringen der Ernte ist ... vor allem, wenn man seine Tage in einem Büro mit Zahlenjonglieren und allem, was das Leben eines Bankiers ausmacht, verbracht hat. Nicht, daß ich etwas gegen das Bankwesen hätte. Ich finde es faszinierend. Aber die Abwechslung tut gut ... und mir ist es eine Freude, die Ärmel hochzukrempeln. Wenn ich meine alten Bauernsachen anziehe, vertausche ich das geschniegelte Stadtleben mit der Landwirtschaft.«
Violet, die auf einem Bauernhof aufgewachsen war, hörte begeistert zu. Ich hatte noch nie erlebt, daß sie einem Fremden so rasch zugetan war. Er wußte so viele Geschichten von seinem Hof zu erzählen und berichtete höchst amüsant, wie er anfangs nicht die leiseste Ahnung hatte, was er dort anstellen sollte.

Teresa lauschte seinen Anekdoten mit großem Interesse. »Ich würde gern auf einem Bauernhof leben«, warf sie ein.
Nach dem Abendessen setzten wir uns in den Garten.
»Die Abendkühle ist die beste Tageszeit«, meinte Violet.
Zum Abschied begleiteten wir Mr. Markham ans Tor und bedauerten, daß sein Besuch beendet war.
Aber bereits am nächsten Morgen erschien er wieder.
Violet schälte im Garten Kartoffeln, was sie an schönen Tagen häufig im Freien tat, und Teresa war bei ihr und pulte Erbsen. Tante Patty hatte sich zum Ausgehen angekleidet, und ich wollte sie ins Dorf zum Einkaufen begleiten. Und auf einmal war er da. Von meinem Fenster sah ich ihn den Weg entlang kommen.
Ich rief hinaus: »Hallo. Ich dachte, Sie sind schon längst abgereist.«
»Hab' mich nicht losreißen können«, erwiderte er.
»Gehen Sie in den Garten. Ich komme gleich hinunter.«
Violet murmelte: »Wer hätte das gedacht!« Sie errötete vor Freude, und Teresa ebenfalls.
»Um es gleich zu sagen«, verkündete er, »ich gedenke noch einen Tag zu bleiben.«
»Das freut uns alle sehr«, versicherte ich ihm.
Tante Patty kam mit ihrem Sonnenblumenhut in den Garten.
»Das ist aber eine nette Überraschung.«
»Und eine nette Begrüßung«, gab er zurück.
»Er bleibt noch einen Tag«, erklärte Violet. »Teresa, spring ins Haus und hol noch drei Kartoffeln. Die Erbsen dürften reichen.«
»Vielen Dank«, sagte er. »Ich habe gehofft, daß Sie mich zum Bleiben auffordern.«
»Wenn ich bedenke, was die im King's Head in der Gaststube auftischen, wäre es nicht recht, Sie nicht davor zu bewahren«, bemerkte Violet.
»Ich hatte gehofft«, sagte er, »daß ich noch aus einem anderen Grund eingeladen würde.«
»Und der wäre?« wollte Teresa wissen.

»Daß Sie meine Gesellschaft unterhaltend genug finden, um mich noch einen Tag zu ertragen.«
»Oh, und ob!« rief Teresa.
»Und zum Abendessen gibt's Schweinebraten«, eröffnete Violet.
»Ist das eine Feststellung oder eine Einladung?«
»Wie ich Violet kenne«, ließ sich Tante Patty vernehmen, »ist es beides.«
»Ich bin wohl gerade hereingeplatzt, als Sie ausgehen wollten«, sagte er mit einem Blick auf Tante Patty und mich.
»Bloß in den Dorfladen. Wir nehmen den Einspänner. Wollen Sie uns nicht begleiten? Cordelia kann Ihnen die Kirche zeigen, während ich einkaufe, und dann kommen wir alle zusammen wieder her. Die Kirche ist eine Besichtigung wert, obwohl der Turm jeden Moment einstürzen kann.«
»Und die Glocken sind auch gesprungen«, warf Violet ein. »Sie sollten sie mal hören, Mr. Markham, oder lieber nicht. Es ist ein Jammer.«
»Ich denke, wir gehen lieber, bevor der Streit um Turm und Glocken wieder ausbricht«, sagte Tante Patty. »Kommen Sie.«
Es wurde ein vergnüglicher Vormittag. John Markham und ich gingen in die Kirche, und ich zeigte ihm die Buntglasfenster, die in der ganzen Nachbarschaft berühmt waren, die Gedenktafeln unserer angesehensten Bürger und die Namen der Pfarrer, die bis ins zwölfte Jahrhundert zurückreichten. Wir durchquerten den Kirchhof und schritten über uralte Grabsteine, deren Inschriften durch Zeit und Witterung fast unleserlich geworden waren. Als Tante Patty sich später zu uns gesellte, hatte ich das Gefühl, als würde ich John Markham schon ewig kennen.
Beim Abendessen meinte er: »Morgen muß ich nach London, und übernächste Woche fahre ich auf den Hof. Dort bleibe ich eine ganze Woche. Hätten Sie nicht Lust, ihn sich anzuschauen?«
»Was!« rief Teresa. »Wir alle?«

»Wir haben jede Menge Platz, und Besuch ist uns immer willkommen. Das alte Bauernhaus wird eigentlich nicht richtig ausgenutzt. Simon Briggs, unser Verwalter, wohnt in seinem eigenen Haus. Er benutzt das Bauernhaus nie ... es ist lediglich für die Familie da, und wir sagen immer, es sollte viel mehr bewohnt werden. Also, wie wär's?«

Tante Patty sah Violet an, und Violet sah auf ihren Teller. Eigentlich hätte ich erwartet, daß sie alle möglichen Einwände erheben würde. Aber sie erhob keinen einzigen.

Tante Patty, die unverhoffte Ereignisse liebte, lächelte mich an.

Teresa bat: »O ja, laßt uns ...«

»Sind Sie ganz sicher?« fragte ich, »wir sind immerhin zu viert.«

»Kein Problem für Forest Hill. Das alte Haus kann zwanzig Personen aufnehmen, ohne daß es ein Gedränge gibt. Was halten Sie davon?«

Ich sagte: »Es klingt ... verlockend ...«

Alle lachten, und dann machten wir aufgeregt Pläne für den Besuch im Haus der Markhams am Waldrand.

Die Woche, die wir in Forest Hill verbrachten, sollte uns noch lange im Gedächtnis bleiben.

Meine Gedanken weilten oft bei Jason Verringer, und ich fragte mich, wie es ihm auf dem Festland bei der Suche nach Fiona erging. Ich war gespannt, was er unternehmen würde, wenn er sie fand. Wenn sie verheiratet war, konnte er sie doch nicht gut mit nach Hause nehmen. Vielleicht wollte er nach seiner Rückkehr in Moldenbury vorbeischauen? Und da ich nicht wollte, daß er uns verfehlte, schrieb ich ihm ein paar Zeilen: Ich hoffte, er habe zufriedenstellende Informationen über Fiona erhalten; ich sei nicht in Moldenbury, da wir Freunde besuchten.

Wir bereiteten uns mit Feuereifer auf den Besuch vor. Violet bestand auf einem kleinen ›Frühjahrsputz‹. »Falls irgendwas

passiert. Ich will doch nicht, daß Leute herkommen und das ganze Haus auf den Kopf gestellt finden.«
»Wie meinst du das . . . falls was passiert?« fragte ich.
Violet kniff die Lippen zusammen und wollte nichts sagen. Aber sie hatte natürlich an ein Eisenbahnunglück gedacht, bei dem wir alle ums Leben kämen, oder an ein ähnliches schreckliches Ereignis. Jedenfalls mußte das Haus in einem Zustand sein wie für hohen Besuch.
Wir ließen sie gewähren. Teresa und ich packten unsere Reisetaschen und besprachen unaufhörlich, was man für eine Woche auf einem Bauernhof mitnehmen mußte. Tante Patty belud sich mit drei Hutschachteln, die jeweils zwei Hüte enthielten. Wir sagten nichts dazu, wußten wir doch, daß Tante Patty und ihre Hüte unzertrennlich waren.
John Markham holte uns in London ab, und wir fuhren zusammen aufs Land. Wir liebten das Haus vom ersten Augenblick an.
Wegen des heißen Sommers begann die Heumahd zeitig, und wir beteiligten uns daran. Ängstlich beobachteten wir den Himmel, ob sich Regen ankündigte; Teresa und ich brachten den Landarbeitern kalten Tee, Brot und Käse. Wir setzten uns mit ihnen in den Schatten und hörten ihren Geschichten zu, wir halfen beim Garbenbinden und bei der Errichtung von Heuhaufen und pflückten Klatschmohn, der am Rand der Felder wuchs.
Teresa und ich ritten öfters durch den Wald. Manchmal gingen wir auch zu Fuß. Der Wald war wunderschön; die Bäume nahmen bereits eine herbstliche Färbung an; die Buchen, Ulmen, Birken und Platanen waren gelbgetönt, die Eichen rotbraun. Ich erinnere mich an den Duft von Geißblatt, das die Tür des Bauernhauses einrahmte. Dieser Duft ruft mir noch heute den Frieden des Ortes ins Gedächtnis zurück.
Abends lag ich in meinem Zimmer und genoß es, körperlich erschöpft zu sein, vollgepumpt mit Sonne und frischer Luft. Ich schlief so gut wie lange nicht, seit ich den anonymen Brief erhalten hatte, und voll Erstaunen stellte ich fest, daß ich den

ganzen Tag nicht daran gedacht hatte, auch nicht an die Gerüchte und Skandalgeschichten. Ich war so müde, so erfüllt von den Eindrücken des Tages, daß die Spannung und das Grauen von mir abfielen. Ich hatte das Gefühl, gesund zu werden.

Das Mittagsmahl nahmen wir an dem großen hölzernen Küchentisch ein. Durch die weitgeöffneten Fenster drang der Geruch frisch gemähten Heus herein. Wir hörten zu, wenn alle von der Ernte sprachen, und redeten sogar mit.

»Schade, daß Sie zum Erntefest nicht hier sein werden«, stellte John fest. Er war ganz anders als der makellose Gentleman, der uns in Moldenbury besucht hatte. Ich hatte das Gefühl – und ich wußte, daß es den anderen ebenso erging –, ihn schon sehr lange zu kennen.

»Vielleicht läßt es sich machen«, sagte Teresa hoffnungsvoll.

»Teresa«, erinnerte ich sie, »wir müssen bald zur Schule zurück.«

»Sprechen Sie nicht davon«, erwiderte Teresa niedergeschlagen.

John erzählte uns vom Erntefest. »Das ist die schönste Zeit des Jahres. Wenn alles eingebracht ist, basteln die Kinder Kornpüppchen.«

»›Eh der Wintersturm beginnt‹«, zitierte Violet.

»Und die hängen wir dann auf. Es sind Glücksbringer. Sie sollen im nächsten Jahr eine gute Ernte bescheren.«

»Bei uns zu Hause gab es das auch«, sagte Violet.

»Es ist ein weitverbreiteter Brauch«, erklärte John. »Ich glaube, er geht zurück bis ins Mittelalter.«

»Ich sehe es gern, wenn alte Sitten bewahrt werden«, erklärte Violet.

Sie war es, die uns am meisten in Erstaunen versetzte. Sie genoß es sichtlich, in Forest Hill zu sein. Sie hatte das Regiment in der Küche übernommen. Die Frau des Verwalters, die sich gewöhnlich um den Haushalt kümmerte, wenn die Markhams anwesend waren, war froh über die Entlastung, und

Violet war ganz in ihrem Element. Sie wurde richtig sentimental, wenn sie von ihrer Kindheit erzählte.
Trotz der glücklichen Tage, die wir verbrachten, ging mir Lydia nicht aus dem Sinn, und als John zu mir sagte: »Sie schlafen in Lydias Zimmer«, vermeinte ich sie dort zu spüren, und ich träumte ein- oder zweimal von ihr.
In meinen Träumen hörte ich ihre Stimme: »Mach dir um mich keine Sorgen, Cordelia. Ich bin tot.«
Als ich erwachte, klangen mir die Worte noch in den Ohren. Die leichten Vorhänge blähten sich nach außen, denn es war Wind aufgekommen, und die Fenster standen weit offen. Aus dem Schlaf geschreckt, dachte ich, dort stünde ein Geist.
»Lydia!« schrie ich und setzte mich im Bett auf.
Dann sah ich, daß ich mich getäuscht hatte, stand auf und machte das Fenster halb zu. Es war ziemlich kühl geworden.
Als ich wieder ins Bett ging, konnte ich nicht einschlafen. Ich dachte an längst vergangene Tage und an Lydia.
Am nächsten Morgen hatte ich alles wieder vergessen und lachte mit den anderen draußen auf den Feldern.
John begleitete uns nach London. Bevor er sich nach Kensington begab, setzte er uns noch in den Zug nach Moldenbury.
»Es war eine wundervolle Woche«, sagte Teresa. »O ja, John ist wirklich nett.«

Die Ferien gingen zu Ende. Noch ein Tag, und Teresa und ich würden nach Colby zurückkehren.
Am letzten Abend, als sich alle schon zurückgezogen hatten, kam Tante Patty in mein Zimmer, um mit mir zu plaudern.
»Das waren wirklich schöne Ferien«, sagte sie. »John Markham ist sehr nett.«
»Ja. Sie waren eine glückliche Familie. Ich glaube, der Verlust Lydias geht ihm sehr nahe.«
Tante Patty schwieg kurze Zeit. Dann meinte sie: »Ich glaube, John Markham ist drauf und dran, sich in dich zu verlieben, Cordelia.«

»Ach, Tante Patty, ich kenne ihn doch erst so kurz. Du bist einfach zu romantisch.«
»Ich weiß, du denkst, ich habe keine Ahnung von solchen Dingen, weil ich eine alte Jungfer vom Lande bin. Aber ich lasse mir immer meine dreibändigen Romane schicken, und was darin vorgeht, kann einem schon die Augen öffnen, sogar einer dummen alten Jungfer wie mir.«
Ich legte meine Arme um sie und gab ihr einen Kuß. »Ich dulde keine abfälligen Bemerkungen über dich, auch nicht, wenn du sie selbst machst.«
»Ach, war das ein hübsches Haus.« Sie blickte ein wenig wehmütig drein. »Ich stelle mir oft vor, wie du verheiratet bist und Kinder hast. Weißt du, ein paar Babys würden mir schon gefallen.«
»Ach, liebe Tante Patty. Tut mir leid, daß ich dir damit nicht dienen kann.«
»Eines Tages ist es soweit, da bin ich ganz sicher. Ich dachte nur, wie hübsch es dort war . . . so freundlich, so unkompliziert. John Markham ist ein guter Mensch. Ihm könntest du vertrauen. Du könntest dich darauf verlassen, daß er immer da wäre, wenn er gebraucht würde . . . und er würde immer das Richtige tun.«
»Da hast du sicher recht.«
»Er läßt sich jetzt bestimmt öfter bei uns blicken.«
Ich lachte. »Du spinnst romantische Träume, Tante Patty.«
»Meinst du, es sind bloß Träume? Ich kenne die Anzeichen. Du lächelst, weil du an meinen Mangel an Erfahrung in solchen Angelegenheiten denkst. Ich bin nicht völlig ahnungslos. Einmal hätte ich fast geheiratet . . . es hat bloß nicht geklappt.«
»Das hast du mir nie erzählt.«
»Es war nicht der Rede wert. Er hat eine andere kennengelernt.«
»So ein Dummkopf.«
»Ich glaube, er ist sehr glücklich geworden. Im Leben kommt es darauf an, die richtige Straße zur richtigen Zeit zu nehmen.

Die Zeit ist wichtig ... und die Gelegenheit ... sie müssen zusammentreffen. Man muß nur die Gelegenheit erkennen, solange noch Zeit ist. Cordelia, wenn die Zeit kommt, mußt du die richtige Wahl treffen. Gute Nacht, mein liebes Kind.«

Sie drückte mich fest an sich.

»Es hat mich immer getröstet, wenn du mich so umarmt hast«, sagte ich. »So war es schon bei unserer allerersten Begegnung. Ich erinnere mich noch an den Hut und den Lavendelduft ... damals war es genau wie jetzt.«

»Und so wird es immer bleiben, Cordelia.«

Darauf küßte sie mich und ging hinaus.

Eine schreckliche Entdeckung

Das neue Halbjahr hatte begonnen. Zu der üblichen Konferenz vor Schulbeginn berief uns Daisy alle in ihr Arbeitszimmer.

»Wir wollen unser Bestes tun, um die Ereignisse des letzten Halbjahres zu vergessen«, sagte sie. »Wenn die Mädchen im Freien sind, müssen sie streng beaufsichtigt werden ... auch beim Reiten. Ein Glück, daß Fiona Verringer von zu Hause durchgebrannt ist und nicht von der Schule. Bei einem anderen Mädchen hätte es große Schwierigkeiten mit den Eltern geben können. Wir müssen von jetzt an vor solchen Vorkommnissen auf der Hut sein. Sir Jason Verringer hat keine Ahnung, wo Fiona und ihr Mann sich aufhalten, dabei hat er das ganze Festland nach ihnen abgesucht. Nun, hoffen wir, daß das kommende Halbjahr friedlicher wird. Wir wünschen kein Gerede unter den Mädchen. Der Vorfall darf mit keinem Wort erwähnt werden. Junge Mädchen neigen dazu, diejenigen, die etwas Dummes angestellt haben, zu bewundern. Noch eine Entführung wäre eine Katastrophe für die Schule. So ... damit ist die Angelegenheit erledigt.

Es wäre angebracht, die Mädchen mit den Vorbereitungen für das Weihnachtsspiel zu beschäftigen. Es scheint zwar noch etwas früh dafür, aber es würde sie auf andere Gedanken bringen. Sagen wir, Szenen von Shakespeare ... Auszüge, die sie den anderen vorspielen könnten. Das sorgt für Aufregung und Ablenkung.

Miss Grant, ich lege Charlotte Mackay wieder zu Eugenie Verringer ins Zimmer. Sie waren ursprünglich zusammen und

sind gute Freundinnen. Ich denke, das wird Eugenie guttun. Bestimmt vermißt sie ihre Schwester. Sie war in den Ferien bei den Mackays im Norden, in der Nähe von Berwick. Ich möchte nicht, daß Eugenie allzuviel über ihre Schwester nachgrübelt. Es war eine gute Idee, sie zu den Mackays gehen zu lassen statt ins Herrenhaus, wo sie ständig an den Verlust ihrer Schwester erinnert worden wäre. Eugenie hat nicht gerade ein sanftmütiges Naturell, und solche Mädchen können mitunter sehr schwierig sein.
Außerdem haben wir eine Neue. Margaret Keyes. Scheint ein freundliches Ding zu sein. Sie kann statt Charlotte zu Patricia Cartwright ins Zimmer.«
Sie sprach noch über andere Angelegenheiten des bevorstehenden Halbjahres, und schließlich wurden wir in unsere Zimmer entlassen, um uns wieder »einzugewöhnen«, wie sie es nannte.
Am Abend machte ich meine Runde. Die Mädchen waren in ihren Betten und schienen sehr fügsam, sogar Charlotte und Eugenie. Allerdings bedachte mich Charlotte mit einem triumphierenden Blick, wie um mich an jenen ersten Abend zu erinnern, als es eine Auseinandersetzung gegeben hatte, wer bei wem im Zimmer schlafen durfte.
Die ersten Tage verliefen ereignislos, bis ich eines Nachts von einer Gestalt an meinem Bett geweckt wurde und eine eindringliche Stimme sagte: »Miss Grant, Miss Grant.«
Ich fuhr auf. Charlotte stand neben meinem Bett.
»Charlotte!« rief ich. »Was gibt's?«
»Eugenie ist krank.«
Ich zog hastig Morgenmantel und Pantoffeln an und folgte ihr in ihr Zimmer. Eugenie lag auf dem Rücken und war sehr bleich; Schweißperlen standen auf ihrer Stirn. Mir war beklommen zumute.
Ich befahl: »Hol Miss Hetherington.«
Charlotte, die wirklich erschrocken schien, gehorchte.
Daisy kam sogleich. Ihr feines weißes Haar war zu zwei Zöpfen geflochten, die von hellblauen Bändern zusammengehalten wurden; dennoch wirkte sie beherrscht wie immer.

»Eugenie ist krank!« sagte sie. Sie beugte sich über das Mädchen.
»Sollen wir den Doktor holen?« fragte ich.
Daisy schüttelte den Kopf. »Nicht nötig. Vermutlich ist es nur eine Gallenreizung. Die Mädchen sollen nichts davon erfahren. Sie übertreiben immer so. Ich habe etwas Riechsalz in meinem Zimmer. Würdest du es bitte holen, Charlotte. Es ist im Schrank auf der rechten Seite.«
Charlotte ging.
»Vermutlich hat sie etwas gegessen, was sie nicht vertragen hat«, meinte Daisy. »Das kommt immer wieder mal vor. Was gab es zum Abendessen?«
»Fisch. Und vor dem Zubettgehen Milch und Kekse.«
»Es muß der Fisch gewesen sein. Warten wir noch eine halbe Stunde. Wenn es dann nicht besser ist, rufe ich den Arzt.«
Charlotte kam mit dem Riechsalz zurück.
»Hier«, sagte Daisy. »Das tut dir gut.«
Eugenie schlug die Augen auf.
»Geht es dir besser, Kind?« fragte Daisy in einem forschen Ton, der Zustimmung verlangte.
»Ja, Miss Hetherington.«
»Dir war übel, ja?«
»Ja, Miss Hetherington . . . übel und schwindlig.«
»Bleib ruhig liegen. Miss Grant und ich bleiben hier, bis du wieder eingeschlafen bist.«
»Danke«, sagte Eugenie.
»Charlotte, geh zu Bett. Du kannst später ein Auge auf Eugenie haben, aber vorerst bleiben wir noch eine Weile hier. Es ist nur eine gewöhnliche Gallenreizung. Der Fisch ist ihr wohl nicht bekommen.«
Wie großartig sie war, unsere Daisy! Kein General hätte seinen Truppen mehr Vertrauen einflößen können. Wenn Daisy das Kommando führte, mußte alles nach Plan verlaufen.
Eugenie hatte die Augen geschlossen. Sie atmete leichter und sah schon viel besser aus.
»Ich glaube, sie schläft«, flüsterte Daisy. »Sie hat sich schon erholt.« Sie faßte Eugenie an die Stirn. »Kein Fieber.«

Nach fünf schweigsamen Minuten erhob sie sich und sagte: »Ich glaube, wir können jetzt wieder zu Bett gehen. Charlotte, wenn Eugenie etwas braucht, weckst du Miss Grant. Und wenn es nötig ist, kommst du zu mir.«

»Ja, Miss Hetherington.«

»Gute Nacht, Charlotte. Wir verlassen uns darauf, daß du Eugenie im Auge behältst.«

»Ist gut, Miss Hetherington. Gute Nacht. Gute Nacht, Miss Grant.«

Vor meinem Zimmer blieb Daisy stehen. »Morgen ist sie wieder wohlauf. Wie ich gedacht hatte, eine leichte Gallenreizung. Charlotte hat ihre Sache gut gemacht. Wissen Sie, ich glaube, das Mädchen würde sich erheblich bessern, wenn sie etwas zu tun hätte. Wenn sie sich nützlich vorkäme ... wie denken Sie darüber?«

»Ich bin ganz Ihrer Meinung.«

»Wir müssen beide beobachten. Ich glaube nicht, daß wir heute nacht noch einmal gestört werden.«

Ich ging zu Bett. Ich war müde und schlief bald ein.

Am nächsten Morgen fühlte Eugenie sich besser – sie war fast gesund, aber ich bestand darauf, daß sie sich noch ein wenig ausruhen sollte. Sie wollte nicht, denn sie schämte sich, daß sie krank war.

»Ich bin wirklich ganz wohlauf, Miss Grant. Ich weiß nicht, was es war, mir war bloß ein bißchen komisch.«

»Du solltest dich aber heute nachmittag wieder hinlegen.«

»Ach nein, Miss Grant.«

»Doch, Eugenie. So ein Anfall schwächt einen mehr, als man selbst merkt. Ich bestehe darauf, daß du dich heute nachmittag hinlegst. Du kannst ja lesen, oder vielleicht leistet Charlotte dir Gesellschaft.«

Sie fügte sich recht unwillig.

Es war gegen drei Uhr, als ich in mein Zimmer ging. Ich hätte gern gewußt, ob Eugenie meine Anordnung befolgt hatte. Hinter der geschlossenen Tür hörte ich kichernde Stimmen. Ich nahm an, daß Charlotte bei Eugenie war.

Ich zögerte, beschloß aber dann, einen Blick ins Zimmer zu werfen. Ich klopfte an die Tür. Da keine Antwort kam, trat ich ein.
Eugenie lag auf ihrem Bett, und Charlotte hatte sich auf dem anderen ausgestreckt. Auf dem Stuhl saß Elsa.
»Oh«, sagte ich.
»Sie haben gesagt, ich muß mich hinlegen«, bemerkte Eugenie.
»Wir sind hier, um sie aufzumuntern«, erklärte Elsa und grinste mich an.
»Das ist euch anscheinend bestens gelungen. Wie geht es dir, Eugenie?«
»Ganz gut.«
»Fein. Wenn du willst, kannst du jetzt aufstehen.«
»Danke, Miss Grant.«
Als ich die Tür hinter mir schloß, war wieder das Kichern zu vernehmen.
Ich dachte über Elsa nach. Sie benahm sich wahrhaftig nicht wie ein Stubenmädchen, und ich fragte mich wieder einmal, ob ich sie tadeln sollte, weil sie mit den Schülerinnen umging, als sei sie eine von ihnen. Aber es gelang ihr jedesmal, mich mit einem Blick an die alten Zeiten in Schaffenbrucken zu erinnern, wo sie mit mir und meinen Freundinnen genauso vertraut gewesen war wie jetzt mit Eugenie und Charlotte. Es war ein Nachteil in einer Position wie der meinen, wenn jemand, den man als Schulmädchen gekannt hatte, anwesend war. Man konnte andere schwerlich für etwas tadeln, was man selbst getan hatte. Das Außergewöhnlichste daran war vielleicht, daß gerade Charlotte, die uns allen als recht snobistisch bekannt war, so freundlichen Umgang mit einem Hausmädchen pflegte.
Doch ich dachte nicht länger über den Vorfall nach.
Dann erhielt ich einen Brief von John Markham. Er erkundigte sich, wie es mir nach den Ferien in der Schule erging. »Das war eine unvergeßliche Woche, die wir zusammen verbracht haben«, schrieb er. »Ich hatte das Gefühl, als ob wir uns alle

schon seit Jahren kennen würden. Warum hat Lydia Sie in den Ferien nie zu uns eingeladen? Ich möchte Sie gern wiedersehen. Ist es verboten, die Schule zu besuchen? Ich schätze, das ist nicht ganz *comme il faut.* Gibt es mitten im Halbjahr nicht Kurzferien? Fahren Sie dann nach Hause? Vielleicht ist es zu weit für so kurze Zeit. London wäre nicht ganz so weit. Ich würde Sie gern mit meinem Bruder Charles bekanntmachen. Ob Teresa und Sie uns wohl besuchen könnten? Überlegen Sie mal.«

Ich dachte darüber nach und fand es recht verlockend. Allerdings sagte ich Teresa nichts davon, um ihr keine Hoffnung zu machen, da ich mir noch nicht sicher war, ob ich es wahrmachen sollte.

Im Innersten litt ich immer noch unter dem Schock meiner Begegnung mit Jason Verringer in der Teufelshöhle. Die Sache hatte mich doch mehr getroffen, als mir damals bewußt war. Ich mußte unaufhörlich daran denken und stellte mir vor, was geschehen wäre, wenn ich nicht das Fenster durchstoßen hätte. Es war allerdings eine hoffnungslose Geste gewesen. Nie hätte ich ihm entkommen können, wenn er entschlossen gewesen wäre, sich meiner zu bemächtigen. Und selbst wenn es mir gelungen wäre, durch das Fenster zu entfliehen, wäre ich dann wirklich vom Turm gesprungen? Aber allein mein Wille dazu hatte ihn ernüchtert. Er war wirklich erschrocken, als er das Blut an meinen Händen sah.

Hör auf, an ihn zu denken, ermahnte ich mich. Vergiß ihn. Es war lediglich ein unangenehmes Erlebnis, und ich hatte es unversehrt überstanden. Die Narben an meinen Händen waren inzwischen verheilt. Aber in Colby war ich stets von den Ruinen der Vergangenheit umgeben, mit all den grausamen Legenden von den schrecklichen Qualen, die man den Menschen einst zugefügt hatte, und ich war von der Atmosphäre aus Unheil und Verderben überwältigt.

Seltsame Dinge geschahen hier, und Jason Verringer war offenbar nie ganz unbeteiligt daran. Was war seiner Frau wirklich zugestoßen? Wo war Marcia Martindale? Wo Jason war,

ergaben sich stets Fragen. Er war ein Mann, umwittert von dunklen Geheimnissen. Fast konnte man glauben, daß der Teufel tatsächlich zu seinen Vorfahren gehört hatte.
Wie anders war es dagegen in Epping gewesen – der Sonnenschein, der Heugeruch, die einfache, unkomplizierte Lebensart, die Menschen. Friede ... ja, dort hatte Friede geherrscht ... und Friede schien gerade jetzt sehr verlockend. Ich wünschte, dort zu sein, und doch ... ich wurde fast gegen meinen Willen zu den finsteren Türmen von Colby Hall und den Abteiruinen hingezogen.
Was mich schließlich bewog, Johns Einladung anzunehmen, war ein anderer Brief. Er wurde mir von Tante Patty nachgeschickt. Er war von Monique Delorme.

»Liebe Cordelia«, schrieb sie auf Französisch,
»ich bin nun nicht mehr Mademoiselle Delorme, sondern Madame de la Creseuse. Ja, ich bin mit Henri verheiratet. Das Leben ist wundervoll. Wir kommen nach London. Freunde von Henri überlassen uns für zwei Wochen ihr Haus. Vom Dritten nächsten Monats an werden wir daher in Eurer Hauptstadt weilen. Es wäre herrlich, Dich zu sehen. Schreib mir dorthin. Ich gebe Dir die Anschrift. Ich freue mich darauf, von Dir zu hören. Bitte komm.
Deine treue Freundin Monique.«

Ich erzählte Daisy, daß ich eine Einladung von Freunden erhalten habe, bei denen wir im Sommer gewesen seien.
»Sie haben ein Haus in London, aber auch eines auf dem Land, wo wir schon eine Woche waren. Ich könnte in den kleinen Ferien hinfahren. Es sind nur fünf Tage, das Wochenende mitgerechnet. Ich dachte, das könnte ich ausnutzen.«
Daisy überlegte. »Die wenigsten Mädchen fahren nach Hause. Es ist natürlich kein Unterricht. Ich glaube, von den anderen Lehrerinnen hat keine vor, wegzufahren. Ja, ich denke, es läßt sich machen.«
»Teresa ist auch eingeladen.«

»Ach, wie nett für sie.«
»Dann kann ich also meine Pläne machen?«
»Ja, nur zu.«
Gesagt, getan. John schrieb, er sei entzückt. Teresa war außer sich vor Freude. Ich schrieb außerdem Monique an die Anschrift, die sie in ihrem Brief angegeben hatte, daß ich sie aufsuchen werde, wenn sie in London sei.

John erwartete uns am Bahnhof Paddington, und kurz darauf rumpelten wir in einer Droschke zu seinem Haus in Kensington. Es war ein hohes frei stehendes Gebäude, von zwei grimmig dreinblickenden steinernen Löwen bewacht. Weiße blanke Stufen führten zu einer schweren Eichentür, und das Messing glänzte wie Gold.
John öffnete die Tür mit seinem Schlüssel. In der Halle trafen wir auf einen großgewachsenen jungen Mann.
»Das ist Charles«, stellte John ihn vor. »Er ist ganz versessen darauf, Sie kennenzulernen. Ich habe ihm alles von Ihrem Besuch auf dem Hof erzählt.«
Er hatte dasselbe offene Gesicht und sah genauso gut aus wie sein Bruder. Charles gefiel mir auf Anhieb.
Das Hausmädchen erschien.
»Ach ja, Sarah«, sagte John. »Die Damen möchten ihre Zimmer sehen. Teresa, Ihres ist neben Cordelias.«
Wir stiegen eine reich geschnitzte, in einem warmen Rot gehaltene Treppe hinauf. Oben öffnete das Mädchen eine Tür, und ich trat in ein helles Schlafzimmer mit einem Himmelbett. Es war nicht wie die im Herrenhaus mit ihren schweren Samtvorhängen. Dieses war mit Spitzengardinen drapiert, die mit Schleifen aus blaßlila Satinbändern zusammengehalten wurden. Das Bett hatte Zierknöpfe und Stangen aus Messing und glänzte vor Frische. Etliche leichte, elegante französische Möbel, schätzungsweise 18. Jahrhundert, standen im Raum. Ein bezauberndes Zimmer. Ich trat ans Fenster und blickte auf einen kleinen gepflasterten Hof. Die Topfpflanzen darin

mußten im Frühling und Sommer farbenfroh leuchten. Chrysanthemen und Herbstmaßliebchen standen auch jetzt noch in Blüte und hoben sich von der grauen Mauer ab.
Teresa kam herein. Sie strahlte. Sie hatte ein reizendes kleines Zimmer. Zwischen unseren beiden Räumen befand sich eine Verbindungstür. Ich warf einen Blick in ihres hinüber. Es hatte einst offenbar als Ankleidekammer gedient.
»Ist es hier nicht wundervoll?« rief Teresa aus.
Sie war überglücklich. Nicht nur, weil sie von der Schule fort war, sondern vor allem, weil wir hier bei John waren. Sie war ein Mädchen, das aus seiner Begeisterung keinen Hehl machte.
Leider war sie ein wenig theatralisch. Nie würde ich vergessen, wie sie Marcia Martindales Ohrring in den Teich geworfen hatte. In ihrer Jugend konnte sie ihre Gefühle noch nicht richtig bezähmen. In ihrer Unerfahrenheit teilte sie die Menschen in sehr gute oder sehr schlechte ein. Es gab Teufel und Engel . . . und nichts dazwischen. Sie würde noch viel lernen müssen, aber jetzt würde sie für ein paar Tage mit denen zusammen sein, die sie liebte und bewunderte, und sie war deshalb glücklich.
Das ausgezeichnete Abendessen wurde in einem eleganten Speisezimmer mit hohen Fenstern eingenommen, die zur Straße hinausgingen. Während des Essens hörten wir das Klappern vorüberfahrender Pferdewagen und gelegentlich den Ruf eines Zeitungsjungen, der die Nachtausgaben anpries.
Wir unterhielten uns über die Woche auf dem Land, die Schule, über London und was wir während unseres Aufenthalts unternehmen würden.
»Es gibt so vieles anzuschauen«, sagte John. »Womit wollen wir beginnen?«
»Ich habe eine Verabredung mit einer alten Schulfreundin«, sagte ich. »Sie hat mich eingeladen. Ich besuche sie übermorgen.«
»Gut, und was machen wir morgen? Teresa, haben Sie eine Idee? Der Zoo ist recht ergötzlich.«

»Ich liebe Tiere«, rief Teresa.

»Also abgemacht. Morgen vormittag geht's in den Zoo. Haben Sie Lust zu reiten, Teresa?«

Davon war Teresa nicht ganz so begeistert. Sie hatte sich nie richtig von ihrem Sturz erholt, obgleich ich sie hatte überreden können, wieder zu reiten. »Ja«, sagte sie zögernd.

Das war also abgemacht.

Es wurde ein wunderschöner Vormittag. Nicht nur Teresa war von den Tieren entzückt. Wir sahen bei der Fütterung der Robben zu, wir bewunderten die Löwen und die Tiger und lachten über die Possen der Affen. Wir schlürften Limonade auf der Terrasse. Ich war glücklich und wünschte, der Besuch würde nie zu Ende gehen.

Das Abendessen wurde eine heitere Angelegenheit. Nachdem die erste Schüchternheit überwunden war, versuchten alle auf einmal zu reden. Wir saßen in dem eleganten Salon, ähnlich ausgestattet wie das Speisezimmer, aber nicht nach vorne, sondern nach hinten heraus gelegen. Glastüren führten in den kleinen Innenhof.

Wir plauderten, bis wir müde wurden, und zogen uns ungern in unsere Zimmer zurück, bedeutete dies doch das Ende eines glücklichen Tages.

Am nächsten Morgen mußte John zu seiner Bank. Auf dem Weg dorthin setzte er mich bei der Adresse ab, die Monique mir angegeben hatte.

Es war ein elegantes Haus in der Albemarle Street, die von der Piccadilly abzweigt. Wir waren durch den Hyde Park gefahren, dann in die Piccadilly eingebogen, wo eine modisch gekleidete Menschenmenge umherschlenderte.

John begleitete mich zur Tür. Ein adrettes junges Hausmädchen sagte, daß Madame mich erwarte. Ich wurde in einen Salon geführt. Monique sah sehr hübsch aus in ihrem mit Rüschen besetzten, türkisfarbenen Morgenrock.

Ich stellte ihr John vor. Monique bat ihn, ein Täßchen Kaffee

oder ein Glas Wein mit uns zu trinken, aber er lehnte ab, er habe in der Stadt zu tun und werde mich in zwei Stunden abholen.
»So bald schon?« fragte Monique in ihrer reizvollen Aussprache.
»Leider kann ich nicht länger bleiben«, antwortete ich, »weil wir heute nachmittag zu einer Fahrt auf dem Fluß verabredet sind.«
John verließ uns, und wir setzten uns hin.
»So ein charmanter Mann!« meinte Monique. »Henri ist ebenfalls geschäftlich unterwegs. Er hoffte, dich kennenzulernen, wenn er zurückkommt. Ich habe ihm soviel von dir erzählt.«
»Die Ehe bekommt dir, Monique«, sagte ich.
»O ja, Henri ist so lieb.«
»Dann ist ja alles gut geworden. Du hast immer von deiner *mariage de convenance* gesprochen, weißt du noch?«
»O ja, es war schon vereinbart, als wir noch in der Wiege lagen. Ach, dieser Papierkram, die Anwälte, der Vertrag, das viele Hin und Her.«
»Aber du hast es gut getroffen!«
»Dieser Mr. Markham . . . ist das dein Zukünftiger?«
»O nein. Er ist nur ein Freund. Ich hätte es dir gleich sagen sollen. Er ist Lydias Bruder.«
»Ach ja, natürlich . . . Lydia Markham: Und wo ist Lydia?«
»Ach . . . das weißt du gar nicht . . . Lydia ist tot.«
»Aber nein!«
»Es war ein Skiunfall.«
»Lydia und Skilaufen! Das wundert mich. Wie schrecklich. Das habe ich nicht gewußt.«
»Ich hätte es vermutlich auch nicht erfahren, wenn ich ihr nicht geschrieben hätte. Ihr Bruder öffnete meinen Brief, und darauf hat er mich aufgesucht, als ich gerade bei meiner Tante war.«
»Ach ja, die Tante. Was du alles von der Tante erzählt hast! Wie hieß sie doch gleich?«

»Tante Patty.«
»Die gute Tante Patty.«
Das Mädchen brachte Kaffee. Als sie sich entfernt hatte, schenkte Monique ein.
»Ich muß dauernd an Lydia denken ... Daß sie so sterben mußte. Es ist kaum zu fassen.«
»Ja, ein schrecklicher Schock. Ich war erstaunt, als ihr Bruder mir erzählte, daß sie verheiratet war.«
»Das hatte Lydia mir geschrieben. Sie war maßlos glücklich.«
»Mir hat sie nie geschrieben.«
Monique schwieg. Ich sah sie eindringlich an. Sie hatte die Lippen zusammengekniffen, eine alte Gewohnheit von ihr, wenn sie etwas wußte, was sie nicht sagen durfte.
»Ich habe mich gewundert, wieso sie mir nicht geschrieben hat«, sagte ich. »Ich habe ihr mit gleicher Post einen Brief geschickt wie dir. Von dir und Frieda habe ich Antwort bekommen, aber von Lydia habe ich nichts gehört.«
»Sie hat dir nicht geschrieben, weil ...«
»Weil?«
»Ach ... ich glaube, jetzt kann ich es dir ruhig sagen. Sie dachte, du wärst vielleicht böse.«
»Böse? Wieso?«
»Weil sie diejenige war, die er geheiratet hat.«
»Warum sollte ich darüber böse sein?«
»Weil wir doch dachten, du wärst diejenige, welche.«
Ich verstand überhaupt nichts mehr.
»Jetzt macht es dir sicher nichts mehr aus. Sonst hättest du am Ende den Skiunfall gehabt. Aber nein, du wärst wohl eine bessere Skiläuferin gewesen.«
»Ich kann dir wirklich nicht folgen, Monique.«
»Versetze dich mal zurück. Erinnerst du dich an Elsa?«
»Ja, und ist das nicht komisch? Sie ist jetzt an meiner Schule.«
»Elsa ... an deiner Schule? Das ist aber merkwürdig. Reiner Zufall natürlich.«

»Sie sagt, sie hatte genug von Schaffenbrucken und kam nach England. Sie hatte eine Stellung, die ihr nicht gefiel, und landete an meiner Schule.«
»Sehr merkwürdig. Aber so ist das Leben.«
»Du wolltest mir von Lydia erzählen.«
»Ja, weißt du noch, wie Elsa uns erzählte, wenn wir beim Herbstmond in den Wald gingen, würden wir unserem Zukünftigen begegnen?«
»Ja. Wir waren eine alberne Gesellschaft. Wir haben es geglaubt.«
»Nun, es war etwas Wahres daran. Erinnerst du dich an den Mann, den wir den Fremden nannten?«
»Ja, ja, und ob ich mich erinnere.«
»Wir dachten, er hätte es auf dich abgesehen. Es sah ganz so aus. Deshalb wollte Lydia nicht, daß du von ihrer Heirat erfährst. Sie dachte, du würdest böse, weil er schließlich doch nicht dich genommen hat, sondern sie.«
Das Zimmer drehte sich um mich. Ich glaubte, nicht richtig gehört zu haben.
»Sein Name war Edward Compton«, stotterte ich.
»Nein, er hieß ... laß mich nachdenken ... Mark Soundso. Mark Chessingham ... oder Chessington ... oder so ähnlich.«
»Das kann doch nicht wahr sein.«
»Doch. Sie war ja so aufgeregt. Sie sagte, es sei wahr, sie sei wirklich ihrem Zukünftigen begegnet. Elsa habe ganz recht gehabt. Aber sie wollte es dir nicht sagen, weil sie dachte, es könnte dich kränken. Was ist dir?«
»Nichts. Es ist nur so merkwürdig ...«
»Aber es bedrückt dich. Du denkst, er ...«
»Ich hatte ihn fast vergessen. Ich habe mir eingeredet, daß er gar nicht wirklich existierte.«
»Und ob er existierte. Er war Lydias Mann. Arme Lydia! Er sah sehr gut aus, nicht? Ich hab' ihn nur einmal gesehen, aber er war wirklich ... faszinierend. Noch etwas Kaffee?«
Sie plauderte weiter, aber ich hörte ihr nicht mehr zu. Ich war

nur noch mit meinen Gedanken beschäftigt. Er hatte also Lydia geheiratet. Aber warum hatte er mir den Namen eines Mannes genannt, der seit zwanzig Jahren tot war?
Ich glaube, Monique fand meinen Besuch nicht so unterhaltend, wie sie erwartet hatte. John holte mich zur verabredeten Zeit ab, und ich war unendlich erleichtert, als wir uns von Monique und ihrem Mann verabschiedeten, der kurz vor unserem Aufbruch zurückgekehrt war.
Auf der Fahrt nach Kensington sagte ich: »Ich habe eine beunruhigende Entdeckung gemacht.«
Ich erzählte John von dem Mann im Wald, wie ich ihn auf dem Schiff und auf Grantley wiedergesehen hatte und er dort plötzlich aufs neue verschwunden war, und ich dann später in dem Dorf in Suffolk, wo er angeblich zu Hause war, das Haus ausgebrannt und den Namen, den er mir genannt hatte, auf dem Grabstein eines Mannes gefunden hatte, der vor zwanzig Jahren gestorben war. Und laut Monique war dies Lydias Ehemann.
John hörte mir aufmerksam zu. Er fand die Geschichte unglaubhaft und wollte wissen, was das zu bedeuten hatte.
»Ich sag' Ihnen, was wir tun werden«, fuhr er fort. »Wir fahren in das Dorf in Suffolk, wo Sie den Grabstein entdeckt haben. Mal sehen, ob etwas dabei herauskommt.«

John und ich beschlossen, am nächsten Morgen den Achtuhrdreißig-Zug nach Bury St. Edmunds zu nehmen. Charles wollte mit Teresa eine Flußfahrt von Westminster nach Hampton Court machen. Die zwei waren also versorgt.
Es war eine Erleichterung, mit John über diese seltsame Angelegenheit sprechen zu können, die jetzt nicht mehr nur mich, sondern auch Lydia betraf.
Er bat mich, ihm den Mann zu beschreiben. Das war nicht einfach, weil die Beschreibung auf viele Männer paßte. Er sah zwar nicht gewöhnlich aus, aber blondes gelocktes Haar, blaue Augen, scharf geschnittene Züge . . . die hatten viele,

und diese Aura des Unirdischen zu schildern, war nicht leicht.
Ich meinte, es müsse ein Irrtum vorliegen. Vielleicht hatte Lydia sich nur eingebildet, ihr Geliebter sei der romantische Fremde, dem sie unterm Herbstmond im Wald begegnet war.
»Das kann ich mir von ihr nicht vorstellen. Lydia war keine Träumerin. Sie war ausgesprochen nüchtern.«
»Das stimmt. Wie gehen wir nun bei unserer Suche vor?«
»Also, sein Name ist Edward Compton oder Mark Chessingham.«
»Aber warum hat er zwei Namen angegeben?«
»Keine Ahnung. Das müssen wir eben herausfinden. Er hat die Ortschaft Croston in Suffolk und den Namen Edward Compton erwähnt. Sie haben dort den Namen auf einem Grabstein entdeckt. Folglich muß es da einen Zusammenhang geben.«
»Aber in Wirklichkeit hieß er Mark Chessingham.«
»Höchst merkwürdig. Wo sollen wir bei unseren Nachforschungen beginnen?«
»Es gibt ein paar Häuser in dem Ort. Vielleicht können wir uns dort erkundigen.«
»Mal sehen, ob etwas dabei herauskommt.«
Wir stiegen in die Nebenlinie nach Croston um. Erinnerungen wurden wach. Als erstes gingen wir zum Kirchhof. Ich zeigte John den Grabstein mit dem Namen Edward Compton.
»Und jetzt?« fragte ich.
»In der Ortsmitte ist mir ein ziemlich großes Haus aufgefallen. Wir könnten erzählen, daß wir jemanden suchen. Vielleicht kann man uns helfen.«
Wir gingen zu dem Haus, dem eindrucksvollsten im ganzen Dorf. Ein Mädchen ließ uns ein, und John fragte, ob der Herr oder die Herrin des Hauses zu sprechen sei. Dank seines geschäftsmäßigen Auftretens und seinem soliden Äußeren gewährte man uns eine Unterredung.
Mrs. Carstairs war eine gemütliche Frau mittleren Alters, die

sich sichtlich freute, Besuch zu bekommen. Sie forderte uns wohlwollend auf, Platz zu nehmen und unser Anliegen vorzutragen. Sie war von Johns weltgewandten Manieren offenkundig beeindruckt. Er reichte ihr seine Karte mit dem Namen seiner Bank.

»Wir stellen Nachforschungen an über einen Mann, der möglicherweise eine Zeitlang hier gelebt hat. Leider wissen wir seinen Namen nicht genau. Er könnte Mark Chessingham lauten.«

Er wartete. Mrs. Carstairs hatte den Namen offenbar nie gehört. »Oder Edward Compton«, fügte er hinzu.

»Ach, das muß die Familie sein, die in der Villa gewohnt hat. Die steht nicht mehr. Sie ist abgebrannt. Es war mal die Rede davon, sie wieder aufzubauen, aber dazu ist es bislang nicht gekommen. Die Comptons haben dort gewohnt. Es war eine Tragödie. Ich glaube, mehrere Familienmitglieder sind verbrannt. Heute sind die Comptons ausgestorben.«

»O je«, sagte John. »Die Spur scheint hier zu enden. Vielleicht existiert woanders noch ein Zweig der Familie?«

»Davon habe ich nie gehört. Ich fürchte, ich kann Ihnen nicht weiterhelfen. Sie sprechen offenbar von Leuten, die schon lange tot sind.«

»Sie waren sehr hilfreich. Wir wußten ja, daß unsere Aufgabe nicht leicht sein würde.«

»Man müßte schon Jahrhunderte hier leben, wenn man von den Leuten anerkannt werden will. Wir werden immer noch als Fremde betrachtet, obwohl wir seit fast fünfzehn Jahren hier sind. Aber warten Sie! Die alte Mrs. Clint, die ist allwissend. Sie hat ihr ganzes Leben hier zugebracht. Sie muß um die neunzig sein. Sie dürfte sich an den Brand erinnern. Wenn Sie etwas über Leute erfahren wollen, die hier gelebt haben, dann ist sie die richtige Adresse.«

»Sie sind sehr liebenswürdig. Wo können wir sie finden?«

»Ich geh' mit zur Tür und zeige es Ihnen. Ihre Hütte ist gleich über den Dorfplatz. Sie ist ans Haus gefesselt. Sie kann kaum noch gehen. Ihre Tochter erledigt das Nötigste für sie.«

»Haben Sie vielen Dank.«
»Es tut mir leid, daß ich nicht mehr für Sie tun kann.«
Von ihrer Tür aus zeigte sie auf die Hütte jenseits des Dorfplatzes.
»Klopfen Sie nur«, sagte sie. »Sie wird Sie hereinrufen. Sie hat gern Besuch. Das Dumme ist nur, wenn sie einmal zu reden anfängt, hört sie nicht mehr auf. Hoffentlich haben Sie viel Zeit!«
»Den ganzen Tag«, antwortete John.
Wir gingen über den Platz.
»Sehen Sie«, meinte John, »noch haben wir Chancen.«
Es war, wie Mrs. Carstairs gesagt hatte. Wir klopften an und wurden hereingebeten.
Mrs. Clint lag im Bett. Sie war eine lebhafte alte Dame mit einer weißen Haube, unter der dünne weiße Haare hervorlugten. An ihren klauenartigen Händen trug sie wollene fingerlose Handschuhe.
»Ich dachte, es ist meine Tochter mit der Brühe für mein Mittagessen«, sagte sie. »Wer sind Sie?«
»Bitte entschuldigen Sie die Störung«, erwiderte John. »Aber die Dame in dem großen Haus gegenüber meinte, daß Sie uns vielleicht helfen können.«
»Ach, diese Mrs. Carstairs aus London. Die gehören nicht hierher. Was wollen Sie von mir? Bringen Sie der jungen Dame einen Hocker. Sie können den Binsenstuhl nehmen. Obacht, er ist ein bißchen wacklig. Der alte Bob ist dieses Jahr nicht zum Flicken gekommen. Ich weiß nicht . . . die Leute heutzutage. Kam sonst pünktlich wie die Uhr. Er hat Stühle geflickt und Scheren geschliffen. Früher konnte man sich auf ihn verlassen. Was wollen Sie?«
»Wir suchen einen gewissen Mark Chessingham oder Edward Compton.«
»Mark Sowieso . . . nein. Und wenn Sie Edward Compton suchen, dann sind Sie auf dem Kirchhof richtig.«
»Möglicherweise stimmt der Name nicht«, sagte John. »Der Mann, den wir suchen, ist groß und blond. Er hat einen leich-

ten Akzent ... Könnte Deutscher sein. Ganz schwach ... fast unmerklich.«

»O ja«, fiel ich aufgeregt ein. »Daran erinnere ich mich. Es ist Ihnen also auch aufgefallen.«

Mrs. Clint kratzte sich durch die Haube hindurch am Kopf.

»Vor zwanzig Jahren – oder ist es schon länger her – ist das ganze Haus abgebrannt. Die Kinder ... Es war ein schwerer Schlag für das Dorf. Aber heute erinnern sich nicht mehr viele daran ... bloß noch wir Alten.« Sie hielt inne. »Ein leichter Akzent, sagen Sie, und er hat hier gelebt ... Ich hab' nur ein einziges Mal einen deutschen Akzent gehört. Mein Sohn Jimmy hatte ein Ohr für so was. Er war Bauhandwerker und war mal mit seinem Meister wegen eines großen Auftrags im Ausland. Als er zurückkam, sagte er, die Dowlings hätten einen deutschen Akzent. Ihre Mutter war nämlich Deutsche. Der alte Dowling war ein Taugenichts. Hat mal 'ne Zeitlang in dem großen Haus gearbeitet. Der Suff, der war sein Untergang. Hat nie mehr Arbeit gekriegt, als die Villa weg war.«

»Wer hatte den deutschen Akzent?« fragte John.

»Sie. Konnte kaum Englisch. Ich hab' nicht immer verstanden, was sie sagen wollte. Mein Jimmy sagte immer, man könnte sie verstehen, aber die Kinder, hier geboren ... hier aufgewachsen ... man sollte meinen, die sprechen anders.«

»Und wie war noch mal der Name?«

»Dowling.«

»Können wir zu ihnen?«

»Wenn Sie wissen, wo sie hin sind, dann schon.« Sie stieß ein heiseres Kichern aus. »Aber Sie wissen eben nicht, wo sie sind. Sie sind weg ... allesamt. Sie hatten einen Jungen und ein Mädchen ... beide recht hübsch. Manche sagen, sie sind nach Deutschland gegangen. Der alte Dowling war da schon tot. Sie auch. Er hat immer mehr gesoffen, und eines Abends ist er die Treppe runtergefallen. Er ist ein paar Monate dahingesiecht, und dann war's aus. Das ist schon Jahre her. Die zwei waren immer zusammen ... der Bruder und die Schwester. Ein anhängliches Geschwisterpaar.«

»Sie waren uns eine große Hilfe, Mrs. Clint.«
»Wirklich? Das freut mich.«
»Haben Sie vielen Dank. Wir müssen jetzt weiter. Guten Tag.«
»Gute Arbeit für einen Vormittag«, meinte John, als wir auf den Platz hinaustraten.
»Haben wir denn etwas entdeckt?«
»Nur, daß die Dowlings Halbdeutsche waren. Und wenn Lydias Mann auch nie gesagt hat, daß er einer war, steht es doch für mich fest.«
Es war ein interessantes Erlebnis, und mir tat es wohl, stets mit John zusammenzusein. Zwar hatten wir in Suffolk wenig herausgefunden und wußten nicht einmal, ob es von Belang war; das Rätsel blieb nach wie vor ungelöst; aber ich wußte wenigstens, daß mein Unbekannter von mir zu Lydia gewechselt hatte. Insgeheim fragte ich mich, warum er zuerst zu mir gekommen war und mir dann einen falschen Namen genannt hatte, und warum ausgerechnet den eines längst Verstorbenen?
Es war unerklärlich und zugleich beunruhigend, daß er geradewegs zu Lydia gegangen und mir nichts, dir nichts aus meinem Leben verschwunden war.
Darüber hinaus schien es auch überaus mysteriös, denn immer noch hatte ich das sichere Gefühl, daß er kein menschliches Wesen war, sondern ein Geist der Finsternis, vielleicht der Geist des Knaben oder Mannes, dessen Leben vorzeitig beendet worden war und der jetzt auf dem Kirchhof von Croston lag.
Daisy hatte mich bei meiner Rückkehr begrüßt und mir mit einer ganz leichten Andeutung eines Vorwurfs zu verstehen gegeben, daß man mich vermißt hatte. Immerhin waren Ferien, und wenn jemand fortwollte, so war es sein gutes Recht.
»Eugenie hatte wieder einen Anfall, als Sie fort waren«, teilte sie mir mit. »Charlotte hat mich geweckt.«
»Das ist beunruhigend«, sagte ich besorgt. »Hoffentlich ist sie nicht krank.«

»Es war wieder dasselbe ... Übelkeit und Schwindel. Es war etwas schlimmer als letztesmal. Ich habe den Doktor gerufen, damit er sie untersuchte.«
»Was hat er gesagt?«
»Was ich vermutet hatte. Sie hat etwas gegessen, was ihr nicht bekommen ist.«
»Aber es ist schon das zweite Mal.«
»Vielleicht ist sie besonders anfällig. Womöglich kann sie bestimmte Stoffe nicht verdauen.«
»War es wieder Fisch?«
»Nein, seltsamerweise nicht. Es war Eintopf. Allen anderen ist er bekommen. Ich habe selbst davon gegessen. Er war sehr gut.«
»Ob sie sich vielleicht im Inneren sehr aufregt? Das könnte sich so auswirken.«
»Das habe ich dem Doktor auch gesagt. Bestimmt vermißt sie ihre Schwester.«
»Obgleich sie immer mehr mit Charlotte befreundet war als mit Fiona.«
»Schon, aber Blut ist dicker als Wasser. Ich glaube, sie ist sehr nervös. Wenn doch nur Fiona mit ihrem Mann ins Herrenhaus käme, damit wieder normale Zustände einkehrten. Ich glaube, das würde Eugenie helfen.«
»Gewiß. Vielleicht kommt sie ja eines Tages wieder.«
»Wir werden Eugenie beobachten. Vielleicht finden wir heraus, was sie bedrückt.«
»Ja.«
Auf meinem Nachmittagsritt traf ich Jason Verringer. Er hatte mir offensichtlich aufgelauert.
Ich sagte »Guten Tag« und galoppierte weiter. Aber er war an meiner Seite.
»Nun mal langsam«, rief er mir zu. »Ich will mit Ihnen reden.«
»Ich habe nicht den Wunsch, mit Ihnen zu reden«, warf ich ihm über die Schulter zu.
Er brachte sein Pferd unmittelbar vor meins, so daß ich mein Tempo verlangsamen mußte.

»Mir reicht's jetzt«, schnaubte er zornig. »Wie lange habe ich Sie nicht gesehen?«
Ich war empört, aber zugleich wurde mir klar, wie sehr ich meine Wortgefechte mit ihm genoß. Mochte er mich auch durch seine körperliche Überlegenheit bezwingen – geistig schaffte er es niemals. Ich war ihm gewachsen, und es machte mir Freude, es ihm zu zeigen.
»Haben Sie erwartet, daß ich Ihnen einen Besuch abstatte? Unter Hinterlassung meiner Karte, mit freundlichen Grüßen?«
»Liebste Cordelia, es ist einfach wundervoll, wieder mit Ihnen zusammenzusein! Ich habe mich so gelangweilt . . . ich war so unglücklich . . .«
»Ich weiß, Sie neigen zu Selbstmitleid. Ich muß jetzt zur Schule zurück.«
»Sie sind doch eben erst aufgebrochen.«
»Es ist nur eine kurze Pause.«
»Wie ich höre, haben Sie neue, sehr charmante Freunde, die Markhams. Der Name ist mir bekannt. Großstadtbankiers. Eine sehr angesehene Familie.«
»Was Sie nicht alles wissen!«
»Es ist mir ein Anliegen zu wissen, was Sie machen.«
»Sie verschwenden Ihre Zeit, denn es geht Sie nichts an.«
»Lassen Sie das. Sie wissen, Sie gehen mich sehr viel an. Kommen Sie mit mir in den Wald. Wir können unsere Pferde anbinden und ausführlich miteinander reden.«
»Sie müssen mich ja für sehr einfältig halten, wenn Sie glauben, daß ich mich noch einmal in Ihre Gewalt begebe.«
»Werden Sie denn nie vergessen?«
»Niemals.«
»Wären Sie nicht so zurückhaltend gewesen, hätte das der Wendepunkt sein können. Ich hätte Ihnen zeigen können, was Sie entbehren.«
»Das haben Sie mir bereits deutlich gezeigt. Eben darum bitte ich Sie, nicht mehr zu versuchen, mich allein zu sehen. Ich weiß, daß wegen der Schule gewisse Kontakte unvermeidlich sind. Aber mehr als das wünsche ich nicht.«

»Sie hatten natürlich wundervolle Sommerferien, nicht?«
»Allerdings.«
»Ich weiß es von Eugenie.«
»Teresa hat geplaudert, ja?«
»Dieser Bankmensch soll ja ein Ausbund an Tugendhaftigkeit sein.«
»In Teresas Augen bestimmt. Sie neigt dazu, die Leute, die sie mag, zu verklären.«
»Und die, die sie nicht mag, anzuschwärzen.«
»So ist die Jugend nun mal.«
»Cordelia, hören Sie auf damit. Wir müssen miteinander reden. Es nützt Ihnen nichts, wenn Sie so tun, als sei ich Ihnen gleichgültig. Glauben Sie, ich wüßte nicht, was Sie empfinden? Wären Sie nicht so zugeknöpft, sondern ganz natürlich, würden Sie sich mir auf der Stelle hingeben. Sie wollen es ja. Aber Sie sind so beherrscht . . . so ganz die Lehrerin. Wir sind aber nicht im Klassenzimmer. Wir sind zwei lebendige Geschöpfe, ein Mann und eine Frau, und es ist die natürlichste Sache der Welt, daß wir zusammensein wollen.«
»Sie verstehen mich nicht im mindesten.«
»O doch. Sie begehren mich . . . *mich.* Ich bin wie geschaffen für Sie, und Sie kämpfen die ganze Zeit dagegen an. Warum? Weil die Ehrbarkeit neben Ihnen steht und Ihnen einsagt, sich nicht mit einem Mann einzulassen, der einer Frau womöglich zum Tode verholfen hat und eine andere ermordete, weil sie ihm lästig war. Sie hören auf Klatschgeschichten. Sie beschuldigen mich . . . und dabei begehren Sie mich die ganze Zeit. Ich könnte Ihnen beweisen, daß Sie mich so sehr begehren . . . oder fast so sehr . . . wie ich Sie.«
Ich hatte Angst vor ihm, wenn er so sprach. Warum blieb ich hier? Warum erregte er mich dermaßen? War etwas Wahres an dem, was er sagte?
Er fuhr fort: »Sie glauben, ich habe meine Frau umgebracht . . . eine Überdosis Opium . . . so leicht zu verabreichen. Und dann die andere . . . erwürgt . . . ein Schlag auf den Kopf . . . und dann ihre Leiche im Wald vergraben . . . nein,

ich warf sie in den Fischweiher. Das war eine bessere Idee. Ein Mitglied meiner Familie hatte es schon einmal getan. Trotz alledem . . . trotz Klatsch, Skandalgeschichten und Ihrem Mangel an Vertrauen begehren Sie mich. Gibt es einen stärkeren Liebesbeweis? Wohl wenden Sie sich von mir ab, aber die Wahrheit können Sie nicht verbergen. Sie haben mich in der Teufelshöhle begehrt. Sie haben sich nach mir gesehnt. Sie wollten, daß ich Sie bezwinge. Dann hätten Sie kein schlechtes Gewissen haben müssen. Aber die gute alte Ehrbarkeit stand an Ihrer Seite. ›Flieh‹, hat sie gesagt. ›Schlag das Fenster ein. Spring hinaus.‹ Alles, nur um die gute alte Ehrbarkeit zufriedenzustellen. Meinen Sie, das hätte mich zurückgehalten?«

»Hat es aber.« Ich mußte unwillkürlich lachen, und er lachte mit mir.

Er fuhr fort: »Ach, Cordelia, Sie werfen weg, was Sie sich am meisten wünschen. Wenn Sie mich zurückweisen, werden Sie es Ihr Leben lang bereuen. Dieser Ritter in schimmernder Rüstung, dieser Galahad, dieses Symbol der Reinheit, dieser jämmerliche Bankier, der seine Zahlen stets korrekt addiert, der nie auch nur eine einzige Geliebte hatte und der ohne Makel ist . . . glauben Sie, der ist der Richtige für Sie?«

Wieder mußte ich lachen. »Sie sind albern«, sagte ich. »Er würde sich bestimmt amüsieren, wenn er sich dermaßen beschrieben hörte. Es ist doch nichts Verwerfliches, Zahlen korrekt zu addieren, und ich könnte mir vorstellen, daß dergleichen auch für die Führung eines Gutshofes vonnöten ist. Sie sind anscheinend ganz erpicht darauf, mich zu verheiraten. Ich darf Ihnen sagen, daß ich bisher keinen Antrag bekam, und es wundert mich, daß Sie auf Schulmädchengeschwätz hören.«

»Der Antrag kommt noch. Bankiers wissen stets genau, wie lange sie warten und wie sie vorgehen müssen, um die gewünschte Antwort zu erhalten.«

»Bewundernswerte Leute.«

»Ach, ich hab' Ihre lehrerinnenhafte Lebenseinstellung satt.

Sie fürchten sich einfach vor dem Leben ... vor dem Skandal.«
»Was Ihnen natürlich fernliegt. Da sehen Sie, wie verschieden wir sind. Wir passen nicht zusammen.«
»Nicht wie Sie und Ihr Bankier. Präzise, konventionell, das Haushaltsbuch stets akkurat geführt; geliebt wird jeden Mittwoch, vier Kinder, denn das ist die korrekte Zahl. Sie lachen. Sie lachen die ganze Zeit über mich. Sie sind glücklich mit mir, nicht wahr?«
»Leben Sie wohl«, sagte ich abrupt und galoppierte in Richtung Schule davon.
Es stimmte in gewisser Weise. War ich mit ihm auch nicht vollkommen glücklich, so stimmte er mich doch heiter wie niemand sonst. Nein, ich war nicht glücklich mit ihm; doch andererseits war ich auch nicht glücklich, wenn ich nicht mit ihm zusammen war.
Es wäre besser, ihn sich aus dem Kopf zu schlagen und lieber an die friedlichen Tage auf dem Hof zu denken.
Ich ging geradewegs in mein Zimmer, um mich für den Unterricht umzuziehen.
Auf der Treppe vor meiner Tür stand Elsa, den Staubwedel in der Hand.
»Guten Tag, Miss Grant«, grüßte sie mit dem vertrauten Lächeln.
»Guten Tag, Elsa.«
Ich wollte an ihr vorbeigehen, da sagte sie: »Miss Grant, ist Eugenie Verringer wohlauf?«
»Eugenie? Wieso?«
»Sie war doch krank, oder nicht? Sie war zweimal krank. Ich hab' mir Sorgen um sie gemacht.«
»Sie ist wohlauf. Es war nur eine Gallenreizung.«
»Da bin ich aber froh. Man schließt manche Mädchen so ins Herz ... wie in Schaffenbrucken. Sie, die Französin, die Deutsche und die andere Engländerin hatte ich besonders gern.«
»Ach, Lydia«, sagte ich. »Lydia Markham. Ich muß dir leider die traurige Mitteilung machen, daß sie bei einem Skiunfall ums Leben kam.«

Sie klammerte sich an die Tür und machte ein verstörtes Gesicht. »Doch nicht die Lydia . . .«
»Doch. Ich habe es erst kürzlich erfahren. Ihr Bruder hat mich aufgesucht und mir alles erzählt. Sie war verheiratet.«
»Sie war noch ein junges Mädchen.«
»Alt genug, um zu heiraten. Übrigens, Elsa, erinnerst du dich, wie wir in den Wald gegangen sind? Du hast uns vom Herbstmond und allem Drum und Dran erzählt.«
»Das war purer Unsinn.«
»Aber du hast recht gehabt. Wir sind einem Mann begegnet, und er hat Lydia später näher kennengelernt. Er hat sie geheiratet.«
»Was Sie nicht sagen!«
»Ziemlich eigenartig, nicht?«
»Und dann ist sie so gestorben. Beim Skilaufen, sagen Sie? Ich hätte nicht gedacht, daß sie so sportlich war.«
»War sie auch nicht. Ihr Mann muß sie dazu überredet haben.«
»Ach, Miss Grant, das ist aber ein Schock. Es ist natürlich lange her, seit ich sie zuletzt gesehen habe . . . Und Sie haben dadurch ihren Bruder kennengelernt. Für Sie muß es auch ein Schock gewesen sein.«
»Ein schrecklicher Schock. Ich habe Monique besucht . . . erinnerst du dich an sie? Sie hat mir von Lydia erzählt. Lydia hatte mir nicht geschrieben.«
»Ach du liebe Zeit, was für eine vertrackte Geschichte . . . daß Sie nichts wußten und so. Aber eigentlich wollte ich Sie nach Eugenie fragen. Ich hab' gehört, der Doktor war bei ihr. Was hat er gesagt?«
»Es war nichts Ernstes. Sie neigt offenbar zu Gallenbeschwerden.«
»Da bin ich aber froh. Ich hab' mich bloß gewundert, weil sie's schon mal hatte. So was nimmt einen ganz schön mit.«
»Ja, aber Eugenie ist jung. Doch ist sie anscheinend sehr nervös, und wir werden herausfinden müssen weswegen, um diesen quälenden Anfällen ein Ende zu machen.«

»Ja, sicher. Ich bin froh, daß es nichts Ernstes ist. Ich hatte mich schon gefragt . . . Und das mit Lydia ist ein schrecklicher Schock.«
»Ja«, sagte ich und ging in mein Zimmer.

Naßkalt, finster und trübe war der November gekommen. Tante Patty schrieb, die Markhams hätten uns eingeladen, Weihnachten bei ihnen zu verbringen. Sie fand die Idee reizend. »Das dürfte ein lustiges Weihnachtsfest werden, Liebes. Kannst Du dir so was vorstellen? Teresa ist natürlich auch eingeladen.«
Ich dachte darüber nach. Es würde bestimmt vergnüglich werden, und als ich es Teresa erzählte, klatschte sie begeistert in die Hände.
»O ja, lassen Sie uns hingehen, ja?«
Meine letzte Begegnung mit Jason machte mir noch arg zu schaffen, und bei dem Gedanken daran, wie friedlich es auf dem Hof in Essex zugehen würde, schrieb ich Tante Patty spontan zurück, daß wir die Einladung annehmen sollten.
Ich fühlte mich mehr und mehr zu John Markham hingezogen. Es stimmte, was Jason gesagt hatte: John war nicht impulsiv. Sein Leben würde in geordneten Bahnen verlaufen, was mir nach den Ereignissen der letzten Monate durchaus verlockend schien.
In der Schule gab es viel zu tun. Das übliche Weihnachtsfieber, wie Eileen es nannte, hatte uns ergriffen, die ganze Aufregung, wer in den Stücken, die wir aufführten, spielen sollte, in *Romeo und Julia* und *Der Kaufmann von Venedig*. Eileen meinte, Miss Hetherington sollte ein bißchen Erbarmen zeigen und sich statt mit Auszügen aus zwei Stücken mit einem begnügen.
»*Der Kaufmann* hätte vollauf gereicht«, seufzte Eileen. »Es wundert mich, daß Daisy den leicht erregbaren Mädchen den Anblick von Julia zumutet, wie sie den Trank schlürft, der sie in Trance versetzen soll.«

Mit den ewigen Proben schienen wir uns eher in einem Theater als in einer Schule zu befinden.
»Die Eltern freut es, wenn wir am letzten Schultag eine Vorstellung geben«, sagte Daisy. »Und zwei Wochen vorher findet die Generalprobe statt, um sicherzugehen, daß später vor den Eltern alles klappt.«
Mitten in der Nacht hatte Eugenie wieder einen Anfall. Wir nahmen kaum Notiz davon. Wir waren inzwischen an diese Anfälle gewöhnt. Sie hatte mal wieder etwas nicht vertragen, das war alles.
»Wir müssen der Sache auf den Grund gehen«, sagte Daisy. »Das arme Kind hat anscheinend einen empfindlichen Magen . . . nichts Ernstes. Wenn wir entdecken, was diese Verstimmungen verursacht, können wir ihnen ein Ende machen.«
Eugenie schien die Anfälle leichtzunehmen, denn zwei Tage später spielte sie mit Feuereifer die Julia.
In der Stadt herrschte Weihnachtsstimmung. Die in den Schaufenstern ausgestellten Waren verlockten die Menschen zu rechtzeitigen Weihnachtseinkäufen. Mrs. Baddicombe hatte ein Fenster ganz mit Karten dekoriert, und an Schnüren hängende weiße Wattebäusche sollten Schneefall vortäuschen.
Als ich hereinkam, fragte sie: »Wie gefällt Ihnen mein Fenster? Weihnachtlich, finden Sie nicht? Und wie geht's in der Schule? Schon Vorbereitungen auf die Ferien? Ach was, ist ja noch ein ganzer Monat hin.«
Ich erwiderte, daß es uns allen gutgehe und ich dasselbe von ihr hoffe.
»Wir haben so viel zu tun«, stöhnte sie, »und es wird wohl noch mehr. Wie geht's denn Miss Verringer? Ich hab' gehört, sie war schlecht zurecht. Das Hausmädchen von dort . . . sie sagt, das arme Ding war sehr krank, und es würde sie nicht wundern, wenn sie irgendein Leiden hätte.«
»Unsinn. Sie hat nur einen empfindlichen Magen, das ist alles.«

»Ein schwacher Magen kann ein Zeichen für etwas Schlimmeres sein ... Ihr Hausmädchen meint ...«
»Welches Hausmädchen?«
»Die so ausländisch aussieht. Nicht richtig ausländisch, aber irgendwas ist anders an ihr. Elsa ... so heißt sie, glaube ich.«
»Ach ja. Sie hat über Miss Verringer geredet?«
Mrs. Baddicombe nickte. »Wenn Sie mich fragen, sie hat Kummer, weil ihre Schwester so einfach auf und davon ist. Keiner weiß wohin, oder?«
»Ich nehme an, sie wird zu gegebener Zeit mit ihrem Mann nach Hause kommen.«
»Hoffentlich hat sie überhaupt einen.«
»Mrs. Baddicombe, Sie sollten nicht ...«
»Sie wissen doch, wie die Männer sind. Oder vielleicht auch nicht. Aber Sie kommen schon noch dahinter.« Sie zwinkerte mir zu. »Und zwar bald; es sollte mich nicht wundern.«
Eine ungeheure Abneigung gegen sie ergriff mich. Ich wollte nicht, daß sie Eugenie Krankheiten andichtete, daher sagte ich nach kurzem Zögern: »Miss Verringer ist vollkommen wohlauf. Wir machen uns nicht die geringsten Sorgen um ihre Gesundheit.«
»Das freut mich zu hören. Wenn Sie mich fragen, dieses Mädchen ... wie heißt sie doch gleich wieder – Elsa? ... also ich finde, das ist 'ne richtige Klatschbase.«
Ich mußte unwillkürlich lächeln. Mrs. Baddicombe fuhr fort: »Sie sieht nicht übel aus. Ich glaub', sie hat wen in petto ... irgendwo im Ausland, schätze ich.«
»Was meinen Sie damit ... in petto?«
»Ich schätze, sie ist hier, um sich was für die Hochzeit zusammenzusparen. Sie schreibt immer Briefe ... an einen Mann. Ich hab' den Namen auf dem Umschlag gesehen, als sie die Marke draufgeklebt hat. Ein Herr Soundso ... den Nachnamen hab' ich nicht richtig mitgekriegt. Ist schließlich nicht einfach, auf'm Kopf zu lesen. Ich hab' mal aus Spaß zu ihr gesagt, ›aha, wieder 'n Liebesbrief, was?‹, und da hat sie bloß ge-

lächelt und nix gesagt. Wenn man bedenkt, wie die hier reinkommt und quatscht ... aber manche sind ganz verschwiegen, wenn's um sie selbst geht, und reden trotzdem gern über andere. Ich weiß genau, die hat einen. Dem schreibt sie regelmäßig. Und der ist anscheinend dauernd unterwegs ... mal hier, mal da. Ich muß immer nachgucken, wieviel Porto drauf muß. Frankreich, Deutschland, Österreich, Schweiz ... lauter verschiedene Länder. Der letzte Brief ging nach Österreich.«

»Vielleicht hat sie überall Liebhaber«, sagte ich.

»Nein, es ist immer derselbe, soviel kann ich erkennen. Manchmal kauft sie die Briefmarken und klebt sie nicht auf der Theke auf. Dann tappe ich im dunkeln.«

»Wie rücksichtslos von ihr.«

»Na ja, so ist das Leben, nicht wahr? Sie fahren sicher bald nach Hause. Wie schön für Sie.«

Ich kaufte meine Briefmarken und trat hinaus.

Ich hatte Mrs. Baddicombes krankhafte Neugier stets als unheilvoll empfunden. Zu denken, daß sie überprüfte, was für Briefmarken die Leute kauften, und nicht nur über die Empfänger der Post Mutmaßungen anstellte, sondern auch noch mit jedem darüber sprach, der den Laden betrat!

Ende November fing es zu schneien an.

»In dieser Gegend brüsten sie sich damit, daß sie nur alle siebzehn Jahre Schnee zu sehen kriegen«, bemerkte Eileen. »Und nun zwei Jahre hintereinander. Wir gehen bestimmt auf eine neue Eiszeit zu.«

Die Mädchen hatten ihren Spaß daran. Sie fanden es lustig, ein paar Tage von der Außenwelt abgeschnitten zu sein. Von unseren Fenstern aus wirkten die Ruinen unirdisch-ätherisch und unaufdringlich schön.

»Wenn bloß der Wind nachließe«, sagte ich. »Wenn er von Norden weht, macht er komische winselnde Geräusche wie gequälte Seelen.«

Eileen meinte: »Das sind wohl die Mönche. Sie erheben sich gegen den alten Heinrich, der ihre Abtei zerstört hat.«

»Das ist doch kein Grund, sich bei uns zu beklagen«, fand ich.
»Sie beklagen sich über die Ungerechtigkeit der Welt«, gab Eileen zurück. »Das kommt bei jedem von uns mal vor.«
»Aber Eileen, du bist doch ganz zufrieden.«
»Erst, wenn wir in die Weihnachtsferien fahren. Stell dir vor, so ein Segen. Keine Anstrengungen mehr, Leonardos aus Leuten zu machen, die keinen geraden Strich zeichnen können. Die einzige, die ein bißchen Talent hat, ist Eugenie Verringer, aber auch Teresa Hurst macht sich neuerdings ganz gut. Übrigens hört sich Clare Simpson eher wie ein Schweinemetzger als ein brillanter junger Anwalt an. Es war ein großer Fehler, sie als Portia zu besetzen.«
»Sie hat zwei jüngere Schwestern, Anwärterinnen für das Institut«, erklärte ich ihr. »Vergiß nicht, daß die Eltern zur Galavorstellung kommen.«
»Wer weiß, das vertreibt sie womöglich für immer. Ich muß sagen, Charlotte gibt einen prima Romeo ab. Das Mädchen ist eine ziemlich gute Schauspielerin. Dagegen finde ich Eugenie nicht gut als Julia, aber das arme Kind hat schließlich seine Schwester verloren. Was wohl Sir Henry Irving sagen würde, wenn er seine Schauspieler aus Daisys Ensemble aussuchen müßte?«
»Aber Eileen, es ist doch nur eine Schulaufführung!«
Eileen setzte eine Miene gespielter Verzweiflung auf. »Wie kann ich ein Meisterwerk zustande bringen, wenn du, meine Mitverschwörerin bei dieser unmöglichen Aufgabe, es nur als Schulaufführung ansiehst!«
So ging es weiter. Die Versammlungen im Kalfaktorium waren eine Wohltat. Eileen war stets amüsant. Und alle freuten sich auf die Weihnachtsferien.
Es war Anfang Dezember. Die Kälte hielt an, aber wir konnten ins Freie. Miss Hetherington erlaubte, daß auf dem sanften Abhang gerodelt wurde, und die Mädchen hatten ungeheuren Spaß daran. Die Gärtner hatten etliche Rodelbahnen angelegt, damit mehrere Mädchen gleichzeitig schlittenfahren konnten.

Eines Nachts wurde ich geweckt, diesmal von Eugenie.
»Miss Grant, Miss Grant.« Sie schüttelte mich. »Wachen Sie auf. Charlotte, sie ist krank . . . genau wie's bei mir war.«
Ich schlüpfte hastig in Morgenrock und Pantoffeln und ging in ihr Zimmer.
Es war schlimmer als Eugenies Anfälle. Charlotte wand sich vor Schmerzen; ihr war sehr übel, ihr Gesicht hatte dieselbe Farbe wie die Bettlaken.
Ich rief: »Schnell, hol Miss Hetherington.«
Daisy kam, und ich merkte ihr an, daß sogar sie erschrocken war. Hiermit nahm die Sache eine neue Wendung. Eugenie mochte anfällig sein, aber wenn noch ein Mädchen krank wurde, war das eine ernste Angelegenheit.
»Wir holen sofort den Doktor«, bestimmte Daisy. »Gehen Sie in den Stall hinunter und sehen Sie, ob Sie Tom Rolt finden können. Schicken Sie ihn unverzüglich los. Aber ziehen Sie sich vorher was Warmes über, damit Sie sich keine Lungenentzündung holen.«
Ich zog eilends Stiefel und einen Mantel an und stürzte hinaus. Der Schnee knirschte unter meinen Schritten, der Wind blies mir die Haare ins Gesicht. Tom Rolt, der über den Stallungen wohnte, war mürrisch, weil er hinausgerufen wurde, und er brauchte eine Weile, bis er den Wagen eingespannt hatte. Er nahm die Kutsche, damit er den Arzt gleich mitbringen konnte.
Dennoch dauerte es eineinhalb Stunden, bis der Arzt eintraf. Inzwischen hatte sich Charlotte ein wenig erholt. Die Schmerzen hatten offenbar nachgelassen, und sie lag bleich und still im Bett.
Der Arzt war ziemlich verdrießlich, weil man ihn wegen einer vermeintlichen neuerlichen Gallenkolik aus dem Bett geholt hatte. Er hatte zunächst angenommen, daß es sich um Eugenie handelte und wunderte sich, daß es ein anderes Mädchen war.
»Dasselbe Leiden«, diagnostizierte er. »Es muß etwas sein, das die Mädchen nicht vertragen.«

»Ich kann Ihnen versichern, Herr Doktor«, sagte Daisy mit einem Anflug aufrichtigen Zorns, »daß es in dieser Schule nichts gibt, was meinen Mädchen schadet.«
»Es muß etwas sein, das sie zu sich nehmen. Sehen Sie, Miss Hetherington, es sind dieselben Symptome. Sie werden von irgend etwas vergiftet, was sie natürlicherweise wieder von sich geben.«
»Vergiftet! Unerhört! Alles, was wir hier essen, ist von bester Qualität. Wir bauen unsere Lebensmittel selbst an. Sie können die Gärtner fragen.«
»Es gibt eine Menge neuer Erkenntnisse, Miss Hetherington. Manche Dinge sind für einige Menschen giftig und lassen andere unberührt. Es sieht so aus, daß diese beiden Mädchen etwas, das sie essen, nicht vertragen.«
»Charlottes Anfall ist schlimmer als Eugenies.«
»Vielleicht hat sie weniger Widerstandskräfte. Das Mädchen ist sehr schwach. Sie muß eine Woche das Bett hüten.«
»Ach, das ist aber betrüblich. Dann müssen wir einen neuen Romeo suchen.«
Ich mußte unwillkürlich lächeln, obwohl mir Charlottes Zustand Sorgen machte. Sie hatte mich weiß Gott geplagt, aber jetzt war sie nur mehr ein bemitleidenswerter Schatten ihres einst so arroganten Selbst.
»Sie muß während ihrer Genesung sorgfältig ernährt werden«, sagte der Arzt. »Nur leichte Kost. Gekochter Fisch, Milchbrei . . .«
»Selbstverständlich«, antwortete Daisy. »Und Sie meinen, sie soll das Bett hüten?«
»Ja, bis sie wieder bei Kräften ist. Sie ist erheblich geschwächt. Vor allem ist sorgfältig darauf zu achten, was sie zu essen bekommt. Irgend etwas vertragen die Mädchen nicht.«
»Seltsam«, bemerkte ich, »ausgerechnet zwei, die im gleichen Zimmer wohnen.«
Der Arzt blickte sich im Zimmer um, als suche er in den vier Wänden nach Anzeichen eines Übels.
»Höchstwahrscheinlich ein Zufall«, meinte er. Er blickte Eu-

genie an, die verängstigt auf ihrem Bett saß. »Charlotte braucht absolute Ruhe. Heute nacht wird sie schlafen; ich gebe ihr ein Beruhigungsmittel, und ich halte es für das Beste, wenn sie morgen durchschläft. Es wäre gut, wenn sie ein Zimmer für sich allein hätte.«

Miss Hetherington blickte ihn ratlos an. »Im Augenblick sind sämtliche Zimmer besetzt . . .«

»Man könnte doch Eugenies Bett zu mir hinein stellen«, schlug ich vor.

»Eine ausgezeichnete Idee, Miss Grant. Das wird gleich morgen besorgt. Eugenie, du wirst ein paar Nächte bei Miss Grant schlafen. Morgen früh nimmst du die Sachen, die du brauchst, so leise wie möglich hinaus.« Sie wandte sich an mich. »Es ist nur für ein paar Nächte. Danach geht alles seinen gewohnten Gang.«

»Gut«, sagte der Arzt. »Sie schläft jetzt. Morgen früh geht es ihr schon besser . . . aber sie braucht Ruhe und sorgfältige Verpflegung.«

»Da können wir unbesorgt sein«, sagte Daisy. »Miss Grant hat die Aufsicht über diese Abteilung und wird darauf achten, daß Ihre Anweisungen genau befolgt werden.«

»Ja, Miss Hetherington«, bestätigte ich.

»Entschuldigen Sie, daß wir Sie rufen mußten, Herr Doktor«, fuhr Daisy fort.

»Ach, das ist nicht zu ändern, Miss Hetherington.«

»Vielleicht nehmen Sie einen Schluck Brandy, ehe Rolt Sie zurückfährt.«

»Danke gern.«

Sie verschwanden und ließen mich im Zimmer der beiden Mädchen zurück.

»Ich an deiner Stelle würde jetzt versuchen zu schlafen, Eugenie«, sagte ich.

»Ich hatte solche Angst, Miss Grant. Sie sah so elend aus. Ich dachte, sie müßte sterben. Hab' ich auch so elend ausgesehen?«

»Ja, du sahst sehr elend aus . . . und schau, wie du dich erholt

hast. Jetzt schlaf schön. Morgen früh kommt dein Bett in mein Zimmer.«
»Ja, Miss Grant.«
Sie war sehr fügsam, gar nicht die Eugenie, wie ich sie sonst kannte.
In einer plötzlichen Eingebung deckte ich sie zu und gab ihr einen Kuß, als sei sie ein kleines Kind. Kaum hatte ich das getan, bereute ich es auch schon. Aber seltsamerweise schien die Geste Eugenie zu gefallen. Sie lächelte und sagte sanft: »Gute Nacht, Miss Grant.«

Am anderen Morgen war Charlotte noch sehr schwach und schläfrig. Daisy ließ zwei Männer aus den Stallungen kommen, um das Bett zu transportieren, was leise und schnell erledigt wurde. Der Doktor kam wieder und war sichtlich besorgter als in der Nacht. Er war wohl ein wenig verstimmt gewesen, weil man ihn aus dem Bett geholt hatte, und daher geneigt, Charlottes Unpäßlichkeit als Kleinigkeit abzutun.
Jetzt sagte er: »Hier liegt ein Fall einer ziemlich bösen Lebensmittelvergiftung vor.«
Daisy war entsetzt. Sie hatte die Mädchen recht gern, wenngleich Charlotte nie eine liebenswerte Natur war, aber ihre eigentliche Sorge galt der Schule. Letztes Halbjahr eine Entführung. Diesmal Tod durch Vergiftung! Das konnte fatale Folgen für das Institut haben.
Am ersten Tag ging es Charlotte sehr schlecht, und Eugenie war ehrlich besorgt. Es überraschte mich, daß sie zu solch tiefen Gefühlen fähig war – auch wenn es sich um ihre Freundin handelte –, denn ich hatte sie nie für ein empfindsames Mädchen gehalten. Sie wurde verletzlicher und gefügiger und suchte seltsamerweise bei mir Trost. Als wir im Bett waren – sie in ihrem unter dem in die Wand gemeißelten Kruzifix, ich auf der anderen Seite des Zimmers –, lag sie schlaflos da, und ich spürte ihren verzweifelten Wunsch, mit mir zu reden.
»Miss Grant«, fing sie am ersten Abend an. »Werden Sie meinen Onkel heiraten?«

Ich war vollkommen perplex und stotterte: »Meine liebe Eugenie, wie kommst du denn auf die Idee?«
»Ich weiß, daß er es wünscht. Er hat Ihnen dauernd nachgestellt ... in letzter Zeit allerdings nicht mehr so oft. Ich hätte nichts dagegen. Dann wären Sie so was wie meine Tante, nicht? Aber für Sie wär's vielleicht nicht so angenehm. Er ist kein besonders netter Mensch. Und Teresa sagt, Sie heiraten diesen anderen, John Soundso. Sie sagt, er ist reizend ...«
»Na«, erwiderte ich, um einen leichten Tonfall bemüht, »ihr Mädchen habt anscheinend mein Schicksal schon besiegelt.«
»Miss Grant, muß Charlotte sterben?«
»Natürlich nicht. In ein paar Tagen ist sie wieder obenauf.«
»Angenommen, sie stirbt. Dann würde sie bestimmt gern beichten ... die Sache mit dem Brief.«
»Mit welchem Brief?«
»Wo das von wegen Mrs. Martindale drinstand.«
»Ihr habt den geschickt ... Du und Charlotte!«
»Ja. Wir waren so wütend auf Sie, weil Sie uns damals getrennt haben. Charlotte hat gesagt, wir würden uns rächen. Wir müßten nur Geduld haben. Also warteten wir ab, und wie's dann so aussah, als ob's hätte wahr sein können, schien uns die Sache mit dem Brief nicht schlecht.«
»Das war aber gemein.«
»Ich weiß. Darum muß ich ja beichten ... falls Charlotte stirbt. Sie würde bestimmt gern ihr Gewissen erleichtern.«
»Jetzt hör aber auf davon zu reden, daß Charlotte stirbt. In ein paar Tagen wirst du dich deswegen auslachen. Und was den Brief betrifft, das war dumm und unartig; nur böse Menschen schicken anonyme Briefe. Eure Beschuldigungen sind völlig aus der Luft gegriffen. Dein Onkel sagt, Mrs. Martindale ist nach London gezogen. Wenn sie umzieht, geht das niemanden etwas an. So etwas dürft ihr nie wieder tun.«
»Verzeihen Sie uns?«
»Ja, aber denk daran ... es war böse, grausam und gemein.«
»Ja. Ich erzähl's Charlotte, wenn's ihr wieder besser geht.«

»Tu das, und richte ihr aus, ihr wart zwei dumme, unreife Mädchen . . . und damit ist der Fall erledigt.«
»Vielen Dank, Miss Grant.«
Von da an mochte sie mich anscheinend recht gern, und auch ich konnte sie nun besser leiden. Sie hatte sich wegen des Briefes Sorgen gemacht, und das ließ auf ein gewisses Ehrgefühl schließen. Ich vergaß, wie ich mich aufgeregt und wie der Brief meine Einstellung zu Jason verändert hatte. Es war jedenfalls eine Erleichterung, daß diese widerwärtige Angelegenheit aufgeklärt war.
In Eugenies zweiter Nacht in meinem Zimmer machte ich die erschütternde Entdeckung, daß ich mich inmitten einer finsteren und gefährlichen Verschwörung befand!
Eugenie lag im Bett in Erwartung unserer abendlichen Plauderei, die bezeichnend war für unsere neue Beziehung.
»Bevor Charlotte so krank wurde, war sie den ganzen Tag munter, sie hat gelacht und Witze gemacht. Sie wollte ausprobieren, ob sie am nächsten Tag die Rodelbahn im Zickzack runterschlittern könnte, und ob man auf den zugefrorenen Fischteichen schlittschuhlaufen kann.«
»Ich glaube kaum, daß Miss Hetherington das erlaubt hätte.«
»Ganz bestimmt nicht.«
»Und ihr wärt doch wohl nicht so töricht gewesen, dergleichen zu versuchen, ohne um Erlaubnis zu fragen.«
»Aber nein, Miss Grant.«
»Du weißt, das kann sehr gefährlich sein.«
»Ich glaube, gerade das hat Charlotte gereizt. Sie hat darüber gelacht. Sie war so ausgelassen. Sie hat eine zweite Portion Suppe gegessen. Sie sagte, die war versalzen. Sie bekam solchen Durst, daß sie später ihre und meine Milch trank. Ich wollte meine sowieso nicht, deshalb hat's mir nichts ausgemacht.«
Ich dachte gerade daran, wie die Mädchen auf den Fischteichen hatten schlittschuhlaufen wollen, und wurde jäh aus meinen Gedanken gerissen.

»Was sagst du da? Sie hat deine Milch getrunken?«
»Ja. Sie hatte solchen Durst. Die Suppe war versalzen.«
Es überlief mich eiskalt. Charlotte hatte die für Eugenie bestimmte Milch getrunken und war erkrankt wie zuvor Eugenie . . . als Eugenie ihre Milch selbst getrunken hatte.
»Schlafen Sie schon, Miss Grant?«
»Nein . . . nein«, sagte ich matt.
Ich dachte an die Milch, die den Mädchen serviert wurde. Milch und zwei Kekse . . . der letzte Imbiß, bevor sie sich in ihre Zimmer zurückzogen. Ich sah die Hausmädchen, die von Tisch zu Tisch gingen, und die Blechdose mit den Keksen vor mir. Die Mädchen wechselten sich bei dieser Aufgabe ab.
Ich hörte mich sagen: »So . . . Charlotte hat deine Milch getrunken?«
»Ja. Und ihre eigene dazu.«
»Wer hat die Milch ausgeteilt, erinnerst du dich?«
»Nein . . . eins von den Mädchen. Ich hab' nicht drauf geachtet, weil Charlotte gerade die Idee mit dem Schlittschuhlaufen auf den Teichen hatte.«
»Wenn du dich doch nur erinnern könntest.«
»Man achtet nicht immer auf die Mädchen, nicht wahr? In ihren schwarzen Kleidern und den weißen Häubchen sehen sie alle gleich aus.«
Ich dachte: Träume ich? Eugenie dreimal krank . . . und wenn Charlotte die für Eugenie bestimmte Milch trinkt, wird sie krank. Ich wollte, Eugenie würde nicht so belangloses Zeug reden, sondern sich auf diese Sache konzentrieren.
»Sie ist lustig, und schlau ist sie auch. Es hat sogar gestimmt, dabei hatten wir es zuerst bloß für einen Scherz gehalten.«
»Was?« fragte ich geistesabwesend.
»Oh, sie kennt sich gut in den alten Legenden aus.« Da erst merkte ich, daß sie von Elsa sprach. »Glauben Sie daran, Miss Grant? Sie hat gesagt, wenn wir bei Vollmond in den Wald gingen, würde eine von uns ihrem zukünftigen Ehemann begegnen . . . und für Fiona ist es wahr geworden.«
»Was?« rief ich und setzte mich auf.

»Was ist Ihnen, Miss Grant?«
Ich muß vorsichtig sein, dachte ich. Das wird ja immer schrecklicher.
»Erzähl mir mehr darüber«, bat ich.
»Es war am ersten Mai. Das ist in den alten Religionen eine besondere Nacht. Druiden und so weiter, glaube ich. Elsa hat gesagt, an bestimmten Tagen können alle möglichen Dinge geschehen, und wenn wir bis zum Vollmond warteten und in den Wald gingen, sogar tagsüber – das war sowieso die einzige Möglichkeit für uns –, würden wir einem Mann begegnen. Wir haben gelacht und nicht daran geglaubt. Wir wollten in den Wald gehen und Elsa hinterher weismachen, wir hätten einen Mann gesehen, aber als wir dann gingen, war wirklich einer da . . .«
Mein Mund war ganz trocken, und das Sprechen fiel mir schwer.
Schließlich sagte ich: »Ihr habt also diesen Mann kennengelernt, und Fiona ist mit ihm durchgebrannt.«
»Ja. Es war so romantisch.«
»Eugenie, wie hieß der Mann?«
»Carl.«
»Carl, und weiter?«
»Ich hab' seinen Nachnamen nie gehört. Fiona nannte ihn immer nur Carl.«
»Und du und Charlotte habt bei der Entführung geholfen.«
»Ja. An dem Abend im Herrenhaus.«
»Und ihr habt euch eine Mönchskutte besorgt, damit er zum Historienspiel kommen konnte?«
»Es war so aufregend. Er mußte Fiona an dem Abend sehen, um ihr zu sagen, um welche Zeit sie sich mit ihm treffen sollte. Sie wollten zuerst nach London. Wir fanden es einfach phantastisch.«
Mir kam eine Idee. »Eugenie, Miss Eccles sagt, du hast eine echte Begabung fürs Zeichnen.«
»Wirklich? Es ist mein Lieblingsfach. Am liebsten würde ich immerzu zeichnen.«

»Könntest du mir ein Bild von Fionas Mann zeichnen?«
»Hm ... ich könnt's versuchen. Morgen früh.«
»Ich möchte es gleich.«
»Na so was, Miss Grant! Im Bett?«
»Ja«, sagte ich. »Auf der Stelle. Ich möchte es sofort sehen.«
Ich stieg aus dem Bett und holte Stift und Papier. Eugenie setzte sich auf und begann mit einem Buch als Unterlage zu zeichnen. Sie verzog vor lauter Konzentration das Gesicht.
»Er sieht sehr gut aus. Es will nicht recht gelingen. Aber ein bißchen ähnlich ist es schon. Ja, er sieht sehr gut aus. Er hat blonde Haare. Ein bißchen lockig ... so. Sein Gesicht ... gar nicht wie die Gesichter anderer Leute. Der Blick seiner Augen ... der will mir nicht gelingen.«
»Nur weiter«, drängte ich, »es wird schon.«
Ja, wahrhaftig: Das Gesicht, das mich anblickte, besaß eine starke Ähnlichkeit mit dem Unbekannten im Wald.
Ich nahm ihr die Zeichnung ab und verstaute sie in einer Schublade, dabei wußte ich nicht recht, was ich jetzt tun sollte. Die Entdeckung war so bestürzend, daß ich wie gelähmt war.
»Komisch, daß Sie die Zeichnung jetzt gleich wollten«, fand Eugenie.
»Es ist spät«, sagte ich. »Wir sollten jetzt schlafen.«
Sie legte sich zurück und schloß die Augen. »Gute Nacht, Miss Grant.«
»Gute Nacht, Eugenie.«
Fionas Mann war Lydias Mann, ging es mir durch den Kopf. Lydia kam beim Skilaufen ums Leben, und er bringt Fiona das Skilaufen bei. Ich war jetzt überzeugt, daß jemand Eugenie zu vergiften versuchte, und dieser Jemand mußte Elsa sein, die tief in die makabre Angelegenheit verstrickt war.
Ich mußte rasch handeln. Aber wie?

Das Wiedersehen in den Bergen

Ich konnte die ganze Nacht nicht schlafen. Gleich am Morgen suchte ich Daisy auf, um ihr die ganze Angelegenheit zu berichten. Ich begann mit der Begegnung im Wald. Daisy hörte schweigend zu.

Dann sagte sie: »Sie und ich sollten unverzüglich zu Sir Jason gehen und ihm diese phantastische Geschichte erzählen. Eugenie ist womöglich in Gefahr.«

Ich stimmte ihr zu. Ich fühlte mich schon merklich besser als in der Nacht.

In aller Frühe ritten wir zum Herrenhaus hinüber. Sir Jason war ausgeritten, wie es offenbar vor dem Frühstück seine Gewohnheit war. Als er zurückkam, war er sichtlich erstaunt, uns zu sehen.

Miss Hetherington begann ohne Einleitung: »Am besten erzählen Sie die Geschichte, Cordelia. So, wie Sie sie mir erzählt haben.«

Und als ich geendet hatte, meinte sie: »Diese Elsa steht offensichtlich mit dem Mann in Verbindung, der es darauf abgesehen hat, Mädchen im Wald kennenzulernen, um ihnen den Kopf zu verdrehen.«

»Ja«, erwiderte Jason. »Und Ihnen hatte er dasselbe Schicksal zugedacht, Cordelia.«

»Jetzt weiß ich, warum er so plötzlich verschwunden ist. Er hatte erfahren, daß meine Tante die Villa verkaufen mußte. Darauf machte er sich an Lydia heran, und jetzt an Fiona. Gibt es einen Grund für diesen Anschlag auf Eugenie?«

»Ich wüßte einen«, sagte Jason. »Wenn ihre Schwester stirbt, erbt Fiona das ganze Vermögen, das den Mädchen zugefallen ist.«

»Elsa versucht also, Eugenie zu beseitigen. So etwas Teuflisches!«

»Und Fiona ist als nächste an der Reihe.«

»Der Mann ist ja ein Massenmörder!« schrie Daisy erbleichend auf.

»Ich glaube, es ist folgendermaßen«, erklärte ich. »Seine Komplizin arbeitet an angesehenen Schulen, die von wohlhabenden jungen Damen besucht werden. Sie wählt die begehrenswertesten aus, erzählt ihnen etwas von alten Sagen und lockt sie an eine Stelle, wo der Mann in Erscheinung treten kann, um die Damen zu verwirren und sich sein nächstes Opfer auszusuchen. Lydia besaß ein kleines Vermögen. Sie ist auf der Skipiste umgekommen. Wissen Sie, daß er Fiona das Skilaufen beibringt?«

»Mein Gott!« stöhnte Jason. »Wir müssen sie finden.«

»Wie?« fragte ich nur, worauf wir alle in Schweigen verfielen.

»Mir hatte er erzählt, daß er in einem Ort in Suffolk lebt«, berichtete ich. »Ich war dort. Er hatte mir gesagt, sein Name sei Edward Compton, aber die Comptons waren schon zwanzig Jahre tot. Ich schätze, er hat den Namen aufs Geratewohl genannt, aber daß er diesen Namen und diesen Ort wählte, ist doch ein Hinweis, daß es irgendeinen Zusammenhang geben muß. Wir müssen mehr über diese Familie herausbekommen. Aber wie wollen wir vorgehen?«

»Wir müssen Fiona finden«, wiederholte Jason.

»Sie haben sie erfolglos gesucht. Eins scheint mir jedoch sicher: Fiona ist nicht in Gefahr, solange Eugenie am Leben ist. Er will das ganze Vermögen, nicht nur die Hälfte. Dadurch ist Fiona in Sicherheit.«

»Ich finde, Eugenie sollte fort von hier«, sagte Daisy.

»Das ist auch meine Meinung«, stimmte ich zu. »Elsa . . . falls es Elsa war . . . hat versucht, sie zu vergiften. Ich sehe es jetzt vor mir. Sie tat es nach und nach, so daß es nach Verabreichung der letzten Dosis so aussehen sollte, als hätte Eugenie einen schlimmeren Anfall als vorher. Vielleicht hatte die Dosis, die Charlotte nahm, die letzte sein sollen. Charlotte war sehr krank, und es ist gut möglich, daß Eugenie, geschwächt wie sie war, daran zugrunde gegangen wäre.«

»Es wäre einfach unglaublich, wenn es nicht so viele plausible Beweise gäbe.« Jason runzelte die Stirn. »Wir müssen unverzüglich etwas unternehmen.«

»Wenn ich nur wüßte, was«, erwiderte ich.

»Überlegen wir mal. Versuchen wir, sämtliche Einzelheiten zusammenzufassen. Der Mann hat Fiona in seiner Gewalt. Er ist mit ihr verheiratet. Wir wissen nicht, unter welchem Namen. Wir wissen nicht, wo sie sind.«

»Bei Lydia Markham hieß er Mark Chessingham.«

»Den Namen wird er nicht noch einmal benutzt haben.«

»Nein. Eugenie sagt, er hieße Carl Soundso. Seinen Nachnamen hat sie nie gehört.«

»Was sollen wir machen, in Europa herumrasen auf der Suche nach einem Mann namens Carl mit einer Frau namens Fiona? Ich fürchte, das bringt uns nicht weiter. Wir müssen die Polizei verständigen. Der Mann muß schnellstens gefunden werden.«

»Ich habe eine Idee«, sagte ich.

Alle sahen mich erwartungsvoll an. »Ja«, fuhr ich fort, »Mrs. Baddicombe kann durchaus von Nutzen sein. Ich hielt sie immer für eine dumme alte Klatschbase, aber im Moment könnte ich sie richtig gernhaben. Elsa schreibt regelmäßig Briefe an jemanden im Ausland. Nicht immer in das gleiche Land; Elsa mußte Mrs. Baddicombe nämlich nach der Höhe des Portos fragen, daher weiß unsere Posthalterin, daß sie in die Schweiz, nach Frankreich, Deutschland und Österreich geschrieben hat. Sie weiß außerdem, daß der Empfänger ein Mann ist. Wenn Elsa nun diese Briefe an ihren Komplizen schreibt, und ich vermute, daß es sich um ihn handelt, dann ist es sehr wahrscheinlich, daß er ihr zurückschreibt.«

»Ich verstehe«, nickte Daisy und warf mir einen anerkennenden Blick zu.

»Wenn wir so einen Brief in die Hände bekämen, könnte er uns vielleicht weiterhelfen.«
»Das dürfte sich unschwer machen lassen«, meinte Daisy. »Wie Sie wissen, holt ein Stallbursche täglich die Post ab, weil der Weg hier heraus für den Postboten zu weit ist. Der Bursche übergibt sie gewöhnlich einem Hausmädchen. Ich kann anordnen, daß er sie direkt an mich abliefert.«
»Elsa hält bestimmt nach dem Mann mit der Post Ausschau.«
»Das ist leicht zu umgehen. Ich werde einfach ständig die Zeiten ändern, zu denen er die Post holt, so daß sie nicht mißtrauisch wird. Was halten Sie davon?« fragte sie mit einem Blick auf Jason.
»Ja, tun Sie das«, erwiderte er. »Aber wir können nicht auf Post warten. Ich begebe mich heute noch nach London, und Eugenie sollte unterdessen ins Herrenhaus umziehen.«
»Wir müssen einen guten Vorwand dafür finden und den Mädchen eine plausible Erklärung geben«, gab Daisy zu bedenken.
»Wir könnten ihnen erzählen, daß Sie Gäste haben, die sie kennenlernen soll, und daß sie deshalb eine Woche früher Ferien macht als die anderen«, schlug ich vor.
»Uns fällt schon etwas ein«, sagte Daisy. »Und was ist mit Charlotte? Ich bin ihretwegen etwas besorgt.«
»Sie soll auch ins Herrenhaus ziehen. Sie ist wieder so weit bei Kräften, daß sie hinübergeschafft werden kann, und sie kann Eugenie Gesellschaft leisten. Aber wir müssen es den Mädchen natürlich erklären . . . ich meine, Charlotte und Eugenie.«
Daisy sah mich an. »Sie kennen sie am besten.«
»Da bin ich nicht so sicher. Aber in ihrer augenblicklichen Verfassung läßt Eugenie, glaube ich, mit sich reden. Und Charlotte ist zu schwach, um zu widersprechen. Wir könnten sagen, wir fahren mit ihnen aus; so bringen wir sie zum Herrenhaus und eröffnen ihnen, daß sie dort bleiben werden.«
»Das überlasse ich Ihnen, Cordelia«, sagte Daisy. Sie erledigte

die Angelegenheit mit dieser forschen Endgültigkeit, deren sie sich immer bediente, wenn sie ihre Untergebenen mit schwierigen Aufgaben betraute.
»Bringen Sie sie noch heute morgen hinüber«, verfügte Jason. »Ich werde mich nach London begeben und etwas unternehmen. Es gibt leider nur so wenig Anhaltspunkte.«
»Ich setze meine ganze Hoffnung auf einen Brief«, sagte ich. »Soviel ich weiß, stehen sie in recht eifrigem Briefwechsel.«
Ich lief nach oben. Charlotte saß blaß und teilnahmslos in einem Sessel. Ich fragte, wie es ihr gehe, und sie meinte, sie sei es leid, den ganzen Tag im Zimmer zu hocken.
»Hättest du Lust auf eine Spazierfahrt?«
Ihr Gesicht hellte sich auf, und sie bejahte.
»Dann sag' ich Eugenie Bescheid, daß sie mitkommt.«
Soweit, so gut. Ich fühlte mich jetzt wesentlich besser, nachdem ich nun endlich etwas unternehmen konnte.
Eugenie war hocherfreut, daß der Unterricht für sie ausfiel und sie mit Charlotte ausfahren durfte.
»Wohin geht's denn?« fragte sie.
»Zum Herrenhaus.«
»Besuchen wir Onkel Jason?«
»Ich weiß nicht, ob er da ist.«
»Gestern war er da«, sagte Eugenie.
»Wir werden sehen«, erwiderte ich.
Wir gelangten zum Herrenhaus, und ich begleitete die beiden Mädchen hinein. Charlotte war sichtlich erschöpft, und ich bat ein Hausmädchen, uns zu dem Zimmer zu führen, das man für Charlotte hergerichtet hatte.
»Muß ich mich hinlegen?« fragte sie.
»Möchtest du das denn nicht?«
»Doch, aber nur kurz.«
»Du kannst dich ausruhen, und Eugenie und ich setzen uns zu dir. Ich habe euch beiden etwas zu sagen.«
Sobald sie sich hingelegt hatte, öffnete ich die Verbindungstür zwischen ihrem und dem Zimmer nebenan, das ebenfalls ein Schlafzimmer war.

»Jetzt hört mir mal gut zu«, begann ich. »Ihr werdet eine Weile hierbleiben.«
»Was, hier?« rief Eugenie. »Und die Schule?«
»Ihr wart beide schwer krank ... an einer geheimnisvollen Krankheit. Wir halten es für besser, wenn ihr bis zu den Ferien hierbleibt. Ich weiß nicht, was Charlotte dann vorhat, aber du wärst ja sowieso hierhergekommen, Eugenie.«
»Was sagt Miss Hetherington dazu?«
»Sie weiß Bescheid. Wir haben die Sache gemeinsam beschlossen, sie, dein Onkel und ich. Wir möchten, daß ihr hierbleibt, weil irgend etwas in der Schule euch möglicherweise schadet.«
Sie sahen sich schweigend an. Keine von beiden hatte etwas dagegen, das Schulhalbjahr vorzeitig zu beenden.
»Ich weiß, woran es liegt«, überlegte Eugenie. »An den Abflußgräben.«
»Was?«
»Ja, davon kann einem manchmal übel werden. Ich war krank und Charlotte auch, und jetzt sollten wir da weg. Es hängt mit unserem Zimmer zusammen. Irgendwas unter unserem Fenster.«
Ich fand die Erklärung so gut wie jede andere, da ich ihnen auf keinen Fall sagen wollte, daß wir um Eugenies Leben fürchteten.
»Ihr werdet es hier gut haben, und du, Eugenie, kümmerst dich um Charlotte, nicht wahr? Euch wird es gewiß nicht langweilig werden.«
Sie sahen sich lachend an.
»Und was wird aus *Romeo und Julia?«* fragte Charlotte.
»Ach, armer Romeo«, sagte Eugenie. »Du warst recht gut, Charlotte. Ich hab' meinen Text nie richtig gekonnt. Wer springt nun für uns ein?«
»Ich glaube, wir werden darauf verzichten«, sagte ich. »Wir müssen uns eben mit dem *Kaufmann von Venedig* begnügen.«
Charlotte machte ein bekümmertes Gesicht.

»Du bist zu schwach, Charlotte«, sagte ich. »Und es wäre dir bestimmt nicht recht, wenn eine andere deine Rolle spielte.«

Dieser Gedanke erleichterte es Charlotte, sich mit dem Beschluß abzufinden. Wenn Charlotte Mackay nicht den Romeo spielte, dann sollte es auch keine andere tun.

Dann verabschiedete ich mich und sagte: »Ich gehe jetzt. Eugenie, dein Onkel kommt morgen oder übermorgen wieder, glaube ich.« Ich ließ sie allein und kehrte zur Schule zurück.

Als ich Daisy berichtete, was sich zugetragen hatte, war sie zuerst außer sich über die Vermutung, die Abflußgräben ihrer Schule könnten nicht in Ordnung sein; aber bald sah sie ein, daß diese Ausrede besser war, als den Mädchen die Wahrheit zu erzählen.

»Diese Elsa macht mir Sorgen«, bemerkte sie.

»Ja, aber sie darf auf keinen Fall merken, daß wir Verdacht geschöpft haben. Und vorläufig soll sie nicht wissen, daß Eugenie und Charlotte fort sind.«

»Und wenn sie es merkt?«

»Das dürfte sie stutzig machen. Wir müssen sie sorgsam beobachten.«

»Am liebsten würde ich sie auf der Stelle verhaften lassen.«

»Mit welchen Beweisen? Das meiste sind Vermutungen. Wir brauchen Gewißheit. Hoffen wir, daß wir bald unumstößliche Beweise haben werden. In der Zwischenzeit behalten wir Elsa im Auge.«

Am nächsten Tag sprachen die Mädchen über Eugenies und Charlottes Abwesenheit. Ich hatte ihnen erklärt, daß Charlotte Erholung brauchte und Eugenie, ihre beste Freundin, bei ihr sei. Diese Version würde Elsa auch bald erfahren, und ich war gespannt, wie sie darauf reagieren würde. Vielleicht schöpfte sie keinen Verdacht. Aber ihren Mordplan würde sie nicht ausführen können . . . falls wir mit unserer Vermutung recht hatten.

Zwei Tage später kehrte Jason aus London zurück. Er hatte wenig Hoffnung, daß Fiona und ihr Mann gefunden würden. Sie konnten überall in Europa sein, und unser einziger Anhaltspunkt war, daß er sich Carl nannte und seine Frau Fiona hieß.
Heimlich beobachtete ich Elsa, aber sie ließ sich nichts anmerken, und ich fragte mich schon, ob ich mich nicht vielleicht getäuscht hätte. Sie war in Schaffenbrucken gewesen, und jetzt war sie hier. Aber sie wäre doch gewiß nicht nach Colby gekommen, wenn sie gewußt hätte, daß ich hier war. Sie hatte auch den Mädchen hier die Geschichte von der Begegnung mit einem Mann im Wald aufgetischt. Konnte das Zufall sein? O nein . . . das war nur raffiniert eingefädelt. Ich war überzeugt, daß sie mit der Sache zu tun hatte.
Ich fragte sie, ob sie sich auf Weihnachten zu Hause freue.
»O ja. Ich gehe zu meiner Schwester. Hoch oben im Norden.«
»So, wo denn da?«
»Newcastle.«
»Das ist allerdings weit.«
»Ja, aber sie ist meine einzige Schwester. Die Familie muß doch zusammenhalten, nicht wahr? Ein Glück, daß ich weiß, wohin ich gehen kann. Sie möchten doch Weihnachten auch bei Ihrer Familie sein, nicht? Teresa hat mir erzählt, daß sie wieder mit Ihnen kommen darf.«
»O ja . . .«
»Hoffentlich erholt Charlotte sich bald.«
»Ich glaube schon.«
»Die Ärmste. Es ging ihr so schlecht. Gott sei Dank ist Miss Eugenie jetzt bei ihr. Halten zusammen wie Pech und Schwefel, die zwei.«
Sie fuchtelte ziellos mit ihrem Staubwedel umher. Es fiel mir schwer, sie zu verdächtigen.
Die Weihnachtswoche war angebrochen. Mittwoch begannen die Ferien. Die Proben waren vorüber, und der große Tag war gekommen. Es gab lediglich den *Kaufmann von Venedig,* und das, meinte Eileen, sei ein Segen. Niemand schien etwas dabei

zu finden, daß Charlotte schon fort war, um sich zu erholen, und daß Eugenie sie begleitete. Eileen war heilfroh, von *Romeo und Julia* erlöst zu sein.

Daisy ließ mich in ihr Arbeitszimmer rufen. Sie hielt einen Brief in der Hand. Er war an Miss Elsa Kracken adressiert und in Österreich abgestempelt.

»Möglicherweise«, sagte Daisy, »ist dies der Brief, auf den wir gewartet haben. Ich habe ihn noch nicht geöffnet. Wir müssen behutsam vorgehen, denn vielleicht ist es wichtig, daß sie ihn in die Hände bekommt, und in diesem Fall darf sie nicht merken, daß wir ihn gelesen haben. Ich möchte ihn deshalb vorsichtig über Dampf öffnen, dann können wir ihn anschließend, wenn nötig, wieder verschließen.«

Wir setzten uns nebeneinander und lasen den Brief:

Meine liebe Schwester!

So ein Pech! Aber Du darfst Dir keine Vorwürfe machen. Dergleichen kann vorkommen, und ich habe Dir wiederholt gesagt, daß uns keine Schuld trifft, wenn etwas schiefgeht, obwohl wir unser Bestes tun. Aber trotzdem ist es äußerst verhängnisvoll, und ich bin etwas beunruhigt. Ich habe die Gefahr gespürt, sobald ich erfahren hatte, daß diese Frau dort ist. Vielleicht hättest Du fortgehen sollen, nachdem wir den ersten Teil des Plans ausgeführt hatten. Dann wäre die Sache inzwischen erledigt. Das holen wir jetzt nach. Kündige sofort und sage, daß Du nach Weihnachten nicht wiederkommst. Aus familiären Gründen. Laß alles ganz natürlich aussehen. Du weißt schon, wie Du es anfängst.

Ich spüre, wenn es »genug« heißt. Wir werden uns mit dem begnügen, was wir haben. Unser Vögelchen ist sehr vermögend. Wir finden uns mit der Hälfte ab, denn der Versuch, an den Rest heranzukommen, ist ausgesprochen gefährlich. Ich werde die Sache ein für allemal erledigen. Vielleicht ist es unser letztes Projekt, und bald kaufen wir uns irgendwo unsere kleine Villa. Sie wird so grandios sein wie Compton, genau wie wir es uns immer erträumt haben. Aber diesmal werden

wir die Besitzer sein. Bei uns wird es nicht so sein wie bei unserem Vater. Wir werden nicht die Sklaven der Reichen sein, sondern sie werden die unseren sein ...
Vor allem aber, meine liebe Schwester, wünsche ich nicht, daß Du Dir Vorwürfe machst. Die Umstände waren in diesem Fall gegen uns. Ich hätte auf der Hut sein müssen, als ich erfuhr, daß diese Frau dort ist. Sie war von Anfang an unser böser Geist. Ich hatte mich in ihr getäuscht, und wenn es Dein Gewissen erleichtert, Schwesterherz, laß mich Dir gestehen, daß auch ich Fehler gemacht habe. Ich habe schwerwiegende Irrtümer begangen. Das geschieht leicht, wenn man in seiner Wachsamkeit nachläßt. Ich habe ihr leichtsinnigerweise den Namen genannt, der einst so viel für uns bedeutete ... und nicht nur den Namen, sondern auch den Ort. Ich erkannte sogleich, was für einen schwerwiegenden Fehler ich begangen hatte, aber wie gesagt, zuweilen sind wir alle leichtsinnig. Das hat mich sehr beunruhigt, glaube mir. Ich erzähle es Dir, um Dich daran zu erinnern, was uns für Fehler unterlaufen können, wenn wir auch nur einen Augenblick nicht auf der Hut sind.
Es war nicht Deine Schuld. Dein Vorgehen war richtig. Wie konntest Du ahnen, daß das andere Mädchen die Milch trinken würde? Hättest Du versucht, sie zurückzuhalten, wie Du ursprünglich vorhattest, wäre alles womöglich noch schlimmer geworden.
Nein, Du darfst Dir keine Vorwürfe machen. Geh fort von dort. Ich werde die Sache beenden, und dann sind wir frei.
Unsere Pläne sind stets geglückt, und wenn dieser nur halb glückt, soll es uns genügen.
Bald wirst Du bei mir sein. Sobald Du fort kannst, ohne Verdacht zu erregen, komm hierher ins Hotel. Ich bin noch eine Weile hier, bis ich den Schlußstrich ziehen kann.
In inniger Zuneigung, liebste Schwester,
Dein Dich stets liebender Bruder

P.S. Es wird mir guttun, meine Schwester bei mir zu haben. Du wirst mich in meinem »schmerzlichen Verlust« trösten.

Daisy und ich sahen uns an.
»Es ist also wahr«, rief Daisy. »So etwas Niederträchtiges! Und Fiona . . .«
»Fiona ist in größter Gefahr«, unterbrach ich sie. »Aber jetzt haben wir wenigstens die Anschrift.«
»Aber keinen Namen.«
»Die Anschrift ist wichtiger. Am besten bringe ich den Brief sofort zu Sir Jason.«
Daisy nickte, und zehn Minuten später war ich auf dem Weg zum Herrenhaus.
Jason las den Brief mit sichtlicher Erschütterung.
»Was gedenken Sie zu tun?« fragte ich.
»Ich gehe nach London zur Polizei, und danach begebe ich mich unverzüglich nach Österreich. Wer weiß, was er mit Fiona vorhat.«
»Ach, Jason«, sagte ich. »Gott sei mit Ihnen.«
Er zögerte einen winzigen Augenblick, dann legte er seine Arme um mich und küßte mich.
»Ich muß fort«, sagte er nur.
Zwei Tage später sprach ein Mann in der Schule vor und wünschte zu Miss Hetherington geführt zu werden. Sie waren kurze Zeit allein. Als er ging, nahm er Elsa mit.
»Die Polizei war sehr rücksichtsvoll«, erklärte Daisy. »Sie hat sowenig Aufhebens wie möglich gemacht.«
»War das eine Verhaftung?« fragte ich.
Sie nickte. »Sie wurde unter dem Verdacht der Komplizenschaft zum Mord verhaftet.«
Wir gingen in Elsas Zimmer. In ihrem Schrank fanden wir eine Ansammlung von Flaschen und getrockneten Kräutern.
Daisy roch daran und sagte: »Sie hat das Gift offenbar selbst gemischt. Sie war ein kluges Mädchen. Schade, daß ihr Talent so falsche Wege ging.«

Die Eltern, die zur Aufführung gekommen waren, zeigten sich von dem *Kaufmann von Venedig* sehr beeindruckt.

Wir winkten den Mädchen nach, als sie in die Weihnachtsferien fuhren. Am folgenden Tag brachen Teresa und ich nach Moldenbury auf.

»Ich fand schon das letzte Halbjahr höchst aufregend«, sagte Daisy, »aber dieses hat alles übertroffen. Ich bin gespannt, wie es Sir Jason ergeht. Ach, wäre diese entsetzliche Geschichte doch nur schon vorüber. Bislang blieb die Schule glücklicherweise verschont. Hoffentlich wird in der Öffentlichkeit nicht allzuviel darüber geredet. Wenn ich daran denke, sehe ich dem nächsten Halbjahr nicht gerade beruhigt entgegen.«

Teresa stellte gutgelaunt Vermutungen darüber an, was für einen Hut Tante Patty dieses Mal wohl trüge und welche Kekse Violet zum Tee gebacken hätte.

In dem Zug nach Paddington hatten wir ein Abteil für uns, und ich unterhielt mich mit Teresa. Sie wirkte ein wenig nervös. Ich fragte sie, ob sie Sorgen habe.

»Nicht mehr«, sagte sie. »Ich glaube, jetzt wird alles gut. Wie schön, daß wir Weihnachten in Epping verbringen.«

»Sicher werden wir viel Spaß haben.«

»Tante Patty, Violet, Sie und ich . . . John und Charles. Es wird wundervoll.«

»Ich weiß nicht, wieso du bei einer solchen Aussicht vorhin so ein trauriges Gesicht gemacht hast.«

Sie schwieg kurze Zeit, wobei sie sich auf die Lippen biß und die vorbeirasenden Felder betrachtete. »Ich muß Ihnen etwas sagen. Es spielt jetzt keine Rolle mehr. Es ist vorbei. Vielleicht . . .«

»Erleichtere nur dein Gewissen«, ermunterte ich sie.

»Ja. Es ist nicht mehr gefährlich. Epping und John . . . ich finde ihn wunderbar. Er ist genau der Richtige.«

»Bitte erzähl mir, was du auf dem Herzen hast, Teresa.«

»Ich hab' den Ohrring nicht am Teich gefunden.«

»Was?«

»Nein. Er war in Eugenies Zimmer. Sie hatte ihn im Stall vom Herrenhaus gefunden und sollte ihn Mrs. Martindale geben, aber sie hat's vergessen. Er lag lange Zeit in ihrem Zimmer in der Schublade. Da hab' ich ihn weggenommen.«

»Ach, Teresa ... du hast gelogen!«
»Ja«, gestand sie, »aber ich glaube, es war richtig, daß ich gelogen habe. Er ist ein gemeiner Mensch, Miss Grant, und wir haben alle gewußt, daß er hinter Ihnen her war.«
»Teresa, wie konntest du!«
»Die Leute haben doch gesagt, er hat sie beseitigt. Und von dem Ohrring haben sie nichts erfahren. Das wußten nur Sie. Um Sie zu hindern, um Ihnen zu zeigen, daß ...«
Ich schwieg.
»Sind Sie mir sehr böse?« Teresa sah mich ängstlich an. »Ich hatte das Gefühl, daß Sie ihn ziemlich gern haben ... dabei ist er so gemein. Er hat den Teufel im Leib, das hat Eugenie gesagt. Und Charlotte hat gesagt, Sie und er ... deshalb hab' ich mit dem Schuh nach ihr geworfen. Sie sollen nichts mit ihm zu tun haben, Miss Grant. Aber jetzt Epping und John ... und Violet meint, es würde sie nicht wundern, wenn er Ihnen bald einen Heiratsantrag macht.«
Ich sagte nur: »Wir sind gleich in Paddington.«
»Sind Sie mir sehr böse?«
»Nein, Teresa. Was du getan hast, hast du aus Liebe getan. Das rechtfertigt vieles.«
»Fein. Soll ich das Gepäck herunterholen?«
Tante Patty umarmte uns froh und liebevoll.
»Übermorgen fahren wir nach Epping«, verkündete sie. »Ich dachte, ihr wollt vielleicht vorher ein Weilchen in Moldenbury bleiben.«
»Es wird bestimmt herrlich«, jubelte Teresa. »Ich wollte, der Schnee wäre liegengeblieben.«
»Aber dann hätten wir vielleicht nicht fahren können, Liebes«, hielt Tante Patty ihr entgegen.
»Dann bin ich froh, daß er weg ist.«
»Na ja«, meinte Tante Patty, »der Wald hätte recht hübsch ausgesehen.«
Violet begrüßte uns halb mürrisch, halb freundlich. Sie war überzeugt, daß wir alle nach Tee lechzten.
»Ich hab' warmen Toast über einer Schüssel mit Wasser, damit

die Butter gut einzieht und er gleichzeitig warm bleibt«, erklärte sie. »Und hinterher gibt's Schmalznudeln, weil mir ein Vögelchen zugezwitschert hat, daß die Teresas Leibspeise sind.«
Es war gemütlich und heimelig wie immer. Kaum zu glauben, daß dieses Wohlbehagen mit Tod und Entsetzen Hand in Hand einhergehen konnte.
Am nächsten Tag kam ein Brief. Als ich die österreichische Marke sah, zitterte ich und wagte ein paar Sekunden nicht, den Umschlag zu öffnen.
Der Brief war in einer fremden Handschrift geschrieben. Man teilte mir mit, daß es einen Unfall gegeben hatte. Sir Jason Verringer sei nicht reisefähig und verlange nach mir. Sein Zustand sei ernst; ich dürfe keine Zeit verlieren.
Den Namen der Unterschrift konnte ich nicht entziffern, er war jedoch mit einem »Dr.« versehen.
Tante Patty kam herein. Sie starrte mich an und nahm mir den Brief aus der Hand.
Mit Mühe brachte ich hervor: »Etwas Furchtbares ist geschehen. Ich fühle es.«
Sie verstand sogleich, denn ich hatte ihr am Vorabend alles erzählt. Jetzt blickte sie mich fest an.
»Du fährst natürlich«, sagte sie.
Ich nickte.
»Du kannst nicht allein fahren.«
»Ich muß aber.«
»Gut«, erwiderte sie, »ich komme mit.«

Die ermüdende weite Reise durch Europa erschien mir in meiner Ungeduld länger, als sie tatsächlich war.
Es war nicht leicht gewesen, von Moldenbury fortzukommen. Violet war außer sich und erklärte uns für verrückt – ausgerechnet am Heiligen Abend! Teresa war zornig und mürrisch.
Wir versuchten es ihnen zu erklären, aber das war nicht ein-

fach. Schließlich meinte Violet jedoch widerwillig, wenn Tante Patty es für richtig halte, dann müsse es wohl richtig sein. Tante Patty schlug vor, Teresa und Violet sollten ohne uns nach Epping fahren, und nach einer heftigen Auseinandersetzung waren sie einverstanden.

Tante Patty verhielt sich während der Fahrt großartig. Sie sprach wenig, weil sie spürte, daß mir nicht nach reden zumute war. Sie überließ mich meinen Gedanken, die sämtlich um Jason Verringer kreisten.

Mir wurde während dieser Reise vieles klar, und ich dachte die ganze Zeit: Vielleicht komme ich zu spät und werde ihn nie mehr lebend wiedersehen. Aus dem Schreiben des Arztes ging deutlich hervor, daß Jason in Gefahr war, und während ich aus dem Eisenbahnfenster auf Hügel, Flüsse und majestätische Berge blickte, versuchte ich mir ein Leben ohne ihn vorzustellen.

Wenn er nicht mehr dort wäre, würde auch ich nie mehr zur Abtei zurück wollen. Mein Leben wäre nur noch von Erinnerungen erfüllt, die ich trotz allen Bemühens nicht würde verdrängen können.

»Ich glaube nicht«, sagte Tante Patty unvermittelt, »daß der Doktor dir diese lange Reise zugemutet hätte, wenn es keine Hoffnung gäbe.«

Sie verstand es, mich zu trösten. Bohrende Fragen, Beileids- und Mitleidsbezeugungen hätte ich nicht ertragen können. Tante Patty wußte genau, was in mir vorging, und versuchte nicht, mich abzulenken.

Und so gelangten wir schließlich nach Trentnitz.

Ein Schlitten brachte uns vom Bahnhof zu dem Gasthof, einem kleinen Hotel auf halber Höhe eines Berges gelegen. Es war ein weniger bekannter Wintersportort. Sobald wir das chaletartige Holzhaus betraten und unsere Namen nannten, sagte man uns, der Arzt befinde sich gerade bei Sir Jason und wünsche uns augenblicklich zu sprechen. Er hatte vorsorglich ein Zimmer reservieren lassen, das Tante Patty und ich gemeinsam benutzen konnten.

Der Arzt kam. Er sprach leidlich Englisch und war sichtlich erfreut, uns zu sehen.
»Das braucht unser Patient«, lächelte er. »Er möchte Sie bei sich haben. Sie sind seine Verlobte, nehme ich an. Das wird ihm bestimmt helfen.«
»Wie schlimm steht es denn?«
»Sehr schlimm. Der Unfall . . .« Er hob die Schulter und suchte nach den richtigen Worten. »Ein Glück, daß er nicht mit dem anderen ums Leben kam. Die Polizei wird bald hier sein. Dann wird man Sie sprechen wollen. Aber zuerst . . . der Patient.«
Ich ging augenblicklich zu ihm. Das Fenster in seinem Zimmer stand offen und gab den Blick auf die Berge frei. Alles war weiß und sauber. Aus Jasons Gesicht war jegliche Farbe gewichen, und im ersten Moment erkannte ich ihn kaum.
»Cordelia«, sagte er leise.
Ich kniete mich an sein Bett.
»Endlich bist du gekommen«, flüsterte er.
»Sobald ich es hörte. Tante Patty ist auch hier.«
»Ist jetzt Weihnachten?«
»Ja.«
»Du solltest eigentlich in Epping sein.«
»Mein Platz ist aber hier.«
»Ich bin ganz schön zugerichtet.«
»Ich hab' nicht viel mit dem Doktor gesprochen. Wir sind eben erst angekommen, und er hat mich gleich zu dir gebracht.«
Er nickte. »Ich muß wieder gehen lernen.«
»Sicher.«
»Aber ich hab' ihn erwischt. Fiona ist hier. Du mußt dich um sie kümmern. Sie ist in einem schlimmen Zustand und liegt im Bett. Wir haben das Haus in ein regelrechtes Spital verwandelt.«
»Was ist passiert?«
»Ich hab' ihn gefunden. Das war nicht schwer, nachdem ich wußte, wo ich ihn suchen mußte. Ich bin einfach hierherge-

kommen. Carl und Fiona ... mehr brauchte ich nicht zu wissen. Ich hab' sie zusammen gesehen. Am liebsten hätte ich ihn mit bloßen Händen erwürgt. Du hättest sehen sollen, wie er zu ihr war, so liebevoll und zärtlich ... und sie hat ihn angeschaut, als ob er ein Gott wäre. Ich habe die beiden entdeckt, bevor sie mich sehen konnten. Sie wollten gerade zum Skilaufen gehen, und der Gedanke, daß er es vielleicht jetzt tun würde, trieb mich zur Tat. Das andere Mädchen war auf diese Weise ums Leben gekommen ... jetzt war Fiona an der Reihe. Also ging ich ihnen nach. Als Fiona mich sah, schrie sie überrascht auf, worauf er sich blitzschnell umdrehte. Sein Gesichtsausdruck war sehenswert! Fiona hatte ›Onkel Jason‹ gerufen, und da wußte er Bescheid. Ich brüllte ihn an, ›du gemeiner Mörder‹, und ging auf ihn los. Wir kämpften miteinander. Ich wußte, was er im Sinn hatte. Doch er kannte sich aus, er hatte Erfahrungen mit dem Schnee und war im Vorteil. Aber ich war fest entschlossen, mit ihm abzurechnen. Er drängte mich im Kampf an den Abgrund, und ich dachte noch, wenn ich stürze, ziehe ich ihn mit. Er soll sein mörderisches Spiel nicht weitertreiben ... Und ... dann stürzten wir beide ab ...«

»Du hättest warten sollen. Die Polizei hätte ihn schon erwischt. Sie war ihm auf der Spur. Sie haben auch Elsa verhaftet.«

»Wann hätten sie ihn erwischt? Nachdem er Fiona umgebracht hatte? Nein. Wir hatten es mit einem ausgekochten Mörder zu tun, einem Mann, der Mord als Geschäft betrieb. Vielleicht wäre die Polizei rechtzeitig eingetroffen, aber ich durfte mich nicht darauf verlassen. Und wenn sie zu spät gekommen wäre, was dann?«

»Und der Mann? Was ist mit ihm geschehen?«

»Er hat Glück gehabt. Er hat sich gleich das Genick gebrochen. Ich habe mir auch eine ganze Menge gebrochen, aber mein Genick ist heilgeblieben. Ich landete in einem Schneehaufen ... und bin darin versunken. Er kam auf einem harten Felsen auf.«

»Regt es dich auf, darüber zu sprechen?«
»Nein, es tut mir gut. Aber Fiona macht mir Kummer.«
»Mal sehen, was ich tun kann.«
»Versuche, es ihr zu erklären. Sie wird dir nicht glauben, aber du mußt sie überzeugen. Ich weiß, es wird hart sein, aber sie darf die Augen vor der Wahrheit nicht verschließen. Cordelia . . . es ist wundervoll, daß du gekommen bist. Ich muß wohl ständig nach dir gefragt haben, als ich halb ohnmächtig war.«
»Hättest du sonst nicht nach mir gefragt?«
»Ich wußte doch, daß du nach Epping wolltest. Eugenie hat mich stets auf dem laufenden gehalten, und daraus habe ich meine Schlüsse gezogen.«
»Aber statt dessen bin ich hierhergekommen.«
»Wie dumm von dir.«
»Ich finde es eher klug. Weißt du noch, wie du mich gebeten hast, dich zu heiraten?«
Er lächelte matt. »Bißchen überheblich von mir, wie?«
»Gilt das Angebot noch?«
Er antwortete nicht, und ich fuhr fort: »Wenn ja, habe ich nämlich beschlossen, es anzunehmen.«
»Du läßt dich von deinen augenblicklichen Gefühlen hinreißen. Mitleid mit dem Mann, der nie wieder derselbe sein wird wie früher. So darf es zwischen uns nicht sein. Der Musterknabe wartet auf dich. Er wird dir alles geben, was eine Frau sich nur wünschen kann.«
Ich lachte.
»Was ist daran so komisch?« fragte er.
»Ich habe dir lange Zeit immer wieder gesagt, ich wollte dich nicht mehr sehen, und du wolltest das Gegenteil. Jetzt sage ich Ja, und du führst lauter Gründe an, warum ich einen anderen heiraten soll.«
»Was sind wir doch für ein wunderliches Paar. Beide haben wir eine komplette Kehrtwendung gemacht. Du hast die tüchtige Lehrerin in England zurückgelassen, und ich habe den großspurigen Schurken irgendwo auf einem Berghang abgelegt. Wie können sich Menschen nur so verändern?«

»Eigentlich verändern sie sich gar nicht. Sie enthüllen nur nach und nach ihre wirklichen Charakterzüge. Liebst du mich?«

»Muß ich darauf antworten?«

»Ich wünsche eine klare Antwort.«

»Aha. Die Lehrerin hat sich noch nicht ganz verabschiedet. Wenn die Antwort falsch ist, mußt du hundert Zeilen schreiben. Natürlich liebe ich dich.«

»Dann ist die Sache besiegelt. Magst du auch der gemeine Schuft mit teuflischen Zügen sein – bin ich nicht stets mit ihm fertig geworden?«

»Sogar in der Teufelshöhle.«

Wir schwiegen und wagten uns dabei nicht anzusehen aus Furcht, die Tiefe unserer Gefühle zu verraten. Dann nahm ich seine Hand und legte sie an meine Wange. »Seit damals habe ich viel über dich und mich nachgedacht; und im Zug auf dem Weg hierher, als ich nicht wußte, was mich erwartete, bin ich mir über mich klargeworden . . . über meine Gefühle . . . und darüber, was ich will. Wärst du tot gewesen, hätte ich kaum Wert darauf gelegt, weiterzuleben. Ich habe begriffen, daß ich nie so lebendig, so ins Leben verliebt war, wie wenn ich mit dir stritt. Ich meine unsere Wortgefechte. Dir Trotz zu bieten war das Aufregendste und Amüsanteste, was mir je widerfahren war. Ich erkannte, wie fad und leer das Leben ohne das wäre, und ich vermute, Widerstand dient manchmal nur dazu, Zuneigung zu verdecken.«

»Du redest Unsinn«, sagte er. »Du läßt dich von Sentimentalität hinreißen. Meine liebe kleine Lehrerin tut wieder einmal, was sie für richtig hält.«

»Wenn du nichts mehr hören willst, gehe ich eben.«

»Bleib hier.«

»Das klang wie ein Befehl.«

»Ich weiß, du magst keine Befehle. Du triffst deine Entscheidungen selbst.«

»Jawohl, und ich habe entschieden, so lange hierzubleiben, wie ich will. Du mußt wieder gesund werden, dafür sorge ich jetzt. Und das kann mir nur gelingen, wenn ich dich heirate. Nur eines kann mich zurückhalten: wenn du mir sagst, daß du mich nicht willst.«

»Hör zu«, begann er von neuem. »Du mußt warten, Cordelia. Du mußt sehen, wie es mit mir steht.«

»Du hast Fiona das Leben gerettet, vergiß das nicht.«

»Sie wird es mir nicht danken.«

»Eines Tages schon. Also, was sagst du?«

»Mit dem Bankier wärst du besser dran.«

»Ich soll also gehen?«

»Nein«, bat er, »bleib hier. Angenommen, du würdest mich heiraten. Woher willst du wissen, daß ich dir nicht eine Dosis Opium verabreiche?«

»Das Risiko gehe ich ein.«

»Und angenommen, ich würde dich umbringen und deine Leiche in den Fischweiher werfen oder auf dem Gelände der Abtei vergraben?«

»Auch das Risiko nehme ich auf mich.«

»Und stell dir den Skandal vor! Das wird ein großer Tag für Mrs. Baddicombe.«

»Im Augenblick bin ich Mrs. Baddicombe ausgesprochen dankbar. Ich würde sie mit Freuden mit ein paar Einzelheiten für ihr Repertoire versorgen.«

»Das ist doch nicht dein Ernst!«

»Und ob es mein Ernst ist. Ich spreche jetzt mit dem Arzt. Ich will genau über deinen Zustand Bescheid wissen. Dann bleibe ich so lange hier, bis ich dich mit zurücknehmen kann.«

Ich verbarg mein Gesicht aus Furcht, er könnte meine Tränen sehen. Als ich ihn dann wieder ansah, sprachen Staunen und unermeßlicher Jubel aus seinen Augen.

Die Enthüllung

Im Frühjahr wollten Jason und ich heiraten. Inzwischen konnte er mit Hilfe eines Stockes gehen. Ich war drei Monate bei ihm in Österreich geblieben. Tante Patty war nach drei Wochen abgereist. Sie meinte, ich käme auch ohne sie zurecht, und wollte sehen, was Violet zu Hause anstellte.

Tante Patty hatte sich rührend um Fiona gekümmert, die nicht glauben mochte, daß der romantische Held, mit dem sie verheiratet war, ihr nicht sein wahres Gesicht gezeigt hatte. Er war zärtlich und liebevoll gewesen. Ich fand das höchst seltsam und staunte wieder einmal über die Vielfalt der menschlichen Natur. Wenn er mit Fiona zusammen war, dann war er vermutlich tatsächlich der, für den sie ihn hielt, und doch hatte er die ganze Zeit auf eine Gelegenheit gewartet, sie umzubringen. Was war er nur für ein Mensch, daß er zwei Rollen derartig überzeugend zu spielen verstand?

Über den sogenannten Fall des »Satanischen Bräutigams« hatte viel in den Zeitungen gestanden. Man hatte aufgedeckt, daß Hans Dowling der Sohn einer deutschen Mutter und eines englischen Vaters war. Er hatte zwei Frauen umgebracht, Lydia und davor noch eine. Es war offenbar seine Methode, zu Reichtum zu kommen, denn die beiden ermordeten Frauen hatten ihm Geld hinterlassen. Sein großer Coup sollte die Ermordung Fionas und ihrer Schwester werden, wodurch er sich nicht nur Fionas Vermögen verschafft hätte, sondern auch das ihrer Schwester, das Fiona bei Eugenies Tod zugefallen wäre. Seine Aussicht, sowohl an Eugenies als auch an Fionas Geld zu gelangen, hatte Fiona letztendlich das Leben gerettet, denn sonst hätte er sie schon längst beseitigt.

Ich kümmerte mich wenig um das Gerede, sondern beschäftigte mich mit Jason. Gemeinsam bemühten wir uns um seine Genesung. Ich half ihm stundenlang bei seinen Gehversuchen; ich war den ganzen Tag mit ihm zusammen, und oft schwelgten wir in Wortgeplänkeln wie in früheren Zeiten.

Als feststand, daß er wieder ganz gesund würde, war ich so glücklich wie noch nie, und ich wunderte mich oft, daß soviel Böses soviel Glück hervorbringen konnte.

Daisy war betrübt, daß ich nicht mehr zur Schule zurückgekehrt war und das Institut sich nun nicht mehr mit dem Schaffenbruckener Glanz schmücken konnte; aber sie machte den Eltern deutlich, daß die junge Dame, die der Schule das Schaffenbruckener Flair verliehen hatte, nun Lady Verringer werden würde, die Gemahlin des einflußreichsten Gutsbesitzers in Devonshire. Und ich glaube, das tröstete sie ein wenig.

Elsa wurde nach Österreich ausgeliefert und dort vor Gericht gestellt. Sie hatte keinen direkten Mord begangen, wurde aber wegen versuchten Mordes und Mittäterschaft angeklagt. Sie war voll geständig – was Fiona half, sich mit der Wahrheit abzufinden – und erhielt eine lange Gefängnisstrafe.

In Colby mußte es viel Gerede gegeben haben. Ich konnte mir vorstellen, was sich bei den Über-die-Theke-Gesprächen im Postamt abspielte. Daisy schrieb mir hocherfreut, daß trotz all dieser Vorkommnisse niemand von den Eltern es für angebracht hielt, das Töchterchen von der Schule zu nehmen.

Als wir heimkamen, heirateten wir in der Kirche von Colby. Die Glocken läuteten ganz anders als damals bei meiner Ankunft.

Elsa entpuppte sich als mustergültige Gefangene, und schließlich wurden ihr Vergünstigungen gewährt, die es ihr ermöglichten, ein sehr aufschlußreiches Buch über ihr Leben zu schreiben.

Sie berichtete, wie sie in Armut mit ihrer Familie in dem Dorf

Croston in Suffolk gelebt hatte. Ihre Mutter war sparsam, der Vater ein ewig betrunkener Verschwender. Vor dem Brand war er bei dem Gutsherrn Edward Compton angestellt gewesen, und als die Villa abgebrannt war, hatte er Gelegenheitsarbeiten verrichtet und sich schließlich zu Tode getrunken. Die Kinder hatten zu Hause deutsch und in der Dorfschule englisch gesprochen, so daß sie sich in beiden Sprachen ausdrükken konnten. Elsa und ihr Bruder Hans standen sich sehr nahe; sie spielten in den ausgebrannten Ruinen und malten sich aus, daß sie eines Tages selbst eine solche Villa besitzen und herrlich und in Freuden darin leben würden. Hans schwor, wenn er groß sei, würde er einen Weg finden, um Eigentümer eines solchen Hauses zu werden, wo er mit Elsa wohnen würde. Dieser Traum war in den harten Jahren der Armut ihr ständiger Begleiter. Hans verachtete die Reichen. Immer wieder besuchte er auf dem Friedhof das Grab von Edward Compton. »Du bist bei lebendigem Leibe verbrannt«, sagte er dann. »Geschieht dir recht. Du hattest alles. Wir haben nichts. Aber eines Tages werde ich alles haben, was ich mir wünsche . . . zusammen mit Elsa.« In der Kirche stellten sie sich vor den Gedenktafeln und Denkmälern der Familie Compton auf und taten einen Schwur. Hans erklärte Elsa, es sei ein Kampf zwischen ihresgleichen und den Reichen. Wenn die Reichen sterben müßten, um ihnen zu geben, was sie haben wollten, nun gut, dann mußten sie eben sterben.

Elsa erinnerte sich, wie sie mit Hans zu den Ruinen gegangen war. Er hatte zum Mond aufgesehen und einen ernsten Schwur getan. Es war Vollmond . . . Herbstmond. Hans hatte gesagt: »Im Herbst ist Jagdzeit. Ich bin der Jäger. Ich jage, was ich will, und wenn ich es habe, Schwesterherz, teile ich es mit dir.« Darauf war er in die Kirche gegangen und hatte sein feierliches Gelübde abgelegt. Die beiden hatten ein geflügeltes Wort: »Denk an die Nacht des Herbstmonds.«

Elsa hatte gelobt, ihm zu helfen. Sie hatte nach dem ersten Mord, der in Norwegen ausgeführt wurde, Angst bekommen, aber alles war reibungslos gelaufen. Die Heirat, ein Unfall in den Bergen, ein untröstlicher Gatte, der mit dem Geld seiner Frau verschwand. Das erste Mal hatten sie wenig eingeheimst, und Hans hatte beschlossen, sich nach ergiebigeren Quellen umzusehen. Da hatte er von Schaffenbrucken gehört, einer der exklusivsten und teuersten Schulen der Schweiz. Die jungen Damen dort waren alle zwischen fünfzehn und achtzehn – im heiratsfähigen Alter. Und so heckten die zwei ihren Plan aus.

Es war eine interessante Lektüre, bei der etliche von Elsas Charakterzügen zum Vorschein kamen. Sie liebte die Menschen, scherzte und lachte gern; unglaublich, daß eine solche Person bedenkenlos einen Mord planen konnte.

Sie verhehlte nicht, daß beide gravierende Fehler begangen hatten. Ihr Bruder, indem er sich nicht hinreichend informierte, welches Erbe ich zu erwarten hatte, und mir in einem unbedachten Augenblick den Namen Edward Compton nannte. Er glaubte auf nahezu mystische Weise daran, daß er in meinem Fall Erfolg haben werde, weil wir uns zur Zeit des Herbstmonds begegnet waren, so daß er sich allzu sicher wähnte und daher leichtsinnig wurde. Elsas Fehler war gewesen, an der Schule zu bleiben, als sie entdeckte, daß ich durch eine seltsame Fügung des Schicksals dort Lehrerin war.

»Es war ein verhängnisvoller Schicksalsstreich«, schrieb sie, »daß wir uns eine Schule aussuchten, wo eine arbeitete, die wir einmal als Opfer ausersehen hatten.«

Elsa und ihr Bruder pflückten auch die wilden Blumen, die zwischen den Ruinen der Villa Compton wuchsen. Sie lasen über die heilenden und anderweitigen Eigenschaften dieser Pflanzen. Sie entdeckten, daß viele, die von den Menschen für gewöhnliche Blumen gehalten wurden, tödliche Gifte enthielten. Sie hatten eine Mörderlaufbahn eingeschlagen, und Gift konnte ihnen gute Dienste leisten. Sie erfuhren, daß Fingerhut Digitoxin enthielt, das zwar medizinisch genutzt wurde, in großen Dosen jedoch tödlich sein konnte. Die Blätter und Samen der Eibe enthielten ebenfalls ein tödliches Gift; die Pilze, die in den Wäldern wuchsen, konnten den Tod her-

beiführen. Elsa entwickelte sich zur Expertin; sie destillierte die Säfte und erprobte ihre Wirksamkeit an Tieren.
»Seltsam«, schrieb sie, »ich hatte Eugenie gern, aber als ich sie beseitigen mußte, sah ich nicht Eugenie in ihr, sondern nur ein Objekt, das dem Erwerb unseres Traumhauses im Wege stand. Hans empfand es genauso. Er hatte nichts gegen seine Opfer. Er mochte sie recht gern, aber wenn er den Mord beging, tat er es kaltblütig und unbeteiligt. Er hegte keinen Groll gegen sie; ihre Beseitigung gehörte einfach zu seinem Plan.«
Es war ein aufschlußreicher Bericht, der vieles begreiflich machte, was uns bislang unklar gewesen war. Natürlich konnte ich Elsa nicht verstehen. Aber wer versteht schon ein anderes menschliches Wesen voll und ganz?

Zwei Jahre nach meiner überstürzten Reise nach Österreich heiratete Teresa John Markham. Sie war damals neunzehn. Die Hochzeit fand in Moldenbury statt, weil Teresas Eltern noch in Rhodesien waren. Sie himmelte John an und war überglücklich. Es war ganz gewiß eine vollkommene Ehe, denn falls John je daran gedacht hatte, mich zu heiraten – und davon bin ich überzeugt –, und enttäuscht war, daß ich ihm Jason vorgezogen hatte, so fand er sich damit ab und suchte anderswo sein Glück. Er war ein Mensch, der mit allem zufrieden war, was seines Weges kam, auch dann, wenn es sein Gefühlsleben betraf. Er wurde Teresa derselbe gutgelaunte, liebevolle und zärtliche Ehemann, der er mir geworden wäre. Er war genau der Richtige für Teresa.

Aber ich greife den Ereignissen vor.
Zunächst kam meine eigene Hochzeit mit dem freudigen Eingeständnis, daß Jason und ich ohne einander niemals richtig glücklich geworden wären.
Wie lachten wir über die Aufregung in der Stadt! Die Hochzeit hatte die Mordgeschichte, die mit der Schule zu tun hatte, vollkommen verdrängt.

Erinnerungen wurden geweckt. »Was war mit seiner ersten Frau? Weiß diese Lehrerin das überhaupt? Und dann diese Mrs. Martindale. Der ist vielleicht einer. Na ja, hat es nicht immer geheißen, die Verringers haben den Teufel im Leib?«
Wir lachten über die Klatschgeschichten, und ich war froh darüber, bewies es mir und Jason doch ein für allemal, daß ich um seinetwillen bereit war, alles hinzunehmen. Ich wollte, daß er sich dessen stets bewußt war.
Es war um die Weihnachtszeit, zwei Jahre nach unserer Heirat. Wir waren inzwischen die stolzen Eltern eines Sohnes geworden, als Jason unbedingt mit mir nach London wollte.
»Du kannst Einkäufe machen«, schlug er vor. »Es gibt doch sicher eine Menge Dinge, die du dir wünschst.«
Ich hatte nichts dagegen. Klein Jason konnte ich ohne Bedenken bei seinem Kindermädchen zurücklassen.
In London wollte Jason mit mir ins Theater; es werde ein Stück gespielt, das er gern sehen möchte, erklärte er. Als wir hinkamen, stellte ich belustigt fest, daß es *East Lynne* war, und als ich einen Blick ins Programm warf, sprangen mir die Namen in die Augen: »Marcia und Jack Martindale. In ihren alten Rollen wieder zusammen auf der Bühne.«
Der Vorhang ging auf, und da sah ich sie. Als Lady Isabel. Ich weiß nicht mehr, wie ich das Stück überstand. Anschließend gingen wir zu Marcia und Jack hinter die Bühne.
»Auf wundersame Weise aus seinem Wassergrab auferstanden«, spottete ich.
»O ja, er versteht sich aufs Überleben«, erwiderte Marcia theatralisch.
Wir berichteten von den Mutmaßungen, die in Colby nach ihrer Abreise angestellt worden waren. Sie und der robuste Jack fanden das höchst amüsant.
»Ich weiß, was wir machen«, sagte sie. »Wir schauen Weihnachten vorbei. Wär' das kein Spaß, Jack? Wir reiten durch die Straßen und zeigen den guten alten Klatschbasen, daß wir noch auf Erden wandeln.«
Sie machten es wahr. Marcia bestand darauf, Jack Krähenruh

zu zeigen und ihr süßes kleines Mädchen in Dartmoor zu besuchen.
Wir verabschiedeten uns fröhlich von ihnen und lachten noch lange über den Abend.
»Die schauspielern sich hervorragend durchs ganze Leben«, stellte Jason fest.
»Ich bin gespannt, was Mrs. Baddicombe jetzt zu klatschen hat.«
»Irgendwie finde ich es phantastisch«, meinte Jason. »Ich habe mir immer gesagt: Du mußt mich wirklich sehr lieben, wenn du mich geheiratet hast, obwohl dieser schwere Verdacht über mir hing.«
»Aber jetzt kannst du dir sagen, daß es nie einen Grund gab, an meiner Liebe zu zweifeln.«
»Stimmt. Und doch erstaunt es mich immer wieder. Es gibt noch so vieles, was du nicht von mir weißt.«
»Das freut mich«, sagte ich. »Ich kann es nicht erwarten, noch weitere verborgene Seiten an dir zu entdecken.«